Handelsforschung 1987

Herausgegeben von der
Forschungsstelle für den Handel
Berlin (FfH) e.V.

Schwerpunktthema: Ladenschluß

Physica-Verlag Heidelberg

Herausgeber
Forschungsstelle für den Handel Berlin (FfH) e. V.
Fehrbelliner Platz 3, 1000 Berlin 31, Tel. 030/860353
Wissenschaftlicher Direktor: Prof. Dr. VOLKER TROMMSDORFF
Geschäftsführer: Dr. HELMUT BUNGE

Schriftleitung:
Dipl.-Volkswirt ANDREA WÖLK

Das Jahrbuch der Forschungsstelle für den Handel erscheint jährlich

ISBN 3-7908-0382-0
ISSN 0931-5926

CIP-Kurztitelaufnahme der Deutschen Bibliothek

Handelsforschung ... / hrsg. von d. Forschungsstelle für d. Handel Berlin (FfH) e. V. - Heidelberg: Physica-Verlag
- Erscheint jährl. - Aufnahme nach Bd. 1. 1986 Forts. von: Forschungsstelle für den Handel [Berlin, West]: FfH-Mitteilungen
Bd. 1. 1986 -

Einband: Erich Kirchner, Heidelberg
Druck: Weihert-Druck GmbH, Darmstadt
Bindearbeiten: J. Schäffer oHG, Grünstadt
7120/7130 - 543210

Vorwort des Herausgebers

Das zweite Jahrbuch der Forschungsstelle für den Handel Berlin (FfH) e.V. liegt vor. Der gegenüber dem ersten Band erheblich größere Umfang der HANDELSFORSCHUNG 1987 ist einerseits durch die gezielte Einladung zu Beiträgen zum Schwerpunktthema Ladenschluß zu erklären, andererseits gab es auch ein verstärktes Interesse der Handelsforscher, für das neue Medium zu schreiben. Es konnten bei weitem nicht alle angebotenen Manuskripte aufgenommen werden. Die FfH interpretiert das als Hinweis auf den Erfolg ihres neuen Veröffentlichungskonzepts.

Auch der vorgesehene dritte Band der neuen Reihe wird neben den verschiedenen aktuellen Themen der betriebswirtschaftlichen und der volkswirtschaftlichen Handelsforschung ein Schwerpunktthema enthalten. Zu beidem, dem Schwerpunkt wie dem allgemeinen Teil lädt die FfH hiermit wissenschaftliche Autoren herzlich ein:

CALL FOR PAPERS

Das Jahrbuch der FfH wird 1988 neben diversen Themen das **Schwerpunktthema Standortfragen** enthalten. Unter anderem kommen regionalwirtschaftliche, ordnungspolitische, wettbewerbsstrategische und marktforschungsmethodische Beiträge in Betracht. Wissenschaftler, die sich mit diesen speziellen Themen befassen oder einen anderen Forschungsbeitrag liefern können, sind zum Schreiben in HANDELSFORSCHUNG 1988 eingeladen. Der Umfang soll einschließlich Abbildungen und Literaturverzeichnis 20 Seiten (zu 63 Anschlägen und 56 Zeilen) nicht überschreiten. Die Form, insbesondere die Zitierweise, soll den Beiträgen im vorliegenden Band entsprechen. Redaktionsschluß ist am 31.5.1988.

Die **Beiträge zur Diskussion über die Regelung der Ladenöffnungszeiten**, dem diesjährigen Schwerpunktthema, sind wegen der politischen Debatte um eine Liberalisierung höchst aktuell. Alle Argumente dieser Diskussion finden sich in den insgesamt acht Schwerpunktbeiträgen wieder, zum Teil mit neueren empirischen Belegen bzw. als Länder- bzw. Zeitvergleiche. Überschneidungen zwischen einzelnen Beiträgen sind dabei nicht schädlich, sondern kommen dem Verständnis der Argumentation unterschiedlicher Autoren und Forschungsansätze zugute.

So liegen drei grundsätzliche Beiträge inhaltlich dicht beieinander, aber unterschiedlich nach Art der Analyse und Präsentation:

TIETZ geht von der historischen Entwicklung aus und handelt die für eine Liberalisierung sprechenden Argumente und Befunde systematisch ab, nicht ohne auch die Gegenargumente zu erwähnen. GLISMANN/NEHRING setzen sich dagegen gerade mit den gängigsten liberalisierungsfeindlichen Thesen kritisch auseinander. GROSS vertritt mit einer Vielzahl von Belegen die Position des Bundeswirtschaftsministeriums. Alle drei sprechen letztlich für eine Liberalisierung der geltenden Ladenschlußregelung.

Auch KAYSERS europäischer Ländervergleich der Ladenschlußregelungen sowie die länderspezifischen Beiträge von SAUDAN und von SCHWEIGER/MAYERHOFER sprechen für eine Liberalisierung. DAX beleuchtet in seinem Beitrag einen bisher in der Diskussion kaum beachteten Aspekt: die arbeitsvertragliche Rechtslage sowie die tarifpolitische Situation, denen bei einer Änderung des Ladenschlußgesetzes Rechnung getragen werden muß.

AHLERT/SIEBENBROCK befassen sich mit dem Spezialproblem der Öffnungszeiten im Großhandel. Sie treten gegen eine Verschärfung der Ladenschlußregelung in diesem Bereich ein, wie sie aus Aspekten des Schutzes vor Wettbewerbsverzerrungen durch Betriebe des Cash & Carry-Großhandels erörtert werden. Auch hier gilt für die FfH das Prinzip der wissenschaftlichen Neutralität. Sie tritt selbst nicht für politische Positionen ein, läßt aber alle wissenschaftlich begründeten Meinungen zu Wort kommen.

Die Ladenschlußproblematik wird auch außerhalb der in der Schwerpunktrubrik zusammengefaßten Beiträge angesprochen: POTUCEK analysiert u.a. die marktzugangsbeschränkende Wirkung der Ladenöffnungszeit-Regelung.

Beiträge zu handelsstrukturellen Fragen sowie zur strategischen und operativen Handelsbetriebsführung werden im vorliegenden Jahrbuch nicht weiter untergliedert. Sie sind annähernd "vom Allgemeinen zum Speziellen" geordnet.

P.W. MEYER/MATTMüLLER schlagen ein dreidimensionales Klassifikationssystem für Handelsbetriebsformen vor. Es zeigt nach Meinung der Autoren keinen Spielraum mehr für innovative Betriebstypen. Auf jeden Fall ist dieses Schema bei Betriebstypenuntersuchungen nützlich.

POTUCEK systematisiert in seinem Beitrag potentielle Hindernisse für den Marktzutritt im Handel und zeigt auf, bei welchen dieser Faktoren die (ggf. "lokale") Wirtschaftspolitik ansetzen sollte, um ihre Ziele durchzusetzen.

BÖCKER/BRINK untersuchen die gegenseitigen Transfereffekte von Images einzelner Handelsunternehmen auf der einen Seite und von Einzelhandelszentren, in denen sie angesiedelt sind (oder werden sollen), auf der anderen Seite. Die Kenntnis dieser Effekte erlaubt es beiden Seiten, den Betreibern der Zentren wie den Handelsunternehmern, Entscheidungen zur Standort- und Werbepolitik zu treffen.

MEFFERT/PATT zeigen die große Bedeutung der Grundlagenforschung für strategische Entscheidungen im Handel auf. Das Stichwort Erfolgsfaktorenforschung kennzeichnet einen methodischen Ansatz, mit dem im Bereich der Industrie bereits seit Jahren neue Erkenntnisse für die strategische Unternehmenspolitik gewonnen werden.

MÜLLER-HAGEDORN beantwortet die zur Zeit als wesentlich erkennbaren Grundsatzfragen für strategische Entscheidungen des Handels, ohne sich auf das inzwischen allzu populäre Instrumentarium der strategischen Unternehmensplanung (Portfolioanalysen etc.) zu beschränken.

SCHNEIDER betrachtet den Handel aus der Herstellersicht und arbeitet ein neues distributionspolitisches Marketinginstrument heraus, die Verkaufsstellenbetreuung.

GÜMBELS Beitrag kann der besseren Kalkulation im Handel dienen. Die fundamentale und hier mathematisch belegte Idee besagt, daß im Gegensatz zur herrschenden Ansicht in der Kosten- und Leistungsrechnung eine Zurechnung der Kosten auf die Handelsleistungen doch möglich sei.

V.D. WIJST zeigt, wie Schwachstellen des Betriebsvergleichs durch eine Anwendung der Regressionsanalyse, in die bestimmte Betriebsmerkmale wie beispielsweise die Betriebsgröße, die Sortimentszusammensetzung sowie die Breite und Tiefe des Sortiments mit einbezogen werden, beseitigt werden können.

TROMMSDORFF/KUBE stellen wissenschaftliche Aufsätze vor, die dem deutschsprachigen Interessenten weniger gut zugänglich sind. Zusammen mit einigen Hinweisen auf neue hiesige Bücher ergibt sich ein Überblick über die internationale Handelsforschung.

Die FfH dankt allen Autoren dieses Bandes sehr herzlich für ihren Beitrag zur Darstellung eines wesentlichen Teils der gegenwärtigen Handelsforschung im deutschsprachigen Raum. Allen Autoren, die aus Platzgründen und wegen der thematischen Schwerpunktbildung auf die HANDELSFORSCHUNG 1988 verwiesen werden mußten, sei noch einmal für ihr Verständnis gedankt.

Die Druckvorlage entstand diesmal auf dem Wege der elektronischen Textverarbeitung. Dabei ist Frau KAY für die mühevolle und fachkundige Bearbeitung der überwiegend auf Disketten mit unterschiedlichen Textverarbeitungsprogrammen gelieferten Beiträge sehr nachdrücklich zu danken. Aber auch Frau ACKERMANN hat noch einmal viel Mühe mit dem Abschreiben und Bearbeiten der verbleibenden Beiträge gehabt. Der besonders hervorgehobene Dank gilt der Schriftleitung: Ohne den besonderen Einsatz, die große Sorgfalt und die handelswissenschaftliche Kompetenz von Frau WÖLK gäbe es das Jahrbuch so nicht.

Berlin, im August 1987 Professor Dr. Volker Trommsdorff

Inhaltsverzeichnis

Beiträge zur Diskussion über die Ladenöffnungszeiten

Ladenöffnungszeiten im Einzelhandel

Bruno Tietz, Saarbrücken

Der Beitrag gibt einen Überblick zum derzeitigen Stand der Diskussion über die Ladenöffnungszeiten im Einzelhandel. Dabei werden zur Verdeutlichung der Konsumenten- und Händlerwünsche Ergebnisse empirischer Untersuchungen dargestellt. Daneben werden zentrale Stellungnahmen verschiedener Interessenvertretungen zum Ladenschluß beschrieben. In diesem Zusammenhang wird versucht, mögliche Auswirkungen einer Ladenschlußänderung auf die unterschiedlichen Bereiche wie Volkswirtschaft, Wettbewerb, Verkehr und City aufzuzeigen.

1 DIE GRUNDLAGEN

1.1 DER GELTUNGSBEREICH

Ladenöffnungszeiten gelten nur für stationäre Einzelhandelsbetriebe; Nichtladeneinzelhandlungen und Großhandelsbetriebe können ihre Geschäftszeit frei gestalten. Als Restriktionen wirken jedoch generell Arbeitszeitvorschriften für Mitarbeiter. Die Ladenöffnungszeiten sind im Ladenschlußgesetz (LschlG) vom 28. November 1956 geregelt.

1.2 ZUR ENTWICKLUNG

Eine frühe Erwähnung über die Geschäftszeitregelung des Ladenhandels ist in der Goslarer-Krämer-Ordnung von 1281 mit der Empfehlung der Sonntagsheiligung enthalten. Im Jahre 1318 wurde in der Briga-Krämer-Ordnung ein vollständiger Ladenschluß an allen Sonntagen verfügt, ähnlich in der Lübecker-Krämer-Ordnung von 1353 und in Hamburg im Jahre 1375 (vgl. Schoneweg 1955, S. 1 ff.). Neben Regelungen für den Warenverkauf an Sonn- und Feiertagen gab es nur vereinzelt Bestimmungen für die Ladenzeitregelung an den Werktagen. Nach der Ulmer-Krämer-Ordnung von 1549 waren die Läden an Samstagen vor bestimmten Festtagen um 16.00 Uhr bzw. 17.00 Uhr zu schließen (vgl. Deutsche Angestellten-Gewerkschaft 1983, S. 5). In Deutschland wurde durch die Novel-

Handelsforschung 1987
Hrsg. Volker Trommsdorff

lierung der Gewerbeordnung vom 30. Juni 1900 (§ 139 c bis f) die Mindestruhezeit aller Gehilfen, Lehrlinge und Arbeiter in offenen Verkaufsstellen auf ununterbrochen 10 Stunden und 11 Stunden in Gemeinden mit mehr als 20 000 Einwohnern und Betrieben mit mehr als zwei Gehilfen und Lehrlingen festgelegt (vgl. Borght 1907, S. 117). Der allgemeine werktägliche Ladenschluß wurde auf 9.00 Uhr abends bis 5.00 Uhr morgens festgelegt; die Ausdehnung von 8.00 Uhr abends bis 7.00 Uhr morgens war auf Antrag von mindestens zwei Dritteln der beteiligten Geschäftsinhaber einer Gemeinde möglich. Im Jahre 1919 erfolgte eine Verbesserung dieser Bestimmung. Mit der Verordnung über die Regelung der Arbeitszeit der Angestellten vom 18. März 1919 wurde allgemein der Achtstundentag für Angestellte eingeführt, die Wochenarbeitszeit auf 48 Stunden begrenzt und ein früherer Ladenschluß als bisher - 19.00 Uhr statt 21.00 Uhr - verfügt. Die Beschäftigung von Arbeitnehmern im Handelsgewerbe an Sonn- und Feiertagen wurde durch die Neufassung der Gewerbeordnung mit § 105 b Abs. 2 GewO im Jahre 1919 verboten.

Seit dem Jahre 1934 sind die in einzelnen Gesetzen verstreuten Arbeitszeitbestimmungen zusammengefaßt. Die Vorschriften über den werktäglichen Ladenschluß wurden in die neue Arbeitszeitordnung in der Fassung vom 30. April 1938 übernommen.

Im Jahre 1951 legten einige Bundestagsabgeordnete durch Initiativantrag den Entwurf eines Ladenschlußgesetzes vor, der zur Verabschiedung des LSchlG vom 28. November 1956 führte.

Bei der zweiten und dritten Lesung des heute noch gültigen Gesetzes am 8. und 9. November 1956 entspann sich eine heftige Diskussion, bei der die Fronten quer durch die Fraktionen verliefen. Eine besondere Note erhielt die Debatte in der dritten Lesung dadurch, daß nur etwa die Hälfte der Abgeordneten anwesend war. Das Gesetz wurde auf dem Weg des "Hammelsprungs" mit der knappen Mehrheit von 153 gegen 129 Stimmen bei 6 Enthaltungen (478 stimmberechtigte Bundestagsabgeordnete) verabschiedet. Mit Ausnahme von § 13 trat das Gesetz über den Ladenschluß am 29. Dezember 1956, einen Monat nach seiner Verkündigung, in Kraft (§ 31 Abs. 1 LSchlG) (vgl. Reichert 1971, S. 21). Weiter kam es dann noch zu folgenden Änderungen (vgl. Tietz 1973, Anhang 2, 4, 6): Am 17. Juli 1957 wurde die Schließung der Läden an Samstagen ab 14.00 Uhr mit Ausnahme des jeweils ersten Sonnabends eines jeden Monats (18.00 Uhr) verfügt und am 28. Oktober erfolgte die Abschaffung der verkaufsoffenen Sonntage vor Weihnachten und die Einführung der Einkaufsmöglichkeiten an den vier Sonnabenden vor Weihnachten bis 18.00 Uhr.

Seit Erlaß des Gesetzes ist die Diskussion um seine Liberalisierung nie abgeebbt. Vor allem haben auch **Modellversuche** und **Pilotprojekte** zu intensiven Auseinandersetzungen Anlaß gegeben. Von Anbeginn an standen sich hier einerseits die Verbände der etablierten Betriebstypen Warenhaus und Fachhandel, so der HDE und BAG, und die Gewerkschaft und andererseits die Vertreter der neuen Betriebstypen sowie einige Außenseiter aus dem Warenhausbereich, z.B. Breuninger Stuttgart, in inzwischen verhärteter Auseinandersetzung gegenüber. Dies hat sich auch auf die Modellversuche ausgewirkt.

2 ZUR DERZEITIGEN REGELUNG

2.1 DIE ALLGEMEINE REGELUNG DES LSchlG

Das Ladenschlußgesetz regelt die Ladenschluß- bzw. die maximalen Ladenöffnungszeiten der inländischen Ladengeschäfte aller Art und aller sonstigen Verkaufseinrichtungen des Einzelhandels mit "Verkauf an Jedermann". Das Gesetz umfaßt 31 Paragraphen und wird in sieben Abschnitte eingeteilt (vgl. Schenk 1972, S. 370):

- Begriffsbestimmungen: In § 1 werden die Verkaufsstellen und in § 2 die Feiertage definiert.
- Die Ladenschlußzeiten sind in den §§ 3 bis 16 abgehandelt. Als Kernpunkt gilt der § 3, demzufolge Verkaufsstellen für den geschäftlichen Verkehr mit dem Kunden generell zu folgenden Zeiten geschlossen sein müssen:

  1. an Sonn- und Feiertagen,
  2. montags bis freitags bis 7.00 Uhr und ab 18.30 Uhr,
  3. sonnabends bis 7.00 Uhr und ab 14.00 Uhr, am ersten Sonnabend im Monat oder, wenn dieser Tag auf einen Feiertag fällt, am zweiten Sonnabend im Monat sowie an den vier aufeinanderfolgenden Sonnabenden vor dem 24. Dezember ab 18.00 Uhr,
  4. am 24. Dezember, wenn dieser Tag auf einen Werktag fällt, ab 14.00 Uhr.

  Die bei Ladenschluß anwesenden Kunden dürfen noch bedient werden.

  Die §§ 4 bis 16 enthalten die Ausnahme- oder Sonderregelungen des § 3 LSchlG für Apotheken, Kioske mit Zeitungen- und Zeitschriftenverkauf, Tankstellen, Warenautomaten, Verkaufsstellen auf Personenbahnhöfen und Flughäfen, für Kur- und Erholungsgebiete sowie Bundesgrenzgebiete, für ländliche Gebiete und für den Sonntagsverkauf.

- Einen besonderen Schutz für Arbeitnehmer enthält § 17 Abs. 1 und Abs. 2 LSchlG:
  "In Verkaufsstellen dürfen Arbeitnehmer an Sonn- und Feiertagen nur während der ausnahmsweise zugelassenen Öffnungszeiten (§§ 4 - 15 und die hierauf gestützten Vorschriften) und, falls dies zur Erledigung von Vorbereitungs- und Abschlußarbeiten unerläßlich ist, während insgesamt weiterer 30 Minuten beschäftigt werden." "Die Dauer der Beschäftigungszeit des einzelnen Arbeitnehmers an Sonn- und Feiertagen darf 8 Stunden nicht überschreiten."

- Die §§ 18 bis 20 enthalten die Bestimmungen für einzelne Gewerbezweige und für den Marktverkehr.

- In den §§ 21 bis 23 wird die Durchführung des Gesetzes erläutert.

- Mit den Straftaten befassen sich die §§ 24 und 25.

- Die Schlußbestimmungen sind in den §§ 27 bis 31 geregelt.

Im August 1969 wurde die Erweiterung der Sonderverkaufszeiten in Ausflugs-, Erholungs- und Wallfahrtsorten auf höchstens 40 Sonn- und Feiertage bis zur Dauer von acht Stunden ermöglicht, mit Schließung an den Samstagen spätestens um 20.00 Uhr. Als Schutz für die Arbeitnehmer in diesen Einzelhandelsgeschäften wurde in § 17 Abs. 2a eingefügt: In Verkaufsstellen, die gemäß § 10 oder den hierauf gestützten Vorschriften an Sonn- und Feiertagen sowie an Sonnabenden geöffnet sein dürfen, dürfen Arbeitnehmer an jährlich höchstens 22 Sonn- und Feiertagen und sonnabends höchstens bis 18 Uhr beschäftigt werden. Ihre Arbeitszeit an Sonn- und Feiertagen darf vier Stunden nicht überschreiten.

Im Jahre 1985 erfolgte eine Neuregelung der §§ 8 und 9 LSchlG. Danach sollten die obersten Landesbehörden künftig die "Offenhaltung von Verkaufsstellen innerhalb einer baulichen Anlage, die der Verknüpfung zwischen dem Personennah- und Fernverkehr dient, aus besonderen örtlichen Gründen, insbesondere der öffentlichen Sicherheit und Ordnung, an Werktagen von 6.00 bis 22.00 Uhr" bewilligen können, d.h. Läden in Bahnhofsbereichen und auf Flughäfen von 6.00 bis 22.00 Uhr geöffnet sein.

Die Novellierung betrifft Gemeinden mit mehr als 200 000 Einwohnern. Hier können Geschäfte, die sich im Bereich von Bahnhöfen, internationalen Flughäfen oder Fährhäfen befinden, von 6.00 bis 22.00 Uhr geöffnet bleiben. Allerdings handelt es sich hierbei um eine "Kann-Vorschrift": Die Landesregierungen wurden ermächtigt, durch Verordnung entsprechende Regelungen zuzulassen.

Wie es derzeit aussieht, werden nur Baden-Württemberg, Schleswig-Holstein und Berlin die Ermächtigung auch nutzen, so daß die Liberalisierung allein die Städte Berlin, Stuttgart, Karlsruhe, Lübeck, Kiel und Mannheim betrifft. Treibende Kraft der Novellierung war Baden-Württemberg, um der Klett-Passage in Stuttgart eine Rechtsgrundlage für die bereits geltenden Ladenöffnungszeiten zu geben ("Lex Klett") (vgl. Schmalen 1986, S. 393).

Weiter soll künftig in Verkaufsstellen auf Flughäfen mit internationalem Reiseverkehr nicht nur die Abgabe von Reisebedarf an Reisende gestattet sein, sondern auch die Abgabe von anderen Gegenständen des täglichen Ge- und Verbrauchs sowie von Geschenkartikeln.

2.2 SONDERREGELUNGEN

Die Öffnungszeiten im Tankstellengewerbe waren Gegenstand einer kleinen Anfrage im Bundestag, bei der die Ausnahmeregelung des § 6 LSchlG mit der Möglichkeit zum Verkauf von Treibstoff an allen Tagen während des ganzen Tages bestätigt wurde (vgl. BT-Drucksache IV/1352). Andererseits wurde festgehalten, daß ein Öffnungszwang für Tankstelleninhaber nicht besteht.

Bemerkenswert ist, daß der Verkauf von Waren in Gaststätten außerhalb der üblichen Ladenöffnungszeiten durch das Gaststättengesetz vom 5. Mai 1970 zugelassen wird, obwohl wettbewerbsverzerrende Wirkungen zu vermuten sind. "Die bisher bereits weitgehend übliche Abgabe von Zubehörwaren und die Erbringung von Zubehörleistungen auch während der Ladenschlußzeiten werden ausdrücklich zugelassen, ebenfalls die Abgabe bestimmter Waren bis zum Eintritt der Sperrzeit an jedermann über die Straße. Für diese Regelung besteht ein Bedürfnis im Interesse der Verbraucher, durch die die Auswirkungen der geltenden Ladenschlußregelung in gewissem Umfang gemildert werden." (Müller 1970, S. 16m, zit. nach: Aengenendt 1971, S. 94).

2.3 SONSTIGE AUSNAHMEREGELUNGEN

Seit den sechziger Jahren bietet der Möbelfachhandel zu Zeiten des allgemeinen Ladenschlusses, vor allem an Sonntagen, die Möglichkeit des ungestörten Probewohnens. Es darf kein Verkaufspersonal anwesend sein, dem Verbraucher darf keine Gelegenheit zur Bestellung gegeben werden.

Shopping Malles öffnen an Sonntagen und werden je nach Standort trotz geschlossener Läden stark frequentiert. Die Gastronomiebetriebe haben an diesen Tagen oft einen hervorragenden Umsatz.

2.4 LADENSCHLUSSGESETZ UND ARBEITSSCHUTZ IM EINZELHANDEL

Gesetzlich ist eine Ladenöffnungszeit pro Woche von 64,5 bzw. 68,5 Stunden im Falle des langen Samstags möglich. Die gesetzliche Ladenöffnungszeit pro Woche ist damit um über 60 % höher als die Arbeitszeit, die derzeit 40 bzw. 38,5 Stunden beträgt.

Nach § 3 der Arbeitszeitordnung (AZO) vom 30. April 1938 sind der 8-Stunden-Tag bzw. die 48-Stunden-Woche als die regelmäßige werktägliche Arbeitszeit festgelegt.

Die heutigen Tarifverträge sehen in der Bundesrepublik Deutschland für die Angestellten des Einzelhandels neben sonstigen Freizeitregelungen generell eine Arbeitszeit von 38,5 Stunden in der Woche vor. Nach § 3 der Arbeitszeitordnung darf die werktägliche Arbeitszeit die Dauer von 8 Stunden, von den in den §§ 5 bis 8 Abs. 2 AZO enthaltenen Ausnahmen abgesehen, nicht überschreiten.

Beim Zuendebedienen der Kundschaft einschließlich der damit zusammenhängenden notwendigen Aufräumungsarbeiten darf die Arbeitszeit um eine halbe Stunde, höchstens jedoch bis zu 10 Stunden täglich verlängert werden. Eine Beschäftigung der Arbeitnehmer nach 18.30 Uhr ist an keiner Stelle verboten. Männliche Arbeitnehmer können während der ganzen Nacht beschäftigt werden, Arbeitnehmerinnen nach § 19 Abs. 2 AZO bis 23.00 Uhr (vgl. Reichert 1971, S. 65 f.).

Neuerdings werden die Beziehungen zwischen Ladenöffnungszeit und Mitbestimmung diskutiert. Da das Ende der Arbeitszeit laut Betriebsverfassungsgesetz mitbestimmungspflichtig ist, können sich Betriebsräte gegen eine späte Öffnung sperren: In Göppingen hat der Kaufhof ein Verfahren dagegen angestrengt, daß der Betriebsrat die Schließung um 18.15 Uhr statt um 18.30 Uhr verlangt.

2.5 VERMIETUNG

Grundsätzlich fällt die Vermietung (meist als Verleih bezeichnet) von Videobändern, Betonmischern, Gartengeräten usw. nicht unter das Ladenschlußgesetz, da es sich nicht um Verkauf von Waren handelt. Allerdings hat das Verwaltungsgericht Arnsberg/ Sauerland 1983 ein Urteil erlassen, das den gewerblichen Verleih von Videobändern an Sonntagen verbietet. Das Gericht ging in seiner Urteilsbegründung von dem Grundsatzverbot der Sonntagsarbeit aus. Ob das Urteil Allgemeingültigkeit erlangt, bleibt abzuwarten (vgl. dazu o. V. 1984, S. 17).

2.6 EMPIRISCHE BEFUNDE IN DER BUNDESREPUBLIK DEUTSCHLAND

Bei den zahlreichen empirischen Erhebungen zum Ladenschlußgesetz äußern sich die Konsumenten zunehmend positiv zu einer Liberalisierung, die Einzelhandelsunternehmen lehnen Veränderungen weitgehend ab.

Im Jahre 1976 hat das Institut für angewandte Wirtschaftsforschung, Tübingen, eine Umfrage bei rd. 2 000 Konsumenten durchgeführt. Aufgrund eines Modells einer Ladenschlußliberalisierung bei gleichbleibender Öffnungszeit äußerten sich

- positiv 57 % der befragten Konsumenten ("fände ich gut"),
- negativ 28 % ("nicht gut") und
- unentschieden 15 %.

Im Jahre 1978 wurden vom Verein zur Untersuchung von Verbraucherbedürfnissen 2 814 Hausfrauen nach den geltenden Ladenschlußbestimmungen befragt. Dabei äußerten sich 74 % der Befragten - vorwiegend berufstätige und jüngere Frauen sowie Bewohnerinnen der Großstädte - positiv zu einer Liberalisierung. Auf die Frage, wie die Öffnungszeiten geändert werden sollten, sprachen sich 47 % der Befragten für die freie Entscheidung des Einzelhändlers aus, 18 % befürworteten einen Abendverkauf einmal in der Woche bis 22.00 Uhr, 14 % einen allgemeinen Ladenschluß um 20.00 Uhr und 7 % lange Samstage bis 18.00 Uhr.

Im März 1983 befragte das Ifo-Institut im Auftrag des Wirtschaftsmagazins "Impulse" Einzelhandelsunternehmen bezüglich einer Liberalisierung des Ladenschlußgesetzes. Insgesamt gingen ca. 1 750 Stellungnahmen ein. Nach diesen Ergebnissen sind vier von fünf Einzelhändlern mit dem jeweiligen Ladenschlußgesetz zufrieden oder halten es für einen brauchbaren Kompromiß. Ein Festhalten an der derzeitigen Regelung ist bei den kleinen Einzelhandelsunternehmen festzustellen, im Gegensatz zu den Großformen des Einzelhandels, die eher zu einer Liberalisierung der Vorschriften neigen.

"Es soll wöchentlich einen 'Dienstleistungsabend' für Einzelhandel, Banken, Versicherungen, örtliche Behörden und andere Dienstleistungsbetriebe geben.

Darauf haben sich CDU, CSU und FDP in ihren Bonner Koalitionsgesprächen zur Wirtschaftspolitik im Grundsatz geeinigt. Die Gesetzesänderung ist für die jetzt beginnende, elfte Legislaturperiode des Bundestages vorgesehen; sie soll also innerhalb der nächsten vier Jahre beschlossen werden. Ob, wann, wo und in welchem Umfang später ein solcher Dienstleistungsabend verwirklicht wird, läßt sich heute noch nicht absehen." (o.V. 1987a, S. 12).

Das Marktforschungs-Institut Psydata in Frankfurt befragte im Jahre 1987 die Verbraucher bundesweit. Danach sind 77,9 % der Verbraucher dafür, daß die Läden an einem Wochentag abends offen sind.

"Das ist keine Überraschung. Erwartungsgemäß dürfte auch sein, daß die Jüngeren eher dafür sind als die Älteren (zwischen 18 und 29 Jahren sind es 89,7 %, ab 60 Jahre nur 66,3 %). Bürger mit Abitur stimmen zu 91,2 % dafür, Bürger ohne Abitur mit 75,7 %. Überraschend ist, daß es zwischen Berufstätigen und Nichtberufstätigen oder zwischen Männern und Frauen nur Unterschiede von 4 - 5 Punkten gibt. Im Norden und Westen sinnt man weniger auf Lockerung (Nordrhein-Westfalen 70,8 %) als im Süden (Baden-Württemberg 92,1 %).

Interessant sind die Argumente jener, die ablehnen: 42,3 % sagen, daß die heutige Regelung reicht (Frauen sagen das zu 51,5 %), 34,2 %, daß die Arbeitszeit zu lang wird. Alle anderen Argumente sind zu vernachlässigen.

Der Montag und der Dienstag scheiden in den Augen der Verbraucher als Kaufabende aus. Spitzenreiter ist der Mittwoch (32 %), gefolgt vom Freitag (27,8 %) und Donnerstag (20,5 %). Die Bayern allerdings 'täten nur zu 17,8 % den Freitagabend gern leiden mögen.'" (o.V. 1987b, S. 12).

Nach einer Umfrage der Textil-Wirtschaft im Jahre 1987 will die Mehrheit des Textileinzelhandels den geltenden Ladenschluß beibehalten. 72 % der Firmen sprachen sich gegen eine Änderung aus. 58,7 % sind der Meinung, der Einzelhandel solle zum Thema Ladenschlußänderung gesprächsbereit sein. Für den Fall einer Änderung der bisherigen Ladenschlußregelung befürworten 71,3 % den von der Koalition geplanten Dienstleistungsabend (vgl. o. V. 1987c, S. 1).

Im Rahmen von Dialoge 2 hat der Stern eine Analyse zur Beurteilung der Ladenschlußzeiten durch Konsumenten vorgelegt.

"Das Statement lautet:

'Ich würde es begrüßen, auch noch spät abends einkaufen zu können.'

Den Befragten wurde die Möglichkeit gegeben, hierzu in einer Dreier-Abstufung Stellung zu nehmen:

- trifft voll und ganz zu
- trifft eher zu
- trifft eher nicht zu.

Daraus lassen sich dann die Potentiale bzw. Zielgruppen definieren." (Stern-Anzeigenabteilung 1987, S. 3)

Die Großstädter befürworten den Spätladenschluß überdurchschnittlich.

"Befürworter eines späten Einkaufs sind

- eher Männer
- junge Leute (14 - 39 Jahre)
- ledig
- mit höherer Bildung
- berufstätig in den oberen Berufsgruppen oder in Ausbildung
- mit einem höheren Einkommen versehen
- in Großstädten ab 500 000 Einwohnern
- in den Nielsengebieten 3b, 4 und 5." (Stern-Anzeigenabteilung 1987, S. 5).

Im Durchschnitt wurde für den Einkauf abends ein Anteil von 49 % (19,26 Mill. von den 39,39 Mill. 14- bis 64-jährigen) ermittelt.

Hedonismus und Kulturorientierung sind "entscheidend für den Wunsch der Großstädter nach Feierabend noch einkaufen gehen zu können.

In der City, inmitten kultureller Angebote, ist auch der Einkauf hochwertiger Waren am späten Abend gefragt ...

Man hat zuwenig Zeit zum Einkaufen, aber man würde gerne aus Spaß häufiger einkaufen gehen. Bevorzugt werden häufiger teure, exclusive Geschäfte.

Einkaufspassagen in den Cities würden also am ehesten von einer Erweiterung der Öffnungszeiten auf den späten Abend profitieren. Sie können sich auf Konsumfreudige und Prestige-Käufer freuen, denen das Geld locker in der Tasche sitzt." (Stern-Anzeigenabteilung 1987, S. 7, S. 11)

2.7 ZUR UMLEITUNG DER KÄUFERSTRÖME

Interessant - wenn auch aufgrund des Erhebungsumfanges eher exploratorisch - sind die Ergebnisse einer Studie, die 1986 von Helmut Schmalen vorgelegt wurde:

"Im 1. Cluster dominiert die 'traditionelle Hausfrau', die morgens einkauft, oft in der Innenstadt (Wochenmarkt). Sie interessiert sich nicht für die Abendöffnung; zu verstärkten Innenstadteinkäufen würde sie diese nicht nutzen, da sie auch jetzt schon ausreichend Gelegenheit dazu hat.

Im 2. Cluster befinden sich die 'Verbrauchermarkt-Fans'. Durch eine Abendöffnung macht man ihnen lediglich den Verbrauchermarkt-Einkauf bequemer, sie würden aber kaum verstärkt in die Innenstadt fahren.

Für den vorliegenden Untersuchungsgegenstand am interessantesten ist die 3. Gruppe: Die 'Frustrierten'. Sie kaufen gegenwärtig im Verbrauchermarkt, weil sie als Doppelverdiener keine Zeit haben, die Innenstadt aufzusuchen. Bei einer Abendöffnung würden dies aber alle häufiger tun, das ersehnte Einkaufserlebnis wäre möglich. Die Gruppe ist mit 27 % Anteil zwar nicht sehr groß, aber von hoher Qualität: Junge Leute mit viel Geld - geradezu die Kern-Zielgruppe für den Facheinzelhandel.

Damit läßt sich nun die von Zellekens (1981, S. 27) aufgeworfene Frage, ob 'die innerstädtischen oder eher die peripher gelegenen Geschäfte Nutznießer längerer Öffnungszeiten wären', beantworten. Eine Abendöffnung wäre in der Lage, Käuferströme umzulenken, oder anders: gegenwärtig profitieren die Verbrauchermärkte von der Ladenschlußregelung.

Die Untersuchung bietet ein Indiz dafür, daß dem innerstädtischen Fachhandel durch eine Änderung des Ladenschlußgesetzes zu helfen wäre. Etwas überspitzt formuliert könnte man sagen: Der Fachhandel bietet Besonderes in ansprechender Atmosphäre - aber die Angesprochenen stehen dann, wenn sie Zeit haben, vor verschlossener Tür.

Der häufig geäußerten Ansicht, von einer Änderung des Ladenschlußgesetzes profitierten in erster Linie die Verbrauchermärkte, muß widersprochen werden: Tatsächlich ließe sich die Wettbewerbsposition des Facheinzelhandels verbessern." (Schmalen 1986, S. 399 ff.).

2.8 EMPIRISCHE BEFUNDE ÜBER DIE DERZEITIGEN REGELUNGEN IM AUSLAND

In Frankreich, Spanien und in Schweden gibt es derzeit keine Ladenschluß-Regelung. Die Ladenschlußzeiten in den übrigen Ländern Westeuropas sind in **Übersicht 1** dargestellt.

Übersicht 1. Die Ladenschlußregelung in ausgewählten Ländern Westeuropas im Jahre 1986

Land	Ladenschluß	Sonderregelung
Belgien	20.00 Uhr	Freitag bis 21.00 Uhr
Bundesrepublik Deutschland	18.30 Uhr	Großstadt-Verkehrsknotenpunkte bis 22.00 Uhr
Dänemark	17.30 Uhr	+ 6 Stunden je Woche
England	20.00 Uhr	Freitag bis 21.00 Uhr
Frankreich	keine Regelung	
Italien	22.00 Uhr	
Niederlande	18.00 Uhr	Donnerstag oder Freitag bis 21.00 Uhr
Norwegen	17.00	Freitag bis 19.00 Uhr
Österreich	18.00 - 18.30 Uhr	in Fremdenverkehrsregionen eine Stunde später
Schweden	keine Regelung	
Schweiz	18.30 - 19.00 Uhr	einmal je Woche bis 21.00 oder 22.00 Uhr
Spanien	keine Regelung	

Quelle: Textil-Mitteilungen, 42. Jg., 1987, Nr. 10, S. 57.

In der Schweiz zeigen sich zunehmend Lockerungen der Ladenöffnung. In Zürich wird die generelle Abendöffnung angestrebt, die bisher auf den Donnerstagabend beschränkt ist.

Der Regierungsrat des Kantons Basel-Stadt hat die geltenden Ladenöffnungszeiten vorübergehend verlängert.

Im Rahmen eines 18monatigen Pilotprojekts ist es den Einzelhändlern seit 19. März 1987 möglich, die Geschäfte jeweils am Donnerstag bis 21 Uhr offen zu halten.

Diese Ladenöffnung wird sich zumindest zu Beginn auf die Geschäfte der Innenstadt beschränken. Der Abendverkauf wird von

Großverteilern, Warenhäusern und zahlreichen Filialunternehmen sehr begrüßt, eine große Zahl von Fachgeschäften ist über die Neuerung gar nicht glücklich und macht nur "gezwungenermaßen" oder überhaupt nicht mit. In der Modebranche ist man mehrheitlich für den Abendverkauf (vgl. o. V. 1987d, S. 27; vgl. auch D. Saudan in vorliegendem Sammelband).

3 DIE LADENÖFFNUNGSZEITEN UND DER VERKEHR

3.1 ALLGEMEINE STELLUNGNAHMEN

Auf die Konsequenzen einer Veränderung der Ladenschlußzeiten für die Entflechtung der Verkehrsströme in den sogenannten Ballungsräumen und die Möglichkeiten einer besseren Auslastung der Verkehrsflächen für den ruhenden Verkehr, d. h. der Parkstände, wurde bereits Anfang der 60er Jahre hingewiesen (vgl. Tietz 1963, S. 13).

Diese Gedanken haben auch in einem Gutachten über die Verkehrsprobleme in den Gemeinden aus dem Jahre 1965 ihren Niederschlag gefunden.

"Über das Auseinanderziehen von Beginn und Ende der Arbeitszeiten wurde freilich schon vor der Jahrhundertwende diskutiert. Seitdem wurden immer wieder Versuche unternommen, ohne nachhaltigen Erfolg zu haben. Gerade auch in dieser Perspektive wäre es wichtig, die Öffnungszeiten der Läden zu erweitern. Sogar in den kommunistischen Ländern gibt es Einkaufsmöglichkeiten bis in den späten Abend, dort vor allem für Berufstätige bestimmt. Die einheitlichen Ladenschlußzeiten und das völlige Geschlossenhalten der Einkaufsmöglichkeiten am Sonnabennachmittag und an Sonntagen haben die Verkehrssituation noch mehr verschärft. In den Spitzenzeiten des Verkehrs werden die Verkehrsströme zusätzlich durch die vielen Berufstätigen belastet, die nach Schluß ihrer Arbeitszeit in aller Eile in irgendwelchen anderen Bezirken der Stadt noch Einkäufe zu besorgen haben. Sonnabendnachmittag und Sonntag sind dagegen die gleichen Straßen, die werktags den Verkehr nicht aufzunehmen vermögen, öde und leer." (Deutscher Gemeindetag 1965, S. 51)

3.2 WIRKUNGEN AUF DEN ÖFFENTLICHEN VERKEHR

Trotz des relativen Bedeutungsrückgangs des öffentlichen Nahverkehrs sind auch bei diesen Verkehrsmitteln Entflechtungswirkungen möglich. In Anbetracht der Auslastung dieser Verkehrsmittel außerhalb der bisherigen Morgen- und Abendspitzen steht nicht zu erwarten, daß die Kosten durch längere Abendöffnungszeiten zunehmen. Im übrigen wird der gleiche Effekt auch durch zusätzliche Verbreitung der Gleitzeit mit einer Entzerrung der Abendspitze bewirkt.

Bei öffentlichen Nahverkehrsmitteln wird durch eine Änderung der Ladenöffnungszeiten eine bessere Auslastung in den Abendstunden erreicht. Die Einhaltung der Fahrpläne bei den straßengebundenen Verkehrsmitteln und bei den schienengebundenen Straßenverkehrsmitteln wird durch Entlastung der Straßen vom Individualverkehr verbessert.

3.3 VERBESSERUNG DER VERKEHRSBEDINGUNGEN

Die Veränderung der Ladenöffnungszeiten bewirkt eine Verbesserung der Verkehrsbedingungen für den Individualverkehr in Siedlungsagglomerationen.

Durch flexible Ladenöffnungszeiten wird die zeitliche Dauer der morgendlichen Verkehrsspitze auseinandergezogen.

Für die abendliche Verkehrsspitze ist eine positive Wirkung veränderter Ladenöffnungszeiten durch die zeitliche Trennung zwischen individuellem Berufsverkehr und einzelhandelsrelevantem Arbeitsverkehr zu erwarten.

Die Auslastung von Parkständen und Parkstandsbauten wird durch eine Erhöhung der zeitlichen Nutzungsmöglichkeiten, insbesondere in den Abendstunden, verbessert.

Öffentliche Nahverkehrsmittel würden gleichmäßiger als bisher genutzt.

4 DIE LADENÖFFNUNGSZEITEN UND DIE STÄDTE

4.1 DER GEGENSTAND

Wirtschaft und Verwaltung haben gleicherweise ein Interesse daran, daß die Konsumenten alle von ihnen gewünschten Waren und Dienstleistungen bequem einkaufen können. Das hat seinen guten Grund; denn die Konsumenten sind in ihrer Eigenschaft als Erwerbstätige auch mittelbar oder unmittelbar an der Produktion und Verteilung dieser Waren und Dienste beteiligt. Das Wirtschaftswachstum ist nicht zuletzt davon abhängig, daß die Konsumenten in den Einzelhandelsbetriebstypen und an den Standorten zu den Zeiten einkaufen können, die ihren Vorstellungen entsprechen.

Die Schöpfer neuer Leitbilder für die Städte der Zukunft unterliegen der Gefahr, zwar erstrebenswerte Lösungen vorzulegen, die Überprüfung der ökonomischen Realisierbarkeit jedoch zu vernachlässigen. Dazu ein Beispiel: Ein Leitbild für neue Städte, das in den Innenstädten die Schaffung mehrerer Verkehrsebenen einschließlich einer Verlegung der Schienenstränge der Eisenbahn unter die Erde vorsieht, wird für die Wirtschaftspraxis und damit auch für den Handel erst dann von Belang, wenn Zeiträume und Finanzierungsmöglichkeiten für die Realisierung solcher Vorstellungen angegeben werden können.

In diesem Zusammenhang ist vor einer Illusion zu warnen: Eine veränderte Verteilung von Steuern auf Bund, Länder und Gemeinden bedeutet keine Veränderung des Gesamtsteueraufkommens. Eine

Lösung der Aufgaben der Städtesanierung, wie man sie sich vielfach heute vorstellt, ist nur durch spürbare Steuererhöhungen zu erreichen. Unrealistisch sind auch solche Standortvorschläge für den Einzelhandel, wie sie z.B. für das Ruhrgebiet gemacht wurden, bei denen die Forderung nach einer Verbesserung der Einzelhandelskapazitäten in den bestehenden Vorstadtzentren ohne Überprüfung der Flächenpotentiale und der Finanzierung erhoben wurde.

4.2 DIE KONSEQUENZEN FÜR DIE LADENZEITORDNUNG

Da nicht zu erwarten ist, daß in den nächsten Jahren weitgreifende Verbesserungen der Infrastruktur und Veränderungen des räumlichen Verflechtungsgefüges der Städte erfolgen können, bietet sich eine Ausweitung des Zeitraumes an, in dem städtische Aktivitäten erledigt werden können.

Die Belebung der großen Innenstädte am Abend wie auch die Verbesserung der Funktionsfähigkeit von Stadtrandgebieten und kleineren Gemeinden können durch Ausweitung von Ladenöffnungszeiten, Abendsprechstunden von Behörden und Dienstleistungsgewerbe gefördert werden.

Eine Veränderung der Öffnungszeiten wird im übrigen auch die funktionale Arbeitsteilung zwischen traditionellen Geschäftszentren und neuen Einzelhandelszentren erleichtern.

Eine verlängerte zeitliche Nutzung von Infrastrukturinvestitionen bedeutet auch eine bessere Nutzung dieser Investitionen unter Vermeidung von Engpässen.

Strebt man das Ziel einer Verbesserung der Lebensqualität an, so impliziert dies auch eine Steigerung der Leistungsfähigkeit der Hauptlebensfunktion Versorgung der Konsumenten. Sie ist nur durch eine Variation der zeitlichen Leistungsbereitschaft jener Institutionen möglich, denen Versorgungsfunktionen übertragen sind.

Die Bundesarchitektenkammer hat sich bereits im März 1973 für eine Wiederbelebung der Innenstädte nach Ende der üblichen Arbeitszeiten durch bewegliche City-Ladenschlußzeiten ausgesprochen. Dabei wird zum Ausdruck gebracht, daß u.U. auf die Samstagstätigkeit in den meisten Ladengeschäften verzichtet werden könnte. Der Vorschlag, Modellversuche mit veränderten Öffnungszeiten durchzuführen, ist bereits wiederholt gemacht worden. Es ist zu empfehlen, ihn ernsthaft in Erwägung zu ziehen.

5 DIE LADENÖFFNUNGSZEITEN UND DIE KONSUMENTENVERSORGUNG

Durch die zeitliche Schließung des Marktes ist die Versorgungsmöglichkeit begrenzt und damit die Konsumfreiheit eingeengt. Die Ansprüche der Konsumenten hinsichtlich der Leistungsbereitschaft und damit der Ladenöffnungszeit nehmen infolge der im Zeitverlauf steigenden Kaufkraft und des zunehmenden Angebots an Einzelhandelswaren sowie an unterschiedlichen Einzelhandelsbetriebstypen zu.

Die Unzuträglichkeit der Ladenöffnungszeiten kommt nicht zuletzt im folgenden Slogan der Karstadt AG für das Möbelhaus in Mülheim-Heißen zum Ausdruck:

"Das Land des Wohnens ist sonntags von 11.00 Uhr bis 18.00 Uhr geöffnet. Dann ist zwar kein Verkauf, aber sie können probeplanen, probemessen, probesitzen, probefühlen, probevergleichen."

Das Ladenschlußgesetz behindert das Streben der Konsumenten nach Markttransparenz.

6 DER EINFLUSS DER LADENÖFFNUNGSZEITEN AUF DEN WETTBEWERB

6.1 DER WETTBEWERB IM EINZELHANDEL

Bei der Entscheidung der Konsumenten für Güter können folgende Typen der Konkurrenz unterschieden werden:

1. Warenkonkurrenz,
2. Waren-Dienste-Konkurrenz,
3. Dienstekonkurrenz
4. Konsum-Spar-Konkurrenz.

Die Aktivitäten des Handels sind durch eine Kombination von Warenleistungen mit Dienstleistungen gekennzeichnet.

So ist auch zu fragen, wie durch die zeitliche Begrenzung der Ladenöffnungszeiten in Einzelhandelsbetrieben gegenüber zeitlich unbegrenzt anbietenden Dienstleistungsunternehmen die Nachfrage nach Einzelhandelswaren beeinflußt wird.

Gefragt wird z.B. nach der Konkurrenz zwischen der Nachfrage nach Nahrungs- und Genußmitteln im Einzelhandel und der Nachfrage in gastronomischen Betrieben.

Im Rahmen der totalen Konkurrenz sind bei einer Behinderung der Leistungsbereitschaft der Einzelhandelsbetriebe Verschiebungen in andere Nachfragekategorien zu überprüfen.

6.2 FÖRDERUNG DES WETTBEWERBS DURCH LIBERALE ÖFFNUNGSZEITEN

Der Leistungswettbewerb ist das zentrale Steuerungs- und Wachstumsinstrument der sozialen Marktwirtschaft. Der Wettbewerb wird durch Liberalisierung der Ladenöffnungszeiten gefördert.

Die Beschränkung der zeitlichen Leistungsmöglichkeit in ausgewählten Wirtschaftszweigen beeinträchtigt die Funktionsfähigkeit des Wettbewerbs in der zeitlichen Dimension.

Der Einzelhandel bedarf als ein entsprechend der gesamtwirtschaftlichen Entwicklung wachsender Wirtschaftszweig keiner Einschränkung seiner zeitlichen Gestaltungsalternativen.

Bei einer Liberalisierung der Ladenöffnungszeiten bleibt es jedem Unternehmer überlassen, dann zu öffnen, wann er dies für zweckmäßig hält. Wer negative Erwartungen an die zeitliche Veränderung knüpft, wird keine Veränderung vornehmen; wer positive Erwartungen hat, wird öffnen. Wer meint, daß die bisherigen Preise nur bei der jetzigen Öffnungszeit zu halten sind, sollte unbedingt früh schließen. Durch die von Gegnern veränderter Öffnungszeiten vermuteten Preissteigerungen bei den Abendöffnern könnten sich für Kurzzeitöffner Vorteile ergeben, daß sie weiterhin billiger verkaufen können.

Die Konsumenten dürften bereit sein, zusätzliche Zeitbequemlichkeit ähnlich zu honorieren wie zusätzliche Produktbequemlichkeit.

Die Dynamik der Betriebsformen wird durch liberalisierte Ladenöffnungszeiten gefördert. So ist das Entstehen von Catalogue Showrooms in den Vereinigten Staaten weitgehend auf die liberalen Öffnungszeiten zurückzuführen, da die Waren, die nach Katalog ausgesucht werden, bevorzugt in den Abendstunden abgeholt werden.

Es ist unzweckmäßig, Aspekte der Sozialgesetzgebung mit der Wettbewerbsgesetzgebung zu verknüpfen. In anderen Wirtschaftszweigen ist dies auch nicht der Fall.

Der Anteil des Einzelhandelsumsatzes am Privaten Verbrauch sowie die Art der nachgefragten Waren sind unabhängig von der Ladenöffnungszeit. Die totale Konkurrenz zwischen Waren und Diensten wird bei Restriktion der Zugänglichkeit im Warenbereich und Verzicht auf derartige Einschränkungen im Dienstebereich nur unvollkommen wirksam. Dienste werden im Wettbewerb infolge der uneingeschränkten Zugriffsmöglichkeiten begünstigt.

Sundhoff erwähnt folgende Konsequenzen des Zeitdruckes durch Ladenzeitverkürzungen:

"a) Konsumverlagerung von den Sachgütern zu den Dienstleistungen wie Reise, Theater u. dgl.

b) Hemmung der Entwicklung des Ladenhandels und Förderung des Umsatzes von Versandhäusern, Gaststätten u. dgl.

c) Innerhalb des Ladenhandels stärkere Bevorzugung solcher Betriebe, die leicht erreichbar sind, mit Schnellbedienungsverfahren arbeiten, über ein Universalsortiment verfügen.

Die Auswirkungen sind jedoch bei den einzelnen Waren sehr unterschiedlich, da diese in ihrer Absatzelastizität, bezogen auf die zeitliche Erschwerung, erheblich voneinander abweichen." (Sundhoff 1960, Sp. 3647 f.).

7 DIE WIRKUNG DER LADENÖFFNUNGSZEITEN AUF DIE PRODUKTIVITÄT DES DES EINZELHANDELS

Von besonderem Interesse sind die Wirkungen der Ladenschlußregelungen auf die Produktivität der im Einzelhandel eingesetzten Faktoren. Der Sachmitteleinsatz wird durch die Anpassung der zeitlichen Leistungsbereitschaft an die Nachfrageschwankungen besser genutzt als bisher. Überdies können bei Abendöffnungszeiten die Schwierigkeiten der Arbeitsmarktsituation im Einzelhandel durch Gewinnung von Teilzeitbeschäftigten gemildert werden. Auch kleinere und mittlere Betriebe haben diese Möglichkeiten.

Aussagen über eine Änderung der Produktivitäten bei kleinen und mittleren Unternehmen infolge einer Neuordnung von Ladenöffnungszeiten sind davon abhängig,

- welche Marktsituation für diese Unternehmen gegeben ist,

- welche Nachfrageänderungen durch eine Ladenöffnungszeitänderung für diese Unternehmen zu erwarten sind.

Ein Argument gegen Veränderungen der Ladenöffnungszeiten beruht darauf, daß die Nachfrage der Konsumenten in Ladeneinzelhandlungen sich nicht verändern wird. Die Argumentation der Gegner einer Liberalisierung der Öffnungszeiten lautet dann wie folgt: Wenn keine Veränderung der Nachfrage bei längerer Öffnungszeit auftritt, dann steigen die Kosten infolge der erhöhten Leistungsbereitschaft und schließlich auch die Preise, die die Konsumenten zu entrichten haben.

Dieses Argument ist nicht zwingend, da die Unternehmen wie bisher auch in Zukunft Lösungsmöglichkeiten suchen werden, die eine Steigerung der Personalproduktivität erbringen und einen Preisanstieg verhindern oder zumindest minimieren.

Durch eine Verminderung von Beschäftigungsschwankungen sind zudem Erhöhungen der Flächenproduktivität zu erwarten.

Vergleichsweise höhere Personal- und Flächenproduktivitäten bedingen eine bessere Auslastung der Kapazitäten und damit einen produktiveren Kapitaleinsatz, d.h. höhere Kapitalauslastung oder niedrigere Kapitalkoeffizienten.

8 DIE LADENÖFFNUNGSZEITEN UND DER VOLKSWIRTSCHAFTLICHE NUTZEN

Die Liberalisierung der Ladenöffnungszeiten dürfte einen volkswirtschaftlichen Nutzen erbringen.

Man kann durch eine Kosten-Nutzen-Analyse vom Standpunkt der Konsumenten, der Erwerbstätigen, der Einzelhandlungen und der regionalen Gebietskörperschaften die Wirkungen veränderter Öffnungszeiten überprüfen.

Durch das Festhalten an starren Regelungen werden z.B. vergeudet:

- Einzelhandelskapazitäten an den Abenden und an Wochenenden,
- Freizeitkapazitäten während der üblichen Arbeitswochentage.

Im Vordergrund bleiben die Argumente bezüglich der Arbeitszeit. Trotz eines hohen technisch-organisatorischen Entwicklungsstandes verharren viele Gegner veränderter Öffnungszeiten in einer an der Agrarwirtschaft orientierten Zeitordnung. Die gleitende Arbeitszeit wie auch die Tendenz zur Vier-Tage-Woche sind in Verbindung mit der zeitlichen Regelung aller Marktentnahmemöglichkeiten Elemente einer umfassend zu betrachtenden Zeitordnung, die sich nicht nur auf die Berufsarbeit bezieht.

Es ist zu erwarten, daß insbesondere ehemalige Verkaufskräfte im Einzelhandel durch Abendöffnung für ihren früheren Beruf wiedergewonnen werden können. Dabei ist in erster Linie an ehemalige Mitarbeiterinnen im Einzelhandel zu denken. Beispiele in den Vereinigten Staaten zeigen, daß durch flexible Ladenzeitregelung am Abend qualifizierteres Personal als am Tag gewonnen werden konnte.

Die Bedeutung der Teilzeitbeschäftigung im Handel und damit die Möglichkeit zur Erhöhung der gesamtwirtschaftlichen Erwerbsquote sowie die Verbesserung der Allokation der Ressourcen nehmen bei liberaler Öffnungszeit zu. Die Anzahl der Stunden ist rückläufig; die Anzahl der Beschäftigten steigt an.

Durch zeitflexible Gestaltung der Berufstätigkeit wird den individuellen Ansprüchen der im Einzelhandel Tätigen wie auch einer besseren Ausschöpfung des Arbeitsmarktes Rechnung getragen.

Faktisch beschränken sich bestimmte Unternehmen auf nachmittägliche Halbtagsöffnung, so
- Bessmann Bekleidungsfachmarkt,
- Boss, Metzingen (nur an drei Wochentagen geöffnet),
- Weinschlauch,
- Jacques Weindepot.

Man kann somit auch Markterfolge verzeichnen, wenn man die klassischen Öffnungszeiten nicht ausnutzt. Abendöffnungen dürften tendenziell zu Öffnungszeitverlagerungen, nicht zu -verlängerungen führen.

9 ZU DEN PRAKTISCHEN LÖSUNGSMÖGLICHKEITEN

Folgende Lösungsmöglichkeiten für eine Neuregelung des Ladenschlusses im Einzelhandel seien erwähnt:

1. die totale Aufhebung des Ladenschlußgesetzes,

2. die Beibehaltung einer Ladenschlußregelung

a) mit starrem Zeitrahmen im Jahresablauf, und zwar Verlängerung der Ladenöffnungszeit an einem oder zwei Abenden in der Woche mit
   a_1) unveränderter Samstagsregelung und einem zusätzlichen halben Tag Ladenschluß,
   a_2) Aufhebung der Samstagsregelung ohne Schließung an einem anderen halben Tag in der Woche,

b) mit flexiblem Zeitrahmen im Jahresablauf, wie a), jedoch mit zusätzlichen Ladenöffnungszeiten an Abenden und Wochenenden in Zeiträumen erhöhter Nachfrage, z.B. vor Ostern und Weihnachten.

Konkret werden heute diskutiert:

1. die Erweiterung der Samstagsöffnung vom "langen Samstag" auf alle Samstage,

2. die Öffnung am Abend bis 21.00 Uhr oder 22.00 Uhr, und zwar nur an einem Abend, bewußt diskutiert wird der Donnerstag.

Diese Lösungen könnten kombiniert werden.

Bisherige Abendöffnungsexperimente, so in der Klettpassage in Stuttgart, ermuntern zu neuen Experimenten, gleicherweise die günstigen Erfahrungen mit der Öffnung an einem oder mehreren Abenden in der Woche im Ausland.

Die 1985 eröffnete Möglichkeit zu einer Abendöffnung auf "öffentlichen" Flächen ist eine halbherzige Regelung mit einer tendenziellen Bevorzugung vergleichsweise teurer Betriebstypen.

Chancen auf eine Realisierung hat der Dienstleistungsabend, konkret die Öffnung Donnerstag nicht bis 18.30 Uhr, sondern bis 21.00 Uhr.

Die zunehmenden Voraussetzungen für den medialen Einkauf, d.h für das Teleshopping und Homeshopping, an 24 Stunden werden Ladenöffnungsdiskussionen bereits in Kürze obsolet machen.

Da die Nutzung von neuen Medien unabhängig von den Ladenöffnungszeiten erfolgen kann, werden diese mehr als alles andere langfristig eine Änderung des geltenden Ladenschlußgesetzes bewirken.

10 BEFÜRWORTER UND GEGNER

Es gibt Befürworter und Gegner einer Ladenzeitliberalisierung.

Die F.D.P fordert aus folgenden Gründen eine Ladenschlußänderung (vgl. Funcke 1980):

1. Immer mehr Frauen sind erwerbstätig.

2. Immer mehr Ehepaare wollen Dinge oberhalb des täglichen Bedarfs gemeinsam einkaufen.

3. Durch die Aussiedlung von Gewerbebetrieben aus den Innenstädten einerseits und durch den Bau von Wohnsiedlungen außerhalb der Betriebszentren andererseits verlängerten sich für viele Erwerbstätige die Wege zwischen Betrieb, Wohnort und Einkaufszentren.

4. Allgemein ist die Arbeitszeit verkürzt und für die meisten Erwerbstätigen auf fünf Wochentage verteilt worden.

5. Unaufhörlich steigen die Umsätze der Verkaufsstellen, die dem Ladenschluß nicht unterliegen, wie Versandhandel, Bahnhofsgeschäfte, Tankstellen, Großhandel.

Nach Auffassung der F.D.P. soll ein Ladenschlußgesetz eingeführt werden, "das den heutigen Gegebenheiten Rechnung trägt und das den Ladenbesitzern eine individuellere Festsetzung der Öffnungszeiten innerhalb eines vorgegebenen Raumes erlaubt." (Haussmann 1982)

Den mittelständischen Einzelhandelsunternehmen würde dies eine Umsatzsteigerung bringen, da sie ihre Öffnungszeiten stärker den Kundenbedürfnissen anpassen könnten (vgl. Haussmann 1980). Dadurch werde dem Verbraucher die Gelegenheit gegeben, in Ruhe einzukaufen, einen besseren Qualitätsvergleich der Waren vorzunehmen. Eine Novellierung sei auch unter arbeitsmarktpolitischen Aspekten von Vorteil. Durch sie könnten neue Teilzeitarbeitsplätze, besonders für Frauen, geschaffen werden (vgl. o.V. 1980). Darum wird vorgeschlagen, praktische Versuche durchzuführen, die nicht eine Verlängerung, sondern eine Verschiebung der Ladenöffnungszeiten mit sich bringen sollen. Als Ausgleich zu einem oder zwei verkaufsoffenen Abenden soll ein verkaufsfreier Samstag sowie eine generelle Kürzung der wöchentlichen Arbeitszeit vorgesehen werden. Es soll auch den Verkäufern und Verkäuferinnen zumindest einmal im Monat ein langes Familienwochenende gewährleistet werden (vgl. o.V. 1983).

Die CDU hat im Oktober 1984 in einer Ausarbeitung über den Mittelstand ebenfalls eine Überprüfung des Ladenschlusses angeregt. Dabei gehe es weniger um eine beliebige Ausweitung der Ladenöffnungszeiten als vielmehr um die Stärkung der kleinen und mittelständischen Unternehmen des Handels und eine Anpassung an die neuen Bedingungen des Marktes.

Heftige Gegner einer Liberalisierung des Ladenschlusses sind die Gewerkschaften. Ihre Argumentation läßt sich wie folgt zusammenfassen:

- Die möglichen wöchentlichen Ladenöffnungszeiten werden je nach der branchenspezifischen Bedeutung und je nach Standort heute schon nicht voll ausgenutzt. Dieses gilt insbesondere für Einzelhandelsbetriebe in Einkaufszentren sowie Warenhäusern. Die Ladenöffnungszeit ist heute vielfach bereits von morgens 7.00 Uhr auf 9.00 Uhr zurückverlegt worden. Es gibt

Tendenzen, die Öffnungszeiten auf 9.30 Uhr und 10.00 Uhr festzulegen.

- Das Angebot der öffentlichen Verkehrsträger müßte überarbeitet werden. Die Fahrpläne der Nahverkehrsbetriebe sind allesamt darauf abgestellt, daß bereits ab ca. 17.30 Uhr eine sogenannte Verdünnung des Verkehrsangebots einsetzt.

- Ca. 70 % der im Einzelhandel Beschäftigten, ca. 2,2 Mill. Arbeitnehmer, sind Frauen. Der weit überwiegende Teil ist verheiratet und hat im "Nebenberuf" noch eine Familie zu versorgen. Diese über 1,5 Mill. Frauen hätten mit einer wesentlichen Verschlechterung ihrer Arbeits- und Lebensbedingungen zu rechnen.

- Die Lebensgewohnheiten der Bürger sind so ausgerichtet, daß bereits gegen 17.00 Uhr 80 % der Arbeitnehmer den Heimweg angetreten bzw. bereits hinter sich haben.

- Die Ladenöffnung an einem späten Abend kostet Geld. Neben den Personalkosten selbstverständlich erweiterte Stromkosten für alle technischen Anlagen, Klimaanlagen usw. Diese Mehrkosten müssen sich automatisch auf die Preise verlagern. Die Ausweitung des Energiebedarfs ist aus Gründen des Spätverkaufs volkswirtschaftlicher Unsinn.

- Die Verkehrsprobleme würden sich nicht lösen. Die Hauptverkehrszeit ist von 16.00 bis 17.30 Uhr am Abend, also wenn die Masse der Arbeitnehmer Feierabend hat, nicht erst nach Ladenschluß.

- Öffentlicher Nahverkehr ist ohne erhebliche, zusätzliche Aufwendungen aus Steuermitteln nicht finanzierbar. Deshalb besteht die Tendenz des Abbaus an Fahrbereitschaft nach Abschluß der rush-hour. Allein aus Kostengründen ist zusätzliche Dienstbereitschaft nicht erwünscht.

- Verlängerung der Ladenöffnungszeiten führt zu vermehrten Belastungen von Arbeitnehmern anderer Wirtschaftszweige durch Verstärkung der Schichtarbeit, zum Beispiel im öffentlichen Nahverkehr, bei Polizei, Krankenhäusern, Kindergärten, bei der Energieversorgung etc.

- Es finden sich auf Dauer gesehen kaum Beschäftigte (und wenn überhaupt, dann nur gegen eine bessere Bezahlung als tagsüber) für die Abendverkäufe. Teilzeitarbeitssuchende wollen fast ausschließlich vormittags arbeiten.

- Die Annahme, daß durch eine Veränderung des Ladenschlußgesetzes zusätzliche Arbeitsplätze geschaffen werden können, übersieht die betriebliche Praxis des Personaleinsatzes und der Arbeitszeitverteilung im Handel. Schon gegenwärtig werden zum Nachteil der betroffenen Arbeitnehmer die Arbeitszeiten im Handel immer stärker an die Kundenfrequenzströme angepaßt. Bei einem Abendverkauf würde aller Erfahrung nach nicht zu verhindern sein, daß anstelle von zusätzlichen Arbeitskräften lediglich eine Verschiebung zu den Arbeitszeiten der bereits Beschäftigten Platz greift.

- Der Wettbewerb in der Branche hat eindeutig Verdrängungscharakter, teilweise muß von einem echten Vernichtungswettbewerb gesprochen werden. Die Statistiken über Betriebs- bzw. Unternehmensschließungen im Handel sprechen eine deutliche Sprache. Die sogenannte "Liberalisierung" des Ladenschlußgesetzes würde die Großbetriebe weiter begünstigen. Weitere Umsatzverlagerungen in einer Zeit von stagnierendem oder gar rückläufigem Konsumverhalten würden wettbewerbsschwächere, häufig aber personalintensive Vertriebsformen, darunter viele mittelständische Betriebe, in ihrer Existenz gefährden.

- Es gibt keinen Zweifel daran, daß die Kosten für die längere Ladenöffnung (Zuschlag für Überstunden und Nachtarbeit, Energiekosten etc.) über Preiserhöhungen an die Verbraucher weitergegeben werden.

11 SCHLUSSBEMERKUNG

Mehrere Entwicklungstendenzen werden die Ladenschlußdiskussion neu beleben und mit Sicherheit zu Änderungen führen:

1. das fehlende Verständnis der Einwohner für die mangelnde Dienstleistungsbereitschaft,

2. die Auswirkungen der neuen Medien auf den stationären Einzelhandel,

3. die abgeschwächte Vitalität und Umsatzentwicklung in den Innenstädten.

Unerläßlich ist dabei, daß nicht nur der Einzelhandel, sondern auch freie Berufe, Dienstleistungsbetriebe, Behörden und Organisationen in ein Konzept der zeitlichen Auflockerung eingebunden werden.

LITERATUR

Borght, R. van der (1907): Handel und Handelspolitik, Leipzig 1907

Deutsche Angestellten-Gewerkschaft (Hrsg.) (1983): Ladenschlußgesetz im Kreuzfeuer der Meinungen, Hamburg 1983

Deutscher Gemeindetag (Hrsg.) (1965): Verkehrspolitik, Raum ordnung, Gemeinden, Bad Godesberg 1965

Funcke, L. (1980): Ladenschluß überprüfen. In: Pressedienst der F.D.P., Bonn 1980

Haussmann, H. (1980): Ein flexibler Ladenschluß bringt allen Vorteile. In: Pressedienst der F.D.P., Bonn 1980

Haussmann, H. (1982): Ein verkaufsoffener Abend pro Woche,Pressedienst der F.D.P., Bonn 1982

Müller, L. (1970): Gaststättengesetz vom 5. Mai 1970 - Kommentar, Stuttgart 1970, S. 16m, zit. nach: Aengenendt, R.: Ladenöffnungszeiten im Einzelhandel, Köln 1971

o.V. (1980): Die starre Front der Nein-Sager beginnt aufzuweichen. In: Pressedienst der F.D.P., Bonn 1980

o.V. (1983): F.D.P. bleibt bei ihren Vorschlägen zur flexiblen Gestaltung des Ladenschlusses. In: Pressedienst der F.D.P., Bonn 1983

o.V. (1984): Nicht an Sonn- und Feiertagen - Gericht untersagt Videoverleih. In: Saarbrücker Zeitung, Nr. 2, 3. Januar 1984, S. 17

o.V. (1987a): Der "Dienstleistungsabend". In: Textil-Wirtschaft, 42. Jg., Nr. 8, 19. Februar 1987, S. 12

o.V. (1987b): Mittwochs bis halb neun. In: Textil-Wirtschaft, 42. Jg., Nr. 8, 19. Februar 1987, S. 12-14

o.V. (1987c): Wenn schon, dann Kaufabend. In: Textil-Wirtschaft, 42. Jg., Nr. 20, 14. Mai 1987, S. 1

o.V. (1987d): Auch in Basel abends offen. In: Textil-Wirtschaft, 42. Jg., Nr. 10, 5. März 1987, S. 27

Reichert, K. (1971): Das Ladenschlußproblem in der Bundesrepublik Deutschland, Wien 1971

Schenk, H.-O. (1972): Das Ladenschlußgesetz. In: Wirtschaftswissenschaftliches Studium, 2. Jg., 1972, Nr. 8, S. 370-371

Schmalen, H. (1986): Erhöhung der Innenstadt-Attraktivität durch veränderte Ladenöffnungszeiten. In: Jahrbuch der Absatz- und Verbrauchsforschung, 32. Jg., 1986, Nr. 4, S. 392-401

Schoneweg, R. (1955): Ladenzeiten im Einzelhandel, Köln-Opladen 1955

Stern Anzeigenabteilung (Hrsg.) (1987): Der Ladenschluß in der politischen Diskussion - der Wunsch der Bürger nach mehr Einkaufszeit, Hamburg 1987

Sundhoff, E. (1960): Ladenschlußzeiten. In: Handwörterbuch der Betriebswirtschaft, 3. Bd., Stuttgart 1960, Sp. 3647-3649

Tietz, B. (1963): Die Sanierung unserer Städte, Konzeptionen und Maßnahmen. In: Handelsblatt, 18. Jg., Nr. 54, 20. März 1963, S. 13

Tietz, B. (1973): Ladenzeitordnungen im Umbruch, Stuttgart 1973

Zellekens, H.-J.(1981): Ladenschluß und kein Ende. In: Die Betriebswirtschaft, 41. Jg., 1981, Nr. 1, S. 23-28

Ladenschluß und Ordnungspolitik

Hans H. Glismann und Sighart Nehring, Kiel

Der Beitrag setzt sich kritisch mit den Thesen auseinander, die gegen eine Liberalisierung des Ladenschlußgestzes ins Feld geführt werden (zu lange bzw. zeitlich ungünstige Arbeitszeit, Konzentrationsförderung, Preissteigerung, Umsatzneutralität, Arbeitsplatzvernichtung, mangelndes Verbraucherinteresse). Er kommt zur Erkenntnis, daß die Gründe, die für ein striktes Beibehalten des geltenden Ladenschlußgesetzes angeführt werden, weder ordnungspolitisch relevant noch gesamtwirtschaftlich oder gesellschaftlich schlüssig sind. Die im Interesse von Verbänden und Gewerkschaften vorgetragenen Argumente gegen eine Liberalisierung werden im einzelnen entkräftet.

1 VORBEMERKUNG

Die andauernde Debatte um den Ladenschluß in der Bundesrepublik ist nicht allein vom Grundsätzlichen, vom Ordnungspolitischen geprägt. Sie zeigt auch bemerkenswerte Asymmetrien bezüglich der Zukunftssicherheit. Wie wird sich wohl eine Freigabe der Ladenschlußzeiten ("Liberalisierung") auf den Konzentrationsprozeß im Einzelhandel auswirken? Wie auf den kleinen Einzelhändler? Auf das große Warenhaus? Auf die Arbeitszeit von Eigentümern und Angestellten des Einzelhandels? Auf die Ladenöffnungszeiten? Da antwortet der Ordnungspolitiker: Er wisse es nicht. Viel schlimmer noch, diese Details seien auch nicht relevant, weil es um viel Wichtigeres ginge, um die Entscheidungsfreiheit von Nachfragern und Anbietern. Betroffene, Politiker, die Verbandsfunktionäre und viele Sozialwissenschaftler sind da ganz anders. Sie glauben, die Zukunft nach einer Freigabe der Ladenschlußzeiten zu kennen: Die Konzentration im Einzelhandel wird zunehmen (Batzer 1984 a), mittelständische Unternehmen werden in den Konkurs getrieben, während die Großen sich ausdehen (Batzer 1984b, Triesch 1984), die Arbeitszeit wird steigen (DAG 1983, Doss 1984), die Ladenöffnungszeiten werden noch länger, die Verbraucherpreise höher (Gartz 1984) und die Gewinne ruinös niedrig, weil schon jetzt nach 18.00 Uhr kaum noch ein Kunde kommt.

Handelsforschung 1987
Hrsg. Volker Trommsdorff

Die Argumente für und wider die Begrenzung der Ladenöffnung und die Kontrolle der Begrenzung sind längst ausgetauscht; besagen tun sie durchweg nichts. Was sich mit Argumenten "beweisen" läßt, kann auch mit Argumenten "widerlegt" werden; Hegel hat das einmal sehr treffend formuliert. In unserer, wie viele ernsthaft glauben, die Ratio in den Vordergrund rückenden Zeit wird der Austausch von Argumenten freilich oft zum Angelpunkt für wirtschaftliche oder politische Entscheidungen gemacht; das "Feuer der Diskussion" läßt gewissermaßen darwinistisch die schlechten und daher falschen Argumente auf abstrakter und für das Ganze unschädlicher Ebene scheitern. Das wiederum kann mit "guten" Argumenten bestritten werden. Denn vielleicht gewinnt nicht das bessere Argument, sondern der schönere Vortrag, die schönere oder kräftigere Persönlichkeit des Vortragenden oder einfach die Zahl oder die Finanzkraft der hinter einer Argumentation stehenden Klientel.

Mit anderen Worten: Argumente sind wie Thesen, die es zu überprüfen gilt, bevor sie akzeptiert oder abgelehnt werden. Eine solche Überprüfung kann nicht wiederum durch Argumente erfolgen, sondern nur durch Konfrontation mit der Realität, d.h. durch den empirischen Test. Ein großer Teil der Argumente ist relativ einfach zu überprüfen, weil einige Länder - Schweden, Frankreich, Vereinigte Staaten - kein Ladenschlußgesetz (LSG) haben. Überdies gibt es unter diesen Ländern einen Fall, anhand dessen die Auswirkungen einer Umstellung von reglementierten zu unreglementierten Öffnungszeiten im Einzelhandel zu beobachten sind, nämlich Schweden, das seit 1972 auf ein LSG verzichtet.

Aus ordnungspolitischer Sicht wirkt ein Gesetz, das den Rahmen von Betriebs- und Arbeitszeiten verbindlich vorschreibt, wie eine Marktzugangsbeschränkung. Das bedeutet konkret: Das Gesamtangebot ist geringer als es sein könnte, die Produktions- und Nachfragestrukturen - gesamtwirtschaftlich wie auch innerhalb der regulierten Branche - sind verzerrt, und die Nachfrager müssen mehr bezahlen, als es ohne Regulierung der Fall wäre. Eben dies wird von den Verteidigern des status quo, der Regulierung, bestritten. Mehr noch, die aus ordnungspolitischer Sicht zu erwartenden Effekte werden sogar ins Gegenteil verkehrt. Argumentativ "begründen" läßt sich, wie schon gesagt, von allem auch das Gegenteil.

2 DIE THESEN UND DIE WIRKLICHKEIT AM BEISPIEL SCHWEDENS

Was aber ergibt der empirische Test, wie ist es in (der) Wirklichkeit? Im Kieler Institut für Weltwirtschaft ist dies unlängst untersucht worden (Stehn 1987); einige Ergebnisse zu zentralen Thesen der LSG-Befürworter sollen hier festgehalten werden:

These 1: Der Einzelhandel braucht das LSG, um die Arbeitnehmer vor zu langer Arbeitszeit zu schützen (Arbeitsschutz-These).

Diese These hält einer kritischen Überprüfung nicht stand: Zum einen besteht in der Bundesrepublik kein Zusammenhang zwischen gesetzlicher Ladenöffnungszeit (derzeit 68,5 Stunden, einschließlich langer Samstag) und tariflicher Wochenarbeitszeit (38,5 Stunden). Zum anderen zeigt das Beispiel Schwedens, daß die Ladenöffnungszeiten nach Liberalisierung zum Teil sanken (Damen- und Herrenoberbekleidung), zum Teil unverändert blieben (Möbelhandel, Kaufhäuser, SB-Großmärkte) und nur zum Teil stiegen (Lebensmittelhandel). Die in Schweden bis 1972 bestehenden, für alle Geschäfte einheitlichen Ladenschlußvorschriften führten offenbar zu einer Verzerrung der Öffnungszeiten zwischen den verschiedenen Sparten des Einzelhandels, brachten aber keine Arbeitszeitverkürzung.

These 1*: Es ist unsozial, den Beschäftigten eines Bereichs Arbeit in den Abendstunden zuzumuten, während andere frei haben (Volkmar 1984).

Auch diese Unterthese verfälscht die Wirklichkeit. Tatsächlich ist in der Bundesrepublik in anderen Wirtschaftszweigen - wie etwa in der Industrie, der Gastronomie, im Verkehrs- oder Gesundheitswesen - die Arbeitszeit nicht gesetzlich geregelt. Selbst im Großhandel gibt es keinen derartigen "Schutz" (Gutowski 1986). Wie kann die Gleichstellung mit anderen Wirtschaftszweigen und mit der Mehrheit der arbeitenden Bevölkerung unsozial sein? Außerdem: In Schweden gab es nach der Freigabe der Ladenöffnungszeiten keinerlei Probleme bei der Nachfrage nach Arbeitskräften, weder extern auf dem Arbeitsmarkt, noch intern; 65 % der schon Beschäftigten meldete sich, nicht zuletzt wegen der Lohnzuschläge, freiwillig (Stehn, S. 10 f.). Nichts spricht dagegen, daß die Bereitschaft, abends oder sonntags zu arbeiten, wie in Schweden auch in der Bundesrepublik außerordentlich hoch ist (Hausfrauen, Studenten sowie andere Teilzeitkräfte).

These 2: Die Aufhebung des LSG fördert den ohnehin bestehenden Konzentrationsprozeß im Einzelhandel.

Auch hier deutet die Evidenz auf das Gegenteil hin. In Schweden war die Zahl der Einzelhandelsunternehmer in den zehn Jahren vor der Liberalisierung um fast ein Drittel gesunken; in der Bundesrepublik um knapp 18 %. Die Liberalisierung hatte dann eine gewaltige Gründungswelle im Gefolge; 1972 bis 1982 stieg die Zahl der Einzelhandelsunternehmen in Schweden um über 40 % (in der Bundesrepublik um 1,8 vH). Betrachtet man die Neugründungen genauer, so zeigt sich, daß

(1) die Zahl der kleineren Unternehmen genau so stieg wie die der großen - das ist sicher nicht als Konzentration zu definieren - und daß

(2) die meisten Neugründungen in den Bereichen "Möbel, Elektronik, Eisenwaren" erfolgten.

Anders als in Schweden ist in der Bundesrepublik unter der Herrschaft des LSG der Konzentrationsprozeß fortgeschritten: Sank dort der Anteil der größeren Einzelhändler - mit 20 und mehr Beschäftigten - 1979 bis 1983 von 34 % auf 31 %, so stieg er im gleichen Zeitraum in der Bundesrepublik von 62 % auf 65 %. Wenn es den von Interessenvertretern genannten Zusammenhang zwischen Ladenschlußregeln und Konzentration tatsächlich gibt und wenn man wie diese Interessenvertreter die Konzentration offenbar nicht wünscht, dann müßte das LSG umgehend abgeschafft werden.

These 3: Eine Liberalisierung der Ladenöffnungszeiten erhöht die Kosten des Einzelhandels und wirkt dadurch preistreibend.

Auch hier läßt sich trefflich für und wider argumentieren. Beobachten konnte man in Schweden folgendes: Der Anteil der Lohn- und Gehaltssumme am Einzelhandelsumsatz stieg in der Tat nach der Liberalisierung - bis Ende 1973. Dies war offensichtlich auf die Lohnzuschläge für die Abend- und Wochenendarbeit zurückzuführen. In den Jahren danach stieg die Arbeitsproduktivität deutlich stärker an (von 1976 bis 1982 um rund 106 %) als die nominalen Löhne insgesamt (im gleichen Zeitraum um 47 %), so daß im Jahre 1982 der Anteil der Lohn- und Gehaltssumme am Umsatz unübersehbar unter dem von 1971 lag.

Was die im Einzelhandel wesentlichen Raumkosten anlangt, so zeigt die aufgeführte Kieler Untersuchung, daß nach verschiedenen Kriterien - Investitionstätigkeit, Umsatz je Verkaufsfläche (= "Kapitalproduktivität") und Verkaufsfläche je Beschäftigten [1] (= "Kapitalintensität") - die Kapitalproduktivität in der Bundesrepublik um 35 % niedriger ist als in Frankreich und die Kapitalintensität um 21 % höher. In Frankreich gibt es kein Ladenschlußgesetz; Daten für Schweden waren nicht erhältlich.

Das bedeutet, daß die Liberalisierung aller Voraussicht nach zu einer besseren Nutzung von Kapital, Räumen und Arbeit führen wird. Insgesamt gesehen werden sich die Gesamtkosten im Einzelhandel daher verringern. Inwieweit dies die Gewinnsituation im Einzelhandel verbessern hilft oder inwieweit die Konsumenten über niedrigere Preise die "Liberalisierungsrente" abschöpfen werden (oder eine Kombination von beidem), ist gesamtwirtschaftlich eher zweitrangig. Entscheidend ist der Anstieg der gesamtwirtschaftlichen Effizienz.

These 4: Die Liberalisierung bringt dem Einzelhandel kein Mehr an Umsatz, sondern lediglich eine zeitliche Umverteilung der Verkäufe.

In einer Wettbewerbswirtschaft, die wegen ihrer Dynamik keine festen Größen kennt, ist es eigentlich müßig, darüber zu spekulieren, wie sich Umsatz oder Rendite im Einzelhandel ohne Ladenschlußgesetz ändern würden: Es kann nicht Aufgabe einer allgemeinen Gesetzgebung sein, Umsätze oder Renditen irgendeiner Gruppe von Bürgern zu fixieren.

---

[1] Genauer: je vollzeitäquivalenter Beschäftigtenzahl.

Doch wie war es in Schweden? Soweit die - nur bis 1969 zurückreichenden - Daten zeigen, stieg der reale (= preisbereinigte) Einzelhandelsumsatz nach der Freigabe der Öffnungszeiten kräftig an. Das muß nicht bedeuten, wie Stehn argumentiert, daß die Konsumausgaben insgesamt gestiegen sind. Betrachtet man den Anteil des Einzelhandelsumsatzes am privaten Konsum, so wird deutlich, daß hier Strukturverschiebungen innerhalb der Konsumausgaben erfolgten: Der Anteil des über den Einzelhandel abgewickelten Konsums an den gesamten Konsumausgaben stieg nach der Liberalisierung von 56 % auf gut 61 % im Jahre 1982. In der Bundesrepublik stieg dieser Anteil unter der Herrschaft des LSG übrigens nicht, sondern ging im gleichen Zeitraum von 50 % auf 49 % zurück.

Das heißt: Eine Liberalisierung wird aller Voraussicht nach weniger die Konsumausgaben insgesamt beeinflussen, als vielmehr eine Umschichtung der Konsumausgaben zugunsten des Einzelhandels bewirken.

These 5: Eine Aufhebung des Ladenschlußgesetzes belastet den deutschen Arbeitsmarkt, weil viele im Einzelhandel Beschäftigte ihren Arbeitsplatz verlieren werden (Althoff 1984).

Die bislang dargelegten Ergebnisse machen diese Frage nicht überflüssig: Einerseits verändert sich die Gesamtzahl der Ladenöffnungszeiten nicht (Antwort auf These 1); andererseits steigt die Zahl der Unternehmen (Antwort auf These 2), die Einzelhandelsumsätze (Antwort auf These 4) und die Arbeitsproduktivität (Antwort auf These 3). Was das per Saldo für die Arbeitsplätze bedeutet, ist nicht durch Dreisatzlogik beantwortbar.

Wie auch immer: In Schweden sank die Zahl der Einzelhandelsbeschäftigten von 1972 bis 1982 um 9,1 %. Das muß kein notwendiges Ergebnis der Liberalisierung sein: In der weniger liberalen Bundesrepublik sank die Zahl um 8,2 %. Die Ursache der geringen Differenz von 0,9 Prozentpunkten zu diskutieren, bringen nur Scholastiker fertig. Vielleicht hilft ein anderes Kalkül: Die aus den sinkenden Kosten und steigenden Umsätzen im Einzelhandel resultierenden Liberalisierungsrenten könnten auch dazu genutzt werden, jenen Arbeitnehmern, die mit einer Änderung der Arbeitszeitstruktur nicht einverstanden sind, eine Arbeitszeitverkürzung (mehr Zeitsouveränität) anzubieten, etwa bei vollem oder teilweisem Lohnausgleich. Die zusätzliche Nachfrage nach Arbeitskräften, die bereit sind, abends, samstags oder sonntags zu arbeiten, würde ja ebenfalls aus diesem Topf bezahlt.

These 6: Der Verbraucher will gar keine Änderung des bestehenden Ladenschlußgesetzes (Tessar 1984).

Diese These bedarf keiner eigenständigen Widerlegung; sie ist konklusiv durch das Beispiel der Länder mit freien Ladenöffnungszeiten und durch die aufgeführten positiven Auswirkungen einer Gesetzesänderung in Schweden als unrichtig einzustufen. Die Zunahme der Einzelhandelsgeschäfte und der Anstieg von Produktivität und Umsatz im Einzelhandel fallen nicht vom Himmel, sondern sind das Ergebnis geänderter, kundenfreundlicher Öffnungszeiten. Für den Wert von Umfragen in diesem Zusammenhang gilt, was Kästner, wenn auch allgemeiner gemeint, sagte: "Es gibt nichts Gutes, es sei denn, man tut es". Anders gewendet: Es kommt auf Kaufentscheidungen an, nicht auf Umfragen oder Mutmaßungen von Verbandsfunktionären.

Daß die Verbraucher von einer freiheitlichen Verteilung der Öffnungszeiten Gebrauch machen würden, weiß im Grunde jeder, der einmal "versehentlich" in den samstäglichen Einkaufsstreß einer Innenstadt geriet, oder der in den Abendstunden einen Schaufensterbummel in nämlicher Innenstadt machte. Der Durchschnitt aus Einkaufsstreß und abendlicher Verödung mag für einige akzeptabel erscheinen. Aber es ist ein unechter Durchschnitt, wie derjenige aus 60° C und 0° C warmem Wasser: Jedes für sich ist kaum erträglich.

3 DIE ORDNUNGSPOLITIK IM BESONDEREN

Der Wettbewerb ist als ein schutzwürdiges Gut anzusehen. Er steht im Zentrum unserer marktwirtschaftlichen Ordnung. Völlig ohne Zwang stimmt er die Pläne von Konsumenten, Unternehmern und Beschäftigten aufeinander ab. Er sorgt dafür, daß Leistung belohnt wird. Leistungswettbewerb kommt letztlich allen zugute, weil alle zugleich auch Verbraucher sind. Sie zahlen geringere Preise und haben eine größere Angebotsvielfalt, als es sonst möglich wäre. Deshalb ist es Aufgabe des Staates, den Wettbewerb zu sichern, wirtschaftliche Macht und wettbewerbswidrige Praktiken nach allgemeingültigen Kriterien zu begrenzen.

Das LSG ist nicht nur ein untaugliches Mittel, den Wettbewerb im Einzelhandel zu sichern. Überdies diskriminiert es jene Einzelhändler, die in ihrer unternehmerischen Angebotsfreiheit behindert werden. Nicht ein "besserwissender" Staat, sondern der Einzelhändler soll entscheiden, zu welchen Zeiten es für ihn lohnend ist, das Geschäft offenzuhalten und neue Angebotsformen zu wählen, die den Kundenwünschen besser als bisher entsprechen. Im Ausland wie in anderen deutschen Wirtschaftsbereichen zeigt sich, daß dies am besten über den Markt bewerkstelligt werden kann. Hier kommen die verschiedenen individuellen Interessen zum gegenseitigen Vorteil zum Ausdruck. Denn nur der Markt versorgt und schützt wirksam auch Minderheiten unter den Verbrauchern, Händlern und Arbeitnehmern.

Das LSG ist keineswegs wettbewerbsneutral. Es schafft Ungleichheiten zwischen dem an bestimmte Öffnungszeiten gebundenen Handel und dem nicht auf diese Weise gebundenen Handel wie Versandhäuser oder Automatengeschäfte. Und den Kleinen wurde ihr natürlicher Vorteil, die zeitlich größere Angebotsflexibilität, mit dem starren und frühen Ladenschluß erheblich beschnitten. Es sind meist die Großen, für die es sich ab einer gewissen Zeit abends nicht mehr rechnen würde, offenzuhalten - sie haben in der Vergangenheit am ehesten von dem künstlich durch das LSG erzeugten Zeitdruck beim Einkaufen profitiert nach dem Motto "alles unter einem Dach".

Die überragende Gruppe der weit über 50 Mio. Verbraucher spielte bei der Ladenschlußdiskussion bis heute erstaunlicherweise kaum eine Rolle. Gleichwohl geht es um ihre Interessen. Sie entscheiden, welche Produkte sie in welcher Qualität, zu welchen Preisen und vor allem auch zu welchen Zeiten nachfragen wollen. Der Staat aber schränkt mit dem LSG die fundamentalen Interessen der Verbraucher ein, weil er jedem dieselbe restriktive Einkaufszeit verordnet.

Das geltende LSG ist insgesamt ungeeignet, die ursprünglich vom Gesetzgeber 1956 angestrebten Ziele des Arbeitnehmerschutzes und gleicher Wettbewerbsbedingungen zu gewährleisten. Aus neuerer juristischer Sicht ist das Gesetz unverhältnismäßig und damit verfassungswidrig geworden (Hufen 1986). Es verletzt schutzwürdige Interessen aller Beteiligten:

- Die Konsumentensouveränität wird eingeschränkt, weil der Bürger mit seinen vielfältigen Präferenzen nicht kaufen kann, wie und wann er will, selbst wenn er den geforderten Preis dafür zahlen wollte;
- die unternehmerische Angebotssouveränität wird eingeschränkt, weil besonders die leistungsbereiten, flexiblen und innovativen Einzelhändler nicht selbst entscheiden können, wann sie ihre Geschäfte kundengerecht, also am rentabelsten öffnen;
- die Arbeitszeit- und Verdienstsouveränität der Erwerbsfähigen wird eingeschränkt, weil viele Wünsche der Beschäftigten des Einzelhandels und der Arbeitssuchenden nach mehr bzw. flexibleren Arbeitszeit- und Verdienstmöglichkeiten nicht befriedigt werden können.

Damit verstößt das LSG gegen alle drei Wahlfreiheiten - gemessen an ordnungspolitischen Prinzipien ist es systemwidrig. Es müßte daher ersatzlos gestrichen werden (Gutowski 1986).

Darüber kann auch die vielerorts wiederholte Beteuerung nicht hinwegtäuschen, bei dem geltenden LSG handele es sich um einen seit drei Jahrzehnten "bewährten Kompromiß" zwischen den Interessen der Einzelhändler, der Beschäftigten des Handels und der Verbraucher. Solche "Kompromisse" sind nicht nötig, weil der Wettbewerb der staatlichen Bevormundung allemal überlegen ist. Er bringt es zuwege, daß die unterschiedlichen Wertschätzungen der Verbraucher mit den nicht minder unterschiedlichen Wertschätzungen der etablierten wie künftigen Einzelhändler und der Beschäftigten auf einen Nenner gebracht werden. Nur dies wäre ein echter, freiwilliger Kompromiß zwischen allen Beteiligten.

Will der Staat sich beim Thema Ladenöffnung nicht zum "Notar von Gewerkschaften und Verbänden" machen lassen, ist an Ludwig Erhards Maxime zu erinnern: "Nicht Gruppenstandpunkte, sondern ausschließlich der Mensch, der Verbraucher, das Volk, sind Maßstab der Wirtschafts- und Gesellschaftspolitik. Deshalb kann jedes Einzelinteresse seine Rechtfertigung nur finden, wenn es geeignet ist, auch dem Interesse des Ganzen zu dienen" (Erhard 1957, S. 136).

In einer pluralistischen Gesellschaft ist es legitim, wenn organisierte Gruppen ihre Interessen öffentlich artikulieren. Für die demokratische Meinungsbildung ist das unabdingbar. Am Beispiel der Ladenöffnungszeiten läßt sich gleichwohl beobachten, wie sehr immer wieder versucht wird, die Diskussion auf das kurzfristige Hier und Heute oder auf überwiegend irrelevante Details zu lenken, statt auf langfristige Marktprozesse und freiheitliche Gesamtordnungen. So ist es erklärlich, worauf Herbert Giersch (1986, S. 76) hinweist, daß Interessenvertreter und Parteien wirtschaftspolitisches Urteil, das sich dem Langfristigen, dem Weltweiten und vor allem dem Freiheitlichen verpflichtet fühlt, bisweilen als lästig empfinden; argumentativ womöglich in die Enge getrieben, reagieren Funktionäre schnell mit dem Vorwurf der Ideologie, der "reinen Lehre", der Praxisferne. Oder, falls mehr Wettbewerb zum Abbau zweifelhafter Besitzstände empfohlen wird, werden Andersdenkende unverantwortliche Störer des sozialen Friedens gescholten.

Die großen Verbände und die Gewerkschaften des Handels halten hartnäckig am LSG fest. Man könnte es sich leicht machen und ihre Argumente als irrelevant abtun, weil es kein gesamtwirtschaftliches oder gesellschaftliches Interesse gibt, das nach Wegfall des Gesetzes zu schützen wäre: weder, wie oben gezeigt wurde, eine bestimmte Arbeitszeit, eine bestimmte Zahl von Arbeitsplätzen noch Umsatz, Kosten, Preise oder Renditen eines bestimmten Betriebes, einer bestimmten Betriebsform oder einer bestimmten Branche.

So wird behauptet, die Verbraucher hätten keinen Bedarf an längeren Öffnungszeiten. Es mag ja sein, daß die Verbände und Gewerkschaften recht haben und wirklich kein Bedarf besteht. Aber warum dann keine Liberalisierung? Gerade dadurch würden die bisherigen Ladenöffnungszeiten doch eindrucksvoll bestätigt. Denn was sich für Anbieter nicht "rechnet", bleibt auch nicht geöffnet. Die Geschäfte etwa der Stuttgarter Klettpassage mit ihren anderen Öffnungszeiten als den üblichen belegen indes, daß Verbraucher in der Bundesrepublik gerade nicht die zeitlich standardisierten Wesen sind, die das LSG unterstellt. Auch von der IG-Metall wird eingeräumt, daß das Gesetz "vor allem Berufstätigen keine Zeit läßt, das Warenangebot zu prüfen, Preise zu vergleichen und so kritisch einzukaufen" (Kunz 1979/80). Dies muß vor dem Hintergrund einer seit 1956 erheblich gestiegenen Produktvielfalt gesehen werden; allein zwischen 1968 und 1982 hat sich die Anzahl der Artikel im Einzelhandel verdoppelt (Zellekens 1982, S. 18).

Inwieweit die allgemeine Arbeitszeitverkürzung tatsächlich zu mehr Einkaufszeit geführt hat, läßt sich leicht abschätzen: Indem man jeweils 1956 und heute von der gesamten Öffnungszeit im Einzelhandel die normale Arbeitszeit abzieht und diese "effektive Einkaufszeit" in Beziehung zur zwischenzeitlich gestiegenen Kaufkraft der Verbraucher setzt. Ergebnis einer groben Kalkulation: Real muß der Verbraucher heute etwa 50 % mehr pro

Stunde kaufen, wenn er wie 1956 sein Geld im deutschen Einzelhandel lassen will.

Sicher, jene Händler, die vom geltenden LSG besonders profitieren, mögen zusätzliche Kosten der Umstellung aufweisen oder tarifliche Abendzuschläge an die Beschäftigten zahlen. Dem stehen auf längere Sicht jedoch kostensenkende Tendenzen gegenüber, etwa durch einen Abbau von Kosten, die durch das Ausrichten auf den Spitzenbedarf verursacht sind. Entscheidend ist indes: Selbst wenn es in Einzelfällen zu Preisanhebungen käme, würden Verbraucher sie dann akzeptieren, wenn sie eine angemessene Gegenleistung erhalten, z.B. größere zeitliche Angebotsvielfalt, bessere Information und Beratung sowie Einkaufsvergnügen statt "Bedarfsdeckungsstreß". Wo dies nicht der Fall ist, würden sich die bisherigen Öffnungszeiten wieder einstellen, weil es sich für den Einzelhandel eben nicht lohnt (Soltwedel et al. 1986, S. 60 f; Gutowski 1986, S. 125).

In der Diskussion wenig beachtet wird zudem der erkennbare Trend zur beschleunigten Automation und zum Einsatz neuer Informations- und Kommunikationstechniken in der Wirtschaft. Neue Techniken dieser Art sind meist rund um die Uhr einsetzbar. Sollen Rationalisierungsspielräume z.B. durch den Abbau kostspieliger Lagerbestände, die Verkürzung der Lieferzeiten oder die Verringerung der Energiekosten und damit Produktivitätssteigerungen ausgeschöpft werden, dann müssen diese Techniken mit einer Flexibilisierung der bestehenden Arbeitsorganisation in der Wirtschaft einhergehen.

Im Einzelhandel wird es daher einen steigenden Bedarf für flexible Einkaufszeiten seitens der Arbeitnehmer geben, die dem Trend zur Flexibilisierung der Arbeitszeiten in anderen Bereichen folgen. Zugleich wird der Einzelhandel selbst zu einer noch flexibleren Arbeitsorganisation als bisher gezwungen sein, wenn auch hier neue Techniken eingeführt werden, etwa die jederzeitige Bestellung über Bildschirmtext.

Die relativ hohen Kapitalkosten für solche Techniken können größere Anbieter des Einzelhandels in aller Regel besser als ihre kleineren Konkurrenten tragen. So vermutet die Hauptgemeinschaft des Deutschen Einzelhandels, daß über 30 000 Einzelhandelsfachgeschäfte in ihrer Existenz ernsthaft, weitere 20 000 nicht unbeträchtlich gefährdet seien, weil sie den Herausforderungen des Btx-Zeitalters nicht gewachsen sind. Solange das restriktive LSG den kleineren Anbietern in diesem Anpassungsprozeß einen wichtigen Marketingvorteil, ihre höhere Öffnungsflexibilität und unmittelbare Kundennähe, verwehrt, ist tatsächlich anzunehmen, daß sie beschleunigt aus dem Markt ausscheiden.

Unklar ist die unterstellte Familienfeindlichkeit liberaler Öffnungszeiten. Sollten Familien bei uns nicht in der Lage sein, eigenverantwortlich über die Verteilung von Arbeit und Freizeit zu entscheiden? Müssen Sie ausgerechnet in Ausübung dieser elementaren Freiheit vor sich selbst geschützt werden? Verhält es sich im Einzelhandel, so muß weiter gefragt werden, völlig anders als in Bereichen, in denen immer schon auch zu weniger üblichen Zeiten gearbeitet wird?

Auch die Arbeitsbedingungen werden sich nicht verschlechtern. Dafür sorgen die Gewerkschaften. Wichtig ist, daß jeder Arbeitnehmer frei ist, Verbesserungen der Arbeitsbedingungen zu akzeptieren und Verschlechterungen abzulehnen. Und wer vorgibt, keine Arbeitskräfte finden zu können, muß sehen, daß die Attraktivität weniger beliebter Arbeitszeiten sehr stark von den gebotenen Konditionen abhängt (z.B. differenzierte Lohnzuschläge oder großzügiger Freizeitausgleich wie 3-Tage-Wochenende).

Zusätzlich werden von den Befürwortern noch eine ganze Reihe von Hilfsargumenten für das geltende LSG bemüht. Dazu zählen,

- daß es unerwünscht sei, wegen anderer Öffnungszeiten das Angebot öffentlicher Verkehrsträger auszuweiten,
- daß der gesundheits- und umweltbelastende Aspekt der Stoßzeiten beim Einkaufen übertrieben werde oder
- daß die weit überwiegende Mehrheit der Einzelhändler kein Interesse an andere Öffnungszeiten habe.

Was den Wunsch der "Mehrheit der Einzelhändler" anlangt, so ist für das Beibehalten oder Verabschieden von Gesetzen - in jedem Rechtsstaat - der Wille von Einzelgruppen zwar wichtig, aber nicht ausschlaggebend. Entscheidend ist das Interesse aller Bürger. Dieses Interesse artikuliert sich durchweg nicht auf Verbandstagungen. Welche Öffnungszeiten dem Handel die höchsten Renditen bringen, läßt sich nur herausfinden, wenn die individuelle Freiheit der Wahl und der Wettbewerb wieder hergestellt sind.

Versucht man, die gängigen Argumente gegen veränderte Ladenschlußzeiten im Einzelhandel zu werten, so entpuppt sich die öffentliche Diskussion letztlich als Scheingefecht. Die gebetsmühlenhaft wiederholten Gründe, die für ein striktes Beibehalten des geltenden LSG angeführt werden, sind weder ordnungspolitisch relevant noch gesamtwirtschaftlich oder gesellschaftlich schlüssig. Sie sind schon gar nicht zukunftsorientiert.

4 VERBANDSINTERESSEN UND BESITZSTÄNDE

Wenn das Gesetz dennoch so unnachgiebig von den großen Verbänden und Gewerkschaften des Einzelhandels gegen Änderungen verteidigt wird, muß es wohl um andere als die vorgegebenen Ziele gehen. So fürchten die Gewerkschaften um ihren Organisationsgrad, weil sich Teilzeitkräfte nur schwer organisieren lassen. Ihre Zahl dürfte aber im Zuge einer Flexibilisierung der Öffnungs- und Arbeitszeiten ansteigen.

Wahlfreiheit und Vielfalt wird von den Gewerkschaften offenbar als Prozeß verdächtigt, der die Arbeitnehmerschaft entsolidarisieren könnte. Es ist jedoch fraglich, ob die Gewerkschaften gut beraten sind, wenn sie weiter an einem statischen Solidaritätsbegriff festhalten und einen bestimmten Organisationsgrad verteidigen. In den USA hat dies jedenfalls zu einer erheblichen Einflußeinbuße für die Gewerkschaften in alten, vor allem aber in neuen Produktions- und Dienstleistungsbereichen geführt.

Die Verbände des Handels sind in der Ladenschlußfrage gespalten. Insbesondere die renditestarken Bereiche - organisiert etwa im Verband der SB-Warenhäuser (BdSW) -, die meist auch die neueren Angebotsformen praktizieren, setzen sich für liberale Öffnungszeiten ein; sie haben den Wettbewerb nicht zu fürchten. Der Dachverband, die Hauptgemeinschaft des Deutschen Einzelhandels (HDE), und die Bundesarbeitsgemeinschaft der Groß- und Mittelbetriebe des Einzelhandels (BAG) verteidigen das LSG allerdings rigoros. Dies mag damit zusammenhängen, daß die in der BAG organisierten und die HDE stark beeinflussenden großen Kaufhauskonzerne vom LSG bislang vermutlich am meisten profitierten. Angesichts der knappen effektiven Einkaufszeiten schossen ihre Filialen in den sechziger und siebziger Jahren wie Pilze aus dem Boden - meist zu Lasten der Kleinen. Inzwischen konnten auch andere Angebotsformen deutliche Marktanteile erringen.

Nunmehr müssen die Kaufhauskonzerne mit zum Teil erheblichen Flächenüberhängen fertig werden und umstrukturieren, etwa in Richtung auf mehr Fachhandel und andere Dienstleistungen "unter einem Dach". Liberale Öffnungszeiten aber würden die Kaufhäuser (wie im übrigen auch den Versandhandel) des "Zeitdruck-Privilegs" berauben. So manche frühere Investionsentscheidung dürfte sich als unrentabel erweisen und den Anpassungsprozeß verstärken. Da viel auf dem Spiel steht, lohnt es sich - getreu der politökonomischen Theorie des "Rent-Seeking" -, erhebliche Mittel in Lobbyaktivitäten zu investieren, um ein Beibehalten des LSG zu ereichen und die "leistungslosen" ökonomischen Vorteile des Gesetzes weiter zu verteidigen.

Alltägliche Unternehmerrisiken werden gerade gegenüber den kleinen Anbietern überbetont. Die Argumente sind letztlich darauf angelegt, seit langem etablierte große Anbieter vor mehr Wettbewerb zu schützen. In dieses Bild paßt, daß die Marktchancen, die aus flexibel wählbaren Öffnungszeiten für die kleinen Anbieter resultieren, gänzlich ignoriert werden. Es ist daher zu fragen, wo in der Verbandsposition die wohlverstandenen langfristigen Interessen der mittelständischen Anbieter bleiben.

Es sind also durchaus unterschiedliche Motive, die Gewerkschaften und große Einzelhandelsverbände beim Thema Ladenschluß wie ein Kartell agieren lassen. Solche Allianzen zwischen sonst so gegensätzlichen Organisationen von Arbeitnehmern und Arbeitgebern müßten Politiker, die sich einer freiheitlichen Ordnung verpflichtet fühlen, besonders hellhörig machen. Denn organisierte Gruppen neigen dazu, einander und nicht dem Bürger Partner zu sein. Das trifft besonders jene, die sich - wie Verbraucher oder Minderheiten unter den Beschäftigten und Einzelhändlern - kaum organisieren lassen.

5 MEINUNGSUMFRAGEN UND BEGRENZTE VERSUCHE - EINE HILFE?

In der öffentlichen Diskussion um das LSG wird bei uns Meinungsumfragen häufig eine bedeutsame Rolle beigemessen. Sie würden den politischen Entscheidungsprozeß erleichtern helfen. Hierbei wird leicht übersehen: Meinungsumfragen sind meist wenig aussagekräftig, weil den Befragten Erfahrung und Phantasie fehlen, um sich die veränderte Situation vorstellen zu können. Neuerungen stehen die meisten Menschen erst einmal skeptisch gegenüber. Neues wird immer nur von einer Minderheit aufgegriffen und vorangetrieben, und das ist vernüftig so: Odo Marquard zufolge ist konservatives Verhalten (im chirurgischen Sinne) wegen der Kürze unseres Lebens unverzichtbar. Deshalb sind die Reaktionen der befragten Einzelhändler oder Beschäftigten des Einzelhandels nicht verwunderlich. Auch wenn sich bei uns inzwischen der überwiegende Teil der befragten Verbraucher für liberale Öffnungszeiten ausgesprochen hat, ändert das nichts an der Problematik von Umfragen. Zumindest flankierend müßten solche Meinungsumfragen auch in Ländern durchgeführt werden, in denen Händler und Verbraucher eine lange Erfahrung mit flexiblen Öffnungszeiten haben, also beispielsweise in Belgien, Schweden, Frankreich oder in den USA. Und die Frage müßte etwa lauten: Was halten Sie von einem Gesetz, das den Ladenschluß auf 18.30 Uhr festlegt?

Sehr fragwürdig und empirisch wenig aussagefähig sind Versuche, die zeitlich und regional mehr oder weniger begrenzt ausgelegt sind. So kann eine auf z.B. zwei Jahre befristete Freigabe der Öffnungszeiten völlig andere Ergebnisse bringen als eine unbegrenzte Freigabe. Wenn etwa Käufer aus abgelegenen Gebieten oder aus Neugier zu den Testzeiten in den Testorten (z.B. Stuttgart) oder Regionen (z.B. Baden-Württemberg) einkaufen, wird die Nachfrage nach flexiblen Einkaufszeiten überschätzt; später kommt es dann im Einzelhandel zu Enttäuschungen. Und wenn Verbraucher und Einzelhändler sich nach über 30 Jahren Gewöhnung an restriktive Ladenschlußzeiten andererseits nur langsam anpassen oder gar nicht, weil alles nur für eine vorübergehende Regelung gehalten wird, dann wird die Bedeutung freier Öffnungszeiten unterschätzt. Welcher Einzelhändler würde schon Geld in den Aufbau neuer kundengerechter Angebotsformen oder in rechtlich bindende neue Beschäftigungsverhältnisse investieren, wenn er die baldige Rücknahme des erweiterten Öffnungszeitrahmens durch den Gesetzgeber befürchen muß?

Beurteilungsmaßstab sollte aus ordnungspolitischer Sicht sein, wie hoch der (potentielle) Zuwachs an individueller Entscheidungsfreiheit für alle ist, und zwar dauerhaft und nicht wettbewerblich diskriminierend. Es müßten die folgenden Bedingungen erfüllt sein: Der Versuch wäre flächendeckend, also bundesweit durchzuführen. Er müßte umbefristet sein und einen erheblich erweiterten gesetzlichen Öffnungszeitrahmen enthalten, damit sich - individuell frei wählbar - kundengerecht differenzierte Einkaufs- und Arbeitszeiten entwickeln könnten.

Innerhalb dieser Eckpunkte sind zahlreiche Varianten mit unterschiedlich großem Liberalisierungsgrad vorstellbar. Darüber haben die Politiker zu entscheiden. Eine Variante könnte so aussehen: Alle Geschäfte können rund um die Uhr öffnen, dabei darf die gegenwärtige gesetzlich zulässige Öffnungszeit von insgesamt 68,5 Stunden pro Woche (bei "langem Samstag") nicht überschritten werden. Deutlich restriktiver wäre es, zusätzlich eine fest fixierte Gesamtöffnungszeit in Stunden pro Tag vorzuschreiben. Selbst hier wäre aber noch eine kundengerechtere Differenzierung der Öffnungszeiten als bisher möglich. Ein erster, wenngleich nur sehr zaghafter und ordnungspolitisch nicht unproblematischer Schritt wäre der sogenannte Dienstleistungsabend, wie er von der Regierungskoalition Anfang 1987 angekündigt worden ist. Vermutlich sollen die Geschäfte an einem bestimmten Abend pro Woche länger öffnen können. Das gleiche soll für öffentliche Ämter, Banken oder Versicherungen gelten; diese können allerdings bereits jetzt schon abends öffne, weil kein Gesetz das verbietet.

Wenig hilfreich sind solche Vorschläge, die letztlich darauf abzielen, auch noch den "langen Samstag" gegen den fest fixierten längeren Kaufabend pro Woche zu tauschen, z.B. freitags bis 21.00 Uhr. Gemessen an den ordnungspolitischen Kriterien bliebe hierbei die staatliche Bevormundung beim Einkaufen und Arbeiten im Einzelhandel in sehr hohem Maße erhalten, sie würde im Kern nur auf andere Zeiten verlagert. Die bislang eingeschränkte Wahlfreiheit des einzelnen würde sich nur wenig verbessern, weder die "effektive Einkaufszeit" des Verbrauchers, noch die zeitliche Flexibilität des Handels und seiner Beschäftigten würden deutlich erhöht. Investive und beschäftigungsorientierte Anspassungen an die vielfältigen Kundenwünsche müßten mangels Spielraum unterbleiben. Damit aber hätten die Befürworter des geltenden LSG das erreicht, was sie immer schon wollten: substantiell keine Änderung, kein zusätzlicher Wettbewerb. Alles bliebe beim alten oder, wie man es nimmt, alles ginge bald wieder von vorne los - wie vor gut 30 Jahren.

LITERATUR

Althoff, T.(1984): Was wäre wenn?. In: Hartwig Piepenbrock (Hrsg.), Ladenschluß kontrovers. Beiträge zur aktuellen Diskussion, Stuttgart 1984, S. 54-65.

Batzer, E. (1984 a): Änderung des Ladenschlußgesetzes?. In: Ifo-Schnelldienst, Vol. 37, 1984, H. 15, S. 6-8.

Batzer, E. (1984b): Änderung des Ladenschlußgesetzes - Übertriebene Erwartungen?. In: H. Piepenbrock (Hrsg.), Ladenschluß kontrovers. Beiträge zur aktuellen Diskussion, Stuttgart 1984, S. 13-25

Deutsche Angestellten-Gewerkschaft (DAG)(1983): Ladenschlußgesetz im Kreuzfeuer der Meinungen, o.O. 1983

Doss, H.-J. (1984): Ladenschlußzeiten: Den Kompromiß verteidigen! In: Orientierungen zur Wirtschafts- und Gesellschaftspolitik, 1984, H. 22, S. 39-40

Erhard, L. (1957): Wohlstand für alle, Düsseldorf 1957

Gartz, H. (1984): Hände weg vom Ladenschluß! In: H. Piepenbrock (Hrsg.), Ladenschluß kontrovers. Beiträge zur aktuellen Diskussion. Stuttgart 1984, S. 203-215.

Giersch, H. (1986): Offener Rat. In: Wirtschaftswoche, Nr. 13 vom 21.3.1986, S. 76.

Gutowski, A. (1986): Das Ladenschlußgesetz - ein Fremdkörper in der Marktwirtschaft. In: HWWA-Report, 69, Hamburg 1986

Hufen, F. (1986): Ladenschluß: Zum verfassungsrechtlichen Kern eines politischen Dauerthemas. In: Neue Juristische Wochenschrift, 1986, H-20-21, S. 1291 ff.

Kunz, G. (1979/80): Verbändeinitiative "Kaufen ohne Streß", Arbeitszeit und Freizeit im Einzelhandel, 1979/80

Piepenbrock, H. (1984): Ist das Ladenschlußgesetz noch zeitgemäß?. In: H. Piepenbrock (Hrsg.), Ladenschluß konrovers. Beiträge zur aktuellen Diskussion, Stuttgart 1984, S. 87-102

Soltwedel, R.; Busch, A.; Gross, A.; Laaser, C.F. (1986): Deregulierungspotentiale in der Bundesrepublik, Kieler Studien, 202, Tübingen 1986

Stehn, J. (1987): Das Ladenschlußgesetz - Ladenhüter des Einzelhandels? Eine Analyse im Lichte ausländischer Deregulierungserfahrungen, Kieler Diskussionsbeitrag 128, Kiel 1987

Tessar, H. (1984): Das Ladenschlußgesetz ist ein optimaler Kompromiß. In: H. Piepenbrock (Hrsg.), Ladenschluß kontrovers. Beiträge zur aktuellen Diskussion, Stuttgart 1984, S. 127-149.

Triesch, G. (1984): Liberalisierung ohne Nutzen. In: H. Piepenbrock (Hrsg.), Ladenschluß kontrovers. Beiträge zur aktuellen Diskussion, Stuttgart 1984, S. 151-164

Volkmar, G. (1984): Das Ladenschlußgesetz - ein bewährter Kompromiß. In: H. Piepenbrock (Hrsg.), Ladenschluß kontrovers. Beiträge zur aktuellen Diskussion, Stuttgart 1984, S. 217-224

Zellekens, H. J. (1982): Einzelhandel - Artikelzahl in 15 Jahren verdoppelt. In: Handelsblatt, Nr. 205 vom 25.10.1982, S. 18

Wirtschaftspolitische Aspekte einer Liberalisierung der Ladenschlußregelung

Albert Gross, Bonn

Das aus dem Jahre 1956 stammende Ladenschlußgesetz ist wegen seiner starren Regelung der Ladenschlußzeiten seit langem umstritten. Die Reformdiskussion wird heute weitgehend durch die Forderung bestimmt, die Zeitsouveränität für alle Beteiligten - Verbraucher, Einzelhändler und Arbeitnehmer im Einzelhandel - zu erhöhen. Ein starkes Wachstum der Einkommen und eine erhebliche Ausweitung des Warenangebots seit den 60er Jahren haben den Zeitbedarf für das Einkaufen weit über die durch Arbeitszeitverkürzung gewonnene zusätzliche Zeit hinaus steigen lassen. Bei einer Liberalisierung des Ladenschlußgesetzes würde sich langfristig betrachtet zwar nicht die gesamte, wohl aber - wenn auch in engen Grenzen - die einzelhandelsrelevante Konsumquote vergrößern. Im Hinblick auf den Arbeitsmarkt wäre die Schaffung von mehr und interessanteren Zeitarbeitsplätzen zu erwarten. Von flexibleren Öffnungszeiten würden nicht nur Großunternehmen, sondern auch der leistungsfähige mittelständische Fachhandel profitieren.

1 EINLEITUNG

Das geltende Ladenschlußgesetz stammt aus dem Jahr 1956. Es führte die Arbeitsschutz- und Ladenschlußregelungen des ausgehenden 19. und beginnenden 20. Jahrhunderts konsequent weiter und wurde deshalb auch vorrangig mit sozialpolitischen Argumenten begründet. Zugleich sollten durch Einbeziehung auch der ohne Personal arbeitenden Ladeninhaber in die Ladenschlußregelung in zeitlicher Hinsicht gleiche Wettbewerbschancen für alle Verkaufsstellen des Einzelhandels geschaffen werden.

Die Federführung für das Gesetz lag beim Arbeitspolitischen Ausschuß des Bundestages. Der Gesetzentwurf wurde entgegen den Bedenken des mitberatenden Wirtschaftspolitischen Ausschusses in kurzer Zeit verabschiedet. Die Abstimmung im Plenum des Bundestages fiel denkbar knapp aus: 205 von 493 Abgeordneten waren nicht anwesend. 153 Abgeordnete stimmten dem Gesetz zu, 129 waren dagegen, und 6 Abgeordnete enthielten sich der Stimme.

Handelsforschung 1987
Hrsg. Volker Trommsdorff

Kernstück der Regelung ist die Festlegung der allgemeinen Ladenschlußzeiten in § 3. Er bestimmt die generelle Schließung aller Verkaufsstellen an Sonn- und Feiertagen sowie montags bis freitags bis 7.00 Uhr und ab 18.30 Uhr, an den Samstagen bis 7.00 Uhr und ab 14.00 Uhr (am 1. Samstag im Monat ab 18.00 Uhr).

Durch eine weitere Definition des Begriffs Verkaufsstelle strebt das Gesetz an, möglichst alle Betriebsformen des Einzelhandels zu erfassen.

Die verfassungsrechtliche Zulässigkeit des Ladenschlußgesetzes ist verschiedentlich angezweifelt worden. Im Jahr 1961 hatte das Bundesverfassungsgericht anläßlich einer Verfassungsbeschwerde von zwei berufstätigen Frauen Gelegenheit, sich zu einer Reihe grundsätzlicher Fragen zu äußern.

Das Gericht wies die Vorwürfe, daß der Gesetzgeber fälschlicherweise das Bedürfnis einer bundeseinheitlichen Regelung bejaht und seine Befugnisse mißbraucht habe, zurück. In seinem Urteil stellte das Bundesverfassungsgericht ferner fest, daß das Ladenschlußgesetz weder gegen das Grundrecht der freien Entfaltung der Persönlichkeit noch gegen den Gleichheitssatz (unterschiedliche Behandlung des Einzelhandels gegenüber anderen Wirtschaftsbereichen) verstoße.

Bereits bald nach Verabschiedung des Gesetzes erwies sich die Schaffung zusätzlicher Ausnahmeregelungen als notwendig, um besonderen regionalen und branchenmäßigen Bedürfnissen Rechnung zu tragen. Die Kette von Gesetzesnovellen fand ihren vorläufigen Abschluß durch das "Gesetz zur Änderung wirtschafts-, verbraucher-, arbeits- und sozialrechtlicher Vorschriften" vom 15. Juli 1986. Dadurch werden die Landesregierungen ermächtigt, durch Rechtsverordnung erweiterte Verkaufsmöglichkeiten auf bestimmten Bahnhöfen und damit verbundenen baulichen Anlagen (Passagen) sowie auf internationalen Flughäfen zuzulassen.

Das Ladenschlußgesetz bildet auch nach drei Jahrzehnten immer noch ein vieldiskutiertes Streitobjekt. Dabei haben in der Auseinandersetzung die arbeitsschutzrechtlichen Gesichtspunkte zunehmend an Gewicht verloren. Der Grund hierfür liegt darin, daß das Gesetz diese Schutzfunktion angesichts einer wachsenden Diskrepanz zwischen möglicher Gesamtöffnungszeit - 64,5 Stunden pro Woche bzw. 68,5 Stunden bei langen Samstagen - und einer tariflichen Arbeitszeit von gegenwärtig 38,5 Wochenstunden kaum mehr erfüllen kann.

Gewisse Kontrollfunktionen des Gesetzes könnten noch darin gesehen werden, daß es den pünktlichen Arbeitsschluß sicherstellt bzw. überwachen hilft. Es stellt sich dabei aber die Frage, ob es hierzu einer derart einschneidenden gesetzlichen Regelung bedarf. "Keiner der übrigen Betriebszweige des Handwerks, der Industrie und der übrigen Dienstleistungssektoren, die über nicht weniger Klein- und Mittelbetriebe verfügen, benötigen ein Betriebsschlußgesetz, um die Einhaltung der Arbeitszeit zu garantieren" (Institut für politische Planung und Kybernetik, Bonn - Bad Godesberg 1970, S. 41).

Was die Überwachung der Ladenschlußzeiten betrifft, so könnte sie z.B. durch einen Aushang an einer allgemein leicht einsehbaren Stelle im Betrieb gewährleistet werden. Im übrigen würde auch die Beobachtung durch die Konkurrenz dafür sorgen, daß die Öffnungszeiten nicht überschritten werden.

Mit dem Bedeutungsverlust der arbeitsschutzrechtlichen Begründung infolge anderweitiger gesetzlicher und tarifrechtlicher Regelungen traten in der Diskussion wirtschaftliche Aspekte in den Vordergrund. Dabei wird häufig auf zwei verschiedenen Ebenen argumentiert, nämlich gesamtwirtschaftlich einerseits und betriebswirtschaftlich andererseits. Dies erklärt auch, warum Gegner und Befürworter des geltenden Ladenschlußgesetzes sich schwertun, eine gemeinsame Ausgangsbasis zu finden.

Hinzu kommt, daß die Ladenschlußdiskussion teilweise theoretisch geführt wird und geführt werden muß. Es mangelt an allgemeingültiger Erfahrung über die Auswirkungen flexiblerer Ladenöffnungszeiten in der Bundesrepublik Deutschland, da ein repräsentativer Versuch bislang nicht durchgeführt werden konnte; die hierzu notwendige Gesetzesänderung war nicht zu erreichen. Zeitlich befristete Ausnahmeregelungen wie z.B. in Berlin (West) während der Sommermonate 1985 und 1986 erlauben keine allgemeingültigen Schlußfolgerungen (in Berlin machten z.B. die Warenhäuser von der erweiterten abendlichen Öffnungszeit an bestimmten Freitagen keinen Gebrauch). Im übrigen muß gesehen werden, daß nach 30-jähriger Gewöhnung an starre Ladenschlußzeiten der Verbraucher längere Zeit für eine Umstellung benötigen dürfte.

Im folgenden wird den wirtschaftspolitischen Aspekten einer Liberalisierung der Ladenschlußregelung im einzelnen nachgegangen. Liberalisierung wird dabei primär als Öffnung des Ladenschlußgesetzes in den Abend hinein verstanden, d.h. als Zulassung eines verkaufsoffenen Abends an einem oder mehreren Wochentagen. Der bestehende wöchentliche Gesamtöffnungsrahmen von 64,5 bzw. 68,5 Stunden soll dabei unverändert bleiben.

Durch die Begrenzung des Themas bleiben andere im Zusammenhang mit einer Liberalisierung der Ladenschlußzeiten diskutierten Fragen, z.B. die Entzerrung der Verkehrsströme, die abendliche Belebung der Innenstädte, zwangsläufig außer Betracht. Dies soll aber nicht bedeuten, daß damit das Gewicht dieser Aspekte gering eingeschätzt wird.

2 GESAMTWIRTSCHAFTLICHE ÜBERLEGUNGEN ZUR LIBERALISIERUNG DER LADENSCHLUSSREGELUNG

1. Die Reformdiskussion wird heute weitgehend durch die Forderung bestimmt, die Zeitsouveränität für alle Beteiligten - Verbraucher, Einzelhändler und Arbeitnehmer im Einzelhandel - zu erhöhen.

Dabei kommt in einer marktwirtschaftlichen Ordnung der Freiheit des Konsumenten eine besondere Bedeutung zu. "Entscheidend für die Marktwirtschaft ist die strenge Hinordnung aller Wirtschaftsvorgänge auf den Konsum, der über seine in Preisen ausgedrückten Wertschätzungen den Produktionsbewegungen die bestimmenden Signale erteilt" (Müller-Armack 1966, S. 91).

Die Handels- und Absatzwirtschaft spielt dabei eine entscheidende Rolle, da sie die Mittlerfunktion zwischen Produzenten und Konsumenten wahrnimmt. Die Aufgabe des Einzelhandels ist es, die optimale Versorgung seiner Kunden mit Konsumgütern zu gewährleisten.

Die Interessen der Bürger in ihrer Eigenschaft als Konsumenten werden mit den Wirtschaftsplänen der Unternehmen in der marktwirtschaftlichen Ordnung im Prinzip über den Wettbewerb miteinander in Einklang gebracht. Nur eine als Wettbewerbswirtschaft konzipierte Marktwirtschaft führt zu einer vom Verbraucher aus gesehenen optimalen Zusammensetzung der volkswirtschaftlichen Produktion nach Quantität und Qualität, einer effizienten Allokation der Produktionsfaktoren und einer leistungsbezogenen Einkommensverteilung (Institut für angewandte Wirtschaftsforschung 1976, S. 11).

Der Wettbewerb und damit die marktwirtschaftliche Ordnung werden um so effizienter funktionieren, je stärker die Stellung des Verbrauchers ist.

Mit der zeitlichen Schließung des Marktes wird die Stellung des Verbrauchers geschwächt (Aengenendt 1971, S. 77). Die Zeitrestriktion durch das Ladenschlußgesetz wird sich dabei um so deutlicher bemerkbar machen, je stärker sich einerseits das Einkommen und andererseits die Warenvielfalt erhöht. Während das Bruttoeinkommen aus Lohn und Gehalt je beschäftigten Arbeitnehmer im Jahr 1960 monatlich 594,-- DM betrug, waren es 1983 3.474,-- DM. Durch diesen Anstieg der Einkommen ist auch die Nachfrage nach Einzelhandelsleistungen insgesamt gewachsen. Auch das Spektrum des Bedarfs hat sich zunehmend verbreitert. Tendenziell ist dabei eine Verschiebung vom Massen- zum Individualbedarf zu beobachten (Piepenbrock 1984, S. 89).

Die zunehmende Warenvielfalt läßt sich am Sortiment eines durchschnittlichen Supermarktes demonstrieren. Er führte im Jahre 1956 500 bis 700 Artikel, 1985 waren es rd. 5 800 Artikel (allerdings einschl. unterschiedlicher Verpackungsgrößen).

Bei dieser Entwicklung wird es für den Verbraucher zunehmend schwerer, die notwendige Marktübersicht zu gewinnen und Preisvergleiche anzustellen. Zudem fehlen nicht selten zuverlässige Bewertungsmaßstäbe für die Qualität und die Gebrauchseignung der Güter.

Diesem wachsenden Zeitbedarf für den Einkauf steht nun - worauf die Anhänger des geltenden Ladenschlußgesetzes immer wieder mit Nachdruck hinweisen - eine Verkürzung der Arbeitszeit und damit eine Erhöhung der frei verfügbaren Zeit (auch für Einkäufe) gegenüber. Tatsächlich hat sich die durchschnittliche tarifliche Wochenarbeitszeit zwischen 1960 und 1983 um fünf Stunden verringert. Doch bereits durch die starke Expansion der Einkommen einerseits und der Sortimente andererseits wird dieser Zeitgewinn überkompensiert. Hinzu kommt, daß die disponible Zeit zwischen Arbeitsende und Ladenschluß durch verlängerte Fahrzeit eingeschränkt wird. Veränderungen in der Siedlungsstruktur - Bau von Trabantenstädten und Errichtung von Eigenheimen in ländlichen Gebieten - verbunden mit verstärkten Mobilitätsanforderungen im Arbeitsförderungsgesetz lassen die Entfernungen zwischen Wohn- und Arbeitsort anwachsen (Piepenbrock 1984, S.90).

Aufschlußreiche Erkenntnisse über die verfügbare Einkaufszeit vermitteln die im Gutachten des Instituts für angewandte Wirtschaftsforschung wiedergegebenen Ergebnisse einer Konsumentenbefragung (Institut für angewandte Wirtschaftsforschung 1976, S. 33 f.). Daraus ist zu entnehmen, daß 63 % der Berufstätigen täglich weniger als 1 1/2 Stunden Einkaufszeit zur Verfügung haben. Eine Aufschlüsselung der Ergebnisse zeigt, daß

- 8 % gar keine Einkaufszeit haben, weil sie während der Öffnungszeit arbeiten,
- 18 % bis zu 45 Minuten Zeit zur Verfügung haben,
- 35 % über 1 1/2 Stunden verfügen,
- 37 % mehr als 1 1/2 Stunden Zeit haben.

Der Zeitmangel beim Einkauf wird zunehmend als Nachteil empfunden und dürfte ein entscheidender Bestimmungsgrund dafür sein, daß in den vergangenen Jahren der Wunsch nach flexibleren Öffnungszeiten kontinuierlich zugenommen hat:

- Die bereits erwähnte Konsumentenbefragung (Institut für angewandte Wirtschaftsforschung 1976, S. 22 ff.) zeigt, daß 1976 57 % der Bevölkerung einer Liberalisierung des Ladenschlusses positiv gegenüberstanden ("fände ich gut"), 28 % fänden eine Liberalisierung nicht gut.

- Eine Umfrage im Auftrag des "Stern" (Stern 1984, Nr. 41) ergab, daß 1984 71 % der Bevölkerung den Wunsch nach einer zumindest begrenzten Freigabe der Ladenschlußzeiten hatten; bei den alleinstehenden berufstätigen Frauen belief sich dieser Anteil sogar auf 81 %. Der Anteil der Gegner einer Liberalisierung war auf 17 % gesunken.

- Im Jahre 1986 verschob sich das Meinungsbild noch weiter zugunsten der Befürworter flexiblerer Öffnungszeiten. Eine von den Wirtschaftsjunioren Deutschlands veranlaßte Bevölkerungsumfrage ergab, daß nunmehr 75 % der Gesamtbevölkerung eine Flexibilisierung der starren Ladenschlußregelung wünschten (Wirtschaftsjunioren Deutschland 1986, S.3 ff.).

Bei allen Vorbehalten, die man gegen Befragungen zu derartigen Themen geltend machen mag, ist der aus drei unabhängig voneinander durchgeführten Erhebungen sprechende Trend zugunsten einer Liberalisierung nicht zu übersehen.

2. Die fundamentalen wirtschaftlichen Interessen der Bürger beziehen sich in diesem Zusammenhang sowohl auf die Einkommensverwendung als auch auf die Einkommenserzielung, hier vor allem auf Art und Umfang des Angebots ihrer Arbeitskraft.

Beim Konsum, aber auch beim Angebot ihrer Arbeitskraft sollen die Menschen so viel Wahlfreiheit wie möglich besitzen, wobei diese ihre Grenze an der Wahlfreiheit der anderen und am Gesamtinteresse aller Bürger findet (Gutowski 1985, S. 28).

Konkret gesprochen geht es also auch um mehr Zeitsouveränität für den Einzelhändler und die Arbeitnehmer im Einzelhandel. Was die **Einzelhändler** betrifft, so ist - wie die Befragungen zeigen - das Meinungsbild in der Wirklichkeit nicht so einheitlich, wie es sich bei der Delegiertenversammlung der Hauptgemeinschaft des Deutschen Einzelhandels darstellt (so votierten auf der Delegiertenversammlung 1983 von 174 Delegierten 173 für die Beibehaltung der bestehenden Ladenschlußregelung). Es sind einmal die SB-Warenhäuser und Verbrauchermärkte, die in einem eigenen, nicht mit der HDE assoziierten Verband, organisiert sind - und zum anderen die Möbel- und Kfz-Branche, die für flexiblere Ladenöffnungszeiten eintreten.

In den Umfrageergebnissen spiegelt sich die Meinung dieser Gruppen wider:

- o Bei der vom Institut für angewandte Wirtschaftsforschung 1976 veranlaßten Einzelhändlerbefragung befürworteten 27 % ("fände ich gut") eine Liberalisierung der Ladenöffnungszeiten (Institut für angewandte Wirtschaftsforschung 1976, S. 44 f.).

- o Eine 1983 vom Ifo-Institut im Auftrag des Wirtschaftsmagazins "Impulse" durchgeführte Befragung zeigte zwar, daß vier von fünf Einzelhändlern mit den augenblicklichen Verkaufszeiten zufrieden sind oder sie zumindest für einen tragbaren Kompromiß halten. Es wird aber auch deutlich - wie das Ifo-Institut kommentiert -, daß die Gegner der gegenwärtigen Regelung (18 % der Befragten) "keine verschwindend kleine Minderheit darstellen" (Ifo-Schnelldienst 1983, S. 3 ff.).

- o Die weiter oben bereits erwähnte, auf Veranlassung der Wirtschaftsjunioren Deutschland durchgeführte Umfrage erbrachte das überraschende Resultat, daß zwei Drittel eine Lockerung der geltenden Ladenschlußregelung befürworten.

Bemerkenswert dabei ist, daß für die Beibehaltung der jetzigen Regelung nur 27 % der unter 50jährigen, aber 50 % der über 50jährigen Einzelhändler plädieren (Wirtschaftsjunioren Deutschland 1986, S. 3 ff.).

Auch wenn man wiederum berücksichtigt, daß derartige Befragungsergebnisse mit gewissen Vorbehalten zu werten sind, so zeigen sie dennoch deutlich, daß ein "harter Kern" von gut 20 % der Einzelhändler flexiblere Öffnungszeiten wünscht, angesichts der im Einzelhandel ausgeprägten berufsständischen Solidarität ein beachtlicher Anteil. Dieses Bild würde sich im übrigen erheblich zugunsten liberaler Öffnungszeiten verschieben, wenn man nicht "Köpfe zählen" würde, sondern die Marktanteile der positiv eingestellten Unternehmer zugrunde legen würde.

Die Arbeiten des Instituts für angewandte Wirtschaftsforschung sowie der Wirtschaftsjunioren Deutschland enthalten auch Aussagen der **Einzelhandelsbeschäftigten** zur Flexibilisierung der Ladenöffnungszeiten:

o Das Institut für angewandte Wirtschaftsforschung griff auf eine 1973 durchgeführte Befragung der Einzelhandelsbeschäftigten zurück. Sie zeigte folgende Einstellung zu einer Ladenschlußliberalisierung (Institut für angewandte Wirtschaftsforschung 1976, S. 62 ff.):

  Die Geschäfte sollten
  - unbedingt länger offen bleiben 5 %,
  - mit Einschränkung länger offen bleiben 30 %,
  - trotz Vorteilen lieber nicht länger offen bleiben 21 %,
  - auf keinen Fall länger offen bleiben 43 %.

  Nun wird aber, worauf das Institut für angewandte Wirtschaftsforschung mit Recht hinweist, die Ansicht über Unzumutbarkeit von Abendarbeit wesentlich von der Art der Kompensationsregelung bestimmt. Damit - und nicht mit nationalen Eigenheiten - dürften die eklatanten Abweichungen zu einer Befragung in Holland (1976) zu erklären sein. Für ein Geschäfteoffenhalten sprachen sich aus:

Gewerkschaftsmitglieder	58 %
Berufstätige verheiratete Frauen	65 %
Junge ledige Verkäuferinnen (bis 25 Jahre alt)	53 %
Verkäuferinnen	78 %
Geschäftsführer	78 %.

  Bemerkenswert an der vom Institut für angewandte Wirtschaftsforschung ausgewerteten Befragung von deutschen Einzelhandelsbeschäftigten im Jahre 1973 ist ferner, daß immerhin 38 % der Befragten bestimmt bzw. vielleicht am Abend arbeiten würden.

o Bei der 1986 von den Wirtschaftsjunioren Deutschland initiierten Befragung hielten immerhin 58 % der befragten Angestellten im Einzelhandel abendliche Einkaufsmöglichkeiten für wünschenswert.

o Interessante Aufschlüsse zur Bereitschaft des Verkaufspersonals für Abendarbeit erbrachte auch die öffentliche Anhörung des Rechtsausschusses des Bundestages am 19. März 1986 zur Änderung des Ladenschlußgesetzes für Bahnhofspassagen und internationale Flughäfen (Rechtsausschuß des Deutschen Bundestages, Anlage zum Protokoll der 79. Sitzung 1986, S. 125). Danach erklärte der Vertreter der Mietervereinigung der Klett-Passage:

- die Arbeitnehmer in der Klett-Passage, die nach 18.30 Uhr arbeiten, begrüßten diese Situation sehr;

- es handele sich ganz überwiegend um Teilzeitkräfte, für die es keinen vergleichbaren Arbeitsplatz gäbe;

- die Arbeitnehmer sprächen sich daher einmütig für den Fortbestand (der abendlichen Öffnungszeiten) aus;

- die nicht im Abendverkauf Tätigen hörten statt um 18.30 Uhr überwiegend um 18.00 Uhr auf; ihre tägliche Arbeitszeit verkürze sich durch den Abendverkauf;

- wegen der ausreichend vorhandenen Teilzeit- und Stundenarbeitsplätze hätten die Vollzeitmitarbeiter weniger Samstagsdienst;

- im übrigen erlaubte die Teilzeit- und Stundenarbeit vielen Frauen mit Kindern an zwei bis drei Abenden in der Woche die Möglichkeit der Berufsausübung.

Diese Aussagen haben - auch wenn sie sich nur auf die Klett-Passage mit (1986) 74 Vollarbeitsplätzen, 56 Teilzeitarbeitsplätzen (Abendverkauf) und 64 Stundenarbeitsplätzen (Abendverkauf) beziehen -, exemplarischen Charakter, denn dort haben die Geschäfte an allen Werktagen bis 22.00 Uhr geöffnet.

Diese Umfrageergebnisse und Erfahrungswerte aus der Klett-Passage sind nun vor folgendem Hintergrund zu sehen:

- nach Angaben des Bundesministeriums für Arbeit strebten 1985 immerhin bis zu einem Viertel aller Vollzeitbeschäftigten eine Teilzeitarbeit an, und

- gegenwärtig sind rund 250 000 Teilzeitarbeitslose gemeldet.

Dieses nicht unerhebliche Arbeitskräftepotential signalisiert, daß auch ein entsprechender Bedarf nach mehr "Wahlfreiheit beim Angebot der Arbeitskraft" besteht.

3. Mit dem Abklingen der wirtschaftlichen Expansion in der zweiten Hälfte der 70er Jahre wurden auch die konjunkturpolitischen Aspekte einer Liberalisierung der Ladenschlußrege-

lung verstärkt in die Diskussion eingebracht.

Grundlegende Beiträge hierzu hat das Institut für angewandte Wirtschaftsforschung in seiner bereits mehrfach zitierten Arbeit über die volkswirtschaftlichen Auswirkungen einer Liberalisierung des Ladenschlußgesetzes geliefert. Auch wenn ein eindeutiger empirischer Nachweis letztlich nur durch einen langfristigen Großversuch erbracht werden kann, so haben sich dennoch die Erkenntnisse des Instituts als eine tragfähige Diskussionsgrundlage bewährt. Seine Kernaussagen nämlich

- langfristig keine Erhöhung der Konsumquote,

- kurz- und langfristig aber Wachstum der einzelhandelsrelevanten Konsumquote, insbesondere durch Umstrukturierung der Haushaltspläne berufstätiger Verbraucher und junger Haushalte,

finden relativ breite Akzeptanz. Deshalb werden nachfolgend in groben Zügen die Überlegungen des Instituts wiedergegeben (Institut für angewandte Wirtschaftsforschung 1976, Kurzform S. 17 ff.).

Bei einer Verlagerung der Ladenöffnungszeiten in die Abendstunden würden nach den Befragungsergebnissen rd. 20 % der erwachsenen Bevölkerung mehr Geld für Konsumzwecke ausgeben. "Wäre Anfang 1975 eine derartige Veränderung der Ladenöffnungszeiten eingeführt worden und hätte daraufhin die erwähnte Bevölkerungsgruppe von 20 % ihre nominale Konsumquote um 5 % erhöht, so wäre das reale Bruttosozialprodukt (in Preisen von 1962) um 7,2 Mrd. DM gestiegen. Im Vergleich zum tatsächlichen Wert von 1975 entspricht diese Steigerung einer Wachstumsrate von 1,2 %. Gegenüber 1974 lag im Jahr 1975 ein Rückgang des realen Sozialprodukts von 3,2 % vor. Die vorangehend erwähnte Steigerung des realen Sozialprodukts um 7,2 Mrd. DM hätte somit diesen Rückgang von 3,2 % auf 2,0 % gemindert."

Nach Auffassung des Instituts ist allerdings zu vermuten, daß der Nachfrageeffekt infolge der Stabilitätstendenz der Konsumquote langfristig abklingen wird. Damit sei auch die Basis für ein entsprechendes Fortwirken des realen Gesamtnachfrageeffekts kaum vorhanden. Demgegenüber würde aber die einzelhandelsrelevante Konsumquote kurz- und langfristig in engen Grenzen zunehmen.

Ähnlich äußert sich beispielsweise auch Gutowski (Gutowski 1985, S. 16). Nach seiner Auffassung würde der Ladeneinzelhandel gegenüber einigen konkurrierenden Bereichen, nämlich dem Versandhandel, den Tankstellen mit ihrem Zusatzhandel und dem Automatenverkauf Terrain wettmachen.

Immerhin muß in diesem Zusammenhang bedacht werden, daß der Versandhandel in der Bundesrepublik Deutschland mit einem Anteil von 5 % am gesamten Einzelhandelsumsatz (1983) im internationalen Vergleich weit vorne liegt (Frankreich: 1,4 %; Schweden: 0,9 %; Großbritannien: 3,5 %; USA: 0,4 %).

Interessant sind auch die Überlegungen des Instituts hinsichtlich des konjunkturpolitisch günstigsten Zeitpunkts für eine Liberalisierung der Ladenschlußregelung. Es empfehle sich, eine solche Initiative in Phasen eines konjunkturellen Abschwunges oder zu Beginn eines Aufschwunges zu starten.

4. Seit die Wirtschaft und die Politik mit dem Problem einer hohen Arbeitslosigkeit konfrontiert werden, rückt das Arbeitsplatzargument zunehmend in den Vordergrund der Debatte. Dabei weisen die Anhänger der geltenden Ladenschlußregelung mit Nachdruck darauf hin, daß durch eine Lockerung des Gesetzes keine zusätzlichen Beschäftigungsmöglichkeiten geschaffen, vielmehr bestehende Arbeitsplätze gefährdet würden (Gartz 1984, S. 215).

   Zu diesem Argument ist grundsätzlich zu bemerken, daß es bei der Liberalisierung des Ladenschlußgesetzes nicht primär um die Frage gehen kann, ob dadurch zusätzliche Arbeitsplätze gewonnen werden können. Im Vordergrund steht die Überlegung, mehr Zeitsouveränität und damit auch mehr Flexibilität für alle Beteiligten zu erreichen. Im Hinblick auf das Beschäftigungsproblem bedeutet dies, daß mehr und interessantere Teilzeitarbeitsformen im Einzelhandel ermöglicht würden. Damit könnte ohne Zweifel ein Beitrag zur Entspannung des Arbeitslosenproblems geleistet werden.

   Nachdenklich am Vorschieben des beschäftigungspolitischen Aspektes muß im übrigen stimmen, daß noch Anfang der 70er Jahre das Argument der angespannten Arbeitsmarktlage gegen Änderungen des Ladenschlusses ins Feld geführt worden war. (Zur kritsichen Auseinandersetzung mit diesem Problem vgl. Aengenendt 1971, S. 113 ff.).

5. Bei der Erörterung des Pro und Contra einer Reform des Ladenschlußgesetzes spielen angesichts der Konzentrationsentwicklung im Einzelhandel insbesondere im Lebensmittelsektor wettbewerbspolitische Gesichtspunkte eine wichtige Rolle.

   In diesem Zusammenhang muß zunächst ein Blick auf die Bedingungen geworfen werden, unter denen sich der Wettbewerb im Handel vollzieht. Kennzeichnend hierfür sind einerseits starre Rahmenbedingungen wie z.B. das Ladenschlußgesetz, die Baunutzungsverordnung, das Rabattgesetz, andererseits ein großer Freiraum für unternehmenspolitische Aktivitäten.

   Das bedeutet, eine Lockerung von Rahmenbedingungen löst fast zwangsläufig Forderungen nach Verschärfung des Wettbewerbsrechtes aus. Dies zeigt sich beispielhaft in den Vereinbarungen der CDU/CSU mit der FDP nach der Bundestagswahl 1987, die einerseits die Einführung eines Dienstleistungsabends, andererseits die Überprüfung des Kartellrechts und ggf. Vorlage entsprechender Gesetzesänderungen vorsehen.

Auch wenn es sich hier primär darum handelt, daß beide Koalitionsparteien bestimmte von ihnen vertretene Forderungen durchsetzen wollen, so sollten gewisse aus Kreisen des mittelständischen Einzelhandels geäußerte Ängste nicht übersehen werden. Diese Gruppen befürchten bei einer Auflockerung des Ladenschlußgesetzes eine Verschärfung des Wettbewerbs, eine Beschleunigung des Ausleseprozesses und letztlich eine Schwächung der Marktposition der kleinen und mittleren Unternehmen.

Unstreitig dürfte sein, daß das Argument von der Verstärkung der Konzentrationsbewegung ein zentraler Punkt in der Debatte ist.

"Die Behauptung, eine Deregulierung der Ladenöffnungszeiten würde den Konzentrationsprozeß im Einzelhandel beschleunigen, stellt die wohl am ehesten ernst zu nehmende These der Liberalisierungsgegner dar, ist doch die Unverzichtbarkeit kleiner und mittlerer Unternehmen in der marktwirtschaftlichen Ordnung unbestritten" (Institut für Mittelstandsforschung 1986, S. 28).

Greift man bei der Bewertung der Konzentrationsthese auf die für den deutschen Einzelhandel durchgeführten - notgedrungen weitgehend hypothetischen - Analysen und das ermittelte empirische Belegmaterial für den ausländischen Einzelhandel zurück, so zeigt sich eine gewisse Diskrepanz.

Untersuchungsergebnisse für den deutschen Einzelhandel stimmen vielfach darin überein, daß bei einer Liberalisierung der Ladenschlußregelung

- der Wettbewerb im Einzelhandel intensiviert würde, da neben Preis und Qualität als neuer Wettbewerbsparameter die Öffnungszeit eingeführt würde;

- die Wachstumschancen der Betriebsformen und Geschäftslagen in gewissem Umfang eine andere Bewertung erfahren würden. Die Anziehungskraft von Großunternehmen könnte zunehmen, aber auch den leistungsfähigen mittelständischen Fachgeschäften würden sich neue Möglichkeiten eröffnen (Institut für angewandte Wirtschaftsforschung 1976, Kurzform Seite 35 ff.; Monopolkommission 1985, S. 116 f.).

"Ob die Vorteile der kleinen oder der großen Unternehmen insgesamt überwiegen, läßt sich nach Auffassung der Kommissionsmehrheit a priori nicht entscheiden. Es werden aber mit Sicherheit die aktiveren und flexibleren Unternehmer sein, die den erweiterten Verhaltensspielraum nutzen und damit den Wettbewerbsprozeß insgesamt zum Nutzen der Konsumenten beleben werden. Die Kommissionsmehrheit befürwortet deshalb eine weitgehende Liberalisierung der Ladenöffnungszeiten" (Monopolkommission 1985, S. 117; nach Meinung eines Kommissionsmitgliedes ist allerdings eine Liberalisierung der Ladenschlußzeiten nicht konzentrationsneutral, sondern wahrscheinlich eher konzentrationsfördernd mit weiteren Wettbewerbsnachteilen für kleinere Einzelhandelsgeschäfte). Befunde aus dem Ausland deuten darauf hin, daß die Auswirkungen liberalisierter Öffnungszeiten auf den mittelständischen Einzelhandel positiver sind, als gemeinhin angenommen wird.

Das Institut für Mittelstandsforschung kommt in seiner Untersuchung "Ladenschluß International" zu dem Ergebnis, daß sich ein Zusammenhang zwischen freieren Öffnungszeiten und der Konzentrationsbewegung im Handel anhand der ausländischen Erfahrungen nicht feststellen ließe. "Länder mit der Bundesrepublik Deutschland vergleichbaren Volkswirtschaften wie etwa Frankreich oder Großbritannien weisen ein gleich hohes oder höheres Konzentrationsniveau auf. Das schwedische Beispiel legt jedoch die Vermutung nahe, daß die Befürchtung, eine Liberalisierung könne diese Konzentration stärken, nicht berechtigt ist" (Institut für Mittelstandsforschung 1986, S. 141).

Gerade zur Entwicklung in Schweden (Aufhebung des Ladenschlußgesetzes im Jahre 1972) liegt neues Material vor. Im Vergleich jeweils zur Bundesrepublik Deutschland zeigt sich folgendes (Stehn 1987, S. 14 ff.):

- Zwischen 1972 und 1982 nahm der Fachhandelsumsatz in Schweden durchweg stärker zu als in der Bundesrepublik Deutschland; besonders groß sind dabei die Wachstumsunterschiede im Fachhandel mit Möbeln und Heimtextilien sowie mit Bekleidung, Textilien und Schuhen.

- Nach der Aufhebung des Ladenschlußgesetzes hat in Schweden eine starke Gründungswelle im Einzelhandel eingesetzt (Schweden/Bundesrepublik Deutschland 1962 - 1972: -34,6 %/ -17,7 %; 1972 - 1982: +42,1 %/+1,8 %).

- Der Umsatzanteil der Unternehmen mit 20 und mehr Beschäftigten ging im schwedischen Einzelhandel von 1979 bis 1983 zurück, während er sich in der Bundesrepublik Deutschland deutlich verstärkte.

- Die Entwicklung der Angebotskonzentration verlief in diesem Zeitraum allerdings unterschiedlich nach beratungsintensiven und nicht beratungsintensiven Gütern. So ist im schwedischen Einzelhandel mit Bekleidung, Textilien, Schuhen und Lederwaren eine abnehmende, im Lebensmittelhandel dagegen eine verstärkte Konzentration zu beobachten. In der Bundesrepublik Deutschland erhöhten sich dagegen - wenn auch in unterschiedlichem Ausmaß - die Umsatzanteile der Unternehmen mit 20 und mehr Beschäftigten in beiden Wirtschaftszweigen.

Bei allen Vorbehalten gegen Vergleiche mit der Entwicklung im Ausland läßt sich zusammenfassend doch sagen, daß die Behauptung, von einer Liberalisierung der Ladenschlußregelung profitierten nur Großunternehmen und bestimmte Standortlagen, in dieser pauschalen Form nicht haltbar ist.

3 BETRIEBSWIRTSCHAFTLICHE ÜBERLEGUNGEN ZUR LIBERALISIERUNG DER LADENSCHLUSSREGELUNG

Von den Anhängern der geltenden Regelung werden auch betriebswirtschaftliche Gründe zur Verteidigung ihrer Position angeführt. Obwohl die vorliegende Ausarbeitung schwerpunktmäßig den Akzent auf wirtschaftspolitische Fragestellungen legt, soll gleichwohl auch auf diese Einwände gegen eine Liberalisierung eingegangen werden.

Es wird aus betriebswirtschaftlicher Sicht folgende Argumentationskette aufgebaut (Triesch 1984, S. 160 f.): Bei verlängerten abendlichen Öffnungszeiten stünden sicheren Kostensteigerungen nur vage Hoffnungen auf zusätzliche Umsätze gegenüber. Weil in den Abendstunden Mehrarbeitszuschläge (25 %) und ab 20.00 Uhr Nachtarbeitszuschläge (50 %) gezahlt werden müssen, würden die Personalkosten erheblich steigen. Angesichts der niedrigen Renditen im Einzelhandel könnten diese nicht aufgefangen, sondern müßten in den Preisen weitergegeben werden. Da der Wettbewerb dies vielfach nicht erlaube, würde die Existenz vieler Unternehmen gefährdet. Auf Grund des harten Wettbewerbs im Einzelhandel müsse im übrigen davon ausgegangen werden, daß die Mehrheit der Unternehmer ihre Geschäfte so lange wie möglich öffnen würde, um keine Chance im Wettbewerb zu verlieren.

Neuerdings wird versucht, durch einen Vergleich mit der Industrie die negativen Auswirkungen liberalisierter Öffnungszeiten besonders plastisch darzustellen. Übertragen auf den Produktionssektor würden verlängerte abendliche Öffnungszeiten bedeuten, daß man den Hersteller zwinge, die gleiche Gütermenge mit einem größeren Zeitaufwand zu erzeugen.

Diese Argumentation geht einmal von der Annahme aus, daß eine Liberalisierung des Ladenschlußgesetzes gleichbedeutend sei mit einer Verlängerung der tatsächlichen Öffnungszeit. Daß diese Annahme aber nicht zutrifft, zeigt der empirische Befund aus Schweden (Stehn 1987, S. 7 ff.). Nach der Aufhebung des Ladenschlußgesetzes im Jahre 1972 variierte die durchschnittliche Länge der Wochenöffnungszeiten nur geringfügig und lag deutlich unter der in der Bundesrepublik Deutschland zulässigen Gesamtöffnungszeit. Damit stimmen die tatsächlich praktizierten Öffnungszeiten im schwedischen und deutschen Einzelhandel überein, nämlich jeweils rund 54 Wochenstunden.

Stehn weist ergänzend darauf hin, daß ähnliches auch für den französichen Einzelhandel gelte, dessen durchschnittliche Wochenöffnungsdauer zwischen 42,5 und 57 Stunden schwanke.

Die schwedischen Erfahrungen sind noch in weiterer Hinsicht aufschlußreich. Während sich die täglichen Öffnungszeiten in allen Branchen zwischen 9.00 und 9.30 Uhr eingependelt haben, weichen die Schlußzeiten nach Branchen und Betriebsformen voneinander ab. Die Warenhausunternehmen und der Lebensmittelhandel machen vor allem am Donnerstag und Freitag von den Möglichkeiten eines verlängerten Abendverkaufs Gebrauch, die Möbelbranche und Bekleidungsbranche haben montags und freitags einen verkaufsoffenen Abend eingerichtet usw.

Diese branchenmäßige Differenzierung der Schlußzeiten, noch mehr aber die Tatsache, daß sich bei einer Liberalisierung der Ladenschlußregelung die tatsächliche Öffnungszeit nicht erweitert, sondern nur verlagert, entkräften das Kostenargument erheblich. Was im wesentlichen bleibt, ist, daß infolge der Abendarbeit Zuschläge gezahlt werden müssen.

Hierzu ist zu sagen, daß eine Liberalisierung der Ladenschlußregelung in jedem Betrieb die Möglichkeit bietet, seine zeitliche Angebotsspanne in stärkerem Maße als bisher an die Nachfragefrequenzen anzupassen; das Geschäft bleibt an umsatzschwachen Vormittagen geschlossen und wird dafür an bestimmten umsatzstarken Abenden offengehalten. "Eine kurzfristige Auswirkung veränderter Öffnungszeiten auf die Kapazitätskosten besteht zwar nicht, jedoch werden bessere zeitliche Dispositionen die Kapazitätskosten langfristig positiv beeinflussen (Aengenendt 1971, S. 111). Die Verkaufsflächen werden infolge der schwankenden Kundenfrequenz nur während weniger Stunden des Tages voll ausgenutzt, "in der restlichen Zeit liegen sie brach und belasten als Fixkosten das Geschäft" (Pataky 1968, S. 122). Diese Aussage gilt um so mehr, je stärker die Ausstattung der Geschäfte auf die notwendige Kapazität für die Zeit des Spitzenandrangs ausgelegt ist, was heute vielfach der Fall ist.

Durch die Verschiebung der Öffnungszeit können sich für das einzelne Geschäft durchaus auch Umsatzsteigerungen ergeben und damit zusätzliche Deckungsbeiträge zu den betrieblichen Kosten.

Im übrigen gilt der Grundsatz: "Öffnen können heißt nicht öffnen müssen ..."

Somit erscheint der Zusammenhang zwischen einer liberaleren Ladenschlußregelung und einem höheren Preisniveau keineswegs so sicher, wie häufig in der Diskussion der Anschein erweckt wird. "Ob die Kunden tatsächlich für den streßfreien Einkauf am Abend höhere Preise in Kauf nehmen müssen, ist auch nicht so selbstverständlich, wie es manchem scheint" (Gutowski 1985, S. 20).

4 SCHLUSSBEMERKUNG

Mit dieser Arbeit sollten unter wirtschaftspolitischen Gesichtspunkten die vielfältigen Facetten der Ladenschlußdiskussion aufgezeigt werden. Nach 30jähriger Debatte war es nun an der Zeit, durch die Einführung eines Dienstleistungsabends - wie nach der Bundestagswahl 1987 von CDU/CSU und FDP vereinbart - einen ersten Schritt zur Auflockerung der starren Ladenschlußregelung zu tun.

Die Zulassung eines verlängerten Abendverkaufs in der Woche kann gleichzeitig als Versuch gewertet werden, die Argumente der Ladenschlußdebatte auf ihre Stichhaltigkeit hin zu überprüfen. Wenn sich die Anhänger des geltenden Ladenschlußgesetzes ihrer Sache tatsächlich so sicher sind, wie sie es vorgeben, warum haben sie sich stets so hartnäckig gegen einen repräsentativen Großversuch gesperrt?

LITERATUR

Aengenendt, R. (1971): Ladenöffnungszeiten im Einzelhandel, herausgegeben vom Institut für Mittelstandsforschung, Köln 1971

Aengenendt, R. (1978): Neue Materialien zur gesamtwirtschaftlichen Bedeutung der Ladenöffnungszeiten, herausgegeben vom Institut für Mittelstandsforschung, Bonn 1978

Batzer, E. (1985): Für und Wider eine Liberalisierung des Ladenschlußgesetzes. In: Dokumentation Ladenschluß der Friedrich-Naumann-Stiftung, Königswinter 1985

Batzer, E. (1984): Änderung des Ladenschlußgesetzes - übertriebene Erwartungen? In: Ladenschluß kontrovers, Herausgeber Hartwig Piepenbrock, Schriftenreihe des Vereins für wirtschaftliche und soziale Fragen, Stutgart 1984

Gartz, H. (1984): Hände weg vom Ladenschluß. In: Ladenschluß kontrovers, s.o.

Gutowski, A. (1984): Ladenschluß in Europa, Erfahrungen der Nachbarn - Konsequenzen für die Bundesrepublik Deutschland. In: Dokumentation Ladenschluß der Friedrich-Naumann-Stiftung, s.o.

Ifo-Institut für Wirtschaftsforschung (Hrsg.) (1983): Ifo-Schnelldienst, Nr. 21, 1983, S. 3 ff.

Institut für angewandte Wirtschaftsforschung (Hrsg.) (1976): Die volkswirtschaftlichen Auswirkungen einer Liberalisierung des Ladenschlußgesetzes, Tübingen 1976

Institut für politische Planung und Kybernetik (Hrsg.) (1970): Reform der Ladenschlußgesetzgebung, Bonn - Bad Godesberg 1970

Monopolkommission (Hrsg.) (1985): Die Konzentration im Lebensmittelhandel, Baden-Baden 1985

Pataky, S. T. (1968): Die Öffnungszeiten im Detailhandel unter besonderer Berücksichtigung der Schweizer Verhältnisse, Winterthur 1968

Schmidt, A.; Kayser, G. (1986): Ladenschluß international, herausgegeben vom Institut für Mittelstandsforschung, Stuttgart 1986

Stehn, J. (1987): Das Ladenschlußgesetz - Ladenhüter des Einzelhandels, Kieler Diskussionsbeiträge, Institut für Weltwirtschaft, Kiel 1987

Tietz, B. (1973): Ladenzeitordnungen im Umbruch, Stuttgart 1973

Triesch, G. (1984): Liberalisierung ohne Nutzen. In: Ladenschluß kontrovers, s.o.

Wirtschaftsjunioren Deutschland (Hrsg.) (1986): Ladenschluß, Bonn 1986

Arbeitsrechtliche und sozialpolitische Aspekte einer gesetzlichen Ladenschlußänderung

Günter Dax, Köln

Wenn in den vergangenen Jahren Forderungen über eine Änderung oder Abschaffung des Ladenschlußgesetzes von 1956 vorgelegt wurden, so haben meist verbraucherpolitische oder umsatzorientierte Überlegungen bestimmter Gruppen Pate gestanden. Die Realität der sozialpolitischen und arbeitsrechtlichen Gegebenheiten wurde in der Regel entweder überhaupt nicht angesprochen oder mit einer Handbewegung abgetan. Da aber von 2,3 Mio. Beschäftigten im Einzelhandel der weitaus überwiegende Teil Arbeitnehmer darstellt, muß geprüft werden, ob und in welchem Umfang bei einer Änderung des Ladenschlußgesetzes insbesondere in Richtung einer Abendöffnung die Arbeitgeber zur Arbeitsanweisung befugt und die Arbeitnehmer zur Arbeitsleistung in den Abenstunden verpflichtet sein können.

1 DIE KOALITIONSVEREINBARUNG VOM 6. MÄRZ 1987

Eine Diskussion über den Arbeitseinsatz am Abend kann nicht so geführt werden, als schriebe man das Drei-Kaiser-Jahr 1888, von dessen glänzenden Paraden der Großvater schwärmte. Heute muß die Rechtsposition der betrieblichen Sozialpartner berücksichtigt und den Änderungsüberlegungen zugrunde gelegt werden, weil erstere in einem modernen Sozialstaat den realistischen Background abgibt.

Die Koalitionsvereinbarung vom 6. März 1987 enthält im wirtschafts- und sozialpolitischen Teil eine Aussage zur Einführung eines sogenannten Dienstleistungsabends.

Die Vereinbarung hat folgenden Wortlaut:

> Bei Beibehaltung der Gesamtöffnungszeiten im Ladenschluß soll ein Dienstleistungsabend geschaffen werden. Dabei sind die Öffnungszeiten von Verkaufsstellen des Großhandels, die auch Endverbraucher bedienen, den Öffnungszeiten des Einzelhandels anzupassen.

Über den Weg zur Einführung eines Dienstleistungsabends macht

Handelsforschung 1987
Hrsg. Volker Trommsdorff

die Koalitionsvereinbarung keine Angaben. Für den Einzelhandel, der sich in seiner überwältigenden Mehrheit in der Vergangenheit stets gegen eine Änderung der bisherigen Ladenschlußregelungen deutlich ausgesprochen hat, dürfte feststehen, daß seine Einbeziehung in einen Abendverkauf nur über eine Änderung des Ladenschlußgesetzes möglich ist. Wann ein entsprechender Gesetzentwurf von der Bundesregierung vorgelegt wird, kann z.Z. noch nicht gesagt werden. Nicht auszuschließen ist auch eine Gesetzesvorlage aus dem Bundestag selbst. Durch eine Änderung des Ladenschlußgesetzes soll offenbar die Dienstleistungsfunktion des Handels im Sinne einer Chancenoptimierung zum Ausdruck gebracht und ein Beitrag zur Revitalisierung der Innenstädte geleistet werden. Die sozialpolitischen und arbeitsrechtlichen Konsequenzen, welche die Änderung eines alteingefahrenen Rechtszustandes mit sich bringt, nehmen offenbar erst jetzt in der öffentlichen Diskussion schärfere Konturen an.

Im Rahmen eines am 30. Juni 1987 geführten Informationsgesprächs , wozu das Bundesarbeitsministerium die Verbände und Gewerkschaften eingeladen hatte, wurde die mit der Koalitionsvereinbarung verbundene sozialpolitische Problematik deutlich. Im Rahmen dieses Gesprächs sollte geklärt werden, wie die Probleme eines Dienstleistungsabends "auf betrieblicher, tariflicher und gesetzlicher Ebene gelöst werden können", insbesondere, ob durch Tarifvertrag oder Betriebsvereinbarung eine Neuregelung der Lage der Arbeitszeit erfolgen kann, ob weitere soziale Flankierungen, z.B. durch Schichtzeitbegrenzung, durch Tarifvertrag oder durch Gesetz erfolgen sollte.

Das Ergebnis des Informationsgesprächs, bei welchem je nach Interessenlage die unterschiedlichen Positionen deutlich wurden, markierte allerdings den sozialpolitischen Schutzcharakter des Ladenschlußgesetzes, der seinerzeit bei seiner Verkündung absolut dominierend war, der allerdings bei zahlreichen euphorischen Veröffentlichungen der vergangenen Jahre häufig überspielt wurde, in aller Schärfe. Wenn es um den Einsatz von 2,3 Mio. Beschäftigten in den Abendstunden geht, wird der beachtliche sozialpolitische Stellenwert offenbar, welcher der Lage der Arbeitszeit zukommt.

Obwohl ein Entwurf zur Änderung des Ladenschlußgesetzes noch nicht vorliegt, macht schon die Fragestellung des Bundesarbeitsministeriums deutlich, daß zwar eine Änderung, keineswegs aber eine Erweiterung des Gesetzesrahmens vorgesehen ist. Unter Beibehaltung des gesetzlichen Öffnungsvolumens wird an eine Verlegung der Geschäftsöffnung auf einen sogenannten Dienstleistungsabend unter entsprechender Schließung an anderen bisher freien Öffnungszeiten als Ausgleich gedacht. An diesem Punkt setzt auch schon die Warnung der Gewerkschaftsseite ein, die - unbeschadet ihrer grundsätzlichen Ablehnung jeder Gesetzesänderung - sich dagegen wendet, gegebenenfalls eine zusätzliche 2 1/2-stündige Abendöffnung durch einen formellen Ausgleich der nominellen, aber in der Praxis meist ungenutzten Öffnungszeit von 7.00 Uhr bis 9.00 Uhr morgens zu gestatten. Auch stellte sich im Rahmen des Informationsgespräches die z.Z. offene Frage, ob durch Gesetz eine sogenannte Schichtzeitregelung in

Analogie zu § 12 JArbSchG eingeführt werden soll. Durch eine Schichtzeit (tägliche Arbeitszeit einschließlich verbindender Ruhepausen) würde der zeitliche Rahmen der täglichen Anwesenheit eines am Abend eingesetzten Arbeitnehmers limitiert. Die Gewerkschaften - konsquent in der Ablehnung jeglicher Verlegung des Abendladenschlusses - waren hier nicht bereit, zu derartigen Details Stellung zu nehmen.

Da das Bundesarbeitsministerium versuchte, sich zunächst über diesen gesamten Problemkreis zu informieren, ohne erkennen zu lassen, ob und welche konkreten gesetzlichen Maßnahmen erwogen werden, durch welche der Koalitionsbeschluß umgesetzt werden soll, bleibt die Entwicklung abzuwarten. An dieser Stelle dürfte es genügen, deutlich zu machen, daß der besondere Arbeitsschutz der an einem Dienstleistungsabend einzusetzenden Arbeitnehmer in die Überlegungen des Bundesarbeitsministeriums einbezogen ist.

2 DIE ARBEITSVERTRAGLICHE RECHTSLAGE

Das Ladenschlußgesetz als Arbeitsschutzregelung begrenzt indirekt die Beschäftigungsmöglichkeit der Arbeitnehmer durch die Limitierung der Geschäftsöffnung. Für den Fall der Änderung dieses Gesetzes stellt sich beispielsweise die Frage, ob der Arbeitgeber berechtigt ist, den Arbeitnehmer zum Arbeitseinsatz in den Abendstunden anzuweisen bzw. ob der Arbeitnehmer dann zur Arbeitsleistung verpflichtet ist. Mit Gewißheit ist davon auszugehen, daß das **Weisungsrecht des Arbeitgebers** in einem geänderten Ladenschlußgesetz keine unmittelbare Erwähnung finden wird, wie es im übrigen kein neueres Arbeitsschutzgesetz gibt, worin man das Weisungs- bzw. Direktionsrecht ausdrücklich erwähnt hätte. Ob der Arbeitgeber zur Weisung berechtigt ist, überläßt man den geltenden Rechtsgrundsätzen, den vertraglichen oder betrieblichen Vereinbarungen. Es soll deshalb zunächst nur die einzelvertragliche Rechtslage geprüft werden, wie sie sich für den Großteil der Einzelhandelsbetriebe stellt, in welchen sich keine Betriebsräte gebildet haben.

Das auf dem Arbeitsvertragsrecht beruhende Weisungsrecht des Arbeitgebers gehört zum wesentlichen Inhalt eines jeden Arbeitsverhältnisses. Bei der Ausübung dieser Funktion steht dem Arbeitsgeber regelmäßig ein weiter Raum zur einseitigen Gestaltung der Arbeitsbedingungen zu. Er hat das Recht, die im Arbeitsvertrag nur rahmenmäßig umschriebene Leistungspflicht des Arbeitnehmers festzulegen. Auf der Grundlage dieses Weisungsrechts bestimmt der Arbeitgeber Zeit, Art und Ort der Arbeitsleistung (so Bundesarbeitsgericht, Urteil vom 22.3.1980 - 2 AZR 506/78). Das Weisungsrecht in bezug auf die zeitliche Lage der Arbeitsleistung kann eingeschränkt sein, beispielsweise durch den Einzelarbeitsvertrag selbst, durch sonstige Gestaltungsrechte, beispielsweise auch durch Betriebsvereinbarung oder Tarifvertrag. Im übrigen darf das Weisungsrecht - gleichgültig, auf welche konkrete Funktion des Arbeitnehmers es sich beziehen mag - nur nach billigem Ermessen (§ 315 BGB) ausgeübt werden.

In Einzelarbeitsverträgen mit vollzeitbeschäftigten Arbeitnehmern sind im allgemeinen weder die Verteilung der regelmäßigen Arbeitszeit auf die einzelnen Werktage noch die Lage der Arbeitszeit im einzelnen festgelegt. Teilweise enthalten die vertraglichen Bestimmungen eine Bestätigung des Weisungsrechts, in dem vereinbart ist, die Lage der Arbeitszeit bzw. die Arbeitszeiteinteilung werde durch den Arbeitgeber bestimmt, gegebenenfalls im Rahmen der gesetzlichen Ladenöffnungszeiten. Vertragliche Vereinbarungen dieser Art, aber auch das Fehlen von konkreten Arbeitszeitfixierungen in den Verträgen eröffnen den Weg zu einseitigen Anordnungen des Vorgesetzten. Demnach darf der Arbeitgeber in solchen Fällen grundsätzlich in Ausübung seines Weisungsrechts die Arbeitszeit des Arbeitnehmers einseitig verändern bzw. anders festlegen.

Sollte allerdings die Lage der täglichen Arbeitszeit im Arbeitsvertrag konkret vereinbart sein, so bliebe dem Arbeitgeber nur die Möglichkeit, sich durch **Änderungskündigung** (§§ 1, 2 KSchG) von dieser vertraglichen Klausel zu lösen. Er müßte somit das gesamte Arbeitsverhältnis aufkündigen und dem Arbeitnehmer ein neues Arbeitsverhältnis mit geänderter Arbeitszeitlage anbieten, denn eine Teilkündigung ist im deutschen Arbeitsrecht nicht erlaubt. Der Arbeitnehmer stünde dann vor der Alternative, entweder zum Kündigungstermin auszuscheiden oder aber gegenüber der Änderungskündigung eine Kündigungsschutzklage zu erheben (§ 4 KSchG), die vom Arbeitsgericht auf Rechtmäßigkeit geprüft wird. Ob eine Änderungskündigung des Arbeitgebers Bestand hat, würde danach entschieden, ob sie sozial gerechtfertigt ist, ob also dringende betriebliche Erfordernisse vorliegen, die eine Weiterbeschäftigung unter den bisherigen Bedingungen für den Arbeitgeber unzumutbar erscheinen lassen. Wie ein Gericht im Einzelfall die betrieblichen Interessen zu den schutzwürdigen sozialen Interessen des Arbeitnehmers abwägen und entscheiden würde, muß sich nach der konkreten Sachlage richten und kann abstrakt nicht pauschal beurteilt werden.

So hat beispielsweise das Arbeitsgericht Mönchengladbach durch Urteil vom 27.3.1965 - 5 Ca 1308/84 - unter Klageabweisung entschieden, daß die Änderungskündigung zum zwecke der Arbeitszeitverlegung dann sozial gerechtfertigt ist, wenn so dringende betriebliche Gründe für die Änderung vorliegen, daß sie unter umfassender Abwägung der Interessen des Arbeitgebers an der Änderung und des Arbeitnehmers an der unveränderten Aufrechterhaltung des Arbeitsverhältnisses es als billig und angemessen erscheinen lassen, um der Änderung willen das Mittel der Kündigung zu gebrauchen. Im konkreten Fall sollte die Veränderung der Arbeitszeiten der Klägerin als organisatorische innerbetriebliche Maßnahme zur Anpassung an die Kundenfrequenz erfolgen. Das Gericht erkannte an, daß eine solche organisatorische Maßnahme als dringendes betriebliches Erfordernis gewertet werden müsse. Da die Maßnahme auf einer freien Unternehmensentscheidung beruhe, für die der Arbeitgeber alleine das Geschäftsrisiko trage, sei sie nicht auf Zweckmäßigkeit und Wirtschaftlichkeit hin zu überprüfen. Wirtschaftliche Probleme lassen sich nach der Meinung des Gerichts durch verschiedene Maßnahmen lösen. Solche organisatorischen Maßnahmen aufgrund der freien Unternehmensentscheidung unterliegen einer Mißbrauchs-Willkürkontrolle. Ansonsten sind sie einer arbeitsgerichtlichen Überprüfung entzogen. Im konkreten Fall ergab sich durch Daten einer Kundenzählung, daß zu einer bestimmten Geschäftszeit bei der beklagten Firma ein besonderer Kundenandrang zu registrieren war. Die aufgrund der Unternehmensentscheidung getroffene betriebliche Maßnahme wurde deshalb weder als offenbar unsachlich noch als unvernünftig oder willkürlich bezeichnet, ein dringender betrieblicher Grund für die Änderung der Arbeitszeit somit anerkannt. Das soziale Interesse der Klägerin, an der bisherigen Lage der Arbeitszeit festzuhalten, wurde nicht als so schwerwiegend angesehen wie die betrieblichen Belange.

Das Arbeitsgericht Köln hat unter dem 18.6.1985 - 15 Ca 3077/85 ebenfalls durch Urteil unter Klageabweisung eine Änderungskündigung zur Verlegung der Arbeitszeit einer Arbeitnehmerin bestätigt. In diesem Fall wurde das Erfordernis anerkannt, ein Teilzeitarbeitsverhältnis mit festen Arbeitszeiten an das vorhandene Arbeitszeitgefüge anzupassen. Auch hier hat man das soziale Interesse der Klägerin nicht so hoch gewertet wie die betrieblichen Belange. Beide Entscheidungen beweisen, daß es auf die konkrete Sachlage ankommt, ob eine zum Zweck der Arbeitszeitverlegung durchgeführte Änderungskündigung als rechtens anerkannt werden kann.

Aber selbst wenn die Lage der Arbeitszeit nicht konkret im Arbeitsvertrag festgelegt wurde, wenn es zur Änderung der Arbeitslage keiner Änderungskündigung bedarf, ist zu prüfen, ob das Weisungsrecht des Arbeitgebers gegebenenfalls durch eine **betriebliche Übung** eingeschränkt wird. Voraussetzung für das Zustandekommen einer betrieblichen Übung, insbesondere ihrer bindenden Wirkung, ist eine stillschweigende Vereinbarung, die sich aus einem fortgesetzten Verhalten des Arbeitgebers herleitet, welches bei den begünstigten Arbeinehmern den verständlichen Eindruck vermittelt, daß letztere diese Vergünstigung auch in Zukunft erhalten werden (vgl. Bundesarbeitsgericht, Urteil vom 18.7.1968 - 5 AZR 400/67). Dem Rechtsinstitut der betrieblichen Übung ist besondere Aufmerksamkeit zu widmen, denn nach allgemeiner Rechtsauffassung gehen ihre Rechtswirkungen in die einzelnen Arbeitsverträge ein, selbst dann, wenn die Parteien vereinbart haben, daß Änderungen und Ergänzungen des Arbeitsvertrages zu ihrer Wirksamkeit der Schriftform bedürfen. Diese Konsequenz ist insofern bedeutsam, als der Anspruch der Begünstigten auf Fortsetzung der betrieblichen Übung grundsätzlich nur im Wege einer einvernehmlichen Vertragsänderung oder über eine wirksame Änderungskündigung eingeschränkt oder beseitigt werden kann.

Allerdings ist nach der Rechtsprechung für die Entstehung einer betrieblichen Übung erforderlich, daß seitens des Auftraggebers ein sogenannter Verpflichtungswille besteht, wobei es allerdings genügt, daß die Arbeitnehmer nach Treu und Glauben auf einen entsprechenden Willen schließen können. An dieser Voraussetzung dürfte die Annahme einer betrieblichen Übung scheitern, weil der Verpflichtungswille des Arbeitgebers, auch bei Änderung des gesetzlichen Arbeitszeitrahmens eine Anpassung niemals durchzuführen, in keinem Fall gegeben sein wird. Die auf die bisherigen Ladenschlußzeiten abgestellte Lage der Arbeitszeit im Einzelhandel, insbesondere bezüglich des Abendladenschlusses, ist durch den gesetzlichen Rahmen bedingt. Kein Arbeitgeber kann voraussehen, ob er gegebenenfalls bei Erweiterung der gesetzlichen Ladenschlußlimitierung mit einer unvorhergesehenen Änderung im Einkaufsverhalten der Kunden oder aber mit einer extremen Wettbewerbssituation konfrontiert wird. Ein Verpflichtungswille, auch für solche Fälle auf sein Recht, mittels der Weisung auf eine personalpolitische Anpassungsmöglichkeit zu verzichten, ist mit Sicherheit nicht gegeben und kann nicht unterstellt werden. Sie wird auch von seiten der Mitarbeiter keinesfalls erwartet.

Schließlich ist zu beachten, daß das Weisungsrecht des Arbeitgebers stets nur nach **billigem Ermessen** ausgeübt werden darf. Durch den bislang gültigen gesetzlichen Abendladenschluß hat die zeitliche Lage der Arbeit bei allen Arbeitsverhältnissen eine Konkretisierung erfahren, die bei Ausübung des Weisungsrechts des Arbeitgebers hinsichtlich einer Arbeitszeitveränderung dazu zwingt, die Zumutbarkeit einer solchen Maßnahme besonders zu prüfen. (Vgl. Bundesarbeitsgericht, Urteil vom 14.12.1961 - 5 AZR 180/61). Es erscheint nicht mehr als realistisch, wenn man für den Fall einer Verkaufsöffnung am Abend die Fälle einkalkuliert, in welchen Arbeitnehmer den Arbeitseinsatz am Abend unter Hinweis auf familiäre Verhältnisse, gesundheitliche Gründe, unzumutbare Verkehrsverbindungen und anderes mehr verweigern werden. Da bei der Prüfung des billigen Ermessens auch der Grund der Weisung - hier die Änderung des Gesetzeslage und besondere gravierende betriebliche Gründe - eine besondere Rolle spielen (vgl. Bundesarbeitsgericht, Urteil vom 27.3.1980, aaO.) wird im Konfliktfall ein Gericht die Rechtmäßigkeit einer solchen Weisung wiederum in Abwägung der beiderseitigen Interessen zu prüfen haben. Bei der Frage nämlich, ob der Arbeitgeber im Rahmen des Weisungsrechtes die Arbeitszeit des Arbeitnehmers anders festlegen darf, spielen dann seine betrieblichen Interessen, die für eine Änderung der Lage der Arbeitszeit sprechen, z.B. Umsatzerwartung, Wettbewerbssituation, eine wichtige Rolle.

3 DIE MITBESTIMMUNG DES BETRIEBSRATES

Besteht in einem Betrieb ein Betriebsrat - bei 5 bis 19 Arbeitnehmern ein Obmann - so hat dieser nach § 87 Abs. 1 Ziff 2 BetrVG ein erzwingbares Mitbestimmungsrecht bei Festlegung von Beginn und Ende der täglichen Arbeitszeit einschließlich der Pausen sowie der Verteilung der Arbeitszeit auf die einzelnen Wochentage. In größeren Betrieben wird es somit bei Änderung des gesetzlichen Ladenschlußrahmens bei der Betriebsvertretung liegen, ob sie für die Änderung der Lage der Arbeitszeit dem Arbeitgeber "grünes Licht" erteilt. Dieses Mitbestimmungsrecht kann durch Abschluß von Betriebsvereinbarungen, aber auch durch bloße Regelungsabsprachen ausgeübt werden. Betriebsvereinbarungen sind Verträge zwischen Arbeitgeber und Betriebsrat, die schuldrechtliche Verpflichtungen zwischen diesen schaffen, aber welchen zugleich Rechtsnormqualität für die Belegschaftsmitglieder zukommmt. Dieses Mitbestimmungsrecht steht dem Betriebsrat bei kollektiven Maßnahmen dieser Art zu. Darunter fallen allgemeine Regelungen, die sich auf den ganzen Betrieb, eine Betriebsabteilung oder einen nach abstrakten Merkmalen abgegrenzten Teil der Belegschaft beziehen. In der Praxis wird bei Betrieben mit Betriebsrat in Anbetracht der Größenverhältnisse stets eine kollektive Regelung der Lage der Arbeitszeit anzunehmen, deshalb das Mitbestimmungsrecht des Betriebsrates gegeben sein. Dies heißt, daß der Arbeitgeber vor Veränderung des Arbeitseinsatzes die Zustimmung seiner Betriebsvertretung einholen muß. Da ein mitbestimmungspflichtiger Regelungsgegenstand vorliegt, hat der Betriebsrat sogar ein Initiativrecht, d.h. er kann von sich aus an den Arbeitgeber herantreten, um eine Regelung in der Frage der Lage der Arbeitszeit herbeizuführen. Umgekehrt muß der Arbeitgeber an den Betriebsrat herantreten, wenn er eine Maßnahme zur Regelung in der oben beschriebenen Weise bewirken will. Die Vereinbarungen zwischen Betriebsrat und Arbeitgeber führt der Arbeitgeber gemäß § 77 Abs. 1 BetrVG durch. Kommt es nicht zu einer Einigung, so haben beide Betriebspartner die Möglichkeit, die Einigungsstelle anzurufen. Deren Spruch ersetzt alsdann die Einigung zwischen Arbeitgeber und Betriebsrat (§ 87 Abs. 2 BetrVG). Übergeht jedoch der Arbeitgeber den Betriebsrat, so sind seine getroffenen Maßnahmen schlechthin unwirksam. Dies gilt auch dann, wenn die betroffenen Arbeitnehmer mit der Maßnahme einverstanden sind.

Die Anrufung der Einigungsstelle durch den Arbeitgeber, deren Spruch eine mangelnde Verständigung zwischen den Betriebspartnern ersetzt, erfolgt erfahrungsgemäß durch den Arbeitgeber in der Frage der Arbeitszeitlage nur in seltenen Fällen. Der Arbeitgeber muß nämlich das Risiko tragen, durch den Mehrheitsentscheid der Einigungsstelle einen endgültigen Rechtszustand auf lange Zeit herbeizuführen, der seinen Interessen widerspricht. Dies ist um so bedeutsamer, als ein Spruch der Einigungsstelle nur wegen Rechtsfehlern, Rechts- oder Ermessensmißbrauch über das Arbeitsgericht erfolgreich angegriffen werden kann. Wie das Bundesarbeitsgericht durch Beschluß vom 31.8.1982 - 1 ABR 27/80 deutlich machte, stehen Mitbestimmungsrechte des Betriebsrates bei der Lage der Arbeitszeit keineswegs unter dem allgemeinen Vorbehalt, daß durch sie nicht in die unternehmerische Entscheidungsfreiheit eingegriffen werden dürfe. Zwar sei in der parlamentarischen Beratung des Betriebsverfassungsgesetzes die grundsätzliche Wertentscheidung des Gesetzgebers zum Ausdruck gekommen, durch die Gewährung von Mitbestimmungs- und Mitwirkungsrechten an den Betriebsrat nicht in eigentliche unternehmerische Entscheidungen einzugreifen. Diese Grundsatzentscheidung des Gesetzgebers rechtfertige jedoch nicht die Annahme einer immanenten Schranke für positiv-rechtliche geregelte

Mitbestimmungsrechte des Betriebsrates. Wie das von der beklagten Firma angerufene Bundesverfassungsgericht unter dem 18.12.1985 - 1 BvR 143/83 - in der gleichen Sache entschied, gibt es keinen Grundsatz der Mitbestimmungsfreiheit unternehmerischer Entscheidungen in dieser Materie. Damit dürfte der endgültige Schlußstrich in der Frage der Mitbestimmung bei der Festlegung der Lage der Arbeitszeit gezogen und die Mitbestimmungsrechte der Betriebsräte im weitesten Maße bestätigt sein.

Das erzwingbare Mitbestimmungsrecht entfällt nach § 77 Abs. 3 bzw. nach § 87 Abs. 1 BetrVG, sofern eine tarifliche Regelung besteht oder üblich ist. In einem solchen Fall wäre der Betriebsrat gehindert, für den Arbeitnehmer entsprechende Betriebsvereinbarungen abzuschließen. Diese Möglichkeit entfällt jedoch, weil die Lage der Arbeitszeit im Einzelhandel nicht tarifiert ist, wie im nächsten Abschnitt im einzelnen dargelegt wird.

Die Gewerkschaften haben in diesem Jahr zahlreiche Betriebsversammlungen wie auch örtliche Protestversammlungen organisiert, um in Abwehr einer Gesetzesänderung die im jetzt gültigen Ladenschlußgesetz festgelegten Ladenzeiten festzuschreiben. Darüber hinaus wurden die Betriebsräte aufgefordert, durch sogenannte Vorsorgebeschlüsse die Erklärung abzugeben, zukünftigen Arbeitszeitverlängerungen über 18.30 Uhr hinaus nicht zuzustimmen.

4 DIE TARIFRECHTLICHE UND TARIFPOLITISCHE SITUATION

Die gültigen Manteltarife des Einzelhandels, die auf Landesebene abgeschlossen werden, enthalten teilweise allgemeine Formulierungen über die Verteilung der Arbeitszeit.

So heißt es beispielsweise:
"Die Verteilung der regelmäßigen Arbeitszeit auf die einzelnen Werktage sowie die Festlegung der Pausen richtet sich im Rahmen der gesetzlichen Bestimmungen nach den betrieblichen Notwendigkeiten."

So steht es im MTV Bremen.

Nur vereinzelt wird in allgemeiner Form die Frage der Arbeitszeitbestimmung so angesprochen, daß damit auch die Lage der Arbeitszeit einbegriffen ist, z.B.

"Die tägliche Arbeitszeit und die Pausen setzt die Betriebsleitung unter Mitbestimmung des Betriebsrates fest."

So steht es im MTV Saarland und im MTV Rheinland-Pfalz. Damit ist eine Bestätigung des Direktionsrechts des Arbeitgebers zu sehen. In Anbetracht der unterschiedlichen betrieblichen Verhältnisse und auch in Anbetracht des bestehenden Ordnungsrahmens, den das z.Z. gültige Ladenschlußgesetz lieferte, bestand kein Anlaß, die Lage der Arbeitszeit konkret tariflich zu regeln. Tarifiert ist in sämtlichen Manteltarifen der Beginn der Nachtarbeit, der in Hessen und Nordrhein-Westfalen auf 19.30 Uhr, in den anderen Bundesländern um 20.00 Uhr festgesetzt ist mit der Folge, daß von diesem Zeitpunkt an ein 50- bzw. 55%iger Nachtarbeitszuschlag zuzüglich zu Lohn und Gehalt zu zahlen ist.

Die mit dem Einzelhandel tarifierende Gewerkschaft Handel, Banken und Versicherungen im DGB wie auch die Deutsche Angestellten-Gewerkschaft verlangen von den Landesverbänden des Einzelhandels als Tarifträger dringlich den Abschluß von Tarifverträgen zur Regelung der Lage der Arbeitszeit, um die jetzt geltenden Arbeitszeiten abzusichern. Damit soll, wie es in verschiedenen Forderungsschreiben heißt, dem Gesetzgeber deutlich gemacht werden, daß gesetzliche Maßnahmen zur Auflockerung des z.Z. gültigen Gesetzes wirkungslos und überflüssig seien. Die Verbände des Einzelhandels haben gegenüber den Gewerkschaften ihr Verständnis für die Belange der Arbeitnehmer in dieser wichtigen sozialpolitischen Frage bekundet. Darüber hinaus haben die Verbände sich zum Teil bereit gefunden, zusammen mit den Gewerkschaften an die Landesregierungen zu apellieren, im Bundesrat einer Änderung des Ladenschlußgesetzes nicht zuzustimmen.

Die Forderungen auf Tarifierung der Lage der Arbeitszeit wurden gegenüber den Gewerkschaften zurückgewiesen. Die Gründe, die gegen diese Tarifierung sprechen, sind folgende: Wenn Gewerkschaften und Verbände den Versuch unternähmen, den von Regierung und Parlament mehrheitlich gebilligten Abendeinkauf durch tarifpolitische Regelungen zu blockieren, indem sie alle Unternehmen des Wirtschaftsbereichs Einzelhandel ohne Rücksicht auf die Organisationszugehörigkeit der Allgemeinverbindlichkeit unterwerfen würden, so hätten sie damit die ihnen von der Rechtsordnung zugewiesene Autonomie überschritten.

Was die Allgemeinverbindlichkeit angeht, so ist entsprechend den unterschiedlichen politischen Konstellationen der einzelnen Landessregierungen davon auszugehen, daß den Anträgen der regionalen Tarifträger auf Allgemeinverbindlichkeit, wodurch Limitierungen der Lage der Arbeitszeit erfolgten, nur teilweise stattgegeben würde. Es ist anzunehmen, daß ein Teil der Landesregierungen nicht bereit sein würde, durch Allgemeinverbindlichkeit eines Tarifes die Öffnungsbestrebungen der Bundesregierung zu unterlaufen. Damit wären die Tarifeinheit und die Rechtsgleichheit zwischen bedeutenden Landesbereichen nicht mehr gewährleistet. Bei fehlender Allgemeinverbindlichkeit würde eine tarifliche Festlegung der Lage der Arbeitszeit ihre Bindungswirkung nur für die Mitglieder der Tarifpartner entfalten. Jedes Einzelhandelsunternehmen könnte sich dieser Bindungswirkung durch Austritt aus dem zuständigen Einzelhandelsverband entziehen. Damit wäre wiederum der Rechtsungleichheit Tür und Tor geöffnet.

Darüber hinaus kann jedes Unternehmen sich durch einen Spezialtarif - abgeschlossen mit einer beliebigen Gewerkschaft - im Rahmen des im Tarifvertragsrechts geltenden Spezialitätsprinzips aus einer allgemeinverbindlichen Regelung herauslösen und hiermit entgegenstehende Vereinbarungen treffen. Auch insofern wären unterschiedliche Wettbewerbsverhältnisse unvermeidbar, selbst wenn die etablierten Gewerkschaften Handel, Banken und Versicherungen und Deutsche Angestellten Gewerkschaft selbst ein Unterlaufen allgemeinverbindlicher Regelung durch Spezialtarife ablehnen würden.

Bei Betrieben, die gleichzeitig verschiedenen tariflichen Zuständigkeiten unterfallen (z.B. Einzelhandel/Handwerk, Einzelhandel/Großhandel) wird die Tarifkonkurrenz, da sie in der Regel nicht in den Tarifverträgen selbst geklärt ist, durch den von der Rechtsprechung entwickelten Grundsatz der Tarifeinheit gelöst. Er besagt, daß in einem Betrieb grundsätzlich nur ein Tarifvertrag Anwendung finden soll. Anwendbar ist der Tarif, der der wirtschaftlichen Haupttätigkeit, durch welche der Betrieb geprägt wird, am ehesten entspricht. Insbesondere im Bereich der sogenannten Warenhandwerker nimmt der Einzelhandelsumsatz eine wichtige Position ein. Dennoch sind diese Betriebe häufig nicht dem Tarifrecht des Einzelhandels, sondern des Handwerks in Anbetracht ihres im Handwerksbereich dominierenden Personalbestandes zuzurechnen (z.B. Bäcker, Fleischer, Optiker, Schneider, Goldschmiede usw.). Sie würden den restriktiven Tarifbestimmungen über die zeitliche Lage der Arbeitszeit im Einzelhandel - sofern letztere tarifiert wäre - nicht unterfallen. Das gleiche gilt für unselbständige Industriefilialen, die im Einzelhandel arbeiten, weil dort die wirtschaftliche Haupttätigkeit durch die Produktion geprägt wird, welcher die Verkaufsstellen unterfallen.

5 ZUSAMMENFASSUNG

Die überwältigende Mehrheit der Einzelhandelsunternehmen lehnt nach wie vor die Einführung eines sogenannten Dienstleistungsabend durch Auflockerung der gesetzlichen Ladenschlußbestimmungen ab. Die Gründe für diese Haltung sind nicht nur im wirtschaftlichen und personalpolitischen Bereich zu suchen. Sie basieren ebenfalls auf der arbeitsrechtlichen Problematik. Ob Mitarbeiter bei einem Dienstleistungsabend eingesetzt werden können, richtet sich nach den Rechtsgrundsätzen des Weisungsbzw. Direktionsrechts des Arbeitgebers, welches durch betriebliche Gestaltungsrechte wie auch geltende Rechtsprinzipien eingeschränkt sein kann.

In Betrieben mit Betriebsrat ist die Lage der Arbeitszeit mitbestimmungspflichtig. Der Tarifierung der Lage der Arbeitszeit stehen gewichtige Argumente der Arbeitgeberseite entgegen.

Ladenschlußregelungen für den Großhandel als Problem der Binnenhandelspolitik

Dieter Ahlert und Heinz Siebenbrock, Münster

Ausgangspunkt des Beitrages sind Bestrebungen, (u.a. in der Koalitionsvereinbarung der Bundesregierung 1987), das Ladenschlußgesetz, wenn es denn schon nicht abgeschafft oder liberalisiert werden soll, auf die Verkaufsstellen des mit dem Einzelhandel um die Privatbedarfsdeckung der Gewerbetreibenden konkurrierenden Großhandels auszuweiten. Die Verfasser stellen ein Prüfschema für eine sachgerechte Diskussion dieses aktuellen Problems vor. Aus dem primären Schutzzweck der Ladenschlußregelungen (Arbeitnehmerschutz) läßt sich die Forderung nach einer Ausdehnung des Adressatenkreises nicht ableiten. Auch mit dem wettbewerbspolitischen Leitbild funktionsfähigen Wettbewerbs ist eine solche Verschärfung der rechtlichen Reglementierungen, insbesondere angesichts der geringen Zutrittsbarrieren zum funktionalen Großhandel, nicht zu vereinbaren. Partielle Ladenschlußregelungen für einen Teil des Großhandels (Großhandel mit Verkaufsstellen; SB-Großhandel) würden überdies die Wettbewerbsbeziehungen zwischen den Lieferanten des Einzelhandels systematisch verzerren. Keineswegs könnten sie die bedrohliche Konzentrationsentwicklung im Lebensmittelhandel bremsen, sie würden diese vermutlich forcieren. Der Rechtsprechung wird durch das Prüfschema die Aufgabe zugewiesen, Umgehungen des bestehenden Ladenschlußgesetzes zu verfolgen und mit ausdrücklichem Rekurs auf dessen primären Schutzzweck einen sachgerechten Interessenausgleich zwischen den betroffenen Wirtschaftssubjekten herbeizuführen.

1 AKTUELLE AUSGANGSPUNKTE UND ZIELSETZUNG DER UNTERSUCHUNG

In einer Zeit, in der wieder einmal und nunmehr besonders intensiv über die Abschaffung oder zumindest eine Liberalisierung des Ladenschlußgesetzes (LSchlG) nachgedacht wird, sind zugleich - auch dies nicht zum ersten Mal - ernsthafte Bestrebungen anzutreffen, das geltende Ladenschlußrecht in seinem Anwendungsbereich auszudehnen, und zwar auf Verkaufsstätten des Großhandels.

Handelsforschung 1987
Hrsg. Volker Trommsdorff

Im Rahmen dieser Bestrebungen zeichnen sich gegenwärtig zwei verschiedene Wege ab,

- o einmal die Ausschöpfung des geltenden Rechts entweder durch eine erweiterte Interpretation des Begriffs "Jedermann-Verkaufsstelle" oder durch eine verengte Interpretation des Großhandelsbegriffs (Subsumtion bestehender Großhandelsbetriebe unter das vorhandene LSchlG via Rechtsprechung),

- o zum anderen die Novellierung des LSchlG mit dem Ziel, "die Öffnungszeiten des Großhandels, der auch Endverbraucher bedient, an die Öffnungszeiten des Einzelhandels anzupassen" (Koalitionsvereinbarung der Bundesregierung aus dem Frühjahr 1987).

Die sich hier anbahnende Kontroverse weist insofern Parallelität zur gegenwärtigen Diskussion einer Kartellnovelle auf, als auch dort

- o eine Koalitionsvereinbarung den konkreten Anlaß bildet ("Die Bundesregierung wird ... das GWB umfassend ... darauf überprüfen, ob eine Novellierung notwendig ist, und zur Gesetzesänderung noch in dieser Legislaturperiode Vorschläge vorlegen") und

- o drei Alternativen, nämlich Deregulierung (Lockerung bestehender Rechtsrestriktionen zwecks Beseitigung der vorhandenen Ungleichverteilung der Freiheitsgrade), Ausschöpfung oder Verschärfung der Rechtsnormen zur Auswahl stehen.

Die Parallelität besteht weiterhin darin, daß vor allem die bedrohliche Konzentrationsentwicklung und damit einhergehende Vermachtungstendenzen im Lebensmittelhandel den aktuellen Hintergrund abgeben und wettbewerbspolitischen Handlungsbedarf begründen. Nicht erst seit dem spektakulären Ausgang des Fusionskontrollverfahrens Metro/Kaufhof (vgl. Ahlert 1987 b) richtet sich das besondere Augenmerk in beiden Diskussionen (GWB und LSchlG) auf den Selbstbedienungsgroßhandel, dem offenbar (zu Recht?) ein besonderes Verdrängungspotential unterstellt wird.

Gemeinsamkeiten sind schließlich auch in der Polarisierung, Emotionalisierung und der teilweisen Überspitzung der Argumentationen festzustellen (vgl. Ulmer 1987). So klingen unter dem Thema "Ladenschlußregelungen auch für den Großhandel" nicht selten "Gerechtigkeitsüberlegungen" nach dem Strickmuster "gleiches Ungemach für alle" an: Wenn schon der Großteil der Verbraucher unter dem geltenden LSchlG zu leiden hat, so ist es nicht einzusehen, daß einige durch ihre berufliche Tätigkeit privilegierte Verbraucher (Gewerbetreibende) ihren Privatbedarf auch außerhalb der festgelegten Ladenöffnungszeiten decken können.

Als Überspitzung ist es zu werten, wenn implizit suggeriert wird, die bedenkliche Konzentrationsentwicklung im Lebensmittelhandel könne dadurch eingedämmt werden, daß auch die Verkaufsstätten des Großhandels den allgemeinen Ladenschlußregelungen unterworfen werden.

Ziel der vorliegenden Untersuchung ist es, zu einer Versachlichung der Diskussion über die Frage beizutragen, ob und unter welchen Umständen Ladenschlußregelungen auch für Verkaufsstätten des Großhandels gerechtfertigt sind. Eine wichtige Aufgabe besteht zunächst darin, das eigentliche Problem zu definieren und es in einer Weise zu strukturieren, daß eine sachgerechte Erörterung ermöglicht wird.

2 ISOLIERUNG UND STRUKTURIERUNG DER PROBLEMSTELLUNG

Prima facie mag es dem unvoreingenommenen Betrachter als abwegig erscheinen, den Großhandel schlechthin dem geltenden Ladenschlußrecht zu unterwerfen, da dies mit dem primären Schutzzweck des LSchlG (Arbeitnehmerschutz, vgl. Kap. 3.2) nicht vereinbar ist. Dem kann entgegengehalten werden, daß es nicht allein um die Subsumtion unter geltendes Recht, sondern auch um Novellierungsüberlegungen geht, bei denen weitere Schutzzwecke hinzutreten können. Damit stellt sich de lege ferenda die Grundsatzfrage:

Welchen legitimen Zwecksetzungen kann es entsprechen, für den Großhandel allgemein, soweit er Verkaufsstellen unterhält, die "Laden"-Öffnungszeiten zu reglementieren?

Mit dieser Fragestellung setzen sich die Verfasser dem Vorwurf aus, das Problem "aufzubauschen", indem eine Forderung zur Diskussion gestellt werde, die von niemandem (also auch nicht von den Befürwortern einer Ladenschlußregelung für bestimmte Teile des Großhandels) ernsthaft erhoben worden sei. Grundtenor solcher Überlegungen sei doch vielmehr "nur", die rechtliche Reglementierung der Ladenöffnungszeiten (wenn sie denn aus vielfältigen Gründen schon nicht vollends beseitigt werden könne) wenigstens auf all jene Verkaufsstätten auszudehnen, die mit den von der Regulierung betroffenen Einzelhandelsbetrieben in Wettbewerbsbeziehungen stünden. Die Wahrung gleicher Wettbewerbsbedingungen (Wettbewerbsneutralität) sei zwar nicht der zentrale Schutzzweck des LSchlG, aber doch eine notwendige flankierende Maßnahme zur Sicherung des Arbeitnehmerschutzes (BVerfG NJW 1982, 2513, 2515; VGH München NJW 1985, 1180f.)

Geht man allerdings davon aus, daß der Einzelhandel grundsätzlich jedem Abnehmer (Konsumenten, Betrieben, institutionellen Haushalten) offen steht, so sind im weitesten Sinne sämtliche Anbieter von Konsumgütern (nicht einmal nur Großhandelsbetriebe mit Verkaufsstellen, sondern auch der Zustellgroßhandel, ja selbst Hersteller) als Konkurrenten des Einzelhandels anzusehen. Dabei ist allerdings zu berücksichtigen, daß Großhändler (und in der Regel auch Hersteller, soweit sie den indirekten Absatzweg wählen) nicht jedermann als Einkaufsquelle zur Verfügung stehen. Die Ausweichmöglichkeiten der Kunden (und damit die Wettbewerbsbeziehungen) sind also asymmetrisch: Sämtliche Großhandelskunden können auf den Einzelhandel ausweichen, jedoch nur bestimmte (potentielle) Einzelhandelskunden können im Großhandel einkaufen (vgl. zur Abgrenzung dieses den Großhandelsbgriff konstituierenden Personenkreises Kap. 3.1). Dieser Asymmetrie der Wettbewerbsbeziehungen kann es zugeschrieben werden, daß die Ungleichbehandlung des Groß- und Einzelhandels durch restriktive Rechtsnormen (hier: LSchlG) bislang hingenommen wird (warum eigentlich?). Dabei wird die Deckung des Privatbedarfs traditionell als Domäne des Einzelhandels, die Deckung des gewerblichen, institutionellen und Großbedarfs als Domäne des Großhandels (und der unmittelbar beliefernden Hersteller) angesehen.

Die einleitend erwähnten Bestrebungen können mithin dahingehend interpretiert werden, daß die Verkaufsstellen des Großhandels nicht schlechthin, sondern nur insoweit den Ladenschlußbestimmungen zu unterwerfen seien, als sie in die Domäne des Einzelhandels (Deckung des Privatbedarfs) einbrechen könnten.

Aus dieser Perspektive verkürzt sich das virulente Problem auf eine **sachgerechte Domänenabgrenzung zwischen dem Groß- und dem Einzelhandel**, ein allerdings dornenreiches Unterfangen:

Die Domänenabgrenzung gelingt zunächst zu einem ganz wesentlichen Teil dadurch, daß den "Nur"-Konsumenten (privaten Endverbrauchern) der Zutritt zum Großhandel versagt ist. Konflikte sind daher konsequenterweise stets dann aufgetreten (und haben regelmäßig zu gerichtlichen Auseinandersetzungen geführt), wenn die Exklusion der "Nur"-Konsumenten durch Handelsbetriebe, die die Bezeichnung und die Privilegien (hier: nicht unter das LSchlG zu fallen) des Großhandels für sich in Anspruch nehmen, nicht effizient funktionierte. Dabei ist weniger an die Fälle zu denken, in denen sich Privatpersonen einen unberechtigten Zutritt zu den Verkaufsstellen des (echten) Großhandels verschaffen; dieses Problem, daß selbst ein effizientes Kontrollsystem niemals hundertprozentige, praktische Lückenlosigkeit gewährleisten kann, wird aus der Sicht verständiger "Konflikt"-Parteien mit dem gebotenen Augenmaß für die Zumutbarkeit von Kontrollsystemen und entsprechend großzügiger Auslegung seitens der Gerichte als handhabbar betrachtet (werden können). Auch die Hauptgemeinschaft des Deutschen Einzelhandels (HDE), die bekanntlich vehement für eine Exclusion sog. Letztverbraucher durch den Großhandel eintritt (vgl. z.B. die Entscheidungsbegründung des OLG Köln vom 6.2.87), stellt in diesem Zusammenhang fest, daß die üblichen Kontrollmaßnahmen, "selbst wenn sie nicht alle eingesetzt werden, theoretisch und praktisch ausreichen, privaten Letztverbrauchern den Zutritt zu verwehren" (Schreiben der HDE an den Bundesminister für Wirtschaft vom 15.5.86).

Um die hier weiter zu verfolgende Problemstellung sachgerecht einzugrenzen, werden solche Tatbestände ausgeklammert, die auf eine Umgehung des geltenden LSchlG abzielen. Die weitere Analyse erstreckt sich auf Großhandelsunternehmen, die durch ein **effizientes System der Zutrittskontrollen** die Exklusion von "jedermann" sicherstellen (vgl. Kap. 3.1).

Die eigentliche Schwierigkeit bei der Domänenabgrenzung besteht darin, daß jeder Käufer im Großhandel als natürliche Person auch Konsument ist, der Ware im privaten Haushalt verwendet. Den Kundenkreis des Großhandels zum Zwecke einer konsensfähigen Domänenabgrenzung auf solche Personen einschränken zu wollen, die definitiv keine Konsumenten sind, wäre unsinnig, weil es diese Personen nicht gibt. Es kann daher nicht ausgeschlossen werden (es sei denn über eine in den Geschäftsbetrieb eines jeden Großhandelskunden hineinreichende, artikelbegleitende Verwendungskontrolle), daß der Großhandel unmittelbar auch den Privatbedarf seiner Kunden ("Auch"-Konsumenten) deckt und insoweit in die Domäne des Einzelhandels einbricht. Tatsächlich ist eine solche Privatbedarfsdeckung generell in einem nicht unerheblichen Umfang üblich, und zwar unabhängig von der Betriebsform des Großhandels (Sortiments-, Fach- oder Spezial-, Zustell- oder Abhol-Großhandel). So weist das Statistische Bundesamt aus, daß der Umsatz mit privaten Haushalten 3,3% des gesamten Großhandelsumsatzes (= 22,766 Mrd. DM pro Jahr) ausmacht (vgl. die Daten aus dem Jahre 1980, dokumentiert in: Statistisches Bundesamt 1984, S. 14). Insofern ist die weite Fassung der Grundsatzfrage durchaus gerechtfertigt; es ist sogar daran zu denken, die Frage nach einer Reglementierung der Geschäftszeiten (unter dem Aspekt der Wettbewerbsneutralität) nicht allein auf den Großhandel mit Verkaufsstellen zu beschränken, sondern sie für einen jeden Handelsbetrieb (also auch für den Zustellgroßhandel, dann aber auch für Versandgeschäfte des Einzelhandels; warum eigentlich nicht für Hersteller?) aufzuwerfen.

In der (Gerichts-)Praxis und Novellierungsdiskussion wird nun die Würdigung der Privatbedarfsdeckung von Großhandelskunden wesentlich davon abhängig gemacht, ob sich diese auf den betriebseigenen oder betriebsfremden Bedarf erstreckt. Die Dekkung des Privatbedarfs mit Ware, die von Großhandelskunden auch betrieblich verwendet wird (werden könnte), soll nicht zur Subsumtion des betreffenden Großhandelsunternehmens unter die für den Einzelhandel geltenden Rechtsrestriktionen führen, "weil es selbstverständlich und nach der Lebenserfahrung üblich ist, daß der gewerbliche Verbraucher die für seinen eigenen Bedarf benötigten Erzeugnisse von den Vorräten seines Betriebes abzweigt" (BGH GRUR 1966, S.325). Demgegenüber wird die Deckung betriebsfremden Privatbedarfs (über eine Toleranzgrenze von 10% hinaus) als mit dem "funktionsechten" Großhandel unvereinbar betrachtet und sei durch geeignete (Verwendungs-)Kontrollen zu unterbinden. Abgesehen von der Tatsache, daß **effiziente Verwendungskontrollen** faktisch nicht durchführbar sind, entbehrt diese Differenzierung - wie schon eine nähere Betrachtung der zitierten Begründung des BGH-Urteils offenbart - im Hinblick auf die Frage der Ladenschlußregelungen einer grundsätzlichen Problemlösungsrelevanz (auf die Problematik von Verwendungskontrollen braucht daher nicht weiter eingegangen zu werden; vgl. dazu umfassend Barth 1986, S.141 ff.).

Die Grundsatzfrage mündet in das konkrete Problem, ob Großhandelsunternehmen (und andere Anbieter), die in die Einzelhandelsdomäne der Privatbedarfsdeckung einbrechen, zwecks Wahrung

gleicher Wettbewerbsbedingungen denselben Rechtsrestriktionen (hier: Ladenschlußregelungen) zu unterwerfen sind, wie sie für den Einzelhandel schon bestehen.

Die Frage betriebseigener oder -fremder Privatbedarfsdeckung tangiert diese Problemstellung nicht generell, sondern allenfalls graduell, weil Evidenz und Ausmaß des Einbrechens in die Domäne des Einzelhandels naturgemäß von der Eignung der Handelsware zur Privatbedarfsdeckung determiniert werden.

Im einzelnen leiten sich aus dieser Problemstellung folgende Fragen her:

(1) Inwieweit fallen Großhandelsunternehmen schon de lege lata unter das LSchlG?

(1.1) Wie ist der Großhandelsbegriff zu definieren?
(1.2) Gehört der Großhandel gemäß dem Wortlaut des LSchlG zum Adressatenkreis dieser Rechtsnorm?
(1.3) Entspricht die Subsumtion den Schutzzwecken des LSchlG?
(1.4) Gebieten spezifische Merkmale einzelner Betriebsformen des Großhandels eine abweichende Beurteilung?

(2) Ist es wettbewerbspolitisch zweckmäßig, die Ladenschlußregelungen auf bestimmte Teile des Großhandels auszudehnen?

(2.1) Werden die Wettbewerbsbeziehungen im Handel durch das geltende Ladenschlußrecht systematisch verzerrt?
(2.2) Welche Konsequenzen hätte die partielle Übertragung von Ladenschlußregelungen auf Großhandelsunternehmen mit Verkaufsstellen?
(2.3) Welche Auswirkungen ergäben sich für die Konzentrationsentwicklung im Lebensmittelhandel?

3 GROSSHANDEL UND GELTENDES LADENSCHLUSSRECHT

Wenn nachfolgend in der hier gebotenen Kürze die Subsumtionsfrage de lege lata behandelt wird, soll dies unter zwei Einschränkungen geschehen:

Erstens werden es sich die Verfasser an dieser Stelle versagen, in die gegenwärtig lebhaft geführte Diskussion um die generelle Abschaffung oder eine Liberalisierung des LSchlG einzutreten: Das LSchlG wird in seiner z.Z. geltenden Fassung hingenommen.

Zweitens wird die auf den Großhandel bezogene Interpretation des LSchlG in der Rechtsprechung aus der folgenden Betrachtung ausgeklammert, da die hier gefundenen Kompromisse und herangezogenen Begründungen (etwa: "die betriebseigene Privatbedarfsdeckung sei selbstverständlich und nach der Lebenserfahrung üblich") eines wirtschaftswissenschaftlichen Fundamentes im Hinblick auf die zur Diskussion gestellte Grundsatzfrage entbehren: Es ist daher nachfolgend auf den Wortlaut und die Schutzzwecke des LSchlG zu rekurrieren.

3.1 GROSSHANDEL VERSUS VERKAUF AN JEDERMANN

Der Großhandelsbegriff wird in Literatur und Praxis nicht einheitlich definiert. Die Begriffsinterpretationen reichen von einer tradierten, sehr engen Fassung des sog. funktionsechten Großhandels, bei der auf eine festliegende Menge konstitutiver Funktionen abgestellt wird, bis hin zu der transaktionskostentheoretisch begründeten Auffassung, die begriffliche Trennung von Groß- und Einzelhandel sei heute überholt und entbehrlich. An anderer Stelle hat sich der Verfasser grundlegend mit dem "Großhandelsbegriff im Spannungsfeld marketingwissenschaftlicher, wettbewerbspolitischer und wettbewerbsrechtlicher Betrachtungen" auseinandergesetzt (Ahlert 1987 c) und ist zu dem Ergebnis gelangt, daß eine klare Handelsstufenabgrenzung aus vielfältigen Gründen (u.a. zwecks Schaffung transaktionskostenmindernder Transparenz) zweckmäßig ist, daß allerdings durch Reduktion auf ein unverzichtbares Mindestmaß an konstitutiven Merkmalen des Großhandelsbegriffs der Gefahr einer Konservierung distributionsökonomisch nicht optimaler Strukturen zu begegnen sei.

Auf der Grundlage einer vergleichenden Analyse sämtlicher einschlägigen Begriffsdefinitionen des wirtschafts- und rechtswissenschaftlichen Schrifttums konnte weitestgehende Übereinstimmung bezüglich der notwendigen und hinreichenden Merkmale (im Unterschied zu weiteren, fakultativen Kriterien) festgestellt werden:

Der Großhandel, der ebenso wie der Einzelhandel Verkaufsfunktionen übernimmt, unterscheidet sich von diesem durch eine über Zugangskontrollen sichergestellte Begrenzung seines Kundenkreises. Dieser umfaßt nach einhelliger Auffassung Wiederverkäufer, Weiterverarbeiter und jene Verbraucher, die Handelsware als Produktionsfaktoren in Betrieben einsetzen; diese gewerblichen Abnehmer kennzeichnen sich mit den institutionellen Haushalten und freiberuflichen Kunden u. a. durch das gemeinsame Merkmal, daß sie in den Kreislauf der Güter- und Dienstleistungserstellung für fremden Bedarf institutionell eingebettet sind. Im Unterschied zum bedürfnisbedingten Bedarf des privaten Haushaltes (Konsumenten) liegt hier ein aus dem Zweck des betreffenden Organisationsgebildes (Betrieb bzw. Institution) abgeleiteter Bedarf vor. Schließlich ist noch an Fälle zu denken, in denen Konsumenten in genau der Art und Weise einkaufen, wie es im Großhandel üblich ist. Wenn beispielsweise ein privater Kunde Mengen einer bestimmten Handelsware nachfragt, "die die für Familienhaushalte übliche Bedarfsdeckung wesentlich übersteigen" (Tietz 1978, S. 34), sei es aufgrund eines ungewöhnlichen Hobbys oder zu bestimmten außergewöhnlichen Anlässen, so ist er ohne weiteres prädestiniert, dem Kundenkreis des Großhandels anzugehören.

Für den Zweck einer kurzen, prägnanten Definition des Großhandelsbegriffs bietet es sich an, die vielfältigen Aussagen zur Umschreibung des begrenzten Kundenkreises auf das **Merkmal 'Professionalität'** zu reduzieren. Dem entspricht es auch, wenn bereits Hirsch (1925) als gemeinsamen 'Nenner' für die Kennzeichnung von Großhandelskunden den Begriff "Fachleute" wählt. Mit Professionalität ist eine personale, auf die Qualifikation des Kunden abstellende Eigenschaft angesprochen. Sie kann konkret bei allen Personen unterstellt werden, die regelmäßig mit dem Einkauf von Waren aus beruflichen Gründen betraut sind (oder die aus anderen Gründen mit der professionellen Denkweise vertraut sind).

Als Ergebnis dieser Literaturanalyse läßt sich die folgende **Minimaldefinition des Großhandelsbegriffes** herleiten:

Eine dem Handel zuzurechnende Unternehmung, die Verkaufsfunktionen gegenüber dem definierten Kundenkreis professioneller Abnehmer erfüllt, ist als Großhandel zu bezeichnen.

Adressat des LSchlG sind Verkaufsstellen, in denen "Waren zum Verkauf an jedermann feilgehalten werden" (§ 1 I Nr. 2 LSchlG). Der Begriff 'jedermann' ist von besonderem Interesse, da er als Abgrenzungskriterium wirkt. Zu fragen ist deshalb: Wann bietet eine Verkaufsstelle **nicht** jedermann Ware an? Nach h.M. tritt dieser Fall dann ein, wenn jedes Individuum, das zu einem abgegrenzten Personenkreis gehört, bzgl. der angebotenen Preis-Leistungs-Konstellation eine qualifizierte Stellung vorweisen kann (vgl. Stober 1986, S.29). Demnach reicht das bloße Vorliegen eines Qualifikationsmerkmals nicht aus; vielmehr muß ein enger, sachlich begründbarer Zusammenhang zwischen Qualifikationsmerkmal und der angebotenen Preis-Leistungs-Konstellation vorhanden sein. Dieser Zusammenhang wird für Großhandelskunden (also Wiederverkäufer, Weiterverarbeiter, gewerbliche und institutionelle Verbraucher, Großverbraucher, kurzum: professionelle Abnehmer) nach h.M. bejaht. Also ist aus dem Wortlaut des § 1 LSchlG abzuleiten, daß die in der 'Minimaldefinition' beschriebenen Großhandelsbetriebe nicht zum Adressatenkreis des LSchlG gehören.

3.2 GROSSHANDEL UND SCHUTZZWECKE DES LADENSCHLUSSGESETZES

Die zum Ende des vorigen Jahrhunderts erstmalig erlassenen ladenschlußrechtlichen Bestimmungen gründen auf dem Gedanken eines zu verbessernden **Arbeitnehmerschutzes** (vgl. Schoneweg 1955, S. 8-18 und Tietz 1973, S. 12* ff.). Auch das gegenwärtig gültige LSchlG fand im Jahre 1956 ausschließlich aus arbeitnehmerschutzgeleiteten Interessen Eingang in das Gesetzeswerk (vgl. BR-DS 310/1954 und z.B. BGHZ 66/159-165). Wettbewerbliche Aspekte wurden in der "Begründung zum Entwurf eines Gesetzes über den Ladenschluß" nur insofern explizit erwähnt, als eine rechtliche Gleichbehandlung von Geschäften mit und ohne Personal gefordert wurde (**Wahrung gleicher Wettbewerbsbedingungen bzw. Wettbewerbsneutralität**; vgl. BR-DS 310/1954, S. 2, Stober 1982, S. 7 f., Gröner/Köhler 1986, S. 34).

Diese entstehungsgeschichtlich bedeutsamen Hintergründe gilt es zu beachten, wenn über das LSchlG allgemein diskutiert wird. Im besonderen ist aber die Rechtsprechung aufgerufen, sich an dem historischen Willen des Gesetzgebers zu orientieren, solange die Notwendigkeit der Gewaltenteilung ernst genommen wird (Ausnahme: verfassungsmäßige Bedenken, auf die in diesem Zusammenhang nicht näher eingegangen werden kann).

In diesem Sinne muß die gängige Rechtspraxis teilweise auf Bedenken stoßen, da der eigentliche Schutzzweck 'Arbeitnehmerschutz' in einigen höchstrichterlichen Urteilen zum Thema 'Ladenschluß' nicht einmal Erwähnung findet (vgl. Ratio 1965, Seite 323-326, Metro 1977, S. 177). Deshalb soll an dieser Stelle ein Prüfschema vorgestellt werden (vgl. **Abbildung 1**), welches den jeweiligen Entscheidungsträgern, Betroffenen und Interessierten als Grundlage zur Einordnung ihrer Zuständigkeit und ihrer Standpunkte dienlich sein könnte.

Die ersten beiden Prüfabschnitte(PA) fallen in den Zuständigkeitsbereich der Legislative, während die PA III-IV auf der Ebene der Jurisdiktion behandelt werden können. Zum einen wird in diesem Schema deutlich, daß die Rechtsprechung der Gesetzgebung regelmäßig nachgelagert ist; zum anderen wird aber auch auf eine Notwendigkeit zur Rückkopplung hingewiesen, indem diesbezüglich die besonderen Umstände formuliert werden.

Bei der Anwendung des allgemeinen Prüfschemas auf den speziellen Problemkreis der Ladenschlußregelungen für den Großhandel verdienen folgende Aspekte besondere Aufmerksamkeit:

(1) Wenn der Gesetzgeber ursprünglich nicht alle Verkaufsstellen des Handels einer Ladenschlußregelung unterwerfen wollte, sondern nur jene, die an "jedermann" verkaufen, so deshalb, weil gerade dieser Handelsbereich "durch einen nicht unerheblichen Anteil kontrollbedürftiger kleinerer Betriebe gekennzeichnet (war)" (Schricker/Lehmann 1976, S. 204). Anders stellte sich die Situation im Großhandel dar, "wo die durchschnittliche Betriebseinheit schon immer erheblich größer gewesen ist, Kleinbetriebe seltene Ausnahmen bilden" (ebenda, S.204 mit Verweis auf entsprechende Berechnungen). Als Begründung für dieses gesetzgeberische Verhalten kann auf die Argumentation von Gröner/Köhler (1986, S. 36) verwiesen werden: "Je mehr Personal... in einem Betrieb tätig ist, desto geringer ist die Wahrscheinlichkeit von Verstößen gegen die Arbeitszeitbestimmungen, weil Betriebsrat, Gewerkschaften, aber auch Tarifverträge, Betriebsvereinbarungen sowie betriebliche Arbeitsorganisation und vieles andere mehr als Gegenkräfte wirken". Sollte diese Einschätzung (Erfordernis spezieller Arbeitnehmerschutzbestimmungen für den Einzelhandel aufgrund besonderer Kontrollprobleme) gegenwärtig nicht mehr zutreffen, so ergibt sich die gesetzgeberische Konsequenz bereits im I. PA (Aufhebung der geltenden Ladenschlußregelungen); ein weiteres Durchlaufen des Prüfschemas wäre verfehlt.

(2) Der Verbraucherschutz war niemals und kann logischerweise nicht Schutzzweck des LSchlG sein, da Ladenschlußregelungen eine Beeinträchtigung von Verbraucherinteressen darstellen (vgl. Stober 1986, S. 10). Ob diese nachteiligen Auswirkungen im Hinblick auf legitime Arbeitnehmerschutzinteressen

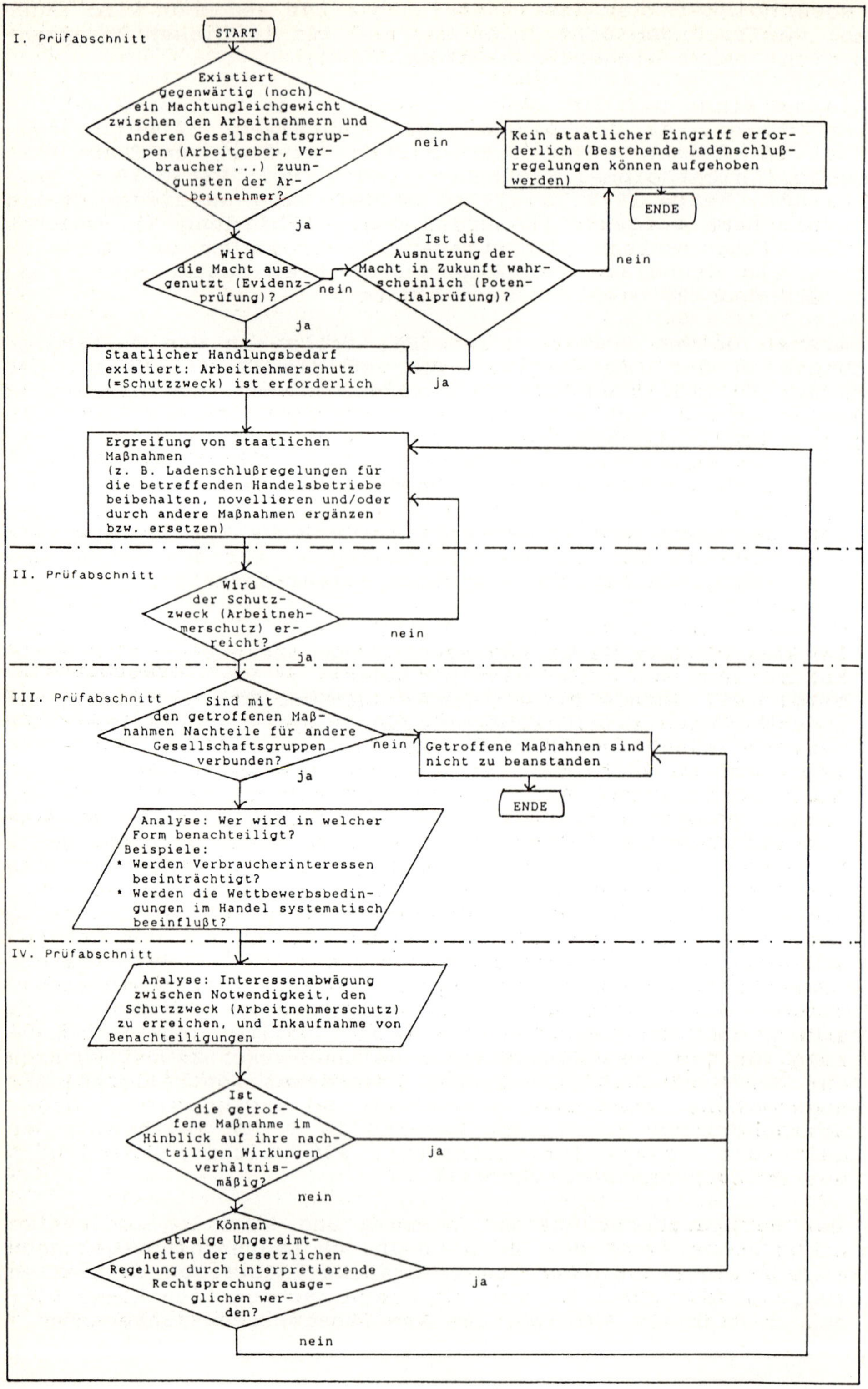

Abb. 1. Ein Prüfschema zur Diskussion des Ladenschlußgesetzes

auch heute noch hingenommen werden können, ist eine Frage, die den Interpretationsrahmen der Rechtsprechung sprengt und in den Zuständigkeitsbereich der Legislative fällt. Aufgabe der Rechtsprechung kann es nur sein, im Rahmen der vorgegebenen gesetzlichen Regelungen das Ausmaß der Beeinträchtigung von Verbraucherinteressen zu **begrenzen** (vgl. Leisner 1986, insbes. S. 710). Eine Ausweitung der Interessensverletzungen unter dem Motto "gleiches Ungemach für alle" auf die Großhandelskunden, die stets auch Konsumenten sind, überschreitet u.E. den Kompetenzrahmen der Jurisdiktion.

(3) Die Frage, ob der Großhandel allgemein oder nur insoweit, als " professionelle Abnehmer" dort auch ihren Privatbedarf decken können, einer Ladenschlußregelung zu unterwerfen ist, ist nach dem Prüfschema vorrangig unter dem primären Zweck des Arbeitnehmerschutzes zu klären. Diesbezüglich ergibt sich im I. PA kein Novellierungsbedarf: "Sind nämlich die Arbeitnehmer in legaler Weise auch außerhalb der üblichen Ladenschlußzeiten beschäftigt, spielt es für sie und die Dauer ihrer täglichen Arbeitszeit keine Rolle, ob die von ihnen verkauften Waren im Einzelfall für den betrieblichen oder den privaten Bedarf bestimmt sind" (Gröner/Köhler 1986, S. 49).

(4) Das eigentliche Problem der Ladenschlußregelungen für den Großhandel ist im III. und IV. PA angesiedelt:
Im III. PA insoweit, als es um die systematischen Auswirkungen des LSchlG auf die Gleichheit der Wettbewerbsbedingungen zwischen Groß- und Einzelhandelsunternehmen geht; im IV. PA bzgl. der Fragestellung, ob es der Rechtsprechung gelingt, die Umgehung des LSchlG durch Einzelhandelsunternehmungen zu verhindern, die sich als Großhändler ausgeben und die Kundenselektion in einer Weise vornehmen, "daß im Ergebnis doch jedermann, wenn er es wünscht, einkaufen kann" (Gröner/Köhler 1986, S. 53).

3.3 BETRIEBSTYPENSPEZIFISCHE DIFFERENZIERUNG

Wie eingangs schon dargelegt, erstrecken sich die Bestrebungen nach einer Ausweitung des Adressatenkreises von Ladenschlußregelungen seit jeher nicht auf den Großhandel schlechthin, sondern auf die Verkaufsstellen des SB-Großhandels (vgl. auch die z.Z. anhängigen Gerichtsverfahren HDE/Metro; Vierbuchen 1987, S.16). Es ist daher zu untersuchen, ob spezifische Merkmale des SB-Großhandels eine abweichende Beurteilung de lege lata rechtfertigen.

Mit Bezug auf den **Wortlaut** des LSchlG sind die Betriebsstätten des SB-Großhandels dann nicht als "Jedermann-Verkaufsstellen" einzustufen, wenn der Kundenkreis mittels eines effizient funktionierenden Systems der Zugangskontrollen entsprechend der vorgetragenen 'Minimaldefintion' eingegrenzt ist. Dabei ist es prinzipiell unerheblich, ob die Zugangskontrolle über Kundenausweise oder über andere Exklusionsmechanismen organisiert wird, sofern sichergestellt ist, daß keine systematischen Lücken auftreten. Das zusätzliche Merkmal "Verwendungskategorie" spielt für die Subsumtionsfrage erkennbar keine Rolle. Der in diese Richtung weisenden Rechtsprechung kann nicht gefolgt werden.

Im Hinblick auf den **primären Schutzzweck** des LSchlG ist sogar festzustellen, daß der Arbeitnehmerschutz in den im Vergleich zur gesamten Gruppe Großhandel durchschnittlich erheblich größeren Betriebseinheiten des SB-Großhandels leichter sichergestellt werden kann (Schricker/Lehmann 1976, S. 202 ff.).

Mit Bezug auf den **nachrangigen Schutzzweck** "Wahrung gleicher Wettbewerbsbedingungen" kommt es auf die Möglichkeit des Großhandels an, in die Einzelhandelsdomäne der Privatbedarfsdeckung einzubrechen. Hierfür spielen die betriebsformenspezifischen Merkmale 'Zugangskontrolle über Kundenausweise', 'Selbstbedienung und Selbstabholung', 'Barzahlung', 'Einheits- und Nettopreisprinzip' offensichtlich keine wesentliche Rolle; würde z.B. ein Elektrofachgroßhändler auf diese Prinzipien übergehen, käme wohl niemand auf die Idee, ihn deswegen dem LSchlG unterwerfen zu wollen (warum eigentlich nicht?). Den "neuralgischen Punkt" bilden offenbar die Sortimentsbreite (im Food- und Nonfood-Bereich) und das Angebot bedarfsgerechter Gebindegrößen, die allerdings auch in privaten Haushalten Verwendung finden könnten. Somit erhöht dieser Umstand zwar rein numerisch das relative Ausmaß einer potentiellen Privatbedarfsdeckung. Es sind jedoch, wie schon gesagt, keine prinzipiellen, sondern graduelle Unterschiede zwischen den verschiedenen Betriebsformen des Großhandels, die seine Einordnung auf der Skala von der wohlwollenden bis hin zur allergischen Reaktion determinieren.

Festzuhalten bleibt, daß die Art des Betreibungskonzeptes eines der 'Minimaldefinition' gerecht werdenden Großhandelsbetriebes de lege lata keinen Unterschied bzgl. der Subsumtion unter das geltende LSchlG begründet; es ist aber nicht auszuschließen, daß die wettbewerbspolitische Würdigung de lege ferenda durchaus von graduellen Unterschieden der vom Großhandel ausgehenden Auswirkungen abhängen kann.

4 DIE WETTBEWERBSPOLITISCHE PROBLEMATIK EINER AUSWEITUNG DER LADENSCHLUSSBESTIMMUNGEN AUF VERKAUFSSTELLEN DES GROSSHANDELS

4.1 DER EINFLUSS DES LADENSCHLUSSGESETZES AUF DIE WETTBEWERBSBEZIEHUNGEN IM HANDEL

Das LSchlG ist ohne Zweifel nicht wettbewerbsneutral. Es reglementiert einseitig bestimmte (nicht einmal alle) Verkaufsstellen des stationären Einzelhandels. Aufschlußreich für die nachfolgende Analyse erscheint die Klärung der Frage, warum die Privilegierung des Versandhandels (gegenüber dem stationären Einzelhandel) offensichtlich als erträglich hingenommen wird. Ein wesentlicher Grund kann darin gesehen werden, daß ein Handelsbetrieb nur dann Wettbewerbsnachteilen gegenüber anderen Betriebsformen ausgesetzt ist (bzw. zu sein empfindet), wenn es ihm z.B. aufgrund hoher Adaptionsbarrieren grundsätzlich nicht möglich ist, den "Vorteil" der anderen Betriebsformen auch für sich in Anspruch zu nehmen. Wie zahlreiche praktische Beispiele belegen, bereitet es dem stationären Einzelhandel offenbar keine unüberwindlichen Probleme, das Versandprinzip mindestens ergänzend zu praktizieren, wenn sich hier lukrative Marktchancen eröffnen. Viel schwieriger ist es demgegenüber, aufgrund von Standortrestriktionen in das Segment der privilegierten Verkaufstellen des stationären Einzelhandels (z.B. in Verkehrsbauwerken) einzutreten.

Würde die verständlicherweise als lästig empfundene Konkurrenz des Großhandels analog (und ebensowenig emotionsgeladen) analysiert, so müßte sich konsequent auch hier das Augenmerk auf die **Höhe der Marktzutrittsbarrieren** richten. In diesem Zusammenhang interessiert insbesondere die Frage, ob Einzelhandelsbetriebe durch das LSchlG daran gehindert sind, an gewerbliche Abnehmer außerhalb der festgesetzten Ladenöffnungszeiten zu verkaufen. Vorausgesetzt, es ergäbe sich in diesem Segment eine lukrative Marktchance, so stünden insbesondere den großflächigen Betrieben des Einzelhandels neben der totalen Betriebsformenumwandlung (etwa vom Verbrauchermarkt in eine Verkaufsstelle des SB-Großhandels) und dem häufiger anzutreffenden "Betriebsformensplitting" die Differenzierung nach Kundensegmenten offen. Dabei ist nicht nur an getrennte Kassen für Konsumenten und Gewerbetreibende, sondern auch an die Öffnung der Einkaufsstätten in den Abendstunden für professionelle Kunden zu denken. Die dafür erforderliche "Exklusion von jedermann" könnte über die im SB-Großhandel übliche Zutrittskontrolle mittels Kundenausweisen geschehen. Daß von diesen Möglichkeiten z.Z. nicht in nennenswertem Maße Gebrauch gemacht wird, ist wohl nicht zuletzt darauf zurückzuführen, daß sich im Segment des ohnehin von rückläufigen Umsatzanteilen bedrohten SB-Großhandels keine überdurchschnittlichen Gewinnchancen ergeben. Ein Beleg dafür ist, daß die Ratio-Gruppe, Münster, z.Z. erhebliche Umsatzsteigerungen in ihren SB-Warenhäusern erzielt (21 % im Jahre 1986, 26,6 % in den ersten vier Monaten des Jahres 1987), während die Cash & Carry-Großhandelsmärkte stagnieren und der Umsatz im Zustellgroßhandel sogar um 10% zurückging (vgl. Lebensmittelzeitung vom 22.05.1987, S. 8).

Würde dem SB-Großhandel das Privileg entzogen, seine Kunden auch außerhalb der Ladenöffnungszeiten des Einzelhandels zu bedienen, wäre - wie in der Vergangenheit schon in großem Umfang geschehen - eine weitere Umwandlung seiner Verkaufsstellen in großflächige Einzelhandelsbetriebe und damit der Eintritt in die direkte Konkurrenz mit den vorhandenen Betriebsstätten des stationären Einzelhandels nicht auszuschließen: Angesichts der im Handel gegebenen hohen Umstellungsflexibilität sollte bei der Forderung nach Änderungen des Rechtsrahmens stets auf die Gefahr des **Bumerang-Effektes** geachtet werden.

Das Fazit der bisherigen Überlegungen lautet:

Die im III. PA (Abb.1) zu überprüfende Frage nachteiliger Nebenwirkungen aktueller oder potentieller Reglementierungen durch Rechtsnormen setzt eine **ganzheitliche, dynamische Analyse vor dem Hintergrund des wettbewerbspolitischen Leitbildes** voraus. Mit der (Leer-)Formel 'Wahrung gleicher Wettbewerbsbedingungen' ist dabei wenig gewonnen: nicht nur deshalb, weil es absolute Chancengleichheit in unserem Wirtschaftsleben nicht gibt und wohl auch nicht geben kann, sondern weil es letztlich darauf ankommt, daß die funktionalen Marktprozesse dauerhaft störungsfrei ablaufen und vorhandene (oder sich abzeichnende) Marktmängel geheilt werden (vgl. zu dieser Wertungsgrundlage Ahlert 1987a, S. 219 ff.). Die zentrale Rolle spielt dabei die Frage der Marktzutrittsschranken. Solange diese keine nennenswerte Höhe aufweisen, ist nach dem Konzept funktionaler Marktprozesse (Grossekettler 1985, S. 170 ff.) der Deregulierung (hier: Liberalisierung des LSchlG) gegenüber der Verschärfung rechtlicher Restriktionen (hier: Ausweitung von Ladenschlußregelungen auf den Großhandel) grundsätzlich der Vorzug zu geben: Rechtsrestriktionen weisen für den Handel regelmäßig die Tendenz auf, strukturkonservierend zu wirken und den im Zuge einer Distributionsökonomisierung zweckmäßigen Anpassungsprozessen im Wege zu stehen. Werden gleichwohl Ladenschlußregelungen von den davon betroffenen Unternehmungen des stationären Einzelhandels für zweckmäßig gehalten, so erscheint deren Forderung, diese Reglementierungen nun auch auf Unternehmungen des Großhandels auszuweiten, welche daran dezidiert nicht interessiert sind, schwer nachvollziehbar.

4.2 DIE KONSEQUENZEN EINER AUSWEITUNG DER LADENSCHLUSSREGELUNGEN FÜR DEN BETROFFENEN GROSSHANDEL

In der Literatur wird kaum daran gezweifelt, daß eine stufenweise Aufteilung distributiver Funktionen (hier: Zweistufigkeit im Handel) unter bestimmten Umständen ökonomisch sinnvoll ist (vgl. z.B. die transaktionskostentheoretischen Überlegungen bei: Picot 1986, S. 4 ff., aus denen unter Ergänzung einfacher kombinatorischer Regeln eine Reduzierung von Kontakten, die sich in monetären, güterbezogenen und informatorischen Strömen äußern, bei gleichzeitiger Erhöhung der Handelsstufen abgeleitet werden können). Zu Recht ist aber von der Forderung Abstand zu nehmen, daß die Elemente dieser Stufen rechtlich und wirschaftlich selbständig zu sein haben. Vielmehr kann die stufenbezogene Optimierung der Distribution auch intern, d.h. innerhalb eines Handelsunternehmens (z.B. in einem Filialsystem) gelöst werden. In bestimmten Distributionssystemen hat sich demgegenüber die unmittelbare Belieferung der Einzelhandelsbetriebe durch die Hersteller, also die Umgehung des selbständigen Großhandels als die bessere Lösung der Probleme von Arbeitsteilung und Spezialisierung erwiesen.

Das Ergebnis der gegenwärtig gültigen Bedingungskonstellation ist, daß unterschiedliche Typen von Handelssystemen miteinander und untereinander in Wettbewerb stehen:

(1) über beide Handelsstufen vertikal integrierte Handelssysteme (insbes. Filialsysteme);

(2) vertikal und horizontal kooperierende Handelssysteme (z.B. genossenschaftliche Gruppen);

(3) freie, vertikale nicht organisierte Handelssysteme,

(3.1.) zweistufig (selbständige, vertikal nicht verbundene Betriebe der Groß- und Einzelhandelsstufe),

(3.2.) einstufig (unmittelbare Belieferung der selbständigen Einzelhandelsbetriebe durch die Industrie).

Die einseitige Verschärfung von Rechtsrestriktionen (hier: der Ladenschlußregelungen) nur für den selbständigen Großhandel führt zwangsläufig zu einer Störung des dynamischen Gleichgewichts; die nur auf der Großhandelsstufe operierenden Händler wären gegenüber jenen Herstellern, die den Einzelhandel unmittelbar beliefern, sowie gegenüber den integrierten (möglicherweise auch gegenüber den kooperierenden) Handelssystemen systematisch benachteiligt. Diese negativen Auswirkungen würden noch verstärkt, wenn innerhalb des Großhandels nur bestimmte Betreibungskonzepte (Großhändler mit Verkaufsstellen, dagegen nicht der Zustellgroßhandel, womöglich nur der SB-Großhandel mit breitem Sortiment) von der Reglementierung betroffen wären. Organisatorische Umstellungen zur Anpassung an die verkürzten Öffnungszeiten würden notwendig; distributionsökonomisch suboptimale Strukturveränderungen in den Distributionssystemen wären die zwangsläufige Folge. Transaktionskostensteigerungen ergäben sich auch im Rahmen der Beschaffungsfunktion der betroffenen Großhandelskunden. Dies sind u.a. die kleineren, nicht organisierten Einzelhändler, die z.T. auf den Einkauf außerhalb ihrer eigenen Ladenöffnungszeiten angewiesen sind.

Fazit: Die vordergründig wünschenswerte Herstellung gleicher Wettbewerbsbedingungen zwischen Groß- und Einzelhändlern durch Ausweitung der Ladenschlußregelungen würde um den Preis systematischer Wettbewerbsverzerrungen innerhalb der Großhandelsstufe bzw. zwischen den Lieferanten des Einzelhandels erkauft. Demgegenüber gebührt der Deregulierung dieser Rechtsnorm eindeutig Vorrang.

4.3 LADENSCHLUSSREGELUNGEN FÜR DEN SB-GROSSHANDEL UND KONZENTRATION IM HANDEL

Wenn mit der partiellen Ausweitung der Ladenschlußregelungen speziell für die Verkaufsstellen des SB-Großhandels die Hoffnung verknüpft wird, dadurch (indirekt) der bedrohlichen Konzentrationsentwicklung im Lebensmittelhandel entgegenzuwirken, so kann dies nur auf einer Fehlwahrnehmung der relativen Bedeutung dieses Handelsbereiches beruhen. Der Marktanteil der freien, vertikal nicht organisierten, zweistufigen Handelssysteme, denen der ungebundene SB-Großhandel zugerechnet werden kann, ist gegenüber den integrierten und kooperierenden Handelssystemen verschwindend gering und im Abnehmen begriffen. Als wichtigste Bezugsquellen für die noch nicht dem Abschmelzungsprozeß zum Opfer gefallenen Restgruppen kleiner, ungebundener Lebensmitteleinzelhändler bildet ein leistungsstarker SB-Großhandel eine conditio sine qua non für die Überlebensfähigkeit der Randgruppen im Lebensmittelhandel. Wenngleich sein Potential, dem fortschreitenden Wachstum der Massenfilialsysteme des Lebensmittelhandels entgegenzuwirken, nicht allzu optimistisch eingeschätzt werden kann, wäre es wettbewerbspolitisch verfehlt, dem SB-Großhandel durch verschärfte Ladenschlußregelungen auch noch einen Teil seiner Existenzgrundlage zu entziehen.

LITERATUR

Ahlert, D. (1987 a): Die Bedeutung des vertraglichen Selektivvertriebs für den freien Wettbewerb und die Funktionsfähigkeit von Märkten. In: WRP, 4/1987, S. 215 ff.

Ahlert, D. (1987 b): Relevante Absatzmärkte, Marktbeherrschung und Fusionskontrolle im Lebensmittelhandel. In: Der Betrieb, Beilage Nr. 9/87 (zu Heft Nr. 16/87)

Ahlert, D. (1987 c): Der Großhandelsbegriff im Spannungsfeld marketingwissenschaftlicher, wettbewerbspolitischer und wettbewerbsrechtlicher Betrachtungen. In: Betriebsberater, Beilage zu Heft Nr.24/1987

Barth, K. (1986): Die Durchführbarkeit von Verwendungskontrollen in C&C-Märkten zur Sicherung eines funktionsechten Großhandels. In: V. Trommsdorff (Hrsg.), Handelsforschung 1986, Jahrbuch der Forschungsstelle für den Handel Berlin, Band 1, Heidelberg 1986, S. 141 - 159

Gröner, H.; Köhler, H. (1986): Der Selbstbedienungsgroßhandel zwischen Rechtszwang und Wettbewerb, München 1986

Grossekettler, H. (1985): Wettbewerbstheorie. In: Borchert, M.; Grossekettler, H., Preis- und Wettbewerbstheorie, Marktprozesse als analytisches Problem und ordnungspolitische Gestaltungsaufgabe, Stuttgart u.a. 1985

Hirsch, J. (1925): Der moderne Handel, seine Organisation und Formen und die staatliche Binnenhandelspolitik, 2., völlig neubearbeitete Auflage. In: Grundrisse der Sozialökonomik (V. Abteilung, II. Teil), Tübingen 1925

Leisner, W. (1986): Richterrecht in Verfassungsschranken. In: Deutsches Verwaltungsblatt, Heft 14/1986, S. 705-710

Metro (1977): GRUR Heft 3/1978, S. 173-180

Picot, A. (1986): Transaktionskosten im Handel. Zur Notwendigkeit einer flexiblen Strukturentwicklung in der Distribution. In: Betriebsberater, Beilage Nr. 13/1986 zu Heft Nr. 27/1986

Ratio (1965): GRUR Heft 6/1966, S. 323-327

Schoneweg, R. (1955): Ladenzeiten im Einzelhandel. Entwicklung und Probleme, Köln und Opladen 1955

Schricker, G.; Lehmann, M. (1976): Der Selbstbedienungsgroßhandel, Köln u.a. 1976

Statistisches Bundesamt (1984): Warensortiment sowie Bezugs- und Absatzwege im Großhandel 1980, Fachserie 6, Reihe 1.3, Stuttgart und Mainz 1984

Stober, R. (1982): Zur Auslegung des Ladenschlußgesetzes, Gewerbearchiv, 1/1982, S. 1 ff.

Stober, R. (1986): Ladenschlußgesetz - Kommentar -, München 1986

Tietz, B. (1973): Ladenzeitordnungen im Umbruch, Stuttgart 1973

Tietz, B. (1978): Marketing, Tübingen und Düsseldorf 1978

Ulmer, P. (1987): Probleme der Nachfragemacht und der Fusionskontrolle im Handel, Vortrag auf der Mitgliederversammlung des Markenverbandes in Köln am 27. Mai 1987

Vierbuchen, R. (1987): Die alten Regeln werden wieder diskutiert. In: Handelsblatt vom 16.2.1987, S. 16

Ladenöffnungszeit in der Schweiz

David Saudan, St. Gallen

Ladenschlußgesetze und damit die Regelung des Abendverkaufes liegen in der Schweiz in der Kompetenz der Kantone und Gemeinden. Die Regelungen sind entsprechend verschieden. Der Abendverkauf am Donnerstagabend in den Städten und am Freitagabend auf dem Lande hat sich fast überall durchgesetzt. Die Diskussion über die Ladenöffnungszeiten hat in letzter Zeit an Intensität gewonnen. Verantwortlich dafür ist unter anderem die wachsende Bedeutung von "Sonderstandorten", die den Ladenschlußgesetzen nicht unterstehen. Die Entwicklung unseres Landes zur Dienstleistungsgesellschaft schafft neue Bedürfnisse, insbesondere den Wunsch der Konsumenten nach späten Einkaufsmöglichkeiten. Kleingewerbe und Arbeitnehmerorganisationen stehen dieser Entwicklung ablehnend gegenüber. Auch über diese Frage wird jedoch in der Schweiz ein Konsens erzielt werden können.

1 DER RECHTLICHE ASPEKT

Entsprechend der stark dezentralisierten Struktur der Schweiz existiert in unserem Lande keine einheitliche Regelung der Ladenöffnungszeiten. Vielmehr bestehen hier von Kanton zu Kanton, ja sogar von Gemeinde zu Gemeinde, große Unterschiede.

Auf Bundesebene wird lediglich ein Rahmen abgesteckt, der große Freiheiten zuläßt. Die wichtigste rechtliche Regelung finden wir in Artikel 31 Abs. II der Bundesverfassung, wonach die Ausübung von Handel und Gewerbe kantonalen Bestimmungen untersteht. Dabei müssen die Grundsätze der Handels- und Gewerbefreiheit berücksichtigt werden, da sie bei uns ein verfassungsmäßiges Recht darstellen. Weitere eidgenössische Regelungen bezüglich Ladenöffnungszeiten sind im Bundesgesetz über die Arbeit in Industrie, Gewerbe und Handel (Arbeitsgesetz) und im Gesetz über den unlauteren Wettbewerb enthalten.

Unter Berücksichtigung dieser eidgenössischen Regelungen dürfen die Kantone absolut souverän Entscheidungen über den Ladenschluß treffen. Zur Entstehung der kantonalen Gesetze ist festzuhalten, daß sie eher standesorientiert sind (vgl. Pataky

Handelsforschung 1987
Hrsg. Volker Trommsdorff

1968). Es werden hauptsächlich die Interessen der Geschäftsinhaber und der Angestellten des Detailhandels berücksichtigt. Nur am Rande wird auf die Bedürfnisse des Konsumenten eingegangen. Die Ladenschlußgesetze sollen verhindern, daß die Ladenöffnungszeit als Wettbewerbsinstrument unter den Händlern eingesetzt wird.

Die Kantone begnügen sich aber in der Regel mit der Festlegung eines kantonalen gesetzlichen Rahmens, der nur auf dem Hoheitsgebiet eines einzelnen Kantones Geltung hat. Der Vollzug dieser Verordnungen obliegt den Gemeinden. Sie haben die Möglichkeit, aufgrund wirtschafts- oder sozialpolitischer Überlegungen, nach Anhörung aller interessierten Kreise und unter Berücksichtigung kantonaler und eidgenössischer Rechtsnormen, über die Ladenöffnungszeit frei zu verfügen.

2 LADENÖFFNUNGSZEITEN FÜR WIRTSCHAFTSORGANISATIONEN UND PRIVATE HAUSHALTE

2.1 DIE NACHFRAGE NACH ÖFFNUNGSZEIT

Es ist schwer, die "Nachfrage" nach Öffnungszeit eindeutig zu bestimmmen. Es lassen sich jedoch einige Trends erkennen. Je nach Branche erhöht sich der Umsatz an Abendverkaufstagen um 5 bis 12 % (Angaben von Geschäftsleuten).

Eine Umfrage in Spreitenbach, einer aargauischen Gemeinde vor den Toren Zürichs, ergab bereits 1982, daß 44 % der Tagesumsätze ab 17.00 Uhr bis Ladenschluß (20.00 Uhr) erzielt werden (vgl. Künzle, Spillmann 1984).

Ein ähnliches Bild ergibt sich aus einer Untersuchung des Institutes für Markt- und Meinungsforschung Isopublic im Auftrage der schweizerischen Handelszeitung. Die Studie ergab, daß 89 % der Befragten mit den geltenden Öffnungszeiten zufrieden sind (vgl. Steiner 1986a). Allerdings befürworten nur 44 % der Befragten eine Schließung der Geschäfte um 18.30 Uhr. 69 % der unter 35jährigen würden spätere Öffnungszeiten am Morgen zugunsten späterer Schließungen am Abend begrüßen.

Es besteht zweifellos ein Bedürfnis nach Einkaufsmöglichkeiten am Abend. Umsatz- und Kundenstrukturenanalysen sprechen eine eindeutige Sprache.

2.2 DAS ANGEBOT AN ÖFFNUNGSZEIT

Unter Berücksichtigung der gesetzlichen Regelungen der Gemeinden können die Öffnungszeiten der Geschäfte durch die Einzelhändler selbst bestimmt werden. Entsprechend unterschiedlich sieht das "Angebot" an Öffnungszeit in der Schweiz aus.

Abendverkäufe werden in den meisten Kantonen der Deutschschweiz durchgeführt. In der Welschschweiz und im Tessin sind sie dagegen auf das Weihnachtsgeschäft beschränkt. Die Teilnahme am

Abendverkauf ist freiwillig. Sie untersteht jedoch einer Bewilligungspflicht und muß der Gewerbepolizei im voraus gemeldet werden. Es bestehen bezüglich Ladenschluß große Unterschiede zwischen Stadt und Land. Viele Gemeinden, vor allem am Rande der Großstädte, lassen - zum Teil täglich - einen Abendverkauf bis 20.00 bzw. 21.00 Uhr zu.

In zahlreichen Fremdenverkehrsorten in der ganzen Schweiz werden wöchentlich oder sogar täglich Abendverkäufe durchgeführt. Sie dauern dann oft bis 22.00 Uhr oder 22.30 Uhr.

2.3 DIE SONDERSTANDORTE

In der Schweiz bestehen wichtige Sonderregelungen für die sogenannten Bahn-Nebenbetriebe. Geschäfte, die sich auf SBB-Arealen befinden, gelten nach Art. 39 des Eisenbahngesetzes als Nebenbetriebe der Bahn. Für diese Geschäfte finden die Vorschriften von Kantonen und Gemeinden über die Öffnungs- und Schließungszeit keine Anwendung. Die SBB versucht, mit diesen Nebenbetrieben die Attraktivität der Bahn zu steigern und Mieterträge zu realisieren. Die Nachfrage nach solchen Sonderstandorten ist sehr groß. So entstehen in den Stadtzentren ganze Einkaufspassagen, die den Ladenschlußgesetzen nicht unterliegen.

Ebenfalls als Sonderstandorte sind die Autobahnraststätten zu bezeichnen. Unter dem Namen "Quick-Markt" wurde beispielsweise ab Mai 1986 an der Autobahnraststätte N2 Neuenkirch-Ost bei Luzern ein Geschäft mit 370 m^2 Verkaufsfläche errichtet. Es bleibt von 9.00 bis 21.00 Uhr 365 Tage im Jahr geöffnet und führt ein sehr breites Frischwaren-Sortiment. Auch in anderen Raststätten gibt es Ladengeschäfte mit breitem Angebot, die nicht unter die Regelung der Ladenöffnungszeit fallen.

Eine weitere interessante Einrichtung, die Einkaufsmöglichkeiten außerhalb der normalen Ladenöffnungszeiten bietet, sind die Automatengeschäfte der AVAG, einer auf Catering spezialisierten Gesellschaft in den Großstädten der Schweiz. Hier kann sich der Konsument rund um die Uhr mit Frischwaren versorgen.

3 DAS POLITISCHE SPANNUNGSFELD

Die politische Diskussion über die Ladenöffnungszeiten wird in der Schweiz vor allem von den folgenden drei Interessengruppen geführt: Konsumentenschutzorganisationen, Arbeitnehmer- und Arbeitgebervertreter.

Die Konsumentenorganisationen sind in der Auseinandersetzung um die Ladenöffnungszeiten sehr zurückhaltend. Sie sind grundsätzlich für eine Liberalisierung.Sie vertreten die Meinung, daß längere Öffnungszeiten es dem Konsumenten erlauben würden, sich besser im ohnehin schwer übersichtlichen Angebot des Detailhandels zurechtzufinden. Nur so sei eine umfassende Information möglich (vgl. Pataky 1968).

Aus Rücksicht auf die ablehnende Haltung der Arbeitnehmerorganisationen treten die Konsumentenschützer in der Öffentlichkeit jedoch kaum für eine Liberalisierung ein (vgl. Steiner 1986b).

Die Arbeitnehmer des Detailhandels lassen sich hauptsächlich durch die Gewerkschaft VHTL (Verkauf Handel Transport Lebensmittel) und den KV (Kaufmännischer Verband) vertreten. Der Einfluß der Gewerkschaften in der Schweiz ist als relativ gering einzustufen. Dies gilt auch für den Detailhandel. Der Pragmatismus der schweizerischen Arbeitnehmer ist auch die Erklärung für eine relativ hohe Gesprächsbereitschaft der Gewerkschaften. Zudem verlieren die Argumente der Arbeitnehmerorganisationen nach und nach an Stichhaltigkeit. Bei allen großen Organisationen sind die Öffnungszeiten nämlich nicht mehr mit den Arbeitszeiten gleichzusetzen. Bei der Migros wird beispielsweise Schichtarbeit praktiziert. Es gilt dabei die 42-Stunden-Woche, die heute in vielen schweizerischen Dienstleistungsunternehmen Normalarbeitszeit ist. Von übermäßiger Belastung des Verkaufspersonals kann also in diesen Fällen nicht die Rede sein. Die ablehnende Haltung der Arbeitnehmerorganisationen bekommt vor allem dadurch Gewicht, daß sie auch durch das Kleingewerbe unterstützt wird.

Die Arbeitgeberorganisationen sind in der Liberalisierungsfrage stark gespalten. Einerseits ist das Familien- und Kleingewerbe entschieden gegen jegliche Veränderung der heutigen Regelungen, andererseits treten Großverteiler und Warenhäuser für eine Liberalisierung ein. Sie versprechen sich dadurch eine Verbesserung ihrer Dienstleistung, eine Steigerung des Umsatzes und eine effiziente Reaktion gegen die Konkurrenz der Sonderstandorte.

4 DIE PROBLEMATIK DER LADENÖFFNUNGSZEIT AM BEISPIEL ZÜRICH

Der Autonomie der Kantone entsprechend verfügt der Kanton Zürich über ein eigenes Ladenschlußgesetz. Hier steckt das 1971 verababschiedete "Gesetz über die öffentlichen Ruhetage und über die Verkaufszeit im Detailhandel" einen allgemeinen Rahmen ab. Dieses Gesetz schreibt unter anderem vor, daß die Verkaufsgeschäfte an Werktagen von 6.00 bis 19.00 Uhr und am Vorabend von öffentlichen Feiertagen bis 16.00 Uhr geöffnet sein dürfen. Die einzelnen Gemeinden haben darüber hinaus die Befugnis, nahezu autonom den Ladenschluß um eine Stunde bis 20.00 Uhr hinauszuschieben, die Öffnungszeiten einzuschränken sowie einen wöchentlichen Abendverkauf bis 21.00 Uhr zu bewilligen.

Bedingt durch die sehr weitgehende Gemeindeautonomie besteht in den Regelungen über die Ladenöffnungszeiten eine große Diskrepanz zwischen der Stadt Zürich und den Landgemeinden. Die Stadt Zürich hat sich, abgesehen vom wöchentlichen Abendverkauf, für eine restriktive Politik entschieden. Die Ladentüren werden bereits um 18.30 Uhr geschlossen. In den unmittelbar am Stadtrand liegenden Gemeinden, wie zum Beispiel Spreitenbach, bleiben Kaufhäuser und Shoppingzentren jedoch täglich bis 20.00 Uhr geöffnet (Spreitenbach liegt im Kanton Aargau, der liberalere

Öffnungszeiten als der Kanton Zürich kennt).

Zürich verfügt über zwei besonders attraktive Sonderstandorte, einen beim Zürcher Hauptbahnhof (Shopville) und einen am Flughafen. An beiden Orten gilt das Eisenbahngesetz. Die Geschäfte bleiben täglich bis 20.00 Uhr geöffnet. Die Gemeinde Kloten, auf deren Gebiet der Flughafen liegt, hat den Flughafengeschäften längere Öffnungszeiten und sogar Sonntagsarbeit bewilligt.

Im Rahmen dieses Spannungsfeldes sind viele Vorstöße in Richtung einer Liberalisierung festzustellen. Die sich in die Peripherie (Spreitenbach, Volketswil, Wallisellen) verlagernde Kaufkraft stellt die Innenstadt-Geschäfte vor schwer lösbare Probleme. Vor allem die großen Handelsorganisationen, die den wachsenden "Umsatzverhinderungen" einen Riegel vorschieben und dem Konsumenten eine lückenlose Handelsdienstleistung in der Stadt anbieten wollen, werden politisch aktiv. Sie scheuen nicht davor zurück, ihre Anliegen bis vor das Bundesgericht zu ziehen. Am 14. August 1984 wurde beispielsweise durch den Gemeinderat der Stadt Zürich beschlossen, die Schließung der Verkaufsläden an drei lokalen Feiertagen (Berchtoldstag, Sechseläuten- und Knabenschießennachmittag) anzuordnen. Gegen diesen Beschluß wurde von den Grands Magasins Jelmoli S.A., den Magazinen zum Globus S.A. und der Neuen Warenhaus AG (EPA) Einspruch erhoben. In letzter Instanz wurde jedoch kürzlich die Verfassungsmäßigkeit der neuen Zürcher Regelung vom Schweizerischen Bundesgericht bestätigt.

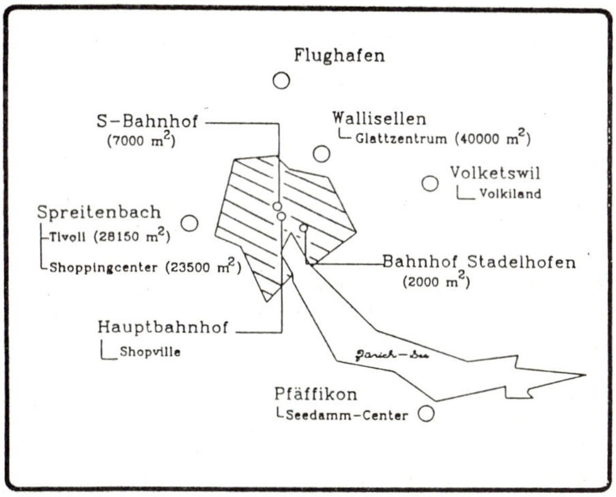

Abb. 1. Sonderstandorte und Einkaufszentren mit liberalen Öffnungszeiten in und um Zürich.

Die Zürcher Warenhäuser und Fachgeschäfte in City-Lage kommen immer mehr in Zugzwang. Weitere Sonderstandorte in der City werden entwickelt. Zur Zeit werden in Zürich zwei Bahnhöfe (Bahnhof Stadelhofen, S-Bahnhof-Museumstraße) zu Einkaufszentren umgebaut. 2000 m^2 bzw. 7000 m^2 Verkaufsfläche sind geplant. So wird es dem Stadt-Zürcher Konsumenten bald möglich sein, jeden Abend bis 20.00 Uhr einzukaufen, ohne den Weg zum Flughafen oder in die Umgemeinden auf sich nehmen zu müssen.

Über die weitere Entwicklung in Zürich können im jetzigen Zeitpunkt keine eindeutigen Aussagen gemacht werden. Möglicherweise wird es zu einer Liberalisierung kommen. Wann diese eintreten wird, ist jedoch noch nicht abzusehen. Die Meinungen in der Öffentlichkeit liegen noch sehr weit auseinander.

Am Beispiel des Großraumes Zürich werden sich auch andere Regionen der Schweiz orientieren.

5 DER AUSBLICK

Extremlösungen wie in den USA, wo die Geschäfte zum Teil 24 Stunden pro Tag geöffnet sind, haben in der Schweiz keine Chance.

Es sind vor allem die jüngeren Konsumenten, die mit den heutigen Öffnungszeiten unzufrieden sind. Die bestehenden Regelungen entsprechen nicht mehr ihren Bedürfnissen. Diese Gruppe wird in einigen Jahren politische, soziale und wirtschaftliche Verantwortung übernehmen und die Entscheidungsträger von morgen stellen. Mittel- bis langfristig werden sich daher spätere Ladenöffnungszeiten durchsetzen.

In unserem System der direkten Demokratie ist kein schneller Meinungsbildungsprozeß möglich. Eine sprunghafte Entwicklung in der Liberalisierungsfrage ist aus diesem Grunde nicht zu erwarten.

LITERATUR

Künzle, A.; Spillmann, R. (1984): Schluß mit dem Ladenschluß. In: Finanz und Wirtschaft, Nr. 74 vom 19.9.1984, S. 17 f.

Pataky, S. (1968): Die Öffnungszeiten im Detailhandel unter besonderer Berücksichtigung der schweizerischen Verhältnisse, Dissertation, St. Gallen 1968

Steiner, W. (1986a): Mit den Hühnern ins Bett. In: Schweizerische Handelszeitung, Nr. 36 vom 4.9.1986, S. 22 f

Steiner, W. (1986b): Ladenschlußgesetze: Antiquiert und verlogen. In: Schweizerische Handelszeitung, Nr. 36 vom 4.9.1986

Tschanz, P. (1985): Abendverkauf: 'Gäb's ihn nicht, müßte man ihn erfinden.' In: Berner Zeitung vom 10.4.1985

Öffnungszeiten des Handels in Österreich aus der Sicht des Konsumenten

Günter Schweiger und Wolfgang Mayerhofer, Wien

"Allen Menschen recht getan, ist eine Kunst, die niemand kann" - dieser Spruch läßt sich auch auf die vielfältigen Wünsche der Konsumenten übertragen, wenn man sie nach Alternativen zur derzeit bestehenden Regelung der Ladenschlußzeiten in Österreich befragt.
Aus diesem breiten Meinungsspektrum jedoch abzuleiten, daß "auch bei einer Neuregelung immer wieder jemand etwas auszusetzen haben wird" (Politiker-Zitat), hieße, den Marketing-Gedanken völlig zu vernachlässigen.
Die Konsequenz müßte vielmehr darin bestehen, dem Handel durch eine flexiblere Gestaltung der Ladenschlußzeiten ein weiteres Marketing-Instrument in die Hand zu geben, um (teil-)marktgerechte Öffnungszeiten in unterschiedlichen Branchen und regionalen Bereichen realisieren zu können.

1 AUSGANGSSITUATION BZW. GESETZESLAGE IN ÖSTERREICH

Charakteristisches Merkmal der Regelung über die Ladenschlußzeiten in Österreich ist die Pflicht, die Geschäfte zu bestimmten Zeiten **geschlossen zu halten**. Der zeitliche Rahmen ist von Bundesland zu Bundesland verschieden und auch nicht in allen Branchen gleich; der Lebensmittelhandel ist etwas begünstigt; Lebensmittelgeschäfte dürfen früher aufsperren (so etwa in Wien, in Niederösterreich und im Burgenland um 6.30 Uhr) und dürfen auch um eine halbe Stunde länger geöffnet halten (bis 18.30 Uhr.

Darüber hinaus besteht in einzelnen Bundesländern, wie in der Steiermark, im Burgenland oder in Vorarlberg, die Pflicht, die Geschäfte **mittags** für zwei Stunden **geschlossen** zu halten.

Ausnahmeregelungen könnten prinzipiell durch den jeweiligen Landeshauptmann erteilt werden. Die Brisanz dieses Themas und die gesellschaftspolitischen Auswirkungen von Eingriffen in die derzeitige Regelung zeigt sich an den Auswirkungen der Ausnahmeregelung, die zu einer intensiven Diskussion innerhalb der politischen Parteien führte, wobei sowohl innerhalb der Partei-

Handelsforschung 1987
Hrsg. Volker Trommsdorff

en Meinungen der verschiedenen Interessenvertretungen aufeinanderprallten, als auch Koalitionen über ideologische Barrieren hinweg gebildet wurden, wie etwa die zwischen dem Österreichischen Gewerkschaftsbund und der katholischen Kirche (Pinzolits 1985, S. 54).

Die in der Folge entbrannte Diskussion war auch Ausgangspunkt einer Reihe von Studien, die teilweise starke Abweichungen im von den Befragten artikulierten Bedarf nach einer Neuregelung erbrachten (Pinzolits 1985, S. 55); ein Umstand, der z.T. auf unterschiedliche Operationalisierungen des Begriffes "Zufriedenheit mit den Öffnungszeiten", aber auch auf unterschiedliche Zusammensetzungen der Stichprobe zurückzuführen ist.

Vor allem der Einfluß der Frageformulierung darf nicht unterschätzt werden, wie sich bereits im Rahmen einer anderen Studie in der Bundesrepublik Deutschland gezeigt hat (Müller, Beeskow 1982, S. 490-492).

Obwohl die Thematik einiges Fingerspitzengefühl bei der Erhebung erfordert, dürfte die Aussage des Leiters des Instituts für Handelsforschung (Pinzolits 1985, S. 57), wonach sich "ein weiter Bereich der Diskussion der Befragungstechnik entzieht", doch zu weit gehen.

Weiter angeheizt wurde die Diskussion noch durch die Berichterstattung in einzelnen österreichischen Handelszeitschriften, wie etwa CASH oder REGAL, die in kurzen Abständen über Befragungen (einzelner!) Handelsunternehmen, Sozialpartner oder Konsumenten berichteten, diese Einzelmeinungen aber zweifellos nicht repräsentativ sein können.

2 DESIGN DER STUDIE UND BESCHREIBUNG DER STICHPROBE

Eine Untersuchung des Instituts für Absatzwirtschaft der Wirtschaftsuniversität Wien wurde im Juni 1985 im Raum Wien durchgeführt. Befragt wurden 280 Personen (n=280). Die Stichprobe war quotiert nach dem Geschlecht (40 % Männer, 60 % Frauen), nach dem Alter (je zur Hälfte bis 30 Jahre bzw. über 30 Jahre) und nach der Berufstätigkeit (die Hälfte der Stichprobe war voll bzw. teilweise berufstätig).

Der zentrale Erhebungstatbestand "Einstellung zu den Öffnungszeiten" wurde mehrfach operationalisiert:

- als "Häufigkeit des Bedürfnisses außerhalb der bestehenden Öffnungszeiten einkaufen gehen zu wollen",
- mit Hilfe der subjektiven Wichtigkeit der Änderung der derzeitigen Öffnungszeiten in ausgewählten Branchen" und letztlich
- durch die "Einstufung der Bedeutung von Alternativen zur derzeitigen Regelung der Öffnungszeiten in ausgewählten Branchen".

Neben demographischen und psychographischen Merkmalen wurde eine Reihe weiterer Größen erhoben, von denen vermutet wurde, daß sie einen Einfluß auf die Einstellung zur Frage der Öffnungszeiten haben könnten.

Kontrolliert wurden deshalb:

- die Einkaufsfrequenz in ausgewählten Einkaufsstätten,
- die Wegzeit zur Einkaufsstätte,
- die Geschäftstreue,
- die relevanten Entscheidungskriterien bei der Wahl eines Lebensmittelgeschäfts,
- das Einkaufsverhalten allgemein (Preis-, Qualitäts- bzw. Spontankäufer, innovationsfreudige Käufer, markentreue Käufer etc.),
- die Einstellung zu gesellschaftspolitisch relevanten Anliegen (z.B. Einstellung zur Arbeitszeitverkürzung),
- das Freizeitverhalten sowie
- die Beurteilung von gesetzlichen Regelungen des Ladenschlusses in anderen Ländern.

3 MESSUNG DER ZUFRIEDENHEIT MIT DER DERZEITIGEN SITUATION

Auf die Frage, ob die Auskunftspersonen auch außerhalb der derzeit bestehenden Öffnungszeiten von Geschäften einkaufen gehen möchten, wurden folgende Antworten registriert:

häufig	36,5 %	67,5 %
manchmal	31,0 %	
selten	17,0 %	32,5 %
nie	15,5 %	

Diese Übersicht enthält eine klare Aussage über den vorhandenen Bedarf, die derzeitige gesetzliche Ladenöffnungszeit in Österreich zu modifizieren:

Zwei Drittel der Befragten äußern das Bedürfnis, häufig bzw. manchmal außerhalb der bestehenden Öffnungszeiten einkaufen gehen zu wollen.

Betrachtet man den geäußerten Bedarf in Abhängigkeit von der Branche, dann kann man feststellen, daß der Wunsch nach einer Änderung bei **"Gütern des täglichen Bedarfs"** und bei **"Banken"** am stärksten ausgeprägt ist (siehe **Abbildung 1**). Es folgen "Kfz-Reparaturwerkstätten" und "Einkaufszentren". Eher unwichtig ist eine Änderung bei "Wäschereien und Putzereien", in der "Bekleidungsbranche" sowie bei "Friseuren". Die weiteren vorgegebenen Branchen rangieren ganz am Ende der Skala. Es handelt sich dabei durchweg um Gebrauchsgüter oder um Investitionsgüter des Haushalts. Bei diesen Produkten kommt es - bedingt durch die höheren Investitionskosten - zu keinem routinisierten oder gewohnheitsmäßigen Einkaufsverhalten, sondern der Einkauf wird in der Regel bereits längere Zeit im voraus geplant und eventuell mit dem Partner abgestimmt. Man plant den Einkauf für Samstag oder nimmt sich bei größeren Anschaffungen, wie z.B. einer Wohnungseinrichtung, oder beim Autokauf vielleicht sogar Urlaub.

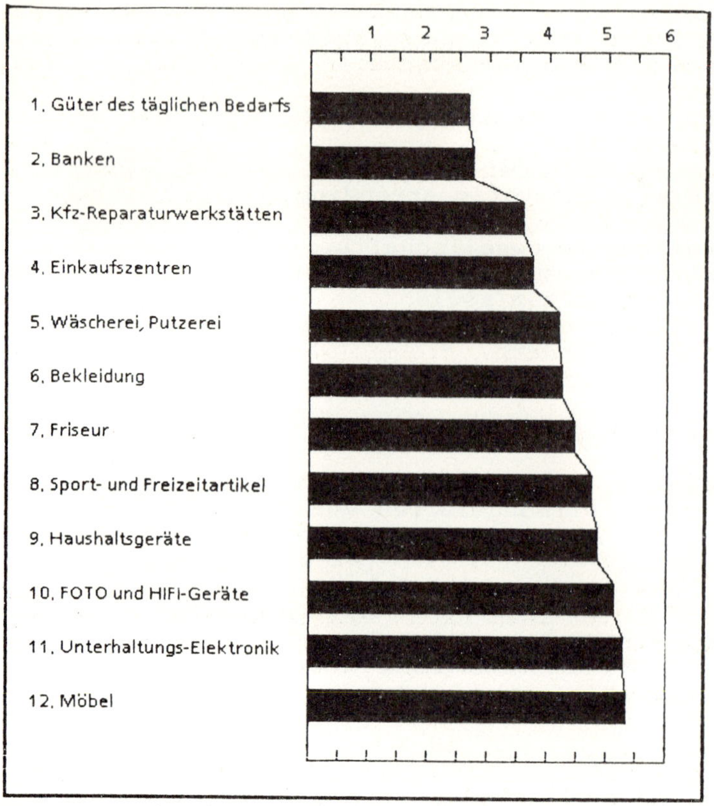

Abb. 1. Subjektive Wichtigkeit geänderter Öffnungszeiten in unterschiedlichen Branchen (Einstufung anhand einer 6-stufigen Skala von 1 = sehr wichtig bis 6 = unwichtig)

Interessant ist auch das Ergebnis auf die Frage, ob die Konsumenten bereit wären, einen prozentualen Aufschlag auf die Preise der Waren in Kauf zu nehmen, die ab 20.00 Uhr verkauft werden. Immerhin beantworteten knapp mehr als 40 % diese Frage mit "ja". Die Angaben über die Höhe dieses Preisaufschlages, die man in Kauf nehmen würde, weisen eine sehr starke Streuung auf:

Bis 3 %	Aufschlag nennen	21 %	der Befragten
4 bis 5 %	"	26 %	"
6 bis 9 %	"	3 %	"
10 %	"	40 %	"
mehr als 10 %	"	10 %	"

Im Durchschnitt würde von den Konsumenten ein Preisaufschlag von 8 % in Kauf genommen.

Obwohl sicher davon ausgegangen werden muß, daß diese Ziffer durch die Befragungssituation etwas überhöht ist, zeigt das Ergebnis einerseits recht deutlich das Gewicht, das von den Auskunftspersonen der Frage einer Änderung der Öffnungszeiten beigemessen wird, andererseits ist sich der Konsument aber bewußt, daß diese erweiterte Dienstleistung auch ihren Preis haben muß.

Personen, bei denen der Wunsch nach einer Änderung der Öffnungszeiten stärker ausgeprägt ist, sind zwar eher bereit, einen Preisaufschlag in Kauf zu nehmen (Chi-Quadrat = 16,7, df = 3, p = 0,0008), die Stärke des Änderungswunsches beeinflußt jedoch nicht die Höhe des Preisaufschlags (Varianzanalyse; F = 0,51; p = 0,68).

Die Öffnungszeiten wurden auch verglichen mit einer Reihe von anderen Kriterien, die für die Wahl eines Lebensmittelgeschäftes herangezogen werden. Wie aus **Abbildung 2** hervorgeht, rangieren die Kriterien

- Qualität der Waren,
- Preis und
- Erreichbarkeit des Geschäfts

im Spitzenfeld der Nennungen. Die Öffnungszeiten liegen an der vorletzten Stelle. Diese schlechte Plazierung ist nicht überraschend und kann sicher nicht als Indikator für die geringe Relevanz dieses Kriteriums herangezogen werden, sondern ist vielmehr ein Ausdruck dafür, daß auch aus der Sicht der Konsumenten den Geschäften kein Variationsspielraum gelassen wird, bei den Öffnungszeiten daher keine Vergleiche durch die Konsumenten angestellt werden müssen bzw. können.

Die Kriterien "günstige Preise" und "Öffnungszeiten" sind besonders wichtig bei jüngeren Personen, während ältere Konsumenten besonderen Wert auf eine "freundliche Bedienung" legen.

Das Kriterium "Öffnungszeiten" korreliert negativ mit

- freundliche Bedienung,
- Gewohnheitskauf,
- umfangreiches Sortiment und
- Qualität der Waren.

D.h. diese Kriterien stehen in einem Substitutionsverhältnis oder, mit anderen Worten, wenn diese Kriterien "stimmen", dann werden auch ungünstigere Öffnungszeiten in Kauf genommen.

Auch ein stärkerer Wunsch, außerhalb der bestehenden Öffnungszeiten einkaufen zu gehen, korreliert negativ mit dem Kriterium "freundliche Bedienung". Positiv allerdings mit den "Öffnungszeiten" und mit dem "Prozentwert" der täglichen Einkäufe", die von den Auskunftspersonen erledigt werden. D.h. je wichtiger bei der Geschäftswahl die freundliche Bedienung ist, desto

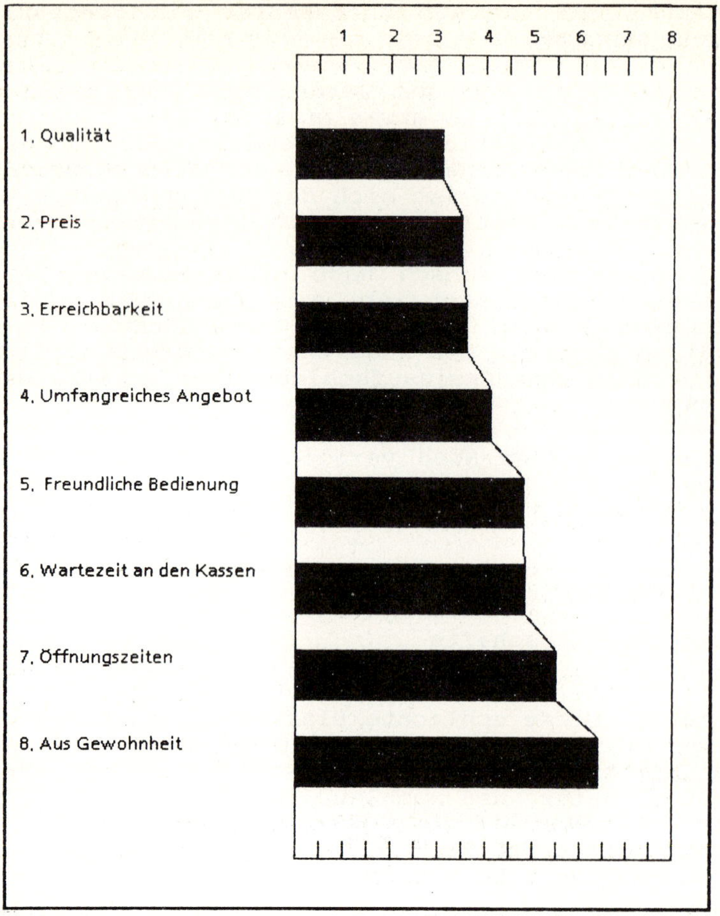

Abb. 2. Durchschnittliche Ratingwerte der Wichtigkeit von 8 vorgegebenen Kriterien, die für die Wahl eines Lebensmittelgeschäfts herangezogen werden (1 = höchster Wert, 8 = niedrigster Wert)

schwächer ist der Wunsch nach einer Änderung der Öffnungszeiten, während dieser Wunsch um so stärker ist, je höher der Stellenwert ist, den man den Öffnungszeiten beimißt bzw. je mehr Einkäufe man im Haushalt erledigt. In der Stichprobe waren die Angaben "bis 40 %", "41 bis 99 %" bzw. "100 %" je zu einem Drittel vertreten (diese Kategorien waren nicht vorgegeben, sondern wurden nachträglich aufgrund der Nennungen auf eine offene Frage verdichtet).

In weiterer Folge wurde der Frage nachgegangen, welche demographischen Variablen und Variablen des Einkaufsverhaltens die Einschätzung der einzelnen Kriterien beeinflussen. Folgende Ergebnisse wurden erzielt (Varianzanalyse; signifikante Haupteffekte; keine signifikanten Interaktionseffekte):

KRITERIEN	DEMOGRAPHIE	EINKAUFSFREQUENZ
Günstige Preise	Alter, Berufstätigkeit	Greißler, ("Tante-Emma-Laden"), S-Markt
Freundliche Bedienung	Alter, Im Handel tätig, Ort des Interviews	S-Markt
Leichte Erreichbarkeit	Berufstätigkeit	
Kurze Wartezeit an den Kassen	Berufstätigkeit	Greißler, S-Markt, Einkaufszentrum
Aus Gewohnheit	Haushaltseinkommen	
Umfangreiches Angebot	Haushaltseinkommen	Greißler, Einkaufszentrum
Qualität der Waren	(keine signif. Befunde)	
Öffnungszeiten	Anzahl der Kinder, Berufstätigkeit, Ort des Interviews	Greißler (p = 0,09)

LESEHINWEIS: Die Einschätzung des Auswahlkriteriums "Günstige Preise" wird signifikant durch die demographischen Merkmale "Alter" und "Berufstätigkeit" beeinflußt sowie durch die Häufigkeit des Einkaufs beim "Greißler" (Tante-Emma-Laden) und in "Supermärkten".

3.1 ZUSAMMENHANG DER ZUFRIEDENHEIT MIT DEMOGRAPHISCHEN MERKMALEN

Der Wunsch nach einer Änderung ist unabhängig davon, ob ein Haushaltsmitglied selbst im Handel tätig ist (Chi-Quadrat-Test, p = 0,1; bei der Interpretation aller durchgeführten Tests wurde von einer Irrtumswahrscheinlichkeit von p μ 0,05 für das Vorliegen eines signifikanten Befundes ausgegangen).

Eine **Unabhängigkeit** konnte auch von folgenden Variablen nachgewiesen werden:

- Von der Tatsache, ob am Arbeitsplatz die Möglichkeit der gleitenden Arbeitszeit besteht,
- ob der tägliche Einkauf in der Regel vor Arbeitsbeginn, nachher oder in einer Arbeitspause erledigt wird oder
- ob meistens vor dem Einkauf eine Einkaufsliste erstellt wird.

Güter des täglichen Bedarfs werden in der Regel nach der Arbeit eingekauft (30 %); ein weit geringerer Prozentsatz, nämlich 8 %, kauft Güter des täglichen Bedarfs vor der Arbeit, 9 % erledigen diese Tätigkeit in einer Arbeitspause. Weitere 12 % kaufen von Fall zu Fall unterschiedlich ein.

Ein signifikanter Zusammenhang konnte zwischen Änderungswunsch und dem Alter der Auskunftspersonen festgestellt werden:

Bei **jüngeren** Konsumenten war der Wunsch, außerhalb der Öffnungszeiten einkaufen gehen zu können, stärker ausgeprägt (Chi-Quadrat = 11,1, df = 3, p = 0,01 bzw. Kruskal-Wallis 1-Way Anova Chi-Square = 13,7, p = 0,03), darüber hinaus auch bei Personen mit **höherer Schulbildung** (Chi-Quadrat = 21,25, df = 6, p = 0,001) und in **Mehr-Personen-Haushalten** (Chi-Quadrat = 14,9, df = 6, p = 0,02).

Auch der **Wohnort** spielte eine Rolle: In Wien war das Bedürfnis stärker ausgeprägt als in den Bundesländern (Chi-Quadrat = 7,92, df = 3, p = 0,05).

3.2 ZUSAMMENHANG MIT VARIABLEN DES ALLGEMEINEN EINKAUFSVERHALTENS

Auf die Frage, ob der Handel eher für oder gegen eine Neuregelung ist, konnten folgende Antworten registriert werden:

- Der Handel ist dafür:	50 %
- Der Handel ist dagegen:	34 %
- Nur einzelne Branchen sind dafür:	13 %
- Keine Antwort:	3 %

74 % der Befragten waren der Meinung, daß das Thema Ladenschluß im Ausland besser geregelt ist, 13 % verneinten diese Frage, und weitere 13 % konnten dazu keine Angaben machen. Die folgende Übersicht enthält eine Aufstellung mit den von den Auskunftspersonen genannten Ländern, in denen die Regelung der Öffnungszeiten besser ist (Mehrfachnennungen waren möglich; Länder mit weniger als 5 % der Nennungen blieben unberücksichtigt):

- Italien:	27 %
- USA:	17 %
- Bundesrepublik Deutschland	12 %
- Frankreich:	10 %
- Griechenland:	8 %
- Spanien:	7 %
- Schweiz:	5 %

Auf die Frage, was den Konsumenten an den Regelungen im Ausland gefallen hat, wurden folgende Nennungen abgegeben (Mehrfachnennungen waren wieder möglich):

- abends länger offen	57 %
- rund um die Uhr offen	29 %
- länger geöffnet	26 %
- ein langer Einkaufssamstag pro Monat	17 %
- am "Wochenende" geöffnet	14 %
- samstags geöffnet	7 %

Faßt man die Nennungen zu dieser offen gestellten Frage nach inhaltlichen Kriterien zusammen, ergibt sich folgendes Bild:

Es überwiegt eindeutig der Wunsch nach einer **Verlängerung** der Öffnungszeiten insbesondere in den **Abendstunden** (83 %); eine Verlängerung der Öffnungszeiten am **Wochenende** wird von 37 % der Auskunftspersonen gefordert; davon wünschen sich wiederum 17 % einen **langen Einkaufssamstag** pro Monat.

Der Wunsch ist um so stärker, je mehr man der Ansicht ist, daß die Frage der Öffnungszeiten im Ausland besser geregelt ist (Chi-Quadrat = 34,5, df = 3, $p < 0{,}0001$). Auf die Frage, welche Konsequenzen sich aus einer Verlängerung der Öffnungszeiten für den Handel ergeben, rechnen die meisten Konsumenten mit Umsatz- und Gewinnsteigerungen, realistischerweise aber auch mit Kosten- und dadurch bedingt auch mit Preissteigerungen (siehe **Abbildung 3**), in erster Linie aufgrund von Überstunden oder durch die Einstellung von neuem Personal.

Zwei Drittel der Befragten gaben an, daß sie Güter des täglichen Bedarfs in ein und demselben Geschäft kaufen, während 30 % über keine ausgeprägte Geschäftstreue verfügen.

Bei der geschätzten Wegzeit vom Arbeitsplatz bzw. von der Wohnung zu einem Lebensmittelgeschäft ergaben sich keine signifikanten Zeitunterschiede: Beide Wegzeiten liegen im Schnitt um fünf Minuten.

Einen Einfluß auf die Änderungswünsche hatte auch die Zustimmung oder Ablehnung der folgenden Aussagen:

1. Bei vielen Produkten kaufe ich nur eine ganz bestimmte Marke!
   (Chi-Quadrat = 78,73; df = 3; p = 0,05)

5. Einkaufen ist für mich eine Art Freizeitbeschäftigung!
   (Chi-Quadrat = 7,09; df = 3; p = 0,07

15. Beim Einkauf von Lebensmitteln stehe ich meistens unter Zeitdruck!
   (Chi-Quadrat = 7,65; df = 3; p = 0,05)

Personen, die die eine oder andere dieser Aussagen bejahten, hatten auch ein stärkeres Verlangen nach einer Änderung der Öffnungszeiten.

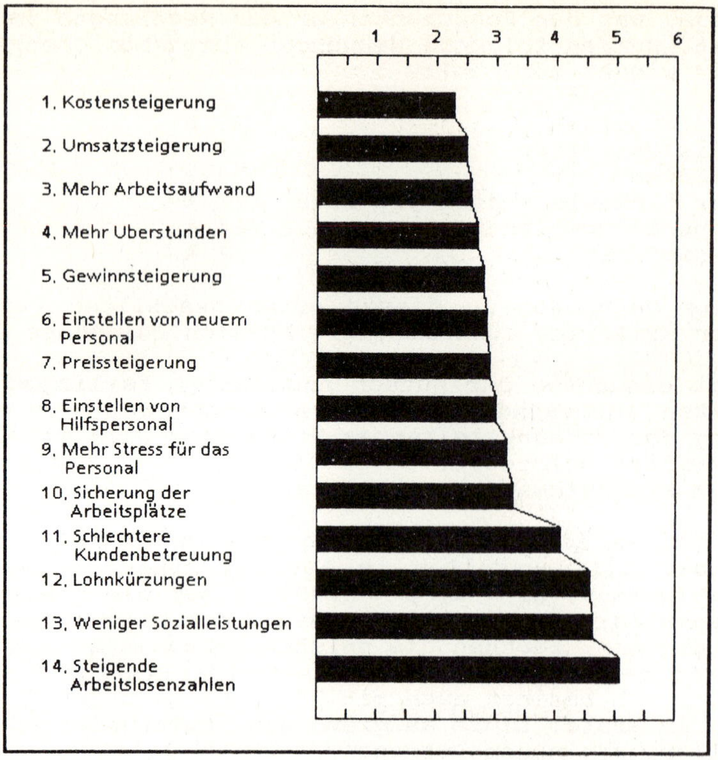

Abb. 3. Vermutete Konsequenz für den Handel (Einstufung anhand einer 6-stufigen Skala von 1 = sehr wahrscheinlich bis 6 = unwahrscheinlich)

4 BEURTEILUNG VON MÖGLICHEN ALTERNATIVEN UND DER EINFLUSS VON PSYCHOGRAPHISCHEN VARIABLEN UND VARIABLEN DES FREIZEITVERHALTENS AUF DIE ZUFRIEDENHEIT

Wie aus **Abbildung 4** hervorgeht, bestehen auch bei den einzelnen Branchen unterschiedliche Vorstellungen über eine Änderung der Öffnungszeiten. Bei "Lebensmitteln" lautet die Forderung nach "mittags durchgehend geöffneten" Geschäften und "abends 1 h länger offen halten".

Bei Banken wird gefordert, daß sie auch "einen Samstag pro Monat vormittags" geöffnet halten sollten, aber auch, daß sie "mittags durchgehend geöffnet" haben. "Ein langer Einkaufssamstag pro Monat" wird vor allem in der Bekleidungs-Branche gefordert.

Den Auskunftspersonen wurde weiters eine Liste mit 18 Eigenschaften (**"psychographics"**) vorgelegt mit der Bitte, diese Items anhand einer 6-stufigen Skala von "1 = trifft völlig zu" bis "6 = trifft überhaupt nicht zu" zuzuordnen. Aufgrund von

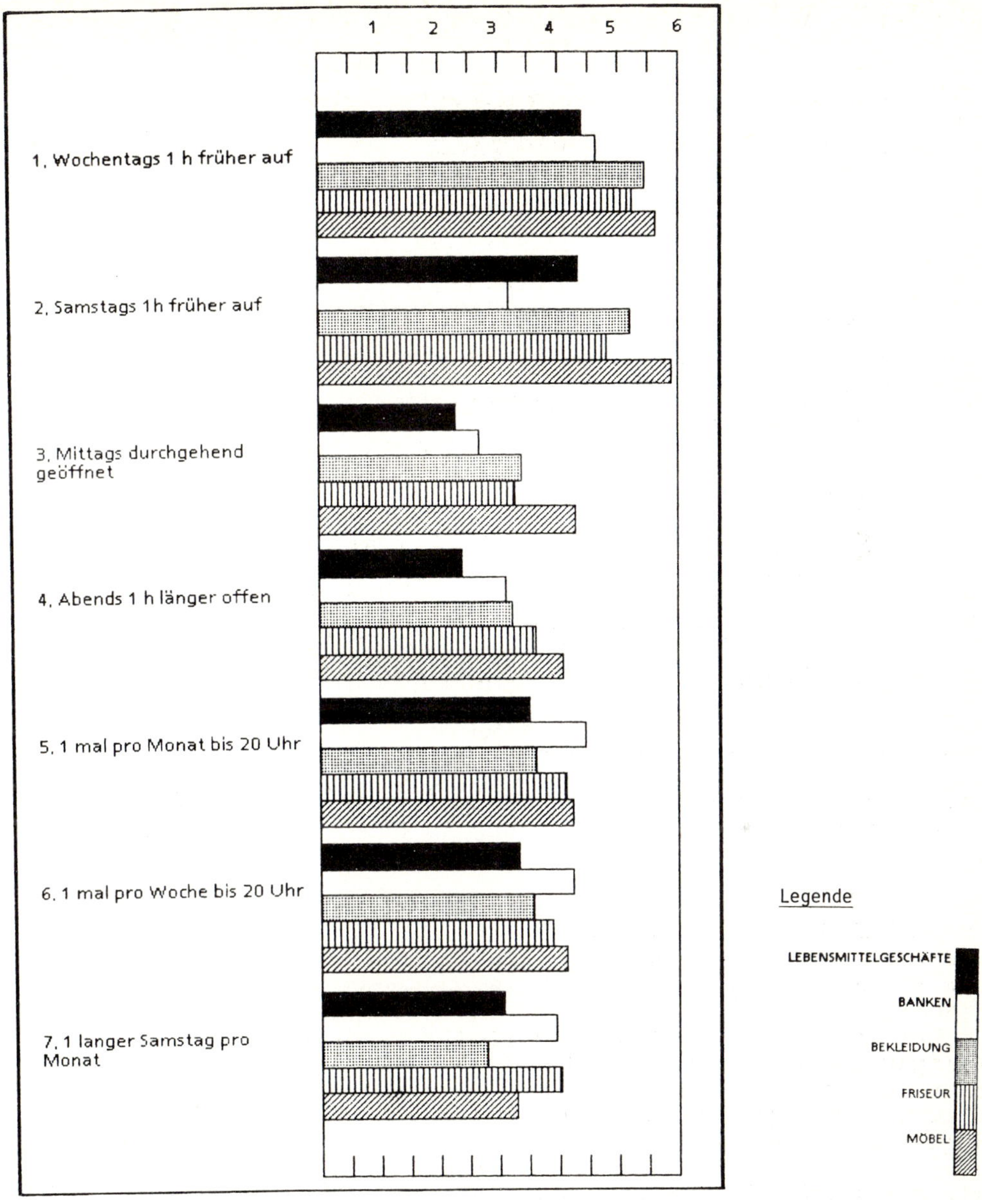

Abb. 4. Beurteilung von Alternativen zur derzeitigen Regelung der Öffnungszeiten in ausgewählten Branchen (anhand einer 6-stufigen Skala von 1 = sehr wichtig bis 6 = unwichtig.)

geschlechtsspezifischen Unterschieden wurde die folgende Auswertung für Männer und Frauen getrennt durchgeführt.

Frauen stuften sich im Vergleich zu den Männern eher als
- gesprächig
- ordnungsliebend
- modebewußt ein,

während sich **Männer** eher als
- sportlich

im Vergleich zum weiblichen Geschlecht sehen.

Beim Freizeitverhalten legen die **Männer** mehr Wert auf:
- Politische Probleme diskutieren
- In einen Verein gehen
- Zeitschriften lesen
- Aktiv Sport treiben
- Sportveranstaltungen besuchen.

Die **Frauen** beschäftigen sich in ihrer Freizeit mit
- Telefonieren
- Malen, Zeichnen
- Theateraufführungen besuchen
- Plaudern
- Verwandte besuchen
- Kochen
- Menschliche Probleme diskutieren.

Ohne Trennung nach dem Geschlecht bestätigt eine Regressionsanalyse den Einfluß von Psychographischen Variablen des Freizeitverhaltens auf die Einstellung zu den Öffnungszeiten.

Psychographics	**Regressionskoeff.**	**t**	**p =**
selbstsicher	0,15	2,5	0.01
aggressiv	0,16	4,5	<0,0001
modebewußt	0,15	3,3	0,001
sportlich	0,11	2,9	0,004
begeisterungsfähig	0,12	2,3	0,02

F=256,8; p<0,0001; R^2=0.83; Durbin-Watson-Teststatistik=1,73

Freizeitverhalten	**Regressionskoeff.**	**t**	**p =**
Pop-Konzerte besuchen	0,29	5,44	<0,0001
Theater, Oper, Konzerte	0,22	3,88	0,0001
sich weiterbilden	0,24	3,25	0,0013

F=385,7; p<0,0001; R^2=0,81; Durbin-Watson-Teststatistik=1,73

Die vorgegebenen Eigenschaften wurden mit Hilfe einer Faktorenanalyse zu Dimensionen verdichtet. Bei den **Männern** wurden 7 Faktoren extrahiert (Eigenwerte > 1), die zusammen 70 % der Varianz erklären (davon der erste Faktor allein immerhin 22 %). Der Übersichtlichkeit halber sollen die weiteren Ausführungen nur anhand der ersten drei Persönlichkeitstypen dargestellt werden. Die einzelnen Faktoren können wie folgt charakterisiert werden:

Typ I: **"Kontaktfreudig, extrovierte"** (Hohe Ladung [> 0,6] der Eigenschaften: optimistisch, selbstsicher, gesprächig, unternehmungslustig und kontaktfreudig)

Typ II: **"Sportlich, gesundheitsbewußt"**

Typ III: **"Häuslich"**

Bei den **weiblichen** Auskunftspersonen konnten die Items auf vier Dimensionen verdichtet werden, die gemeinsam 54 % der Varianz erklären, wobei der erste Faktor 24 % erklärt,

Typ I: **"Kontaktfreudig"** (mit ähnlich hoch ladenden Items wie bei den Männern)

Typ II: **"Häuslich"**

Typ III: **"Sportlich, modebewußt, gesundheitsbewußt"**

Weiters sollen 23 vorgegebene **Freizeitaktivitäten** anhand einer Skala danach beurteilt werden, ob sie "häufig, manchmal, selten oder nie" ausgeübt werden. Bei den Männern konnten 8 Faktoren extrahiert werden (62 % der Varianz werden erklärt; der erste Faktor erklärt allerdings nur 17 %).

Typ I: **"Aktiv, gesellig, sucht die Unterhaltung"** (Kino, Pop-Konzerte, Freunde besuchen oder einladen)

Typ II: **"Unterhaltung passiv"** (z.B. Fernsehen, Sportveranstaltungen zusehen)

Typ III: **"Geht gerne in einen Verein"**

Hier das Ergebnis der Faktorenanalyse bei den weiblichen Auskunftspersonen im Detail (insgesamt wurden 7 Faktoren extrahiert):

Typ I: **"Geselliges Beisammensein"** (Restaurantbesuch, Freunde einladen, Plaudern)

Typ II: **"Outdoor Aktivitäten"** (Sport, Kino)

Typ III: **"Anspruchsvolle Freizeitgestaltung"** (Bücher lesen, Politische Probleme diskutieren, Theaterbesuch).

Interessant ist in diesem Zusammenhang, daß bei den Männern der Restaurantbesuch einen völlig anderen Stellenwert besitzt, da er gemeinsam mit der Freizeitaktivität "Theaterbesuch" auf demselben Faktor hoch lädt.

BEREICHE	FREIZEITVERHALTEN						PSYCHOGRAPHISCHE MERKMALE					
	Männer			Frauen			Männer			Frauen		
	Typ I	Typ II	Typ III	Typ I	Typ II	Typ III	Typ I	Typ II	Typ III	Typ I	Typ II	Typ III
0. ALLGEMEINER WUNSCH NACH EINER ÄNDERUNG	ja						ja			ja		
1. WOCHENTAGS 1 h FRÜHER AUFSPERREN	2	7				7 12	2 7	1				
2. SAMSTAGS 1 h FRÜHER AUFSPERREN	2	7			2	7 12	1					2
3. MITTAGS DURCHGEHEND GEÖFFNET	2			2			1		6			2
4. ABENDS 1 h LÄNGER OFFEN	1 2 6						1		2	12		
5. EIN MAL PRO MONAT BIS 20 UHR	2									6 12		
6. EIN MAL PRO WOCHE BIS 20 UHR	2 6			6								
7. EIN LANGER SAMSTAG PRO MONAT	2			12			1 6 12			6 12		

Erläuterung: Die Ziffern in den einzelnen Spalten stehen für die Produktgruppen, in denen eine Änderung gewünscht wird:

1. Güter des täglichen Bedarfs
2. Banken
3. Kfz-Reparaturwerkstätten
4. Einkaufszentren
5. Wäschereien, Putzereien
6. Bekleidung
7. Friseure
8. Sport- und Freizeitartikel
9. Haushaltsgeräte
10. Foto- und Hifi-Geräte
11. Unterhaltungselektronik
12. Möbel

Abb. 5. Zufriedenheit mit den Öffnungszeiten und Änderungswünsche bei unterschiedlichen Konsumenten-Typen.

Die umfangreichen Ergebnisse sind in **Abbildung 5** in übersichtlicher Form zusammengefaßt. Im folgenden sollen nur einige interessante Details herausgegriffen werden. Zuerst zu den Ergebnissen der **psychographischen Variablen:**

Männer:

Typ I: Für ihn ist eine Änderung der derzeitigen Situation bei Geschäften, die "Güter des täglichen Bedarfs" führen, besonders wichtig.

Typ III: Was die Auswahl eines Lebensmittelgeschäfts betrifft, so sind für ihn "günstige Preise" wichtiger als für andere Typen.

Frauen:

Typ I: Wichtig für die Wahl eines Lebensmittelgeschäfts ist die "freundliche Bedienung", während "günstige Preise" unwichtig sind.

Typ II: Eine mögliche Erklärung dafür, daß sehr viele Alternativen im Vergleich zu anderen Typen unwichtiger sind, kann darin gesehen werden, daß die "Öffnungszeiten" generell bei der Wahl eines Geschäfts von diesem Frauentyp signifikant unwichtiger eingestuft werden.
"Kurze Wartezeiten an der Kassa" sind für die Wahl eines Geschäfts besonders wichtig.

Ergebnisse der Typologie nach dem **Freizeitverhalten:**

Männer:

Typ I: Der Wunsch, außerhalb der Öffnungszeiten einkaufen zu gehen, ist besonders häufig geäußert worden.
Größte Unzufriedenheit herrscht bei den Banken: In dieser Branche werden alle vorgegebenen Alternativen signifikant häufiger gewünscht als von anderen Typen. Für die Wahl eines Geschäfts ist die "freundliche Bedienung" unwichtig, hingegen spielt die "leichte Erreichbarkeit" eine große Rolle.

Frauen:

Typ III: Hat ein geringes Interesse an einer Änderung des Status-Quo; ist offensichtlich ein "Früh-Aufsteher" da sowohl in der "Möbelbranche" als auch bei "Friseuren" wochentags 1 h früher und samstags 1 h früher aufzusperren gefordert wird.
Dieser Typ befürchtet als einziger eine "steigende Arbeitslosenzahl" als Konsequenz geänderter Öffnungszeiten.

Es erhebt sich die Frage, wie groß das Potential der einzelnen Typen einzuschätzen ist. Hier kann natürlich nur von der Zusammensetzung der Stichprobe ausgegangen werden; eine Übertragung des geschätzten Potentials auf Gesamt-Österreich wäre nur nach einer Korrektur möglich. Ein erster Weg dazu könnte ein Angleichen der demographischen Merkmale sein sowie eine stärkere Berücksichtigung der ländlichen Bevölkerung durch Quotierung des Interviewortes.

Das beste Ergebnis lieferte die Typologie nach den psychographischen Merkmalen bei den weiblichen Auskunftspersonen: Durch die drei dokumentierten Typen konnten 92 % der weiblichen Auskunftspersonen klassifiziert werden, wobei Typ I zu 43 %, Typ II zu 29 % und Typ III zu rund 20 % in der Stichprobe vertreten war. Durch die Bildung von Typologien aufgrund des Freizeitverhaltens konnten bei den Frauen durch die drei Typen 53 % und bei den Männern 39 % der Stichprobe zugeordnet werden. Am schlechtesten funktionierte die Klassifikation nach den Psychographics bei den Männern: Typ I repräsentiert 16 % der Stichprobe, Typ II 12 % und Typ III nur 8 % der Stichprobe.

RESUMEE UND ZUSAMMENFASSUNG

Auf die starke Streuung der Ergebnisse einzelner Studien und auf die Problematik der zum Teil nicht gegebenen Vergleichbarkeit der Ergebnisse soll abschließend nochmals hingewiesen werden.

So registrierte eine kleine Studie des Universitätslehrganges für Werbung und Verkauf 63 % "Unzufriedene" (Haferl/Menrath 1985, S. 46; n = 45; Feldphase 8/9 1985), während in einer vom IFES-Institut durchgeführten, österreichweiten Studie 50 % für eine Änderung der Öffnungszeiten eintraten. In einer vom Handelsministerium in Auftrag gegebenen Studie traten 61 % der befragten Konsumenten für eine Flexibilisierung der derzeitigen Situation ein (industrie 1986, S. 23); dieser Prozentsatz erhöht sich bei einem Haushaltseinkommen von über öS 18 000,- auf 70 %, während er bei Konsumenten in Zollgrenzbezirken (etwa in Salzburg, bedingt durch die Nähe zur Bundesrepublik Deutschland) auf 51 % zurückging. Eine Abhängigkeit von diesen demographischen Variablen konnte bereits im Rahmen einer weiteren Untersuchung des Ordinariats für Werbewissenschaft und Marktforschung festgestellt werden (Mayerhofer 1985, S. 90); die Stichprobe umfaßte 240 jüngere Frauen (Mütter von Kleinkindern), wodurch sich auch der relativ niedrige Prozentsatz von 35 % "eher Unzufriedenen" erklärt, da der überwiegende Teil der Mütter zum Zeitpunkt der Befragung nicht berufstätig war.

Mit der derzeitigen Regelung der Öffnungszeiten besonders unzufrieden waren
- berufstätige Frauen, die
- über ein höheres Haushaltseinkommen verfügen,
- aus höheren Bildungsschichten stammen und
- im Großraum Wien wohnen.

Aber nicht nur Untersuchungen bei den Konsumenten gelangen zu unterschiedlichen Schlußfolgerungen, auch das Potential der unzufriedenen Unternehmer ist scheinbar schwer in den Griff zu bekommen. Während die einen davon ausgehen, daß "die Mehrzahl der Handelstreibenden ja gar nicht offen halten will" (Schuhmayer 1986, S. 3), wird andererseits behauptet, daß "immer mehr

keine Ladenschlußgesetze gibt. In Schweden, das vor Jahren das geltende Ladenschlußgesetz abgeschafft hat, sind hingegen eindeutige Hinweise auf eine Dekonzentration im Handel festzustellen, ein Phänomen, welches wir in jüngster Zeit auch in Deutschland beobachten (Dahremöller 1986), trotz der Existenz eines Ladenschlußgesetzes wohlgemerkt. Es ist fraglich, ob das Ladenschlußgesetz in der Lage ist, eine gute Wettbewerbspolitik bzw. die strikte Anwendung des geltenden Wettbewerbsrechtes zu ersetzen. Doch hierzu weiter unten mehr. Im folgenden wird zunächst einmal ein Überblick über die rechtlichen Rahmenbedingungen der Ladenöffnungszeiten in den verschiedenen Ländern Europas gegeben.

2 DIE RECHTLICHEN RAHMENBEDINGUNGEN FÜR DIE LADENÖFFNUNGSZEITEN IN VERSCHIEDENEN EUROPÄISCHEN STAATEN

In **Schweden** wurde von jeher eine relativ großzügige Regelung praktiziert. Stets konnten die Geschäfte werktags von 8.00 bis 19.00 Uhr öffnen und an einem Wochentag bis 20.00 Uhr. Der Geschäftsschluß an Samstagen lag zwischen 14.00 und 16.00 Uhr. 1967 erfolgte eine Novellierung des geltenden Gesetzes in Richtung größerer Vereinheitlichung. Hiernach durften die Läden montags bis freitags von 8.00 bis 20.00 Uhr geöffnet werden. Ausnahmen existierten für bestimmte Geschäftstypen und Produktkategorien. 1972 wurde, auf der Grundlage eines Expertenberichts, das Ladenschlußgesetz gänzlich aufgehoben, so daß die Geschäfte theoretisch an allen Tagen der Woche 24 Stunden geöffnet sein können. Die erste Phase dieser Liberalisierung lief in Form eines Großversuches, der von einer paritätisch besetzten Sachverständigenkommission wissenschaftlich überwacht wurde; die Kommission sprach sich nach Auswertung der Erfahrungen für eine Beibehaltung frei wählbarer Geschäftszeiten aus. Diesen Standpunkt hat die schwedische Regierung, trotz diverser Interventionen, bis heute beibehalten.

In **Norwegen** existierte, was die Öffnungszeiten im Handel anbelangte, von jeher eine besonders große Regelungskompetenz der Kommunen. Diverse Initiativen, die im wesentlichen eine Vereinheitlichung der norwegischen Ladenöffnungszeiten zum Gegenstand hatten, waren erst 1985 erfolgreich. In diesem Jahr ist ein Gesetz in Kraft getreten, das den Geschäftsinhabern freistellt, werktags zwischen 6.00 und 20.00 Uhr und an Sonn- und Feiertagen zwischen 6.00 und 18.00 Uhr geöffnet zu haben. Die Kommunen sind jedoch weiterhin berechtigt, kommunale Ladenschlußbestimmungen auszuformulieren, die eine längere, jedoch keine kürzere Öffnungszeit erlauben, als dies durch die Hauptregel bestimmmt wird. Hierdurch weisen die norwegischen Ladenöffnungszeiten regional eine große Variationsbreite auf.

Auch in **Dänemark** wurde Mitte der siebziger Jahre das Ladenschlußgesetz neu geregelt. Die politischen Entscheidungen erfolgten auch hier auf der Basis eines Expertengutachtens, das in der Zeit zwischen 1970 und 1975 erstellt wurde. Am 1. Juli 1976 trat das neue dänische Ladenschlußgesetz in Kraft. Hierdurch wurde den Geschäften die Möglichkeit gegeben, ihre Öffnungszeiten innerhalb gewisser Spannbreiten den örtlichen Einkaufsgewohnheiten anzupassen, und zwar ist es ihnen erlaubt, sechs Stunden pro Woche über die gesetzlich bestimmten Öffnungszeiten hinaus offen zu halten. Die regulären Öffnungszeiten liegen werktags zwischen 6.00 und 17.30 Uhr und samstags zwischen 6.00 und 12.00 Uhr. Die sechs zusätzlichen Verkaufsstunden dürfen auf höchstens drei Tage verteilt werden; Sonn- und Feiertage sowie Samstage nach 14.00 Uhr sind von dieser Regelung ausgenommen.

Seit 1969 sind die Ladenöffnungszeiten in **Finnland** geregelt. Hiernach dürfen Einzelhändler montags bis freitags zwischen 8.00 und 20.00 Uhr und samstags zwischen 8.00 und 18.00 Uhr öffnen. Ausnahmen bestehen für die Tage vor Weihnachten, an Neujahr, Ostern und Mittsommer. Speziell an den Beschränkungen, die die Verkaufszeit vor den erwähnten Tagen betreffen, entzündete sich auch in Finnland die Ladenschlußdebatte. Initiativen waren bis jetzt allerdings nicht erfolgreich.

Basis der **englischen** Geschäftszeiten ist die shops act von 1950. Es darf nicht unerwähnt bleiben, daß die englische Regelung eine Fülle von Ausnahmetatbeständen aufweist, die an dieser Stelle nicht alle wiedergegeben werden können. Grundsätzlich gilt allerdings nach dem shops act ein Ladenschluß um 20.00 Uhr, ausgenommen ein Tag in der Woche, an dem die Geschäfte bis 21.00 Uhr geöffnet bleiben dürfen. Die kommunalen Behörden können abweichende Regelungen erlassen. An einem Wochentag müssen die Geschäfte bereits um 13.00 Uhr schließen. Jeder Einzelhändler kann den Tag, an dem bereits mittags geschlossen wird, frei für sich selbst bestimmen. Ein allgemeines Sonntagsverkaufsverbot existiert in England und Wales, nicht jedoch in Schottland. Ausnahmen existieren für Friseure und Barbiere, ebenso wie für jüdische Einzelhändler, die den Sabbat begehen. Ein Versuch, die shops act ganz aufzuheben, ist allerdings im letzten Jahr am Widerstand von Gewerkschaften und Kirchen gescheitert.

In **Frankreich** ist eine Regulierung, die die Ladenöffnungszeiten im Einzelhandel betrifft, unbekannt. Die größte Freiheit genießen solche Betriebe, die keine Angestellten beschäftigen; hier existieren keinerlei Begrenzungen der Öffnungszeiten. Betriebe, die fremde Arbeitskräfte beschäftigen, müssen die bereits erwähnten Arbeitsschutzgesetze beachten, durch welche die wöchentlichen Arbeitszeiten begrenzt werden und ein wöchentlicher Ruhetag pro Beschäftigten garantiert sein muß. Jeder Versuch, eine Regulierung oder zumindest einheitliche Regelung in Frankreich durchzusetzen, ist bisher auf starken Widerstand der Interessengruppen und Repräsentanten des Handelsbereiches gestoßen.

Ebenso wie in Frankreich kannte man ursprünglich auch in **Belgien** kein Ladenschlußgesetz; eine Begrenzung der Arbeitszeit der Arbeitnehmer wurde als ausreichendes Regulativ betrachtet. Die Sonntagsruhe und das Sonntagsverkaufsverbot sind obligatorisch, und ein erster Eingriff in das bis dahin völlig freie Öffnungszeitensystem erfolgte 1973. Hiernach müssen die Geschäfte zwischen 20.00 Uhr abends und 5.00 Uhr morgens geschlossen sein. Freitags und an Tagen, die einem öffentlichen Feiertag vorangehen, ist eine Abendöffnung bis 21.00 Uhr erlaubt.

Im Jahre 1976 wurde in den **Niederlanden** ein neues Ladenschlußgesetz eingeführt, das 1978 in Kraft trat. Nach diesem Gesetz kann der Unternehmer seine Öffnungszeiten frei bestimmen, allerdings innerhalb eines vorgegebenen zeitlichen Rahmens. Dieser Rahmen ist so gesteckt, daß montags bis freitags zwischen 5.00 und 18.00 Uhr und samstags zwischen 5.00 und 17.00 Uhr die freie Wählbarkeit der Öffnungszeiten garantiert ist. Die gesamte Öffnungszeit darf allerdings 52 Stunden pro Woche nicht übersteigen, an einem Wochentag können die Geschäfte bis 21.00 Uhr geöffnet sein. Dieser einmal wöchentlich stattfindende Abendverkauf kann entweder auf einen Donnerstag oder einen Freitag gelegt werden. Ausnahmen von dieser Regelung sind nach Geschäftstypen und Branchen möglich.

In **Luxemburg** gibt es keine generelle staatliche Regulierung der Ladenöffnungszeiten. Bemerkenswert ist, daß in Abhängigkeit von der Jahreszeit unterschiedliche Schließungszeiten vorgegeben sind. In der Zeit vom 1. Oktober bis 31. März müssen die Geschäfte um 19.00 Uhr und in der Zeit vom 1. April bis 30. September erst um 20.00 Uhr schließen. An Samstagen und an Tagen, die einem öffentlichen Feiertag vorangehen, müssen die Geschäfte erst um 20.00 Uhr schließen. Sonntags- und Feiertagsöffnungen sind zulässig.

Die Ladenöffnungszeiten in **Österreich** sind - ähnlich wie in der Bundesrepublik Deutschland - gesetzlich reguliert. Erwähnenswert ist die Differenzierung, die dieses Gesetz in Abhängigkeit von bestimmten Produktkategorien vornimmt. Von Bundesland zu Bundesland verschieden unterliegt der Handel mit Lebensmitteln allgemeiner Natur anderen Bestimmungen als der Handel mit Milch; für Bäcker gelten andere Öffnungszeiten als für Fleischer, und der Handel mit Blumen hat andere Schließungszeiten zu beachten als der Handel mit Papierwaren oder der Handel mit Süßwaren. Zur Zeit wird in Österreich über eine Flexibilisierung des Ladenschlußgesetzes heftig diskutiert. Diskussionsgrundlage bildet das Gutachten einer Sachverständigenkommission, die die bisher umfangreichste Meinungsumfrage in Österreich zum Ladenschlußgesetz durchgeführt hat. Insgesamt 61 % der befragten Konsumenten und Einzelhändler sprachen sich für eine Flexibilisierung der gegenwärtig praktizierten Regelung aus. Eine Entscheidung steht noch aus.

Die **schweizerische** Öffnungszeitenpraxis unterliegt in erster Linie der Regelungskompetenz der verschiedenen Kantone. Die Bundesregierung beschränkt sich auf Rahmenbedingungen, die die Arbeitszeit betreffen und die Sonntagsarbeit begrenzen. In den meisten Kantonen liegt die werktägliche Schließungszeit zwischen 18.30 und 19.30 Uhr, in allen Kantonen bis auf Basel-Stadt gibt es einen abendlichen Öffnungstag, an dem ein Verkauf bis 21.00 Uhr bzw. 22.00 Uhr möglich ist.

Italien kennt seit 1971 ein Ladenschlußgesetz, welches 1982 abgeändert wurde. Zentrales Element der italienischen Regelung ist die Festlegung der wöchentlichen Gesamtöffnungszeit auf 44 Stunden. Der Verkauf kann zwischen 9.00 und 20.00 Uhr stattfinden, soweit die Normvorgaben. Hiermit ist eine Basis für Regionen, Stadtverwaltungen und Gemeinden gegeben, die innerhalb dieser Margen dann die tatsächlichen Öffnungszeiten bestimmen können. Die augenblicklichen politischen Aktivitäten laufen darauf hinaus, eine Öffnungszeit bis 21.00 Uhr möglich zu machen. Praktiziert werden in Italien sehr unterschiedliche Regelungen, die nach Sommer- und Winteröffnungszeiten trennen, Ruhepausen obligatorisch machen und auch wirtschaftsbereichsbezogene Ausnahme- bzw. Sonderregelungen enthalten.

In **Spanien** sind nicht nur die Ladenschlußzeiten geregelt, sondern es sind auch bestimmte Öffnungszeiten vorgeschrieben, an denen alle Läden geöffnet haben müssen. Wir haben es in Spanien also mit einem Verbots- und Gebotsgesetz zu tun. Das Gesetz von 1976 bestimmt, daß die Geschäfte von montags bis samstags zwischen 21.00 und 8.00 Uhr geschlossen sein müssen, bei einer maximalen wöchentlichen Öffnungszeit von 60 Stunden. Die Geschäfte müssen zwischen 10.00 und 13.00 Uhr einerseits und 17.00 und 19.00 Uhr andererseits geöffnet sein. Die minimale Öffnungszeit pro Woche, die nicht unterschritten werden darf, liegt bei 44 Stunden.

Soweit ein Blick auf die derzeit in den wichtigsten europäischen Ländern praktizierten Regelungen. Ihre Fülle und Mannigfaltigkeit lassen es auf den ersten Blick schwer erscheinen, das eine oder andere Beispiel auf deutsche Verhältnisse zu übertragen. Doch bei näherem Hinsehen kristallisieren sich auch Gemeinsamkeiten heraus, die Grund genug dafür sein können, den ausländischen Erfahrungen zumindest mehr Beachtung zu schenken, als dies bisher geschehen ist.

Die erste Gemeinsamkeit, auf die bereits eingangs verwiesen wurde, ist der sozialhistorische Hintergrund aller Ladenöffnungsregelungen: Die Arbeitsschutzgesetzgebung war der wichtigste Auslöser für eine Regelung der Angebotszeiten des Handels, und in dem Maße, in dem die schutzwürdigen Interessen der Arbeitnehmer durch das Arbeits- und Sozialrecht abgedeckt wurden, trat in vielen Ländern das Bedürfnis nach einer weiteren Reglementierung der Öffnungszeiten zurück. In letzter Konsequenz wurde nicht zuletzt deshalb in einigen der genannten Länder das Ladenschlußgesetz ersatzlos gestrichen.

Die zweite Gemeinsamkeit, die bei aller Verschiedenheit der einzelnen Praktiken zu beobachten ist, wurde ebenfalls bereits erwähnt: In allen Staaten wurde oder wird der Öffnungszeitenregelung eine gewichtige Ordnungsfunktion beigemessen. In der wohlmeinenden Absicht, kleinen und mittleren Handelsunternehmen ein Bestehen neben den wachsenden Handelsgiganten zu garantieren, glaubte man, in der Beschränkung der Gesamtangebotszeit ein geeignetes Instrument gefunden zu haben. In keinem einzigen Land konnte dieses Ziel jedoch erreicht werden. Im Gegenteil: je strenger die Reglementierung ausfällt, desto größer ist der

Katalog von Ausnahmegenehmigungen. Das Beispiel England zeigt, wie z.B. eine artikelbezogene Skala an Ausnahmegenehmigungen auf die Spitze getrieben werden kann: Erlaubt war zu bestimmten Zeiten der Verkauf von Blumen, nicht der Verkauf der dazugehörigen Tontöpfe. Neben der artikelbezogenen selektiven Handhabung der Ladenöffnungszeiten stellte sich in vielen Ländern sehr bald auch eine regionale Differenzierung der Öffnungszeitenpraxis heraus. In den meisten europäischen Ländern zog man aus den sich hieraus ergebenden absurden und mitunter auch mit massiven wirtschaftlichen Nachteilen verbundenen Situationen die Konsequenz, die Ladenöffnungszeiten zu flexibilisieren oder die einschlägigen Bestimmungen ganz aufzuheben. Die postulierte Ordnungsfunktion des Ladenschußgesetzes hatte sich im Nachhinein als wenig kraftvoll erwiesen.

3 DIE AUSLÄNDISCHEN ERFAHRUNGEN MIT UNTERSCHIEDLICHEN ÖFFNUNGSZEITEN - EINE BESTANDSAUFNAHME

Im Rahmen der deutschen Diskussion um eine Änderung des Ladenschlußgesetzes werden seit Jahren die gleichen Argumente ins Feld geführt: Diese Argumente betreffen den Wettbewerb im Handel, etwaige Zusammenhänge zwischen Öffnungszeiten und Kosten, Gewinnen und Preisniveau im Handel, Auswirkungen einer Veränderung der Öffnungszeiten auf die Beschäftigung, und schließlich wird ein enger Zusammenhang zwischen der Situation der Arbeitnehmer im Einzelhandel und den Geschäftszeiten gesehen. Anhand dieser Argumentationsbereiche werden im folgenden die Erfahrungen, die im Ausland mit unterschiedlichsten Öffnungszeitenregelungen gesammelt wurden, analysiert und gewürdigt.

3.1 WETTBEWERB

Bis Mitte der siebziger Jahre reduzierte sich auch in Schweden der Bestand an Handelsunternehmen zum Teil recht drastisch. Einer vergleichsweise hohen jährlichen Rate an Betriebsschließungen stand eine verschwindende Anzahl an Neueröffnungen gegenüber. Dieser Trend, der zu einer Beschleunigung der Konzentration führte, wurde nach der völligen Beseitigung des Ladenschlußgesetzes gestoppt. Seit Mitte der siebziger Jahre gibt es kaum noch Eröffnungen von Lebensmittelgroßmärkten, hingegen ist eine Intensivierung des Gründungsgeschehens im mittelständischen Lebensmitteleinzelhandel zu beobachten. Bemerkenswert ist, daß sich hierbei ein neuer Geschäftstypus entwickelte, nämlich die sogenannten Dienstleistungsläden. Auch Nachbarschaftsläden, verkehrsnahe Läden und Kioske erlebten einen Gründungsboom. Diese Entwicklung allein auf die Aufhebung des Ladenschlußgesetzes zurückzuführen, wäre sicherlich vorschnell. Insofern soll nur festgehalten werden, daß die völlige Liberalisierung der Öffnungszeiten keine negativen Effekte auf den existierenden Handel hatte, sondern ein zusätzlicher Wettbewerbsparameter geschaffen wurde, der bestehenden Geschäften die Chance bot, sich mit neuen Angebotsformen und Leistungen am Markt zu behaupten, und der darüber hinaus die Neueröffnung kleiner Handelsgeschäfte an neuen Standorten wieder lukrativ machte. Auf diese Weise wurde die Konzentration gestoppt und tendenziell sogar eine Dekonzentration herbeigeführt.

Die Flexibilisierung der Ladenöffnungszeiten läßt also die befürchteten Konzentrationswirkungen nicht erwarten. Demgegenüber zeigen die ausländischen Erfahrungen, daß es immer dort zu Wettbewerbsverzerrungen kommt, wo der Gesetzgeber in die zeitliche Angebotsstruktur eingreift. Dies gilt insbesondere dort, wo unterschiedliche regionale Regelungen praktiziert werden. Das Beispiel Norwegen belegt dies. Hier führte die kommunale Regelungskompetenz zu erheblichen Verschiebungen von Konsumentenströmen. Auch Regelungen, die nur bestimmten Geschäftstypen längere Öffnungszeiten ermöglichen, wirken eindeutig wettbewerbsverzerrend. Dies gilt für das Sonntagshandelsverbot für Geschäfte mit Angestellten in Frankreich in gleicher Weise wie für Einkaufszentren außerhalb der schweizerischen Cities.

Insgesamt legen die Befunde folgende Beurteilung nahe: Weder das Festhalten am Ladenschlußgesetz noch dessen Abschaffung vermögen die Konzentrationsbewegung im Handel restlos zu verhindern. Eine völlige Freigabe der Ladenöffnungszeiten scheint aber eine marktwirtschaftliche Umstrukturierung des gesamten Wirtschaftsbereiches Handel zu fördern. Neue Handelstypen entstehen und Standorte werden attraktiv, die vorher keine ausreichenden Existenzgrundlagen für ein Handelsunternehmen boten. Durch eine Freigabe der Öffnungszeiten wird konzentrationsbedingten Verkrustungserscheinungen entgegengewirkt.

3.2 KOSTENSTRUKTUR UND GEWINNSPANNE

In Schweden war zu beobachten, daß es nach der Aufhebung des Ladenschlußgesetzes nicht zu dem befürchteten Kostendruck auf die Handelsunternehmen gekommen ist. Durch eine Strategie, die auf eine verbesserte Kapitalnutzung zielte - dies betrifft insbesondere die Großbetriebe und Warenhäuser - konnten im Rahmen der längeren Öffnungszeiten höhere Deckungsbeiträge erwirtschaftet werden. Belastungsspitzen konnten abgebaut und der Kundenstrom verstetigt werden. Insgesamt ging die Rechnung der besagten Betriebe auf; die bessere Kapitalnutzung und der erzielte höhere Deckungsbeitrag hatten zur Folge, daß die längeren Öffnungszeiten nicht zu Preiserhöhungen führten, teilweise sanken die Preise sogar. In den Bereichen, die dieses betriebswirtschaftliche Kalkül nicht zulassen, und dies sind in erster Linie Klein- und Mittelbetriebe, vollzog sich die Reaktion auf die Freigabe der Ladenöffnungszeiten in Form einer Verbreiterung des Warensortiments und zum Teil einer Ausdehnung der Verkaufsflächen, aber auch in einer Änderung des gesamten Unternehmenskonzeptes. Es entstanden neue Formen von Kiosken und Serviceläden, aber auch Tankstellen. Diese letztgenannten Handelstypen realisieren inzwischen zwischen 33 % und 60 % ihres Gesamtumsatzes durch den Verkauf in späten Abendstunden und am Sonntag.

Auch in Großbritannien wurde anhand von Modellberechnungen die These fundiert, daß längere Öffnungszeiten nach einer Phase vorübergehender Gewinnminderungen den Strukturwandel im Handel hin zu größerer Effizienz und Stabilität beeinflussen. Daß gerade kleinere Einzelhändler den bei Freigabe der Ladenöffnungszeiten zusätzlich entstehenden Handlungsspielraum sinnvoll nutzen können, zeigt die englische Erfahrung. In London gibt es eine Reihe kleiner Einzelhändler, deren Geschäftskonzept auf längeren Öffnungszeiten basiert. Sie verlangen zwar deutlich höhere Preise als die Konkurrenz. Die Kunden sind aber offenbar bereit, einen erhöhten Preis für die Bequemlichkeit des abendlichen Einkaufs zu entrichten.

Aus Frankreich sind lediglich Einzelfälle bekannt, in denen die Geschäfte während der üblicherweise verkaufsfreien Mittagszeit geöffnet bleiben oder aber Experimente mit früherer Abendschließung durchgeführt wurden. Ein Warenhaus hat eine Simulationsrechnung für den Fall aufgestellt, daß es drei von vier Abendverkäufen künftig unterlassen würde. Insgesamt würden hier aus Kosteneinsparungen von jährlich 630.000 Francs resultieren. Der jährliche Umsatzverlust würde sich auf 15 Mio. Francs belaufen. Vor dem Hintergrund flexibler Öffnungs- und Schließungsmöglichkeiten wird der strategische Spielraum des Einzelnen somit deutlich größer.

Aus den Niederlanden liegen empirische Ergebnisse speziell über die Effizienz der verlängerten Öffnungszeiten an einem Abend, dem sogenannten Kaufabend, vor. Hiernach scheint sich der Abendverkauf in den Niederlanden zumindest vom Umsatz her zu lohnen, wenn man bedenkt, daß von 2 567 am Kaufabend geöffneten Betrieben 50 % der geöffneten Geschäfte mit flachem Sortiment gute oder sehr gute Ergebnisse erzielen und dies immerhin auch noch für 34 % der Unternehmen mit tiefem Sortiment zutrifft. Trotzdem wird eine generelle Verlängerung der Öffnungszeiten von 18.00 Uhr auf 19.00 Uhr werktäglich von der Mehrzahl der befragten Handelsbetriebe eher zurückhaltend beurteilt, sie erwarten keine Veränderung (weder eine Verbesserung noch eine Verschlechterung) ihres Betriebsergebnisses.

Dies ist sicherlich darauf zurückzuführen, daß bereits zum gegenwärtigen Zeitpunkt das volle Öffnungspotential von 52 Wochenstunden nicht ausgeschöpft wird, sondern die tatsächliche Öffnungszeit im niederländischen Handel im Durchschnitt nur bei 48,4 Wochenstunden liegt. Die Begründung hierfür ist unserer Meinung nach in der Tatsache zu suchen, daß Management-Entscheidungen über den Einsatz des Leistungsparameters "Zeit" vornehmlich dann getroffen werden, wenn dies betriebswirtschaftlich sinnvoll ist. Damit werden die tatsächlichen Öffnungszeiten nach oben begrenzt. Somit muß es nicht unbedingt zu einer Ausdehnung der Betriebszeiten kommen, vor allem dann nicht, wenn sich hierfür keine betriebswirtschaftlich rationale Begründung ergibt.

3.3 BESCHÄFTIGUNG

Insgesamt ist die Zahl der Arbeitsplätze im Handel nach Abschaffung des schwedischen Ladenschlußgesetzes um etwa 1 000 gestiegen. Gemessen an der durchschnittlichen Wochenarbeitszeit, welche diese zusätzlich eingestellten Beschäftigten leisten, entspricht ihre Gesamtarbeitszeit lediglich 125 festangestellten Ganztagsarbeitskräften. Eine endgültige Antwort auf die Frage, ob und inwiefern die Schaffung von 1 000 neuen Arbeitsplätzen mit dem Wegfall der Bestimmung des alten Ladenschlußgesetzes zusammenhängt, läßt sich anhand der schwedischen Erfahrungen nicht geben.

In Großbritannien wurden 1984/85 die Beschäftigungswirkungen einer Sonntagsöffnung diskutiert. Das Institute for Fiscal Studies schätzt, daß sich kurzfristig eine geringfügige Verringerung der Gesamtzahl der Vollzeitarbeitsplätze ergeben wird bei ungefähr gleich hohem Zugewinn an Teilzeitarbeitsplätzen. Langfristig hängen sowohl Ausmaß als auch grundsätzliche Richtung der Beschäftigungswirkung von der Entwicklung des Einzelhandelsumsatzes und den Lohnzuschlägen ab, die für Arbeit zu unbequemen Zeiten zu zahlen sind.

Am Beispiel Belgiens kann festgestellt werden, daß die Ausnutzung längerer Öffnungsmöglichkeiten stark davon abhängt, ob Fremdpersonal beschäftigt wird oder nicht. Die Betriebsinhaber, die ohne bezahltes Personal arbeiten, nutzen die langen Öffnungszeiten am stärksten aus, was auch ihren Präferenzen bezüglich längerer Öffnungszeiten entgegenkommt. Hieraus kann die vorsichtige Folgerung abgeleitet werden, daß die längeren Öffnungszeiten auch in Belgien keine gravierenden Beschäftigungswirkungen aufweisen, eine Vermutung, die sich auch angesichts niederländischer Befragungsergebnisse bestätigt.

Es bleibt somit festzustellen, daß von einer Liberalisierung des Ladenschlußgesetzes voraussichtlich keine spürbare Entlastung des Arbeitsmarktes ausgehen wird. Allerdings werden tariflich festgelegte Lohnzuschläge denjenigen gezahlt, die zu unbequemeren Zeiten arbeiten als ihre Kollegen, um ihnen ein attraktives finanzielles Äquivalent für die entgangene Freizeit zu bieten.

3.4 DIE SITUATION DER ARBEITNEHMER

Schwedische Untersuchungsergebnisse belegen, daß die Aufhebung des Ladenschlußgesetzes keine Verschlechterung der Arbeitssituation für die im Handel Beschäftigten mit sich brachte, weder was die Zusammensetzung des Personals in Hinblick auf Vollzeit- und Teilzeitbeschäftigte anbelangt noch was die Arbeitszeit betrifft. Tendenziell hat sich die Situation der Beschäftigten sogar verbessert. Ganztagsbeschäftigte arbeiten seltener zu unbequemen Tageszeiten; sie beenden ihren Dienst pünktlich und für den Rest des Tages werden Teilzeitbeschäftigte eingestellt.

Wie in Frankreich so hatten sich auch in der Schweiz die Einzelhändler der Diskussion über die vermeintliche Identität von Öffnungszeit und Arbeitszeit im Handel zu stellen. Französische Statistiken belegen, daß die gültige Arbeitszeitregelung - trotz abweichender Öffnungzeiten - von den Beschäfigten im Einzelhandel eingehalten wird, und aus der Schweiz wird berichtet, daß die Arbeit während des Abendverkaufs als attraktiv angesehen wird, da doppelte Freizeit und zusätzliche Verpflegung als Ausgleich angeboten werden.

Daß Wohnort und Verkehrsverbindung bei der Frage, ob Abendbeschäftigung akzeptiert wird oder nicht, eine große Rolle spielen, belegt das italienische Beispiel. Viele der in den Großstädten Beschäftigten kommen aus relativ weit entfernten Vororten. Dies führte zu sehr späten Rückkehrzeiten und stellte ein unüberbrückbares Hindernis für eine Durchsetzung verlängerter Öffnungszeiten dar.

4 TATSÄCHLICHE GESCHÄFTSZEITEN

Wie alle ausländischen Beispiele belegen, setzen die rechtlich möglichen Öffnungszeiten den Rahmen, in welchem der Handel über seine tatsächlichen Angebotszeiten frei entscheidet. Wichtigstes Entscheidungskriterium ist die Anpassung der Öffnungszeiten an den tatsächlichen Bedarf, wobei der vorgegebene Spielraum in den meisten Fällen nicht einmal ausgeschöpft wird. Auch bei völliger Freigabe der Ladenschlußzeiten pendelt sich ein Gleichgewicht ein, das dann aber als echter Interessenausgleich zwischen Handel, Verbrauchern und Arbeitnehmern zustande gekommen ist. Es kommt weder zu einem Chaos der Öffnungszeiten, noch zur Ausbeutung der Arbeitnehmer oder zur Selbstausbeutung der Anbieter. In der Regel wird ein wöchentlicher Einkaufsabend angeboten, der häufig durch spätere morgendliche Öffnungszeiten oder eine Verlängerung der Mittagspause kompensiert wird. Das marktwirtschaftlich organisierte, freiere Spiel zwischen Angebot und Nachfrage ist somit offenbar besser als gesetzliche Regelungen dazu geeignet, die tatsächliche Öffnungszeit im Einzelhandel zu begrenzen.

LITERATUR:

Aengenendt, R. (1971): Ladenöffnungszeiten im Einzelhandel, Köln 1971

Dahremöller, A. (1986): Zur Weiterentwicklung der unternehmensgrößenbezogenen Wirtschaftsentwicklung, dargestellt am Beispiel des Einzelhandels in Nordrhein-Westfalen, Bonn 1986

Piepenbrock, H. (1984): Ist das Ladenschlußgesetz noch zeitgemäß? In: ders. (Hrsg.): Ladenschluß kontrovers, Stuttgart, Herford 1984.

Schmidt, A.; Kayser, G. (1986): Ladenschluß international. Das deutsche Ladenschlußgesetz im Lichte ausländischer Erfahrungen, Stuttgart 1986.

Tietz, B. (1973): Ladenzeitordnungen im Umbruch, Stuttgart 1973.

Beiträge zur aktuellen Handelsforschung

Ein Ansatz zur Systematik des Handels

Paul W. Meyer und Roland Mattmüller, Augsburg

Um Implikationen für das spezifische Handels-Marketing ableiten zu können, bedarf es einer grundlegenden Systematisierung dieses interessanten Teilbereiches der Wirtschaft. Hierzu reichen eindimensionale Ansätze nicht aus - die Realität im Handel zeigt eine Vielfalt von Erscheinungsformen, deren Komplexität mehrere Standorte des Betrachters erfordert. Im folgenden Beitrag wird der Handel anhand von fünf Systematisierungsebenen geordnet. Dabei zeigt sich, daß die prinzipiellen Möglichkeiten zu Innovationen ausgereizt sind - echte Neuerungen sind kaum zu erwarten. Die Profilierung der existenten Formen wird so zur Hauptaufgabe des zukünftigen Handels-Marketing.

1 PROBLEMSTELLUNG, ABGRENZUNG UND ZIELSETZUNG

Theoretische Betrachtungen des Handels lassen sich in nahezu allen geschichtlichen Zeitabschnitten nachweisen. Immer auch zeigt sich dabei der Wunsch nach Kategorisierung und Systematik - und sei es, dies scheint eine der wichtigsten Antriebsfedern hoheitlich gelenkter Differenzierungsansätze zu sein, lediglich aus Gründen einer unterschiedlichen steuerlichen Erfassung.

An der eigentlichen Problemstellung hat sich bis heute nichts geändert, ja sie war in den letzten Jahrzehnten, in denen der Handel - wenngleich mit nationalen Unterschieden - seine vielleicht tiefgreifendsten Veränderungen erfahren hat, von wachsender Aktualität. Der Handel zeigt sich nämlich als eine Vielzahl realer Erscheinungsformen, die eine aussagefähige Unterscheidung auf den ersten Blick unmöglich macht.

Gemeinsam scheint oftmals nur noch die Grundfunktion zu sein, also die Überbrückung räumlicher, zeitlicher, quantitativer und qualitativer Spannungen zwischen Produktion und Konsumtion, die der Handel durch kreative Problemlösungen in der Gestaltung von Sortimenten und von Beschaffungs- und Absatzsystemen vollzieht. Er ist somit Zwischennachfrager und Zwischenanbieter, der das Eigentum an den gehandelten Objekten erwirbt. Als seine charakteristische Leistungserstellung läßt sich der Umschlag eines

Handelsforschung 1987
Hrsg. Volker Trommsdorff

eigenen Sortiments vom Hersteller zum Verbraucher anführen.

Eine erste Analyse der Handelslandschaft vor diesem Hintergrund stellt einerseits tatsächlich eine vordergründige Formenvielfalt fest, zum anderen aber lassen sich durchaus, wenn auch sehr komplexe, Strukturen als Ansatzpunkte einer Systematisierung finden.

Eines steht fest: Eindimensionale Differenzierungen werden der Realität des Handels nicht gerecht. Daher sollen im folgenden Beitrag verschiedene in ihrer Gesamtheit notwendige Ebenen dargestellt werden, die eine Einordnung aller realen und denkbaren Formen des Handels erlauben.

Dieses Vorhaben unterliegt einer grundlegenden Einschränkung: Die Systematik soll Aussagen für das spezifische Handels-Marketing - das Hauptgewicht muß trotz gleicher Relevanz von Beschaffung und Absatz hier auf das Absatzmarketing gelegt werden - erlauben, d.h. daß mögliche Systematisierungskriterien, die keine Ableitungen von Marketing-Implikationen zulassen, außer acht bleiben (z.B. Kapitalstruktur).

Aus dem gleichen Grund erweist sich hier im übrigen auch jene Systematik als wenig hilfreich, die oftmals Ausgangspunkt vieler Überlegungen über die Systemträger des Handels ist - die Strukturierung durch das Statistische Bundesamt (siehe hierzu Statistisches Bundesamt, Jahrbuch 1986 und Fachserie 6, 1986). Abgesehen von der grundsätzlichen Problematik der statistischen Erfassung nach dem Schwerpunktprinzip ist die vorgenommene branchenmäßige Aufzählung notwendigerweise nicht frei von Überschneidungs- und Abgrenzungsproblemen und unterliegt einem permanenten Zwang zur Neuordnung. Sie teilt damit das Schicksal so mancher Systematisierungsansätze, die auf einer additiven Aneinanderreihung aufbauen und auf die an späteren Stellen noch eingegangen werden soll.

2 SYSTEMATISIERUNG DES HANDELS NACH DEN KRITERIEN UNTERSCHIEDLICHER MARKTBEARBEITUNG

Grundsätzlich lassen sich drei verschiedene Marktbearbeitungssysteme nachweisen: das System der ersten Anbieter (Industrie, produzierendes Handwerk, Grund- und Rohstoffproduktion und Veredler), das System der Dienstleister und das hier relevante des Handels. Alle drei entspringen zunächst einer bestimmten zugrunde liegenden Tätigkeit (funktionale Betrachtung) und dienen von dort aus der Einordnung nach der hauptsächlichen dominanten Art und Weise, auf welche eine Einzelwirtschaft ihre Leistungserstellung vornimmt (institutionale Betrachtung). Innerhalb dieser Systeme existieren nun wiederum mehrere, teils spezifische, teils analoge Möglichkeiten zur konkreten Marktbearbeitung. Diese sollen für den Handel aufgezeigt werden und die Struktur für die nachfolgende Systematik bilden.

2.1 DIFFERENZIERUNGEN ANHAND DER MARKTKETTE

Die erste Unterscheidung ist nicht neu, führt aber gleichwohl zu aktuellen Fragestellungen. Durch das Vorhandensein des Handels als Zwischenanbieter und -nachfrager mit selbständigen Austauschprozessen läßt sich die vorzufindende Marktform als Marktkette charakterisieren, die sich vom ersten Anbieter eines Versorgungsobjekts bis zum letzten Nachfrager oder letzten Verwender erstreckt (Meyer 1986, S. 23 f.). Die Position, die die handeltreibende Einzelwirtschaft innerhalb dieser Kette einnimmt und die daraus resultierende Zielrichtung ihrer Absatzbemühungen führen zur klassischen Unterscheidung in Groß- und Einzelhandel, die ihrer mengenbezogenen Differenzierung längst entwachsen sind.

Einzelhandel ist somit, funktional betrachtet, der Absatz von Versorgungsobjekten an (private) letzte Nachfrager des Konsumbereichs, Großhandel hingegen der Absatz an Einzelwirtschaften, die die Objekte unverändert weiterveräußern bzw. zur Erstellung neuer Objekte benötigen, ohne dabei die konsumtive letzte Nachfrage unmittelbar zu erreichen (Most, 1986, S. 24).

Den aktuellen Bezug dieser Differenzierung liefert die Handelspraxis: Die Frage, wann ein Handelsbetrieb institutionell der Großhandelsstufe zugerechnet werden kann - und damit in den Genuß so mancher Vorteile gegenüber dem Einzelhandel gelangt (längere Öffnungszeiten, kein Zwang zur Bruttopreisauszeichnung, Nichtzutreffen der neuen Regelungen im Rahmen des § 6 d UWG und § 6 e UWG) - entscheidet sich nach den zugelassenen Kundengruppen. Der anhaltende Streit um die Wirksamkeit entsprechender Zugangskontrollen, etwa im Bereich des Cash + Carry Großhandels, spricht nun nicht gegen diese Differenzierung nach Kundengruppen, sondern weist vielmehr in erster Linie auf eine prinzipielle Problematik in etlichen Branchen des Großhandels hin. Da dieser nämlich einerseits und verständlicherweise die ihm zustehenden Ausnahmeregelungen nutzen möchte, ihm aber vielfach andererseits die funktional zulässigen Kundengruppen - insbesondere die kleinen und mittleren Einzelhändler - zunehmend ausbleiben, ist der Großhandel verstärkt auf das Potential der privaten Letztnachfrager angewiesen, ohne an seinem offiziellen einstufigen Erscheinungsbild etwas ändern zu wollen. Inwieweit der funktionstreue Großhandel seine Marktsegmente vor allem im Konsumgüterbereich behaupten kann, ist eine zwangsläufige Fragestellung, die hier nur angedeutet werden kann.

Die durch den Handel konstituierte Marktkette liefert noch eine weitere Unterscheidung, die die nationale Begrenzung der Handelstätigkeit als Kriterium heranzieht. Sie führt zu der für Groß- und Einzelhandel gleichermaßen gültigen Einteilung in Binnen- und Außenhandel, je nachdem, ob grenzüberschreitende Aktivitäten ergriffen werden oder nicht. Deren Richtung sowie die Konzentration auf Beschaffung einerseits oder Absatz andererseits differenziert in Importhandel (Beschaffung von Objekten aus ausländischen Märkten) bzw. Exporthandel (Absatz von Objekten in ausländische Zielmärkte).

2.2 DIFFERENZIERUNG NACH BEDEUTUNG UND FLEXIBILITÄT DES STANDORTES

Die Standortproblematik im Handel wird in der Literatur ausführlich behandelt und oft als Entscheidungsfeld von höchstem Risiko für den Handelsbetrieb bezeichnet, da die Wahl eines bestimmten Standortes von konstitutivem Charakter ist (u.a. Oehme, 1983, S. 94 ff.).

Diese Feststellung muß bei Betrachtung des gesamten Handels und seiner Ausprägungen relativiert werden. Innerhalb des Handels zeigen sich nämlich Möglichkeiten der Marktbearbeitung, bei denen der Standort zumindest hinsichtlich seiner Relevanz für das Absatzmarketing von untergeordneter Bedeutung ist. Auch die Endgültigkeit einer Standortentscheidung muß nicht zwangsläufig gegeben sein.

Bedeutung und Flexibilität des Standortes bilden somit eine weitere und im Vergleich mit Punkt 2.1 bereits tiefergehende Differenzierungsebene. Sie teilen den Handel als komplexes System in drei abgrenzbare Marktbearbeitungssysteme ein, nämlich in den stationären und ambulanten Handel sowie den Versandhandel.

Für die meisten Formen des stationären Handels, auch Ladenhandel genannt, zeigt sich der gewählte Standort von grundlegender Bedeutung für den Absatz-Erfolg. Die Belegung eines Standortes unmittelbar in einer Fußgängerzone oder aber lediglich in einer parallelen Nebenstraße kann bereits existentielle Auswirkungen zeigen. An seine getroffene Entscheidung ist der stationäre Handel in der Regel für einen längeren Zeitraum gebunden, der Standort kann nicht beliebig - mit Blick auf verursachten Aufwand und resultierende Kosten - verändert werden, ist also unflexibel. Dies schließt natürlich nicht aus, daß es zu einem mehr oder weniger freiwilligen Wechsel kommen kann, etwa wenn sich der konkrete Standort, meist erst nach längerer Zeit, als ungünstig erweist.

Auf dieser Basis lassen sich weitere Charakteristika für dieses Marktbearbeitungssystem finden. Unmittelbar deutlich wird, daß der Handel in stationären Geschäften sein Sortiment überwiegend an seinem Standort, also am Ort des Angebotes, anbietet. Die Versorgungsobjekte liegen - von der Ausnahme des Bestellsortiments abgesehen - real vor, können über die Formen der Bedienung oder Selbstbedienung (zur Differenzierung siehe 4.4.1) ausgewählt und sofort mitgenommen bzw. ausgeliefert werden.

Letzteres hat der stationäre Handel mit dem zweiten handelsspezifischen System gemeinsam - dem ambulanten Handel. Der trennende Unterschied besteht jedoch in der Standort-Flexibilität, d.h. der ambulante Handel kann, und tut dies auch, seinen Standort permanent und meist ohne großen Aufwand wechseln. Gleichwohl kommt dem gewählten Standort oft hohe Marketingbedeutung zu - die verschiedenen möglichen Plätze eines Verkaufsstandes auf einem Jahrmarkt zeigen zwangsläufig Auswirkungen auf den Absatz.

Aus der Flexibilität des Standortes resultiert die Möglichkeit, sowohl am Ort des, wenn auch zeitlich befristeten, Angebotes (z.B. Jahrmärkte, Wochenmärkte u.a.) als auch direkt beim Kunden (z.B. Hausierhändler, Verkaufswagen), also am Ort der Nachfrage, anzubieten.

Wenngleich dem ambulanten Handel umsatzmäßig im Vergleich zu den anderen beiden Systemen nur eine geringe Bedeutung zukommt - innerhalb der überwiegend bearbeiteten Stufe, dem Einzelhandel, wird sein Umsatzanteil oft bei einem Prozent (Tietz, 1985, S. 32) angesiedelt - und er in der Handelswissenschaft dementsprechend ein Schattendasein führt, ist seine eigenständige Betrachtung gerechtfertigt. Nicht zuletzt deswegen, weil der reale Umsatz mit Sicherheit um einiges höher liegt, als oftmals geschätzt wird, was auch mit der Problematik der korrekten statistischen, sprich wieder steuerlichen Erfassung zu tun hat.

Abgesehen von den spezifischen Marketingproblemen (z.B. Imageproblematik) steht der ambulante Handel im Rahmen der evolutorischen Entwicklungsgeschichte des Handels stets zumindest gleichberechtigt neben den stationären Formen. Zu allen Zeiten haben fahrende Händler, Hausierer, Fieranten (Markthändler) das Geschehen auf den Märkten belebt.

Das dritte Marktbearbeitungssystem des Handels bildet der Versandhandel (Meyer, 1979, S. 12). Seine Standorte sind einerseits fest und andererseits für die Absatzbemühungen im Sinne einer Einflußnahme auf das Verhalten der Nachfrager irrelevant. Dies resultiert aus der Tatsache, daß der funktionale Versandhandel ausschließlich am Ort der Nachfrage anbietet. Er tut dies medial, also in Form von Beschreibungen (Abbildung und Text), mit Hilfe unterschiedlicher Werbeträger und -mittel (in erster Linie Kataloge und Prospekte, aber auch Werbebrief, Anzeige, Rundfunk- und Fernsehspot, über Bildschirmtext u.a.).

Neben dieser hauptsächlichen Erscheinungsform, dem sogenannten "Katalog-Versand" - dieser eigentlich einschränkende Begriff soll aufgrund seiner Verbreitung beibehalten werden -, läßt sich der "Vertreterversand" feststellen. Kennzeichnend für ihn ist es, daß Reisende oder Handelsvertreter die Nachfrager persönlich aufsuchen und die Angebote an Hand von Mustern, Proben und Verkaufsprospekten vorführen.

Bei beiden Erscheinungsformen entsteht zwischen der Annahme der Bestellung und der Auslieferung der Objekte durch eigene oder selbständige Transportdienstleister eine zeitliche Verzögerung, die für den Versandhandel Systemkennzeichen ist. Die Frei-Haus-Lieferung etwa von stationären Händlern stellt dagegen eine freiwillige Zusatzdienstleistung, jedoch kein generelles Kennzeichen des stationären Handels dar.

Mit der Betrachtung der regionalen Niederlassungen der Versender (Verkaufsagenturen, Katalogbüros) werden die Übergänge zum stationären Handel fließend (fester Standort mit Marketingrelevanz, Angebot am Ort des Angebotes), spätestens wenn die Objekte dort unmittelbar durch den Kunden mitgenommen werden können.

Gemeinsamkeiten und Unterschiede der drei Marktbearbeitungssysteme im Handel zeigt die nachfolgende Zusammenfassung:

Stationärer Handel	Ambulanter Handel	Versandhandel
- Fester, unflexibler Standort, meist von hoher Relevanz für das Absatz-Marketing	- Flexibler Standort, permanent wechselnd, kann von Relevanz für das Absatz-Marketing sein	- Fester Standort, ohne Relevanz für das Absatz-Marketing
- Angebot überwiegend am Ort des Angebotes	- Angebot sowohl am Ort der Nachfrage als auch am Ort des Angebotes	- Angebot am Ort der Nachfrage
- Reales Angebot über persönliche Bedienung und Selbstbedienung	- Reales Angebot über persönliche Bedienung und Selbstbedienung	- Mediales Angebot (Beschreibung in Bild und Text) = Katalogversand bzw. persönliches Angebot (Muster, Proben) = Vertreterversand
- In der Regel sofortige Auslieferung der Objekte	- In der Regel sofortige Ausliefe- der Objekte	- Systembedingte Zeitverzögerung zwischen Bestellung und Auslieferung

Abb. 1. Vergleich der handelsspezifischen Marktbearbeitungssysteme

2.3 HANDLUNGSFORMEN

Ansätze zur Systematisierung des Handels müssen sich auch daran messen lassen, inwieweit sie eine Struktur in die vielfältigen konkreten Geschäftsformen bringen, in denen in der Realität angeboten und nachgefragt wird. Diese werden im folgenden als Handlungsformen bezeichnet, wobei unter diesem Begriff so unterschiedliche Bezeichnungen wie Betriebsformen, Handelsformen, Betriebsstätten, Geschäfts- oder Ladentypen subsumiert werden sollen.

Gerade auf dieser Betrachtungsebene zeigen sich oftmals rein begrifflich orientierte Aufzählungen bekannter oder neuartiger Erscheinungsformen, denen zudem die verschiedenartigsten Kriterien zugrunde liegen. Aus diesem Grund überrascht es kaum, daß die vorhandenen Typologien immer wieder durch neue Ausprägungen ergänzt werden und somit den Beweis für die permanenten Veränderungen der Handlungsformen liefern.

Diese Dynamik soll nicht bestritten werden - sie vollzieht sich jedoch vielmehr innerhalb eines Systems, das im Prinzip keine Neuheiten mehr aufweisen kann, da alle Möglichkeiten durch bereits reale Erscheinungsformen besetzt sind.

Letztendlich reichen nämlich drei diskriminierende Merkmale aus, um den Handel - auf dieser Ebene - zu systematisieren. Dabei sind sowohl alle drei handelsspezifischen Marktbearbeitungssysteme als auch der Groß- bzw. Einzelhandel integrierbar.

2.3.1 MERKMAL SORTIMENT

Ausgangspunkt der Differenzierung verschiedener Handlungsformen ist das Sortiment, dessen Umschlag wie erwähnt die eigentlich Leistungserstellung des Handels bildet. Ungeachtet der wiederum zahlreichen Möglichkeiten, Sortimente quantitativ zu erfassen, ist für eine qualitative Systematisierung die Dreiteilung in Spezial-, Fach- und Vollsortimente ausreichend.

Es war das Fachsortiment als mittlere Ausprägung, das den Einzelhandel lange Zeit geprägt hat. Dabei umfaßte es Objekte eines fachlich überwiegend in Richtung Produktion orientierten Bereiches. Kennzeichen war also - und ist, da diese Sortimente heute noch vorhanden sind - die Homogenität in bezug auf eine bestimmte Herstellerbranche (z.B. Textilien).

Veränderungen der Märkte bewirkten eine Umorientierung der Fachsortimente. Der Nachfrager rückte in den Vordergrund. Mit der Hinwendung zu abgegrenzten, spezifischen Bedarfsbündeln bestimmter Kundengruppen, welche über die fachlich-stofflichen Gemeinsamkeiten der Versorgungsobjekte hinausreichten, entstanden nachfragerorientierte Fachsortimente (z.B. Freizeitbedarf).

Die Beschränkung auf einzelne Teile eines realen Fachsortiments führt dann zum Spezialsortiment - die Zusammenfassung von mindestens zwei verschiedenen fachlich abgrenzbaren Objektbündeln begründet ein Vollsortiment.

Die gängige Differenzierung von Sortimenten nach Breite und Tiefe zeigt sich in diesem Zusammenhang als auf alle drei obigen Varianten anwendbar und stellt daher kein gleichwertiges Systematisierungskriterium dar. Schmale und tiefe Ausprägungen beispielsweise - oftmals als typische Sortimente von Fachgeschäften bezeichnet - lassen sich daneben bei Spezialsortimenten ebenso wie bei Vollsortimenten finden, wenn diese in Relation zu anderen, breiteren und flacheren Sortimenten ihrer Kategorie betrachtet werden. Das Begriffspaar Breite und Tiefe sollte somit in erster Linie zur vergleichenden Beschreibung von Sortimenten herangezogen werden.

2.3.2 MERKMAL ANDIENUNGSSYSTEM

Die Art und Weise, wie die obigen Sortimentskategorien im Handel angeboten und abgesetzt werden, stellt das zweite differenzierende Merkmal der Handlungsformen dar. Funktional betrachtet werden durch die Gestaltung von Andienungssystemen im Handel drei verschiedene Aufgabenbereiche berührt: Neben werblichen Tätigkeiten (z.B. Informationen über den Objektnutzen, um einen Kaufwunsch beim Kunden auszulösen) ist eine Einigung über den Abschluß eines Absatzvertrages zu erzielen, womit die Objekte, deren Mengen, die Gegenleistungen und Konditionen festzulegen sind. Den dritten Funktionenbereich stellen Tätigkeiten der Realisierung des Leistungsaustausches, vor allem die Anforderung und Annahme der Gegenleistung, meist in Form von Geld, dar.

Hinsichtlich ihrer prinzipiellen Gestaltungsmöglichkeiten können diese Komponenten eines Andienungssystems nun jeweils persönlich oder medial, also über Trägermedien, durchgeführt werden.

Somit lassen sich die zwei Extrembereiche möglicher Andienungssysteme im Handel voneinander abgrenzen: die persönliche Bedienung einerseits und die mediale Andienung andererseits. Letztere beinhaltet, daß der Nachfrager zu keiner Zeit mit Mitarbeitern des Handelsbetriebes in Kontakt kommt, also alle Funktionen medial erfüllt werden. Beispiele wären der schon an anderer Stelle beschriebene Katalogversand sowie der Verkauf über Automaten.

Das gegenteilige System, die persönliche Bedienung, resultiert dann entsprechend aus der persönlichen Durchführung aller Tätigkeiten durch den anbietenden Händler oder seine Mitarbeiter.

Betrachtet man nun die Kombinationen medialer und persönlicher Ausprägungen der drei verschiedenen Funktionsbereiche, so sind dabei dem Kunden stufenweise die unterschiedlichsten Aufgaben übertragen worden, z.B. Information anhand von Hinweistafeln und Beschreibungen, Entnehmen der Ware aus dem Regal und Transport bis zur Kasse, dort Bedienung durch das Kassenpersonal.

Es sind somit diese Kombinationen, die das dritte Andienungssystem determinieren: die Selbstbedienung, die in ihrer reinsten Form mit der medialen Andienung identisch ist.

Unter diesem Aspekt waren es im übrigen - dies mag und soll von gängigen, historischen Betrachtungen des Handels abweichen - die Katalogversender, die dieses Prinzip im Handel einführten (Meyer, 1978, S. 9).

In seiner auch hier so gesehenen Mittelstellung zwischen persönlicher und medialer Andienung hat das Prinzip der Selbstbedienung die Landschaft des stationären Handels, also das im

Vordergrund stehende Marktbearbeitungssystem grundlegend verändert. Lassen sich die Ursprünge seiner Anwendung bis in das Jahr 1916 und nach Kalifornien zurückverfolgen, so waren es in Deutschland - kriegsbedingt - die Jahre nach dem 2. Weltkrieg, die vielen Branchen, voran dem Lebensmittelbereich, den Wandel brachten. Um das Prinzip herum entstanden neue Handlungsformen, wie etwa der Supermarkt, der Cash + Carry Großhandel.

Als jüngste Variante zeigt sich in den USA das "tele- oder home-shopping", also das Einkaufen vom bequemen Fernsehsessel aus, womit jedoch - denkt man an den Versandhandel - keine Innovation geschaffen wurde. Lediglich die verwendeten Medien haben gewechselt.

2.3.3 MERKMAL PREISSTRATEGIE

Neben dem Sortiment und seiner Andienung lassen sich die Handlungsformen anhand der verfolgten Preisstrategie systematisieren. Dabei soll das grundsätzliche Niveau betrachtet werden, kurzfristige Preismaßnahmen, z.B. Sonderangebote, ändern an diesem nichts und bleiben daher außer acht.

Somit lassen sich wiederum zwei Extreme ausmachen: die Hochpreispolitik zum einen und die Realisierung des Discountprinzips, die Niedrigpreispolitik zum anderen. Beide sind dabei relative Begriffe und sind stets nur im Vergleich zum relevanten Wettbewerb sinnvoll. Die Kombination beider Prinzipien führt zur Mittelpreispolitik.

Auch die Preisstrategie führte zur Entfaltung neuer Formen im Handel. In erster Linie war es die permanente Niedrigpreispolitik, die, vor allem durch die aus Kostengründen zwangsläufige Verbindung mit dem Selbstbedienungsprinzip, neue Handlungsformen in allen drei Sortimentsbereichen entstehen ließ.

Kombiniert man nun an dieser Stelle die drei beschriebenen Merkmale zur Differenzierung der Handlungsformen zu einem Raster, so zeigen sich zu allen möglichen Kombinationen bereits existente Erscheinungsformen aus den drei handelsspezifischen Marktbearbeitungssystemen. Dabei muß eine Betrachtung der überwiegenden Merkmalsausprägungen vorgenommen werden, da beispielsweise die Anwendung der persönlichen Bedienung als durchgängiges Prinzip den teilweisen Absatz von Sortimentsbereichen über Selbstbedienung nicht ausschließt. Aus Gründen einer zweidimensionalen Darstellung werden Andienungssystem und Preisstrategie auf einer Achse zusammengefaßt. Unabhängig vom jeweilig gewählten Begriff lassen sich dem so entstandenen Schema alle in Theorie und Praxis gängigen Bezeichnungen für Handlungsformen zuordnen, da diese - branchenspezifische Benennungen eingeschlossen - stets eine Differenzierung nach Sortiment, Andienung oder Preis ausdrücken (**siehe Abbildung 2**).

Sortiment → Andienungsform und Preisstrategie ↓	Spezialsortiment	Fachsortiment	Vollsortiment
persönliche Bedienung, Niedrigpreispolitik	Ambulanter Spezialhandel	Ambulanter Fachhandel	Kleinpreisgeschäft
persönliche Bedienung, Mittelpreis- bis Hochpreispolitik	Spezialgeschäft, Spezialgroßhandel	Fachgeschäft, Fachgroßhandel	Warenhaus, Sortimentsgroßhandel
Selbstbedienung, Niedrigpreispolitik	Discount-Spezialgeschäft Discount-Spezialgroßhandel	Discount-Fachgeschäft Discount-Fachgroßhandel	Discount-Warenhaus Cash+Carry Discount
Selbstbedienung, Mittelpreis- bis Hochpreispolitik	SB-Spezialgeschäft	Fachmarkt (Supermarkt, Baumarkt usw.)	SB-Warenhaus Cash+Carry
Mediale Andienung Niedrigpreispolitik	Discount-Spezialversender	Discount-Fachversender	Discount-Sortimentsversender
Mediale Andienung Mittelpreis- bis Hochpreispolitik	Spezialversender	Fachversender	Sortimentsversender

Abb. 2. Systematisierung der Handlungsformen nach ihren differenzierenden Merkmalen

2.4 BETRIEBS- BZW. ORGANISATIONSFORMEN IM HANDEL

Nach der auf die Außenwirkung gerichteten Betrachtung der Handlungsformen trägt im folgenden eine Analyse der organisatorischen, nach Zahl und Art der betriebenen Handlungsformen strukturierten Betriebsformen zur gewünschten Systematisierung bei.

Als Ausgangsform dient die Einbetriebs-Einzelwirtschaft des Handels, die also **eine** konkrete Handlungsform, gleich in welchem Marktbearbeitungssystem, betreibt. Von dort aus lassen sich zwei Richtungen auf dem Weg zur Mehrbetriebs-Unternehmung feststellen: Multiplikation und nach außen gerichtete Diversifikation.

Die Multiplikation einer bestehenden und durch Sortiment, Andienungssystem und Preisstrategie determinierten Handlungsform führt zunächst zum Filialsystem, das historisch betrachtet die Antwort der Einzelkaufleute auf die im letzten Jahrhundert entstehenden Konsumgenossenschaften darstellte.

Daneben kann eine Multiplikation auch durch das System des Franchising erfolgen. Diese Form eines Vertragsverbundes zwischen einem Franchise-Geber und einem Franchise-Nehmer, treffenderweise als freiwillige Filialisierung bezeichnet, läßt sich von außen, also mit den Augen der Nachfrager betrachtet, oftmals nur sehr schwer von einem Filialsystem unterscheiden.

Die Vor- und Nachteile beider Multiplikationsmöglichkeiten liegen also im Innenverhältnis, insbesondere in den unterschiedlichen Eigentumsverhältnissen, Finanzierungsmöglichkeiten und resultierenden Weisungsbefugnissen begründet, die in diesem Rahmen daher nicht bewertet werden sollen (siehe hierzu beispielhaft Gross; Skaupy, 1976).

Unter der Zielsetzung der beabsichtigten Systematik wird somit an dieser Stelle zwischen Einbetriebs-Unternehmen einerseits (z.B. den traditionellen Einzelhändlern) und durch Multiplikation entstandenen Mehrbetriebs-Unternehmen des Handels andererseits (z.B. Filialisten im Lebensmittelhandel, "Ihr Platz" als Franchisesystem) differenziert.

Die Diversifikation stellt die komplexere der beiden Möglichkeiten zur Veränderung der Ausgangsform dar. Von Diversifikation kann zunächst auch bei einer Änderung von Sortiment, Andienungssystem oder grundsätzlicher Preisstrategie **innerhalb** einer Handels-Unternehmung gesprochen werden, ohne daß damit eine Ausweitung der Betriebsform etwa im Sinne einer zusätzlichen Handlungsform vorgenommen wird (die Sortimentserweiterung eines Herrenausstatters mittels Damenbekleidung und Lederwaren mag als Beispiel dienen). Eine solche quasi nach innen gerichtete Diversifikation, die auch innerhalb eines Filialsystems möglich ist, soll an dieser Stelle jedoch nicht Gegenstand der Betrachtung sein.

Von Interesse ist lediglich die Diversifikation **nach außen**, die damit eine Mehrbetriebs-Unternehmung begründet. Sie kann - und darin unterscheidet sie sich prinzipiell nicht von ihrem nach innen gerichteten Pendant - zum einen vertikal ausgelegt sein, also Aktivitäten in vor- oder nachgelagerten Stufen umfassen. Dies schließt sowohl die Übernahme etwa von Einzelhandelstätigkeiten durch den Großhandel - oder umgekehrt -, also handelsintern, als auch beispielsweise den Aufbau einer eigenen Produktion, somit ein Verlassen des bisherigen Marktbearbeitungssystems, mit ein.

Zum anderen kann die Diversifikation horizontal, also auf der bisher bearbeiteten Stufe wirken, beispielsweise, wenn ein Lebensmitteleinzelhändler über eine zweite Handlungsform Textilien an private Letztnachfrager absetzt.

Immer also muß die Diversifikation, wie sie hier verstanden werden soll, zum Aufbau eines zusätzlichen Betriebes bzw., beim Verbleib im Handel, einer zusätzlichen Handlungsform führen, die sich im Vergleich zur Ausgangsform entweder im Merkmal Sortiment oder Andienungssystem oder Preispolitik unterscheidet.

Durch die vollzogene nach außen gerichtete Diversifikation entsteht das Konglomerat. Der Grad seiner Komplexität läßt sich noch steigern, indem - wie es in der Realität häufig geschieht - ein oder, falls vorhanden, mehrere Bestandteile multipliziert werden. Die Hussel Holding mit ihren unterschiedlichen filialisierten Handlungsformen in den verschiedensten Branchen kann ebenso als aktuelles Beispiel dienen wie die Quelle-Gruppe. Spätestens auf dieser Stufe impliziert die Diversifikation eine Änderung der Führungsstruktur.

Somit kann festgehalten werden: Neben der Einbetriebs-Unternehmung können im Handel durch Multiplikation oder Diversifikation entstandene Mehrbetriebs-Unternehmen festgestellt werden, wobei Kombinationen (z.B. Filialisierung und anschließende Diversifikation bzw. Diversifikation und nachfolgende Filialisierung) häufig sind.

Diese im Grunde vier verschiedenen Möglichkeiten der Betriebsformen erlauben nun auch auf dieser Ebene eine lückenlose Systematisierung der real vorfindbaren Erscheinungsformen im Handel.

2.5 KOOPERATIONSFORMEN

Eine Systematik des Handels bliebe unvollständig, würde sie nicht die zahlreichen Kooperationen untersuchen, die, so wie in keinem anderen System, aus der Handelsrealität nicht mehr wegzudenken sind. Dabei soll die rechtliche Eigenständigkeit der kooperierenden Handelsbetriebe als gegeben vorausgesetzt sein.

Zur Katalogisierung hat Most fünf mögliche Kriterien angeführt (Most, 1984, S. 165 f):

- Funktionale Ausrichtung der Kooperation (Art der gemeinsam durchgeführten Tätigkeiten)

- Richtung der Kooperation (horizontal oder vertikal)
- Intensität der Kooperation
- Zeitbezug und
- Zielsetzung der Kooperation.

Auf dieser Basis lassen sich insgesamt vier verschiedene Kooperationsformen nachweisen, als deren erste die Genossenschaft dargestellt werden soll.

Dieses auf dem Förderungsgedanken aufgebaute System verdankt seine Entstehung der herrschenden wirtschaftlichen Not zur Mitte des vorigen Jahrhunderts, die die Konsumenten zur Selbsthilfe zwang und somit zur ältesten Kopperationsform im Handel, der Konsumgenossenschaft, führte.

Neben der Filialisierung (siehe 2.4) antworteten die Einzelkaufleute ihrerseits mit der Gründung von Einkaufsgenossenschaften des Einzel- und Großhandels auf diese Erscheinung. Diese haben in der Folge ihr Leistungsangebot für die Genossen ständig erweitert und sich vielfach von einer auf die Erfüllung einer Funktion, dem gemeinsamen Einkauf, spezialisierten Selbsthilfeorganisation zur "Komplett-Service-Genossenschaft", zur Marketing-Genossenschaft, entwickelt.

In Ihrer Auswirkung unterscheiden sich die genossenschaftlichen Handelsgruppen (z.B. die Edeka-Genossenschaften) kaum von den Filialsystemen, an welche sie sich in der Vergangenheit immer mehr angeglichen haben. An der Gründung vorgelagerter Zentralen, die den Großeinkauf übernehmen und meist in Form einer Aktiengesellschaft geführt werden, mag man Vorteile zentralgesteuerter Systeme ablesen, obwohl natürlich der grundsätzliche Unterschied zwischen demokratisch und zentral gesteuerten Systemen bleibt.

Neben den Genossenschaften lassen sich die freiwilligen Handelsketten als zweite Kooperationsform nennen. Im Gegensatz zu den Einkaufsgenossenschaften, die vom Einzelhandel initiiert werden, war es hier der Großhandel, der die Entwicklung auslöste und die Großhandels-Einzelhandelsvereinigungen gründete (z.B. SPAR als erste europäische, ICA als erste amerikanische Handelsgruppe).

Während sich also die Genossenschaften durch ihre spezielle Rechtsform und die freiwilligen Ketten durch ihren vertikalen Charakter auszeichnen, findet sich in der Realität eine Reihe von kooperierenden Handelsbetrieben, die zum einen unterschiedlich stark organisiert sind, sich unterschiedlicher Rechtsformen bedienen und zum anderen auf den verschiedensten Teilgebieten zusammenarbeiten. Diese reichen etwa von einer gemeinsamen Werbekampagne für die fußgängerfreundliche Innenstadt über den gemeinsamen Wareneinkauf bis hin zur Fakturierungskooperation. Die Spannweite zur Zusammenarbeit erstreckt sich über alle Marketing-Funktionen, die eine Einzelwirtschaft im Zuge ihrer Marktteilnahme erfüllt. Diese Formen sollen daher unter dem Oberbegriff der funktionalen Kooperation subsumiert werden.

Das Shopping-Center, also das zielgerichtet geplante Einkaufszentrum, und das Gemeinschaftswarenhaus sind existente Handlungsformen, die eine vierte Kooperationsform, die Eigentümer-Vereine, begründen. Ihr Wesen reicht über die funktionale Zusammenarbeit, hier im Rahmen der Leistungserstellung hinaus. Kriterium ist vielmehr das gemeinschaftliche Eigentum aller beteiligten Händler, aus dem sich spezifische Marketingprobleme ergeben: Die erhaltene Selbständigkeit der einzelnen Händler ist dabei das eine, der Zwang zur gemeinsamen Leitung, der sich letztendlich im Sinne der gesamten Handlungsform alle unterstellen müssen, das andere. Die Einsicht in diese Notwendigkeit schien zumindest in der Vergangenheit zu fehlen. Die durch eine Hand erstellten und anschließend vermieteten Ladenpassagen haben ihre kooperative Parallele in den Hintergrund gedrängt.

Zusammenfassend zeigen sich also letztendlich vier verschiedene Kooperationsformen im Handel:
- Genossenschaften (Konsum- und Einkaufsgenossenschaften)
- Freiwillige Handelsketten
- Funktionale Kooperationen
- Eigentümer-Vereine.

3 SCHLUSSBEMERKUNG

Der vorliegende Beitrag mag zur Stützung zweier Thesen dienen.

Erstens: Der Handel ist eine viel zu komplexe Erscheinung, als daß er mit einigen wenigen Kriterien zu erfassen wäre. Will man in diesem interessanten Teilsystem der Wirtschaft Strukturen aufzeigen, die sich nicht nur auf bestimmte Bereiche beschränken, so sind zwangsläufig mehrere Betrachtungsebenen notwendig, die, und das steigert nicht gerade die Transparenz, in sich und untereinander vernetzt sind.

Unternimmt man diesen Versuch, so zeigt sich - zweitens - ein aufschlußreiches Ergebnis: Auf allen Ebenen kann die Systematik als geschlossen betrachtet werden. Die möglichen Ausprägungen der verschiedenen Kriterien, welche die Erscheinungsformen im Handel determinieren, und ihre aus Kombinationen entstehenden Formen sind bereits existent.

Echte Innovationen sind also kaum mehr zu erwarten, was nicht ausschließt, daß innerhalb des gegebenen Rahmens Variationen entstehen - daß die Filialisten im Lebensmittelbereich beispielsweise immer weitere Linien kreieren, die sich letztlich nur dem Namen nach unterscheiden.

Daraus lassen sich die besonderen Anforderungen an das zukünftige Handelsmarketing ableiten: Der äußere Rahmen ist abgesteckt, die Konkurrenz vollzieht sich innerhalb vorhandener Formen, womit zwangsläufig deren Konturen zu schärfen sind. Profilierung könnte so zum Schlagwort der nächsten Jahre werden. Diese Tendenz entspricht nicht zuletzt dem verständlichen Wunsch der Nachfrager, auch von ihrem Standpunkt aus mehr Struktur erkennen zu können.

Dabei sollte eines nicht vergessen werden: Die Vielfalt des Handels, die von immer noch existierenden "Tante-Emma-Läden" über die Großformen "auf der grünen Wiese" bis zu den gewaltigen, internationalen Handelsunternehmen reicht, ist auch Ausdruck der unternehmerischen Freiheit in diesem Marktbestimmungssystem, welche die Menschen seit jeher am Handel faszinierte.

Nicht zuletzt deswegen zeigt die vielzitierte Komplexität der Handelslandschaft somit überraschend positive Züge.

LITERATUR

Gross, H.; Skaupy, W. (1976): Francising in der Praxis. Fallbeispiele und rechtliche Grundlagen, Düsseldorf, Wien 1976

Meyer, P. W. (1978): Einzelhandel: Ende einer Entwicklung? In: Der Verbraucher, Nr. 6/1978, S. 8-10

Meyer, P. W. (1979): Die wirtschaftliche Bedeutung des Versandhandels, Freiburg i. Br. 1979

Meyer, P. W. (1986): Der integrative Marketingansatz und seine-Konsequenzen für das Marketing. In: Meyer, P. W. (Hrsg.), In tegrierte Marketingfunktionen, Neuausgabe, Stuttgart u.a., 1986, S. 13-30

Most, A. (1984): Absehbare Entwicklungen im Handels-Marketing. In: Hermans, A.; Meyer, A. (Hrsg.), Zukunftsorientiertes Marketing für Theorie und Praxis, Festschrift zum 60. Geburtstag von Paul W. Meyer, Berlin 1984, S. 159-178

Most, A. (1986): Handels-Marketing und Recht, Entscheidungshilfen für Sonderveranstaltungen, Preisgestaltung und Ladenschluß, Augsburg 1986

Oehme, W. (1983): Handels-Marketing, München 1983

Statistisches Bundesamt (1986): Fachserie 6, Reihe 1-3, Wiesbaden 1986

Statistisches Bundesamt (1986): Statistisches Jahrbuch 1986, Wiesbaden 1986

Tietz, B. (1985): Der Handelsbetrieb, München 1985

Strukturelle Problematik von Zugangsbarrieren in lokalen Einzelhandelsmärkten

Vladimir Potucek, Mannheim

Im deutschen Einzelhandel vollziehen sich z.T. dramatische strukturelle Umwälzungen. Unter diesen Umständen ist es ordnungspolitisch von großer Bedeutung, die Einzelhandelsmärkte offen zu halten, d.h. die Marktzugangsbedingungen so auszugestalten, daß der potentielle Wettbewerb der Entstehung von Marktmacht bzw., wo sie bereits existiert, deren Mißbrauch entgegenwirken kann. Der vorliegende Beitrag befaßt sich mit der Frage, welche Marktzugangsbarrieren in lokalen Einzelhandelsmärkten mit welchen strukturellen Problemen behaftet sind.

1 MARKTZUTRITTSBARRIEREN UND WETTBEWERB

Zu den wichtigsten Aufgaben einer an der Aufrechterhaltung polyzentrischer Marktstrukturen orientierten Ordnungspolitik zählt die Sicherung der Offenheit von Märkten (vgl. Kurz/Rall 1983, S. 33 f.). Bleiben nämlich Märkte offen, so sorgt der potentielle Wettbewerb (Pleiopol) tendenziell für zweierlei (vgl. Wolf 1971, S. 141 ff.):

o Da hohe Gewinne Marktaußenseiter zum Markteintritt verlocken könnten, werden sich die in einem offenen Markt operierenden Unternehmen hüten, ihre u.U. starke Machtposition zur Erzielung übermäßig hoher Preise und Gewinne auszunutzen.

o Die Freiheit des Marktzugangs dient auch der Realisierung der Konsumfreiheit. Kommt es in einem räumlichen Teilmarkt zu Erstarrungstendenzen, d.h. paßt sich hier der Distributionsapparat den Bedarfswandlungen nicht an, so resultieren aus dem so entstehenden "Nachfragestau" Gewinnchancen, die innovative Anbieter auf den Plan rufen. Als neue Wahlalternativen erweitern ihre Ladengeschäfte die Wahlfreiheit der Verbraucher.

Da der freie Marktzugang mithin von herausragender wettbewerbspolitischer Bedeutung ist, muß die Ordnungspolitik stets bestrebt sein, die Marktzugangsbarrieren bzw. -schranken nach Möglichkeit niedrig und überwindbar zu halten. Zu solchen Bar-

Handelsforschung 1987
Hrsg. Volker Trommsdorff

rieren gehören all jene Gegebenheiten, die den Eintritt in den Einzelhandelsmarkt erschweren bzw. unmöglich machen (vgl. Aberle 1980, S. 54 f.). Marktzugangsschranken können dabei einem bewußt auf Marktzugangsbehinderung zielenden Verhalten von im geschützten Marktbereich agierenden Unternehmen entspringen, andererseits aber auch kurzfristig nicht veränderbare (ökonomische, politisch-rechtliche etc.) Umstände widerspiegeln, d.h. strukturell bedingt sein.

Die strukturpolitische Problematik von Marktzutrittsschranken besteht dabei darin, daß sie in aller Regel nicht für alle Unternehmen gleichermaßen überwindbar oder unüberwindbar sind. Dies hat einseitige marktstrukturelle Entwicklungen zur Folge, durch die die institutionelle Vielfalt im Markt untergraben wird.

Im folgenden soll am Beispiel des deutschen Lebensmitteleinzelhandels diskutiert werden, welche strukturellen Probleme für den Wettbewerb in lokalen Einzelhandelsmärkten einige handelstypische Marktzugangsbarrieren aufwerfen können.

2 STRUKTURPOLITISCHE BEURTEILUNG VERSCHIEDENER MARKTZUGANGSBARRIEREN IM DEUTSCHEN LEBENSMITTELHANDEL

2.1 RÄUMLICHE MARKTZUGANGSSCHRANKEN

Räumliche Marktzugangsschranken erschweren den Eintritt in den lokalen Markt ohne Rücksicht auf dessen personelle, zeitliche und sachliche Umstände. Marktstrukturell am bedeutsamsten ist vermutlich die zutrittshemmende Wirkung, die von den in attraktiven und umsatzträchtigen Standortlagen anfallenden extrem hohen Miet- und Grundstückskosten ausgeht (vgl. o.V. 1979, S. 14). Dieser Zutrittsschranke, die vor allem agile mittelständische Unternehmer systematisch benachteiligt, wohnt dabei eine besondere Eigendynamik inne: Beim Versuch, attraktive Standorte zu besetzen, wird das Mietangebot mittelständischer Interessenten in aller Regel von Großfilialisten überboten (vgl. o.V. 1979, S. 14). Diese sind zum kompensatorischen Raumkostenausgleich zwischen den einzelnen Filialen befähigt und können daher auch überhöhte Mietforderungen akzeptieren (vgl. Wolf 1971, S. 87 f.). Je agiler also der Mittelstand um Standorte kämpft, desto höher wird auf diese Weise das allgemeine, gerade ihn behindernde Mietkostenniveau getrieben. Die Mietkostenentwicklung führt folglich in lokalen Wettbewerbsräumen zu Strukturverschiebungen zugunsten von Filialsystemen.

Eine gewisse Neutralisierung dieser Marktzugangsschranke leisten die von verschiedenen kooperativen Gruppen des Handels (vgl. Tietz 1983, S. 1031 ff.) ins Leben gerufenen Beteiligungs- und Franchise-Programme. Als Ladenraummieter tritt hier in der Regel die Kooperationsgroßhandlung auf, die dann an den eintrittswilligen Unternehmer untervermietet. So hat beispielsweise bei dem Förderprogramm der REWE Dortmund der sich im Markt neu etablierende Einzelhändler die Pacht in Form eines am Umsatz orientierten Prozentsatzes zu entrichten. "Damit werden aus den Fixkosten für Miete, Mietvorauszahlungen, Baukosten, Maklergebühren, Afa der Einrichtung und deren Verzinsung variable, am Umsatz orientierte Kosten" (Tietz 1983, S. 1036).

2.2 ZEITLICHE MARKTZUGANGSBARRIEREN

Als zulässig wird im § 3 des Ladenschlußgesetzes (LSchlG) 1956 die Ladenöffnungszeit an Werktagen von 7:00 bis 18:30 Uhr, an Samstagen von 7:00 bis 14:00 Uhr und an sog. langen Samstagen von 7:00 bis 18:00 ausgewiesen. Im Vergleich zur Situation im Ausland sowie manch früherer Regelung handelt es sich hierbei um eine höchst restriktive Bestimmung. Zum Vergleich: Im Jahre 1900 erstreckte sich die in der damaligen Gewerbeordnung festgelegte zulässige werktägliche Ladenöffnungszeit von 7:00 bis 21:00 Uhr (vgl. Tietz 1973, Anhang, S. 1).

Die Festschreibung des zulässigen Einsatzes des Wettbewerbsparameters Ladenöffnungszeit durch ein Gesetz stellt materiell eine politisch motivierte Zwangskartellierung der Verkaufsbereitschaft dar. Der Zutritt zum LEH-Markt außerhalb der in § 3 LSchlG festgelegten Zeiten ist versperrt. Das bedeutet einmal eine Beschränkung der Wettbewerbsfreiheit der Akteure im Einzelhandel und zum anderen eine ex-ante-Festlegung eines Teils der "market performance" (zum Begriff vgl. Schmidt 1981, S. 35 ff.). Der Ordnungslogik des Wettbewerbs ist dies prinzipiell nicht adäquat. Das fordert die Frage heraus, ob die bestehende Regelung einzelne Handelsinstitutionen begünstigt oder benachteiligt. Hierzu werden in der Literatur zwei einander entgegengerichtete Auffassungen vertreten (zum Überblick über die Diskussion vgl. Piepenbrock 1984):

- Das LSchlG begünstigt den strukturellen Wandel zugunsten der großflächigen Betriebsformen (vgl. Schenk/Tenbrink/Zündorf 1984, S. 124 f.). Geht man nämlich davon aus, daß die Verbraucher die verfügbare Ladenöffnungszeit möglichst produktiv zu nutzen suchen, so dürfte deren Beschränkung die Neigung zum One-stop-shopping und Groß- bzw. Vorratseinkauf fördern. Auch dürften die unter Zeitdruck einkaufenden Konsumenten eher zu einer wenig differenzierten Beurteilung der Offerten verschiedener Geschäfte tendieren und somit für die suggestive Wirkung der von Großbetrieben des Einzelhandels praktizierten Sonderangebotspolitik leichter empfänglich sein.

- Das LSchlG schützt die mittelständischen Anbieter und trägt so zur Erhaltung einer polyzentrischen Marktstruktur bei (vgl. Batzer 1984, S. 22 f.). Da die knapp bemessene Verkaufsbereitschaft die Mobilität der Konsumenten herabsetzt (vgl. Ihde 1984, S. 129, 222), verhindert sie auf diese Weise manchen Einkauf in den Betrieben "auf der grünen Wiese". Indem Verbraucher unter Zeitdruck einzukaufen haben, wenden sie sich eher den wohnortsnahen Versorgungseinrichtungen zu, von denen viele mittelständische Betriebe sind.

Die Plausibilität dieser Thesen wie auch die vorliegenden Ergebnisse empirischer Studien sprechen dafür, daß in der Realität beide Effekte auftreten und sich per Saldo letztlich aufheben. So ist einer Untersuchung des INSTITUTS FÜR WOHNEN UND UMWELT, Darmstadt, das Fazit zu entnehmen, daß das bei einer Liberalisierung der Ladenöffnungszeiten "... zu erwartende Kundenverhalten in der Tendenz den bestehenden Präferenzstrukturen entsprechen wird. Die Bevorzugung der Kaufhäuser und Verbrauchermärkte wird - von örtlichen Besonderheiten abgesehen - in dem vom Einzelhandel befürchteten Ausmaß wahrscheinlich nicht eintreten" (Alles/Sautter 1983, S. 44). Der bestehenden Regelung kann also im wesentlichen eine betriebsformenstrukturelle Neutralität bescheinigt werden.

In einer anderen Hinsicht kann strukturelle Neutralität allerdings nicht angenommen werden: Die Zwangskartellierung der Verkaufsbereitschaft beraubt agile, Erfolgschancen im Wettbewerb aktiv suchende Unternehmer einer zusätzlichen Möglichkeit, sich zu profilieren (vgl. Schenk/Tenbrink/Zündorf 1984, S. 124 f.). Das LSchlG verkörpert, so gesehen, eine Norm zum Schutze von weniger flexiblen, Innovationen scheuenden Unternehmern. Hierfür spricht u.a. auch, daß die bei Entscheidungsträgern im Einzelhandel überwiegende Ablehnung einer Liberalisierung des LSchG (vgl. Batzer 1984, S. 15; Alles 1983, S. 46) bei jüngeren Führungskräften weniger stark ausgeprägt ist:

"Unterstellt man einen starken negativen Zusammenhang zwischen Flexibilität und Alter des Betriebsleiters, so zeigt sich, daß mit sinkendem Alter die Anzahl derer zunimmt, die eine Realisierung des Vorschlags (längere Ladenöffnungszeiten, Anm. d. Verf.) begrüßen oder eine allgemein positive Grundhaltung einnehmen würden. Der Anteil der den Vorschlag ablehnenden Betriebsleiter nimmt demzufolge mit zunehmendem Alter zu" (Alles 1983, S. 46).

Bei der Diskussion des LSchlG wird üblicherweise davon ausgegangen, daß das einzelhandelsrelevante Nachfragevolumen von der geltenden Ladenöffnungszeitregelung weitestgehend unabhängig ist. Von den Befürwortern der bestehenden Regelung kann daher argumentiert werden, die Abwicklung eines feststehenden Umsatzvolumens durch den Handel in einer gesetzlich verkürzten Verkaufszeit sei ökonomisch rational. Dem LSchlG werden also kosten- und preismindernde Effekte zugeschrieben. Da in Fortführung dieser Logik eine weitere Einengung der Ladenöffnungszeiten als Gebot volkswirtschaftlicher Vernunft erschiene, leuchtet es ein, daß eine solche Argumentation wichtige Aspekte außer acht läßt.

So wird angenommen, daß der Wettbewerb eine generelle Verlängerung der Ladenöffnungszeiten erzwingen und so bei gegebenem Umsatzvolumen eine allgemeine Verteuerung der Distribution herbeiführen würde. Zwar kann nur die Freigabe der Ladenöffnungszeiten valide Erkenntnisse über die Art der Verbraucherreaktion vermitteln (Dichtl/Müller 1984, S. 39 f.), doch eine allgemeine Verlängerung der Ladenöffnungszeit erscheint höchst fraglich. Zu erwarten ist vielmehr eine Differenzierung der Verkaufsbereitschaft:

Längere Öffnungszeiten lohnen sich nur dann, wenn die Nachfrage verkaufsbereitschaftselastisch reagiert und neue Kunden angezogen werden. Käme es auf Grund veränderter Ladenöffnungszeiten zu einer umfassenden Veränderung der Kundenströme, so würde dies nur manifest werden lassen, daß das bestehende LSchlG in lokalen Versorgungsmärkten einen künstlichen Nachfragestau erzeugt. Die Liberalisierung würde sich gewissermaßen durch ihre Folgen selbst rechtfertigen. Indes, allgemein und in großem Umfang wird dies aller Voraussicht nach nicht der Fall sein.

Nicht auszuschließen ist dennoch, daß durch das Angebot einer abendlichen Einkaufsmöglichkeit je nach den örtlichen Gegebenheiten gewisse, wenn auch möglicherweise nicht übermäßig große Potentiale an einzelhandelsrelevanter Nachfrage aktiviert werden können. Manche gegenwärtig unterversorgte Verbraucher würde nämlich erst die Verlängerung der Verkaufszeiten in die Lage versetzen, die Versorgungsdefizite auszugleichen. Nicht verwunderlich daher, daß die Akzeptanz einer zeitlich ausgedehnteren Verkaufsbereitschaft im Einzelhandel in hohem Maße von der Güte der dem jeweiligen Konsumenten gegenwärtig verfügbaren Versorgungsmöglichkeiten abhängig ist (vgl. **Tabelle 1**).

Tabelle 1. Wechselwirkungen zwischen der gegenwärtigen Versorgungsqualität der Verbraucher und ihrer Einstellung zu einer Verlängerung von Ladenöffnungszeiten

Gegenwärtige Einkaufsmöglichkeiten	Eine Verlängerung der Ladenöffnungszeit würden ... Prozent der Konsumenten ...				
	begrüßen	obwohl desinteressiert, gut finden	eher bedenklich finden	ablehnen	keine Angabe
gut	15,6	32,8	15,6	34,4	1,6
ausreichend	21,0	36,1	15,4	25,4	1,1
ungenügend	36,9	25,4	11,2	25,8	0,8

Quelle: Alles (1983), S. 44.

Bei einer allgemein mäßigen Verkaufsbereitschaftselastizität der Nachfrage würden voraussichtlich nur einzelne Handelsbetriebe auf längere Verkaufszeiten umschalten, jene nämlich, die auf Grund der örtlichen Gegebenheiten mit einem größeren Kundenaufkommen rechnen könnten, oder aber jene, die in der Lage wären, höhere Kosten durch höhere Preise abzufangen.

Die letztere Variante darf allerdings nicht als ein durch die Liberalisierung des LSchlG hervorgerufener Preisanstieg interpretiert werden. Sofern nämlich ein Mehrpreis ein Mehr an Handelsleistung - und eine längere Verkaufsbereitschaft ist nichts anderes - widerspiegelt, kann nicht von einer Preiserhöhung, sondern nur von einer vom Markt akzeptierten neuen Preis/Leistungskombination gesprochen werden (vgl. Neumann 1984, S. 49).

Im mittelständischen Einzelhandel wird häufig der undifferenzierte, Handelsdienste nicht berücksichtigende Preiswettbewerb der Großbetriebsformen beklagt. Gerade die Variation der Verkaufsbereitschaft dürfte aber dem mittelständischen Unternehmer die Chance bieten, der lokalen Nachfrage neuartige Preis/Leistungsverhältnisse zu offerieren und sich im Dienstleistungswettbewerb zu profilieren. Daß kein allgemein überhöhtes Preisniveau entsteht, dafür sorgt der Wettbewerb: An diesem würden sich neben den Handelsbetrieben mit verlängerter Verkaufsbereitschaft auch Anbieter beteiligen, die ihre Ladenöffnungszeit und damit Kostenstruktur beibehalten.

2.3 SUBJEKTBEZOGENE MARKTZUGANGSBARRIEREN

Als subjektbezogene Marktzugangsbarrieren (vgl. Wolf 1971, S. 244 f.) sind solche rechtlichen Normen anzusehen, die die Möglichkeit des Eintritts in den Einzelhandelsmarkt an bestimmte Merkmale und Eigenschaften des zugangswilligen Wirtschaftssubjekts knüpfen. Sieht man von den hier nicht weiter interessierenden polizeilichen Beschränkungen der Gewerbefreiheit ab, die zum Schutze der Allgemeinheit vor Gefahren durch einzelne Gewerbetreibende dienen (vgl. Tuchtfeldt 1965, S. 504), so sind zwei ordnungspolitische Anlässe der gesetzlichen Regelung des Marktzutritts zu unterscheiden.

1) Zum einen wird der Zugang zum Einzelhandelsmarkt deswegen Regelungen unterworfen, um bestimmte unerwünschte strukturpolitische Folgen des freien Marktzutritts abzuwehren (vgl. Dichtl 1979, S. 62 f.). In den 50er Jahren wurde als das zentrale strukturpolitische Problem im Einzelhandel die Bedrängnis angesehen, in die der mittelständische Einzelhandel durch die Marktpräsenz unzähliger Kleinst- und Randbetriebe einerseits und die aggressive Expansionsdynamik von Großbetrieben andererseits geraten ist. Auf die Forderung nach einem verstärkten Schutz des selbständigen Einzelhandels (vgl. Tuchtfeldt 1955, S. 107) reagierte der Gesetzgeber 1957 mit dem Gesetz über die Berufsausübung im Einzelhandel (EHG) (vgl. dazu Barrenstein 1980, S. 30).

   Die Aufnahme des Betriebs eines Einzelhandelsgeschäfts war fortan von der Erteilung einer Erlaubnis abhängig, die persönliche Zuverlässigkeit und den Nachweis von Sachkunde bzw., so bei Lebens-, Arznei- und ärztlichen Hilfsmitteln, besondere Sachkunde (=Fachkunde) voraussetzte (vgl. dazu ausführlich Wolf 1971, S. 260 ff.). Angesichts der Tatsache, daß offene, unverpackte Waren und die damit zusammenhängenden Tätigkeiten (Mischen, Sortieren, Wiegen, Verpacken etc.) zunehmend von der Herstellerstufe übernommen wurden, kam es nach zahlreichen gerichtlichen Auseinandersetzungen zu einer allmählichen Herabsetzung der an die Sachkenntnisse der Zugangswilligen gestellten Anforderungen.

1965 wurde vom Bundesverfassungsgericht der Sachkundenachweis für den Einzelhandel mit Gegenständen aller Art (außer Lebens-, Arznei- und ärztlichen Hilfsmitteln) für verfassungswidrig erklärt. Im Jahre 1972 folgte die Abschaffung des Sachkundenachweises auch für den Einzelhandel mit Lebensmitteln. Durch das Gesetz zur Neuordnung des Arzneimittelrechts wurde das EHG per 1.1.1978 schließlich vollständig außer Kraft gesetzt. Seit 1978 ist folglich der Zugang zu Einzelhandelsmärkten von subjektbezogenen, mittelstandspolitisch motivierten Beschränkungen frei.

2) Einen anderen ordnungspolitischen Anlaß zur Errichtung subjektbezogener Marktzutrittsschranken stellt die Bekämpfung struktureller Vermachtungstendenzen in lokalen Einzelhandelsmärkten dar. Gleichgültig, ob der Marktzutritt in Form der Gründung eines neuen Geschäfts oder durch Aufkauf und Übernahme bestehender Ladeneinheiten erfolgt, ist aus subjektorientierter Sicht von Belang, ob es sich beim Eintrittswilligen um einen im betreffenden Teilmarkt bislang nicht präsenten Anbieter oder aber um jemanden handelt, der hier bereits Verkaufsstätten unterhält. Im letzteren Falle könnte fortgesetzter Marktzugang zu einer wettbewerbspolitisch nicht hinnehmbaren Kumulation von Marktmacht führen.

Die Errichtung subjektbezogener Barrieren, die den Marktzutritt nach Maßgabe der im Teilmarkt bestehenden Marktmachtverhältnisse selektiv hemmen, müßte also zu den vordringlichen ordnungspolitischen Anliegen im Einzelhandel zählen. Indes, subjektbezogene, in Abhängigkeit von der Marktmacht des Eintrittswilligen selektiv greifende Schranken gegen den Marktzugang mittels Neugründung von Verkaufsstätten gibt es hierzulande nicht. Anders beim Markteintritt in Form der Übernahme bestehender Verkaufsstätten. Hier könnte die seit 1973 im § 24 GWB festgeschriebene Fusionskontrolle (vgl. Schmidt 1981, S. 115 f.), die die Bekämpfung der Entstehung und Verstärkung marktbeherrschender Stellungen durch Zusammenschlüsse zum Ziel hat, als eine subjektbezogene, auf Marktmacht als Eingriffskriterium abstellende Zugangsschranke fungieren.

Schwierigkeiten bereitet dabei allerdings die räumliche und sachliche Abgrenzung des relevanten Marktes, d.h. jenes Marktbereichs, in dem die Marktbeherrschung als Folge des Markteintritts (per Zusammenschluß) erwartet wird.

- Wegen des prinzipiell standortgebundenen Wettbewerbs im Einzelhandel müßten die Grenzen des relevanten Marktes eng gezogen werden. Je enger der Markt jedoch gefaßt wird, desto kleiner wird das Umsatzmarktvolumen sein. Dies kann letztlich dazu führen, daß die festgestellten Marktvolumina unterhalb der Bagatellschwelle des § 24 Abs. 8 Nr.3 GWB

(= DM 10 Mio.) liegen. Eine auf elementare Lokalmärkte abzielende Strukturkontrolle setzt sich folglich der Gefahr aus, völlig unwirksam zu werden (vgl. Potucek 1987, S. 408 f.).

o Im Hinblick auf die sachliche Marktdimension machte in jüngster Vergangenheit der Fusionsfall CO OP AG/WANDMAKER in exemplarischer Weise deutlich, wie stark die Fusionskontrolle an Wirksamkeit einbüßt, wenn der relevante Markt im Einzelhandel auf der Basis von Produkten bzw. Produktgruppen und nicht ganzen Sortimenten abgegrenzt wird (vgl. Wiechmann 1987, S. 28).

2.4 WIRTSCHAFTLICHE MARKTZUTRITTSBARRIEREN

Wirtschaftliche Marktzugangsbarrieren bestehen dann, wenn ansiedlungswillige Handelsbetriebe systematisch und nicht nur kurzfristig eine im Vergleich zu den im räumlichen Teilmarkt bereits etablierten Marktteilnehmern geringere Chance besitzen, ökonomischen Erfolg (Gewinn) zu erzielen. "The extent to which barriers of entry exist is indicated by the cost or selling advantage that established firms hold relative to entering firms" (Marion et al. 1979, S. 36).

Vor einer Betriebserrichtung prüft der Unternehmer die Erfolgsaussichten im Markt. Dabei geht er sinnvollerweise antizipativ von jener Marktsituation aus, die sich nach dem Marktzugang ergibt. Seine diesbezüglichen Überlegungen werden dem Markteintritt dort nicht im Wege stehen, wo auch nach der Gründung der neuen Verkaufsstätte die Gesamtkapazität des Marktes nicht ausreicht, um die Nachfrage zu befriedigen. Eine solche Lage dürfte im deutschen Einzelhandel allerdings die seltene Ausnahme bilden. In allen anderen Fällen können Wirtschaftlichkeitsüberlegungen, die der Existenz von "economies of large scale" Rechnung tragen, den Marktzugang (durch Neugründung von Ladeneinheiten) verhindern:

o Die in einem räumlichen Teilmarkt etablierten Handelsbetriebe genießen dank dem habitualisierten Einkaufsverhalten der Konsumenten ökonomische Vorteile. Ohne besondere marketingpolitische Anstrengungen wird der Marktneuling während einer mehr oder minder langen Durststrecke (vgl. Nauer 1970, S. 171 f.) im Bereich suboptimaler Betriebsgröße operieren, keine Größenersparnisse realisieren und negative Ergebnisse erzielen (vgl. Wolf 1971, S. 133). Entfaltet er hingegen zwecks Verkürzung der Durststrecke verstärkte Marketingaktivitäten, so muß er während der Anlaufzeit mit im Vergleich zu etablierten Rivalen höheren Kosten fertig werden.

o Auch wenn es dem neuen Geschäft gelingen sollte, einen seiner Kapazität adäquaten Marktanteil zu erobern, muß der Marktzugang nicht notwendigerweise empfehlenswert sein. Da mit der Geschäftserrichtung die Gesamtkapazität im Teilmarkt anwächst, ist nicht auszuschließen, daß (bei gleich gebliebener Nachfrage) nunmehr alle Anbieter unausgelastete Kapazitäten haben und auf "economies of large scale" verzichten müssen. Antizipiert der Eintrittswillige eine solche Entwicklung, dann wird er vom Markteintritt Abstand nehmen. Je deutlicher ein Markt bereits vor dem Marktzugang Anzeichen von Überkapazitäten offenbart und je unwahrscheinlicher das Erreichen einer von "economies of large scale" begünstigten Betriebsgröße ist, desto restriktiver erweist sich dabei die Wirkung.

Kann die Existenz von Größenersparnissen einerseits den Marktzutritt behindern, so kann sie andererseits diesen auch erleichtern. Vor allem kapitalstarke, marketingorientierte Unternehmen verwandeln vielfach, das Aufkommen und die Expansion der großflächigen Betriebsformen im Handel haben es dokumentiert, "economies of large scale" von einer (wirtschaftlichen) Marktzugangsbarriere in ein Mittel der Markteroberung (vgl. Bucklin 1972, S. 142): Wenn der Markteintritt im Rahmen einer den etablierten Konkurrenten überlegenen Distributionstechnologie (= Betriebsform) erfolgt, kommt der Marktneuling sofort in den Genuß von Image- und Kostenvorteilen. Seine Überlebenschancen im Wettbewerb steigen beträchtlich (vgl. Star/Massel 1981, S. 94).

Ein fortgesetzter Marktzutritt leistungsfähiger Unternehmen verändert allerdings die Marktstruktur und damit auch die wirtschaftlichen Eckdaten der Markteintrittsentscheidungen. Immer mehr Handelsbetriebe arbeiten in der Nähe ihres Kostenoptimums, immer mehr Verkaufsstellen werden von kapitalstarken und im Marktverhalten aggressiven Unternehmen betrieben. Da die Betriebs- und Unternehmensgrößen der derzeitigen und der potentiellen (= den Markteintritt erwägenden) Unternehmen einander immer mehr ähneln, wird die Schaffung zusätzlicher Handelskapazität allmählich zum Risiko.

Das bedeutet folgendes: Nur solange eine hinreichend große Anzahl verdrängbarer Handelsbetriebe von suboptimaler Größe im Markt existiert, stellt der Eintritt in lokale Wettbewerbsräume marketingorientierte Unternehmen vor keine Probleme. Gibt es solche Betriebe nicht mehr, dann droht ein fortgesetzter Marktzugang durch Neugründung von Ladeneinheiten Überkapazitäten aufzubauen. Die betriebswirtschaftlichen Überlegungen wirken dann wie eine Marktschranke, denn Markteintritte bleiben aus. Um dennoch Zugang zu lokalen Märkten zu finden, bedienen sich nun expansionswillige Unternehmen des Wachstums per Aufkauf und Übernahme bestehender Handelsbetriebe. Da hierbei keine zusätzliche Betriebskapazität geschaffen wird, sind die wirtschaftlichen Marktzugangsbarrieren der beschriebenen Art nicht wirksam (vgl. Willeke 1980, S. 309 ff.).

Daß Filialisten auch in mit Versorgungseinrichtungen bereits sehr gut bestückte Markträume nach wie vor über Geschäftsgründungen eindringen, widerspricht dem nicht. Ein Filialist stellt bei der Gründung einer zusätzlichen Filiale andere Überlegungen als ein Unternehmer an, der sein einziges Geschäft zu eröffnen beabsichtigt. Während der letztere die Kosten und Erlöse nur im Lichte der erwarteten Kapazitätsauslastung des Einzelgeschäfts abzuwägen hat, kann eine neue Filiale auch bei schlechter Auslastung wirtschaftlich lohnenswert sein, wenn sie einen Beitrag zur Deckung der Kosten des unternehmensinternen logistischen Apparates leistet (vgl. Ihde 1984, S. 14 ff.).

2.5 KAPITALBEDARF FÜR GESCHÄFTSAUSSTATTUNG ALS MARKTBARRIERE

Zum festen Bestandteil der Kommentare zum Wettbewerb im Einzelhandel zählen die Feststellung einer zunehmenden Kapitalintensität (vgl. Oehme 1983, S. 18) und deren Interpretation als eine an Bedeutung gewinnende Marktzutrittsschranke (vgl. Wolf 1971, S. 95 ff.). An Belegen für diese These scheint es nicht zu fehlen:

Wer 1963 ein SB-Geschäft von 200 m^2 Verkaufsfläche mit Sachmitteln einzurichten hatte, benötigte ein Kapital von DM 171 400. 1982/83 hätte nach einer EDEKA-Einrichtungskostenuntersuchung die Sacheinrichtung eines SB-Geschäfts gleicher Größe DM 297 600, d.h. rund 74 Prozent mehr gekostet. Zur Sacheinrichtung eines SB-Geschäfts der Supermarktgröße (400 m^2 Verkaufsfläche) waren 1961 DM 307 600 erforderlich. 1982/83 waren es DM 452 000, das sind rund 50 Prozent mehr (Quelle: Krommes 1968, S. 104 f.; ISB 1984, S. 143).

Die Beweiskraft dieser Zahlen wird allerdings dadurch relativiert, daß sich zwischen 1962 und 1983 die Erzeugerpreise für Investitionsgüter um fast 130 Prozent erhöht haben. Das bedeutet, daß das zur Einrichtung eines Lebensmittelgeschäftes notwendige Investitionsvolumen in den letzten zwanzig Jahren real geringer wurde! Dabei stellten vor zwanzig Jahren die damals relativ hohen Ausgaben für die Sacheinrichtung im Vergleich zu den Ausgaben für den Warenbestand den kleineren Posten dar, während die heutigen relativ niedrigen Investitionen in die Sacheinrichtung pro m^2 genau so hoch wie die Ausgaben für die Warenausstattung sind (vgl. Oehme 1983, S. 18 f.). Von einem zunehmenden Kapitalbedarf kann demnach nicht gesprochen werden. Festzustellen ist vielmehr ein umgekehrter Trend. Besagt dies, daß der Kapitalbedarf als Marktbarriere im Einzelhandel an Bedeutung einbüßte?

Sofern undifferenziert von "dem" Markteintritt gesprochen wird, lautet die Antwort "ja". Geht es jedoch nicht um den Marktzutritt schlechthin, sondern um den Markteintritt mit einer wettbewerbsfähigen Betriebsgröße und -form, dann ist diese Frage eindeutig zu verneinen: Bei großen Super- und Verbrauchermärkten nähern sich allein die Sacheinrichtungskosten der Millionengrenze. Bei der Gründung von SB-Warenhäusern wird diese sogar bei weitem überschritten (Quelle: ISB 1984, S. 143). Der Markteintritt mit solchen wettbewerbsfähigen Betriebsformen erfordert somit einen Kapitalaufwand, dessen Größenordnung im Lebensmittelhandel früher schlichtweg undenkbar war. Auch für die Bundesrepublik Deutschland gilt somit, daß "... entry into retailing on a scale that is competitive may be seen as an undertaking that will require capital available only to the wealthy corporations" (Bucklin 1972, S. 47). Mittelständische Unternehmen sind ohne die Unterstützung durch kapitalkräftige kooperative Gruppen zum Eintritt in solche attraktiven Marktsegmente in der Regel nicht imstande (vgl. Ahlert 1985, S. 544).

2.6 BETRIEBSFORMENBEZOGENE MARKTZUGANGSBARRIEREN

Die Marktzugangsfreiheit in lokalen Wettbewerbsräumen wird auch durch rechtliche Normen beschränkt, die die Zugangswilligen daran hindern, die gewählten Parameter in der intendierten und bevorzugten Art und Intensität einzusetzen. Da hierzulande eine wachsende Neigung zu verzeichnen ist, binnenhandelspolitische Strukturprobleme mit Hilfe des Bau- und Planungsrechts zu lösen (vgl. Tietz 1983, S. 47), verwundert es nicht, daß zunehmend baurechtliche Bestimmungen (Raumordnungsgesetz, Bundesbaugesetz, Baunutzungsverordnung) zu den maßgeblichen Marktzutrittsschranken in lokalen Märkten werden.

Das Bundesbaugesetz verpflichtet im § 1 die Kommunen, durch den Zielen der Raumordnung und Landesplanung angepaßte und verschiedene Belange berücksichtigende Bauleitpläne die bauliche und sonstige Nutzung der Grundstücke in der Gemeinde vorzubereiten und zu leiten. Hierbei ist die Fläche der Gemeinde nach den verschiedenen vorstellbaren Nutzungsarten aufzugliedern. Welche Nutzungsarten (= Baugebiete) mit welchen Konsequenzen für die generelle oder bedingte Zulässigkeit verschiedener Bauvorhaben (und damit auch Ansiedlung von Einzelhandelsverkaufsstätten) dabei ausgewiesen werden können, konkretisiert die Baunutzungsverordnung (BauNVO) des Bundesministers für Raumordnung, Bauwesen und Städtebau.

Gerade die BauNVO wurde nach und nach zu einem wichtigen Instrument der Steuerung der lokalen Marktstrukturen ausgebaut: Ihre ursprüngliche Fassung von 1962 enthielt noch keine speziell großflächige Einzelhandelsgeschäfte betreffenden Regelungen. Um dem "Wildwuchs" (Dichtl 1979, S. 69) der Einzelhandelsgroßbetriebe an "falschen Orten" (Gehrmann 1978, S. 13) entgegenwirken zu können, wurde sie im Jahre 1968 novelliert und in der Gestalt des § 11 Abs. 3 um ein strukturelles Steuerungsinstrument ergänzt.

Verbrauchermärkte und Einkaufszentren, die vorwiegend der übergemeindlichen Versorgung dienen, waren künftig außer in Kerngebieten nur in für sie eigens festgesetzten Sondergebieten zulässig. Konnte die "vorwiegend übergemeindliche Versorgung" nicht nachgewiesen werden, so mußte jedoch auch großflächigen Handelsbetrieben, sofern im betreffenden Standortgebiet die Nutzungsart "Einzelhandel" allgemein zulässig war, die Errichtungsgenehmigung erteilt werden.

Die mangelnde Operationalität des Kriteriums "vorwiegend übergemeindliche Versorgung" sowie dessen schlechte Anwendbarkeit in großstädtischen Kommunen ließen diese Bestimmung weitgehend unwirksam werden (vgl. BAG 1981, S. 42). Um öffentlichen raumordnungspolitischen Belangen gegenüber privatwirtschaftlichen Standortentscheidungen eine stärkere Geltung zu verschaffen und auch (wenn auch nicht explizit) den strukturpolitischen Vorstellungen des durch die Expansion von Verbrauchermärkten und SB-Warenhäusern "auf der grünen Wiese" bedrängten mittelständischen und innenstädtisch orientierten Handels (vgl. Tietz 1983, S. 48) entgegenzukommen, verschärfte im Jahre 1977 der Verordnungsgeber den § 11 Abs. 3: Das Kriterium der "vorwiegend übergemeindlichen Versorgung" wurde abgeschafft. Ob eine Errichtungsgenehmigung zu erteilen oder zu versagen ist, hängt seitdem davon ab, ob der geplante Betrieb auf die Verwirklichung der Ziele der Raumordnung und Landesplanung oder auf die städtebauliche Entwicklung und Ordnung nicht nur unwesentliche Auswirkungen zu zeitigen droht.

Hierzu zählen schädliche Umwelteinwirkungen (Immissionen, Lärm, übermäßig hohe Verkehrsdichte auf dafür nicht geeigneten Straßen etc.), Auswirkungen auf den Verkehr (z.B. Notwendigkeit gemeindlicher Investitionen als Folge der Überlastung von Straßen und Parkplätzen), auf die Versorgung der Bevölkerung im Einzugsbereich des geplanten Betriebs (Ausdünnung der wohnortnahen Versorgungsmöglichkeiten etc.), auf die Entwicklung zentraler Versorgungsbereiche in der Gemeinde oder in anderen Gemeinden (Schwächung des städtischen Zentrengefüges durch nicht integrierte Standorte etc.), auf das Orts- und Landschaftsbild (z.B. bei Errichtung von Geschäften im Naherholungsbereich einer Stadt) und auf den Naturhaushalt (z.B. auf den Wasserhaushalt durch Versiegelung größerer Bodenflächen) (vgl.Bielenberg/Dyong/Söfker 1984, S. 645 ff.).

Handelsbetriebe, bei denen solche Auswirkungen zu erwarten sind, dürfen nur in Kerngebieten der Gemeinde oder in eigens für sie ausgewiesenen Sondergebieten erstellt werden. Als für die strukturelle Ausgestaltung lokaler Einzelhandelsmärkte von herausragender Bedeutung erwies sich dabei vor allem die Aufnahme einer von der HDE, dem Deutschen Städtetag und dem Zentralverband des Deutschen Handwerks geforderten quantitativen Vermutungsregel in den § 11 Abs. 3 BauNVO.

Ihr zufolge sind die beschriebenen städtebaulichen Auswirkungen dann anzunehmen, sobald die Geschoßfläche der geplanten Betriebsstätte die Schwelle von 1 500 m^2 (ca. 1 000 m^2 Verkaufsfläche) überschreitet. Durch die im November 1986 von der Bundesregierung verabschiedete Änderung des § 11 Abs. 3 BauNVO wurde dieser Schwellenwert auf 1 200 m^2 Geschoßfläche (rund 800 m^2 Verkaufsfläche) herabgesetzt (vgl. Stammnitz 1986, S. 23). Diese Vermutungsregel erstreckt sich nicht auf Einkaufszentren. Deren Errichtung außerhalb von Kerngebieten setzt in jedem Falle, unabhängig von ihrer Größe, den Ausweis eines Sondergebiets voraus (vgl. Bielenberg/Dyong/Söfker 1984, S. 13).

In der geltenden Fassung unterwirft § 11 Abs. 3 BauNVO den Eintritt in den Einzelhandelsmarkt außerhalb des gemeindlichen Kerngebiets einer mit zunehmender Betriebsgröße immer restriktiveren Genehmigungspraxis durch kommunale Behörden. In **Tabelle 2** sind die für verschiedene Betriebsformen des Einzelhandels

Tabelle 2. Betriebsformenspezifische Marktzugangsbarrieren für lokale LEH-Märkte nach Baugebieten

	Klein-sied-lungs-ge-biete	Reine Wohn-ge-biete	Allge-meine Wohn-ge-biete	Beson-dere Wohn-ge-biete	Dorf-ge-bie-te	Misch-ge-bie-te	Kern-ge-bie-te	Gewer-bege-bie-te	Indu-strie-ge-bie-te	Sonder-gebie-te, die der Er-holung dienen	Sonsti-ge Son-derge-biete	Im Zusam-menhang bebaute Gebiete nach § 34
Fachgeschäft unter 1200 qm Geschoßfläche	○2	✪1	○2	☆	☆	☆	☆	☆	☆	○2 ✪2	○4	○7
Supermarkt unter 1200 qm Geschoßfläche	○2	✪1	○2	☆	☆	☆	☆	☆	☆	○2 ✪2	○4	○7
Einkaufszentrum	●	●	●	●	●	●	☆	●	●	●	○5	○7
Großflächiger Einzelhandelsbetrieb – unter 1200 qm Geschoßfläche	●	●	○2	○6	○6	○3	☆	☆	☆	●	○4	○7
Großflächiger Einzelhandelsbetrieb – über 1200 qm Geschoßfläche	●	●	●	✪6	●	✪6	☆	✪6	✪6	●	○5	○8
Großhandelsbetrieb ohne Verkauf an Letztverbraucher	●	●	●	☆	●	●	☆	☆	☆	●	○5	○7
Großhandelsbetrieb mit Verkauf an Letztverbraucher – unter 1200 qm Geschoßfläche	●	●	●	○6	●	●	☆	☆	☆	●	○5	○7
Großhandelsbetrieb mit Verkauf an Letztverbraucher – über 1200 qm Geschoßfläche	●	●	●	✪6	●	●	☆	✪6	✪6	●	○5	○8

Quelle: DIU (1978), Blatt-Nr. 100, zit. nach Geßner (1982), S. 241. Zusätzlich berücksichtigt wurde die im November 1986 beschlossene Änderung des § 11 Abs. 3 BauNVO.

Erläuterungen zu Tabelle 2 siehe nächste Seite.

Erläuterungen zur Tabelle 2:

● = Errichtung allgemein unzulässig

☆ = Errichtung allgemein zulässig

✪ = Errichtung ausnahmsweise zulässig

○ = Errichtung nur unter bestimmten Voraussetzungen zulässig

1 = sofern Verkaufsstätte nur der Deckung des täglichen Bedarfs der Bewohner des Gebiets dient

2 = sofern sich Verkaufsstätte auf die Versorgung des des Gebiets beschränkt

3 = sofern Verkaufsstätte das Wohnen nicht wesentlich stört

4 = sofern Gebiet als Sonder-Ladengebiet ausgewiesen ist

5 = sofern diese Nutzungsart gemäß § 11 Abs. 3 BauNVO ausdrücklich zugelassen ist

6 = sofern keine störenden Auswirkungen im Sinne des § 11 Abs. 3 BauNVO zu befürchten sind

7 = wenn sich der Betrieb im Sinne des § 34 Abs. 1, 3 des Bundesbaugesetzes einfügt und keine öffentlichen Belange entgegenstehen

8 = wenn Gebietscharakter einem Kerngebiet entspricht

in einzelnen Baugebieten geltenden Marktzugangsregelungen zusammengestellt.

Die besondere, indirekte Art der marktzugangsbeschränkenden Wirkung des Bau- und Planungsrechts wird deutlich, wenn man sich vergegenwärtigt, daß nicht Verkaufsstätten, sondern Unternehmen Wettbewerbssubjekte und Markteintrittswillige sind. Verkaufsstätten sind nur ihre aus der Kombination verschiedener marketingpolitischer Aktionsparameter (Verkaufsfläche, Preis, Werbung, Sortiment, Parkplätze etc.) erwachsenden Wettbewerbsinstrumente.

So verstanden, hindert das Bau- und Planungsrecht nicht am Eintritt in den lokalen Markt, sondern "nur" daran, bestimmte Marketingparameter in der gewünschten Weise einzusetzen. Wird einem Handelsunternehmer nämlich die Errichtung z.B. eines Verbrauchermarktes verwehrt, so heißt dies nicht, daß er mit einer in eine andere Betriebsform gekleideten Verkaufsstätte am lokalen Wettbewerb nicht teilnehmen dürfte. Daß in einem solchen Fall die Betreiber großflächiger Betriebsformen in der Regel auf den Markteintritt verzichten, liegt daran, daß ihnen der Einsatz einer anderen, von ihnen u.U. nicht beherrschten Distributionstechnologie wirtschaftlich nicht sinnvoll erscheint.

§ 11 Abs. 3 BauNVO ist kein Mittel der Wettbewerbspolitik, sondern ausschließlich ein Instrument der Bauleitplanung. Bei seiner Anwendung soll es also "... allein um die städtebauliche Struktur der Gemeinde, nicht um die wirtschaftliche Marktstruktur im Einzelhandel ..." (BMWi 1978, S. 10) gehen. Damit aber die auf dem Bau- und Planungsrecht basierende Reglementierung des wettbewerblichen Instrumentariums im Handel wettbewerbsneutral bleibt, wäre zweierlei zu gewährleisten:

1) Die Prüfung von geplanten Handelsbetrieben sollte ausschließlich an den konkret zu erwartenden städtebaulichen Folgen des Projekts ausgerichtet und von quantitativen geschoßflächenbezogenen Kriterien losgelöst werden. Geschoßfläche (resp. Verkaufsfläche) ist nur einer der Faktoren, aus denen die Anziehungskraft eines Handelsbetriebs auf die Verbraucher und damit auch die städtebaulichen Belastungen resultieren. Um letztere geht es aber in jedem Einzelfall. Eine quantitative Vermutungsregel ist mithin überflüssig. Sie verleitet darüber hinaus zu Fehlinterpretationen:

   Während einerseits die völlig korrekte Neigung besteht, auch Verkaufsstätten unterhalb der Vermutungsschwelle auf das Vorliegen der genannten städtebaulichen Auswirkungen hin zu prüfen (vgl. Eick/Porschen/Schröder 1980, S. 36), ist andererseits eine Tendenz unverkennbar, die Vermutungsschwelle nach oben hin als "unpassierbar" auszulegen (vgl. HDE 1981, S. 13).

   Würde eine solche Interpretation auch die Anwendung der neuen 1 200 m^2-Schwelle kennzeichnen, dann dürfte § 11 Abs. 3 BauNVO tiefgreifende Folgen für die Dynamik des Wettbewerbs im Handel haben: Unter die 1 200 m^2-Klausel fallen bereits Geschäfte mit einer Verkaufsfläche von ca. 800 m^2. Dies ist eine Größenordnung, die auch von mittelständischen Unternehmern auf der Suche nach Wettbewerbsfähigkeit ohne weiteres erreichbar ist (vgl. Stammnitz 1986, S. 23). Eine undifferenzierte Anwendung der Vermutungsregel dürfte somit die Expansionsmöglichkeiten und Überlebenschancen der aktiven mittelständischen Unternehmer beschneiden. Ein weiterer fragwürdiger Nebeneffekt einer solchen restriktiven Praxis wäre darin zu sehen, daß bereits existierende Großbetriebe den Markteintritt von ihresgleichen nunmehr nicht zu befürchten brauchen, was ihre Marktmacht und ihre Preisbemessungsspielräume erhöht (vgl. Stammnitz 1986, S. 23).

2) Auch wenn die Beurteilung des Bauvorhabens von quantitativen Vermutungskriterien losgelöst würde, ist Wettbewerbsneutralität noch lange nicht gesichert. Von der Grundlage eines weit und umfassend ausgelegten Begriffs der "städtebaulichen Auswirkungen" kann ohne weiteres eine auf den Schutz von Partialinteressen ausgelegte Bekämpfung unbequemer Formen

des Wettbewerbs erfolgen. Eine Rechtfertigung für Maßnahmen gegen den Markteintritt neuer Konkurrenten ist nämlich in der Regel unschwer zu finden: Im Marktgeschehen erwachsen aus dem Verhalten von Anbietern und Nachfragern verschiedene Beeinträchtigungen für Dritte (= negative Externalitäten). Indes: "... Externalitäten gibt es viele, vielleicht auch unzählige. Wie erfolgt die Auswahl derjenigen, die mit Hilfe des Staates beseitigt werden sollen?" (Wittkau 1971, S. 46).

o Ein Teil der negativen externen Effekte stellt Belastungen für am Marktgeschehen Unbeteiligte bzw. die Allgemeinheit dar. Hier drohen entweder das Verhalten des eintrittswilligen Anbieters (z.B. durch Störungen des Landschaftsbildes oder des Wasserhaushalts) oder das der Verbraucher (z.B. durch Verkehrsstauungen und Lärm) Folgen auszulösen, die in den Transaktionen an der Ladenkasse nicht internalisiert, sondern von Dritten erduldet werden. Da hierfür vom Verursacher keine Entschädigung gezahlt wird, vollzieht sich das Angebot bzw. die Nachfrage unter Kostenbedingungen, die nicht den tatsächlichen volkswirtschaftlichen Kosten entsprechen. Die Theorie lehrt, daß es bei Leistungen, deren Erbringung oder Konsum externe Kosten verursacht, tendenziell zur Überversorgung (hier: mit Handelsleistungen großflächiger Betriebsformen) kommt, weil die Anbieter oder Nachfrager durch Kostenabwälzung Vorteile genießen (vgl. Ehrlicher 1975, S. 314 f.). Externe Kosten dieser Art sind wettbewerbsverzerrend, ihr Entstehen ist zu Recht Gegenstand der Marktzugangskontrolle.

o Ein anderer Teil der potentiellen negativen Folgen der Geschäftserrichtung resultiert aus wettbewerblichen Interdependenzen und geht zu Lasten anderer Marktteilnehmer (Kundenabwanderung, Umsatzeinbuße, Gewinnerosion, Verlust der Gschäftsbasis etc.). Da solche Vorgänge der Logik des Wettbewerbs als eines dynamischen Entdeckungsverfahrens (vgl. v. Hayek 1969, S. 249 ff.) durchaus entsprechen, sind sie aus wettbewerbspolitischer Sicht nicht bewertbar: Mit welchem Umsatz und Gewinn die Betreiber der verschiedenen Geschäfte im räumlichen Teilmarkt belohnt werden (sollen), ist a priori nicht bekannt; der Wert ihrer Leistungen hat sich erst im Wettbewerb um die Verbraucher herauszustellen. Die Gefahr von negativen, aus dem Marktzugang und dem veränderten Einkaufsverhalten der Konsumenten resultierenden wirtschaftlichen Folgen für bereits etablierte Anbieter stellt daher kein ordnungskonformes Kriterium der Zulassungsprüfung dar.

o Es gibt andererseits auch Konsequenzen der potentiellen Geschäftserrichtung, die als negativ und unerwünscht bezeichnet werden, weil sie den Sollvorstellungen staatlicher Planungsinstanzen (so z.B. einer festgelegten Zentrenhierarchie) zuwiderlaufen. Die Problematik dieser Art von externen Effekten ist offenkundig: Der öffentliche Planungsträger vermag, indem er z.B. bestimmte Lärmimmissionswerte oder Verkehrsbelastungsschwellen als Sollwerte festschreibt oder nach Betriebsformen gegliederte Geschäftsflächenbedarfspläne für verbindlich erklärt (vgl. Eick/Porschen/Schröder 1980, S. 23 ff.), bekämpfbare externe Effekte "nach Belieben" zu erzeugen und strukturelle Eingriffe zu rechtfertigen. Da der Handlungsbedarf des Staates in raumordnungspolitischen Belangen unbestritten ist, ist zu fordern, daß die raumordnungspolitischen Leitbilder, die den Hintergrund der Marktzugangsprüfung bilden, frei von sozialem Konstruktivismus sind. Dem dynamischen, in seiner Entwicklung nicht vorhersehbaren Wettbewerb im Handel muß der notwendige Entfaltungsspielraum gesichert werden.

3 FAZIT

Überblickt man die historische Entwicklung im deutschen Lebensmitteleinzelhandel der letzten Jahrzehnte, so lassen sich einige grundlegende strukturelle Entwicklungen herausarbeiten, die von wettbewerbspolitischer Relevanz sind (vgl. Potucek 1987):

- Zu beobachten ist eine ungebrochene Expansion von filialisiert operierenden Handelssystemen, die nicht nur von den traditionellen Großfilialisten, sondern auch von den Filialisierungstendenzen in den kooperativen Handelsgruppen Impulse erhält.

- Infolge der Prädominanz der filialisierten Anbieter kommt es in den einzelnen lokalen und regionalen Wettbewerbsräumen zur Reproduktion von stets wiederkehrenden Unternehmensstrukturen, die in Umrissen ein teilmarktübergreifendes Anbieteroligopol erkennbar werden läßt.

- Im Markt etablierten sich im rasanten Tempo moderne, häufig großflächige und von kapitalstarken Unternehmen aggressiv geführte Betriebsformen.

- Einige wenige Großanbieter vermochten große Teile der Nachfrage auf sich zu ziehen. In Verbindung mit der beschleunigten Auslese der in Leistung und Kosten unterlegenen mittelständischen Klein- und Mittelbetriebe führte dies zu einem teilweise exorbitanten Anstieg der Unternehmenskonzentration.

Diese Erscheinungen können zum einen auf autonome Entwicklungen in Wirtschaft und Gesellschaft wie veränderte Siedlungsweise, gewachsene Motorisierung und Konsumentenmobilität, gewandeltes Einkaufsverhalten etc. zurückgeführt werden. Zum anderen wurden sie aber zweifellos auch durch die Existenz oder Nicht-Existenz der angesprochenen Marktzugangsschranken, durch deren Unpassierbarkeit oder Durchlässigkeit gefördert. Wenngleich das tatsächliche Ausmaß, in dem Marktzutrittsschranken den strukturellen Wandel im Einzelhandel prägten, quantitativ nicht zu erfassen ist, kann in Kenntnis der Umstände der sich vollziehenden Veränderungen ein nicht unerheblicher Einfluß angenommen werden:

- o Einige der angesprochenen Marktzutrittsbarrieren (Mietkostenniveau, Kapitalintensität der Betriebserrichtung und -ausstattung, wirtschaftliche Marktzugangbarrieren etc.) sind für kapitalstarke Filialunternehmen ohne weiteres passierbar, während sie für ihre kleinen mittelständischen Rivalen (ohne den Beistand einer Kooperation) unüberwindliche Hürden darstellen.

- o Andererseits verhindert die erzwungene Vereinheitlichung der Verkaufsbereitschaft, daß sich der leistungsfähige mittelständische Unternehmer eines zusätzlichen Profilierungs- und Wettbewerbsparameters bedienen kann, durch den er seine Flexibilität, Anpassungsfähigkeit und Kundennähe ausspielen könnte.

- o Die Tatsache, daß subjektbezogene, nach Maßgabe der Marktmacht des Zugangswilligen selektiv greifende Marktzutrittsbarrieren nicht existieren (so beim Marktzugang per Neugründung) bzw. wenig wirksam sind (so beim Markteintritt per Aufkauf bestehender Betriebe), hatte zur Folge, daß sich die Vermachtungsprozesse in lokalen Einzelhandelsmärkten weitgehend ungehindert vollziehen konnten.

- o Durch die Errichtung von auf bau- und planungsrechtlichen Vorschriften basierenden Marktzugangsschranken wird zuweilen versucht, lokale wettbewerbspolitische Probleme zu lösen. Wegen ihrer normativ-konstruktivistischen Grundlage sind derartige Maßnahmen jedoch kein Ersatz für eine "lokale Wettbewerbspolitik". Hinzu kommt, daß durch städtebaulich motivierte Eingriffe den im geschützten Marktbereich bereits existierenden (auch großbetrieblichen) Anbietern Bestands- und Wettbewerbsschutz gewährt wird. Hieraus kann eine zunehmende Immobilisierung des Wettbewerbs erwachsen.

LITERATUR

Aberle, G. (1980): Wettbewerbstheorie und Wettbewerbspolitik, Stuttgart usw. 1980

Ahlert, D. (1985): Das Sondergutachten der Monopolkommission zur Konzentration im Lebensmitteleinzelhandel. Grundzüge einer kritischen Stellungnahme aus betriebswirtschaftlicher Sicht. In: Markenartikel, Jg. 47 (1985), S. 536 ff.

Alles, R. (1983): Welche Verbraucher- und Händlergruppen eine Änderung wollen. In: Absatzwirtschaft, Jg. 26 (1983), Nr. 12, S. 40 ff.

Alles, R.; Sautter, H. (1983): Erfahrungen mit Großbetriebsformen des Handels - ökonomische, städtebauliche und regionalplanerische Auswirkungen, Institut Wohnen und Umwelt, Darmstadt 1983

BAG (Hrsg.) (1981): Standortfragen des Handels, 2. Auflage, Köln 1981

Barrenstein, P.F. (1980): Der mittelständische Einzelhandel in der Bundesrepublik Deutschland - Entwicklung, Entwicklungsdeterminanten und gesamtwirtschaftliche Funktionen, Alt Fechenheim 1980

Batzer, E. (1984): Änderung des Ladenschlußgesetzes - übertriebene Erwartungen? In: Piepenbrock, H. (Hrsg.), Ladenschluß kontrovers, Beiträge zur aktuellen Diskussion, Stuttgart 1984, S. 13 ff.

Bielenberg, W.; Dyong, H.; Söfker, W. (1984): Das neue Bundesbaurecht, 4. Auflage, München, Münster 1984

Bundesminister für Wirtschaft (Hrsg.) (1978): Stellungnahme zur Problematik des § 11 Abs. 3 der Baunutzungsverordnung (Vermerk IB 5 - 8112227) vom 22.8.1977, abgedruckt in: SB Großhandel, Nr. 4, 1978, S. 8 ff.

Bucklin, L.P. (1972): Competition and Evolution in the Distributive Trades, Englewood Cliffs/N.J. 1972

Dichtl, E.; Müller, S. (1984): Das Ladenschlußgesetz: Probieren geht über Studieren. In: Piepenbrock, H. (Hrsg.), Ladenschluß kontrovers - Beiträge zur aktuellen Diskussion, Stuttgart 1984 S. 27 ff.

Dichtl, E. (1979): Grundzüge der Binnenhandelspolitik, Stuttgart, New York 1979

Ehrlicher, W. (1975): Finanzwirtschaft. In: Ehrlicher, W. et al. (Hrsg.), Kompendium der Volkswirtschaftslehre, Band 2, 4., überarbeitete und erweiterte Auflage, Göttingen 1975, S. 298 ff.

Eick, CH.; Porschen, D.; Schröder, R. (1980): Optimale Einzelhandelsstruktur in der Seestadt Bremerhaven 1990. In: Bremer Zeitschrift für Wirtschaftspolitik, Jg. 3 (1980), Nr. 1, S. 5 ff.

Gehrmann, W. (1978): Einzelhandelsbetriebe an falschem Ort. In: BAG-Nachrichten, Nr. 11 (1978), S. 13 ff.

Hayek, F.A. von (1969): Der Wettbewerb als Entdeckungsverfahren. In: Freiburger Studien, Tübingen 1969, S. 249 ff.

Hauptgemeinschaft des Deutschen Einzelhandels (HDE) (1981): 34. Arbeitsbericht, o.O. 1981

Ihde, G.-B. (1984): Transport, Verkehr, Logistik: gesamtwirtschaftliche Aspekte und einzelwirtschaftliche Handhabung, München 1984

Institut für Selbstbedienung (ISB) (1984): SB in Zahlen - Ausgabe 1984, Köln 1984

Krommes, W. (1968): Die zunehmende Anlageintensität im Einzelhandel. Entwicklungstendenzen, Ursachen und Wirkungen eines strukturellen Wandlungsprozesses in der Distribution, Wuppertal 1968

Kurz, E.; Rall, L. (1983): Behinderungsmißbrauch, Probleme einer ordnungskonformen Konkretisierung, Tübingen 1983

Marion, B.W.; Mueller, W.F.; Cotterill; R.W., Geithmann F.E.; Schmelzer, J.R. (1979): The Food Retailing Industry: Market Structure, Profits, and Prices, New York 1979

Nauer, E. (1970): Standortwahl und Standortpolitik im Einzelhandel, Bern, Stuttgart 1970

Neumann, M. (1984): Liberalisierung des Ladenschlußgesetzes unter wettbewerbspolitischen und strukturpolitischen Aspekten. In: Piepenbrock, H. (Hrsg.), Ladenschluß kontrovers - Beiträge zur aktuellen Diskussion, Stuttgart 1984, S. 43 ff.

Oehme, W. (1983), Handels-Marketing, München 1983

o.V. (1979): Das kann ein Selbständiger kaum noch bezahlen. In: Lebensmittel-Zeitung, Jg. 31 (1979), Nr. 49, S. 14.

Piepenbrock, H. (Hrsg.) (1984): Ladenschluß kontrovers, Beiträge zur aktuellen Diskussion, Stuttgart 1984

Potucek, V. (1987): Strukturelle Wandlungen im deutschen Lebensmitteleinzelhandel und ihre Auswirkungen auf den Wettbewerb, Berlin (in Vorbereitung).

Schenk, H.-O.; Tenbrink, H.; Zündorf, H. (1984): Die Konzentration im Handel - Ursachen, Messung, Stand, Entwicklung und Auswirkungen der Konzentration im Handel und konzentrationspolitische Konsequenzen, Berlin 1984

Schmidt, I. (1981): Wettbewerbstheorie und -politik, Stuttgart 1981

Stammnitz, M. (1986): Ein Paragraph regiert den Handel. In: Handelsblatt, Nr. 216 vom 10.11.1986, S. 23.

Star, A.D.; Massel, M.Z. (1981): Survival Rates for Retailers. In: Journal of Retailing, Vol. 57 (1981), S. 87 ff.

Tietz, B. (1973): Ladenzeitordnungen im Umbruch, Stuttgart 1973

Tietz, B. (1983): Konsument und Einzelhandel, 3., völlig neubearbeitete Auflage, Frankfurt/M. 1983

Tuchtfeldt, E. (1955): Gewerbefreiheit als wirtschaftspolitisches Problem, Berlin 1955

Tuchtfeldt, E. (1965): Gewerbefreiheit. In: Handwörterbuch der Sozialwissenschaften, Stuttgart usw. 1965, S. 502 ff.

Willeke, F.-U. (1980): Wettbewerbspolitik, Tübingen 1980

Wiechmann, D. (1987): Kammergericht zerpflückte Theorien des Kartellamtes. In: Lebensmittel-Zeitung, Nr. 13 (1987), S. 28

Wittkau, K. (1971): Rahmenplanung des Städtebaus - Politische Siedlungskontrolle und das Problem der Intervention, Berlin 1971

Wolf, H.-D. (1971): Wesen und empirische Bedeutung von Marktzugangsbeschränkungen im Einzelhandel unter besonderer Berücksichtigung des Ladeneinzelhandels, Dissertation Frankfurt/M. 1971

Images von und Präferenzen für Einkaufszentren und einzelne Einzelhandelsgeschäfte im Wechselspiel*

Franz Böcker und Martin Brink, Regensburg

Das Image eines Einzelhandelsgeschäftes bzw. eines Einkaufszentrums determiniert nach allgemeiner Vorstellung im erheblichen Ausmaß die Attraktivität der betreffenden Einkaufsstätte und damit auch deren Umsatzvolumen.

Gemeinhin wird unterstellt, daß die Präferenz für ein bestimmtes Einkaufszentrum auch von den Images der ihm angehörenden Einzelhandelsbetriebe geprägt wird und daß - umgekehrt - die Präferenzen für die einzelnen Einzelhandelsbetriebe eines Einkaufszentrums vom Image des betreffenden Einkaufszentrums beeinflußt werden.

Diese Ausstrahlungseffekte inhaltlich genau zu präzisieren und das Ausmaß des Präferenzeinflusses zu quantifizieren, ist das Anliegen der hier referierten Studie. Basis der Untersuchung bilden ein Shopping Center, ein gewachsener innerstädtischer Einkaufsbereich und 20 Einzelhandelbetriebe. Es zeigte sich, daß im geplanten Einkaufszentrum die Präferenzen für die einzelnen Betriebe wesentlich vom Image des Zentrums abhängen, während für die innerstädtische Einkaufsagglomeration das Gegenteil gilt.

1 STANDORTE VON HANDELSBETRIEBEN ALS PLANUNGSAUFGABE

Die Verlagerung von Einzelhandelsbetrieben aus der Innenstadt in Stadtrandlagen ist ein vielfach beschriebenes Phänomen, das sowohl aus gesamtwirtschaftlicher als auch aus einzelwirtschaftlicher als auch aus verbraucherpolitischer Sicht höchst interessant ist (Dichtl 1979). Manche Beobachter sehen eine drastische Verringerung des Handelsbesatzes in den Innenstädten voraus, andere dagegen nur eine Bewegung hin zu einer verstärk-

* Für die Unterstützung bei der empirischen Erhebung bedanken sich die Autoren vielmals bei der Donau-Einkaufszentrum GmbH, insbesondere den Herren Dr. J. Vielberth und G. Temporale.

Handelsforschung 1987
Hrsg. Volker Trommsdorff

ten Polarisierung der Handelslandschaft: Kaufhäuser und Spezialgeschäfte in der Innenstadt, Lebensmittel- und sonstige Märkte in Stadtrandlagen (Böcker 1987b). Interessenvertreter und Politiker versuchen durch wettbewerbsrechtliche und baupolizeiliche Maßnahmen die Veränderungen zu steuern und regen damit immer neue Entwicklungen an.

Neben den gesamtwirtschaftlich bzw. gesellschaftlich orientierten Fragestellungen der Standortplanung von Handelsbetrieben ergibt sich für ein einzelnes Handelsunternehmen immer dann die Frage nach dem richtigen Standort, wenn es vor der Alternative steht, sich in ein Einkaufszentrum oder in die gewachsene Handelslandschaft einer Innenstadt einzufügen. Die Beurteilung der Vorteilhaftigkeit eines der beiden genannten Standorte für das Einzelhandelsunternehmen hängt entscheidend von der Einstufung der zur Beurteilung anstehenden Alternativen durch die Konsumenten ab. Auch die Beurteilung der Förderungswürdigkeit alternativer Standortkonstellationen durch Politiker bzw. sonstige gesellschaftliche Kräfte sollte nicht völlig unabhängig vom Urteil der potentiellen Käufer vorgenommen werden.

2 DAS IMAGE VON EINZELHANDELSBETRIEBEN UND EINKAUFSZENTREN UND DEREN PLANUNGSRELEVANZ

2.1 EINZELHANDELSBETRIEBE, EINKAUFSZENTREN UND SONSTIGE EINZELHANDELSZENTREN

Im Mittelpunkt der Betrachtungen im Rahmen dieses Beitrags stehen Einzelhandelsbetriebe und Einkaufszentren. Um Unklarheiten entgegenzuwirken, erscheint es notwendig, zunächst knapp die Untersuchungsobjekte abzugrenzen.

Einzelhandelsbetriebe stellen entweder rechtliche Einheiten oder Teile von größeren rechtlichen Einheiten dar, wobei etwa das Image eines Filialbetriebs mit dem Image des betreffenden Gesamtunternehmens zusammenhängt.

Einkaufszentren bzw. Shopping Centers sind Konzentrationen einer größeren Anzahl von Einzelhandels- und Dienstleistungsbetrieben verschiedener Art und Größe (vgl. Katalogkommission 1970). In einem Einkaufszentrum bewahren die einzelnen Betriebe im Gegensatz zum Gemeinschaftswarenhaus ihren eigenen Charakter, stehen aber in gewisser Weise unter einer einheitlichen Führung. Die einheitliche Führung kann sich im einen Extremfall allein auf die Liegenschaftsverwaltung beschränken, beinhaltet zumeist die Durchführung von Maßnahmen der Gemeinschaftswerbung und die Organisation bestimmter Dienstleistungen (Bewachung, Reinigung etc.) und kann im anderen Extremfall bis hin zur Mitwirkung bei der Gestaltung der Unternehmenspolitik der einzelnen Einzelhandelsbetriebe reichen (Falk 1973; 1975). Nach dem Ausmaß der relativen Macht des zentralen Managements des Einkaufszentrums kann zwischen vergleichsweise zentral und vergleichsweise dezentral geführten Einkaufszentren unterschieden werden.

Die Entwicklung der Einkaufszentren in Deutschland ist der **Tabelle 1** zu entnehmen, wobei im Einklang mit der sonstigen Literatur nur die regional bedeutsamen Einkaufszentren mit dieser Bezeichnung belegt werden (vgl. Falk/Wolf 1976, S. 177; Eckert 1978; Rothaar 1974, Sp. 520).

Tab. 1. Entwicklung der regionalen Einkaufszentren in der Bundesrepublik Deutschland (Falk 1982, S. 208)

Jahr	Anzahl der Einkaufszentren	durchschnittliche Geschäftsfläche je Einkaufszentrum (m^2)
1964	3	58 833
1968	7	44 929
1972	24	40 479
1976	47	34 275
1980	66	31 044
1981	69	30 665

In Tabelle 1 sind nur geplante Einkaufszentren erfaßt, daneben existieren vor allem in Stadtkernen oder in Stadtteilzentren auch gewachsene Einkaufsagglomerationen. Solche historisch gewachsenen Agglomerationen erfüllen aus dem Blickwinkel der potentiellen und aktuellen Käufer heraus ähnliche Funktionen wie die Einkaufszentren und stehen damit im Wettbewerb mit ihnen. Es sei daher folgende Abgrenzung getroffen (**Abbildung 1**):

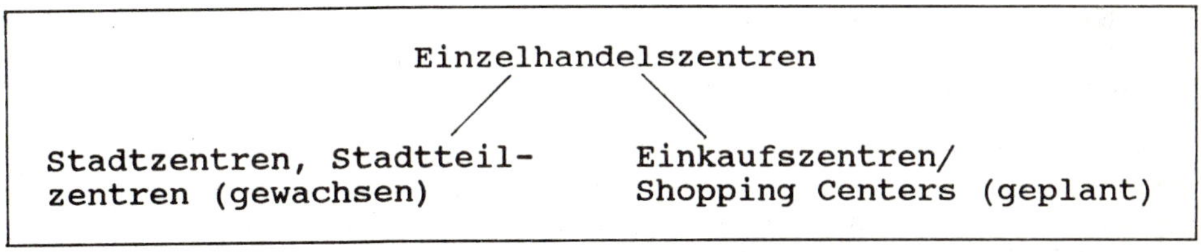

Abb. 1. Typen von Einzelhandelszentren

2.2 PLANUNG IN EINKAUFSZENTREN - DUALITÄT VON ZENTRAL- UND BETRIEBSPLANUNG

Das entscheidende Kriterium für die Abgrenzung der geplanten Einkaufszentren von den sonstigen Einzelhandelszentren besteht in der zentralen Leitung, deren Inhalt nachfolgend kurz skizziert werden soll (Falk 1982; Eckert 1978, S. 55-58). Mit der Skizze dieser Planungsinhalte wird zugleich angedeutet, worin für die aktuellen bzw. potentiellen Käufer der Unterschied zwischen einem geplanten Einkaufszentrum und einem sonstigen Einzelhandelszentrum besteht.

Geht man von einem bestehenden Einkaufszentrum aus, für das weder Erweiterungs- noch Schrumpfungsabsichten bestehen und das im Besitz von Grund und Boden des Einkaufszentrums ist, so können die Bereiche der Planung und Administration stark vereinfachend wie folgt zusammengefaßt werden:

- Verwaltung der Immobilien des Einkaufszentrums (inkl. Parkplätze),
- Entscheidungen über die Zusammensetzung der Einzelhandelsgeschäfte (Mieter-Mix),
- Planung und Realisation von Gemeinschafts- und Sammel-Werbemaßnahmen sowie von Maßnahmen der Öffentlichkeitsarbeit,
- Bereitstellung eines Informationssystems des Einkaufszentrums für Buchführungs- und sonstige Abrechnungsaufgaben.

Von den vier genannten Aktivitätsbereichen des zentralen Managements sind im Hinblick auf die Schaffung und Modifikation des Images des Einkaufszentrums insbesondere die beiden mittleren bedeutungsvoll. Bei der Festlegung des Mieter-Mix geht es darum, die Handelsbetriebe des Einkaufszentrums insbesondere nach Betriebsgröße, Branche, Preislage und Sortimentsstruktur so zusammenzusetzen, daß eine möglichst große Anziehungskraft erzeugt wird. Kurzfristig ist diese Anziehungskraft durch Maßnahmen der Gemeinschaftswerbung, der Kollektivwerbung und der Öffentlichkeitsarbeit (Begriffe: vgl. Böcker 1987a, S. 357, 362) zu unterstützen.

Neben dem zentralen Management eines Einkaufszentrums nehmen naturgemäß auch die einzelnen Handelsbetriebe eine Marketing-Planung vor. Die Maßnahmen des zentralen Managements und der einzelnen Betriebe wirken auf die aktuellen sowie potentiellen Käufer des Einkaufszentrums ein und formen das Image sowohl des Einkaufszentrums als Ganzes als auch das Image der einzelnen Betriebe. Beide Images wiederum bestimmen zu einem nicht geringen Teil das Kaufverhalten der Abnehmer; der Zusammenhang ist in nachstehender **Abbildung 2** schematisch dargestellt.

Angesichts der Tatsache, daß sowohl die Zentrale als auch die einzelnen Betriebe das Image des Einkaufszentrums als Ganzes und das Image der einzelnen Betriebe beeinflussen, entsteht folgerichtig die Frage, in welchem Ausmaß die Zentrale bzw. die Betriebe die verschiedenen Images determinieren.

Naturgemäß ist es von erheblichem praktischen Interesse, inwieweit die Zentrale bzw. inwieweit die einzelnen Betriebe das Image des Zentrums als ganzes bzw. das Image der einzelnen Betriebe prägen. Das Ausmaß der Beeinflussung der Images steht in Beziehung zur relativen Verhandlungsmacht der Zentrale bzw. der Betriebe: Kann etwa die Zentrale nachweisen, daß sie das Erscheinungsbild des Zentrums und der einzelnen Betriebe maßgeblich prägt, so wächst ihr eine zusätzliche Verhandlungsmacht zu.

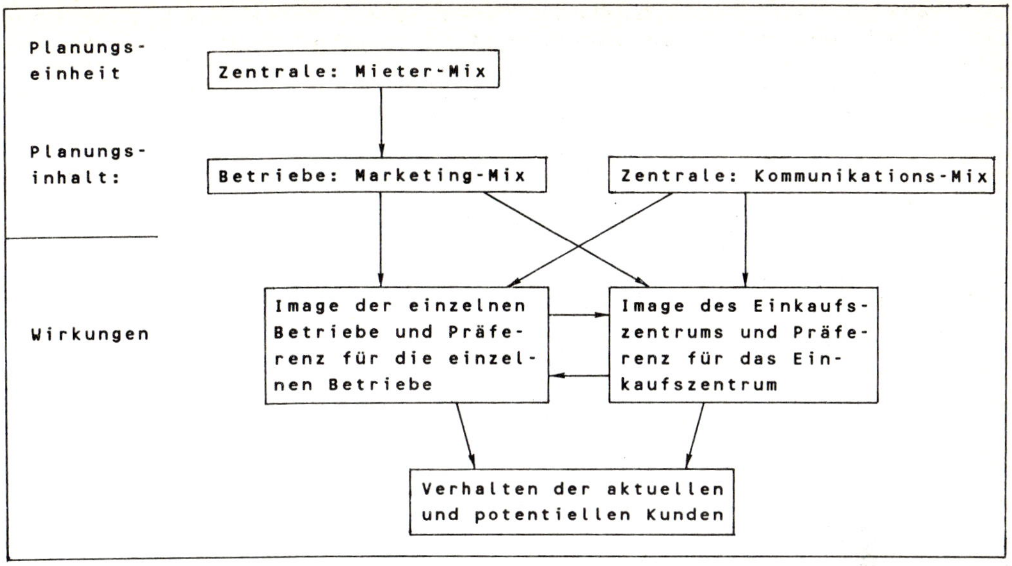

Abb. 2. Flußschema der Planung und Wirkungen bei einem Einkaufszentrum

Bei den soeben angestellten Überlegungen wurde unterstellt, daß es ein eigenständiges Image des Einkaufszentrums als ganzes und der jeweiligen Betriebe gibt. Die Richtigkeit dieser Unterstellung ist definitionsgemäß gegeben, da jedem Objekt ein spezifisches Image zukommt. Pragmatisch gesehen interessiert allerdings vor allem die Frage, ob die verschiedenen Images voneinander differieren oder für alle Betriebe des Einkaufszentrums und das Einkaufszentrum als ganzes vergleichsweise einheitlich sind.

3 IMAGE UND PRÄFERENZ ALS DEN KAUF DETERMINIERENDE FAKTOREN

3.1 IMAGE UND PRÄFERENZ BEI EINZELNEN BEURTEILUNGSOBJEKTEN

Basis jeglicher Wahlentscheidungen, seien es nun solche bezüglich einzelner Produkte, einzelner Ideen oder einzelner Einzelhandelsbetriebe, sind Vorstellungen der Entscheider über die zur Beurteilung anstehenden Objekte. Diese Vorstellungen werden gemeinhin Images oder Perzeptionen genannt (Böcker 1986, S. 551-556; dort angegebene Literatur; Trommsdorff/Bleicker/Hildebrandt 1980). Perzeptionen bzw. Images sind mehrdimensionale Abbilder eines Meinungsgegenstandes anhand der für die Beurteilung des Meinungsgegenstandes relevanten Merkmale (Image als mehrdimensionale Größe). Die Präferenz ist demgegenüber ein eindimensionaler Indikator, der das Ausmaß der Vorziehenswürdigkeit eines Beurteilungsobjektes für eine bestimmte Person während eines bestimmten Zeitraumes zum Ausdruck bringt. Der

Zusammenhang der verschiedenen Konstrukte kann wie folgt verdeutlicht werden (**Abbildung 3**; zur Begründung: vgl. Böcker 1986):

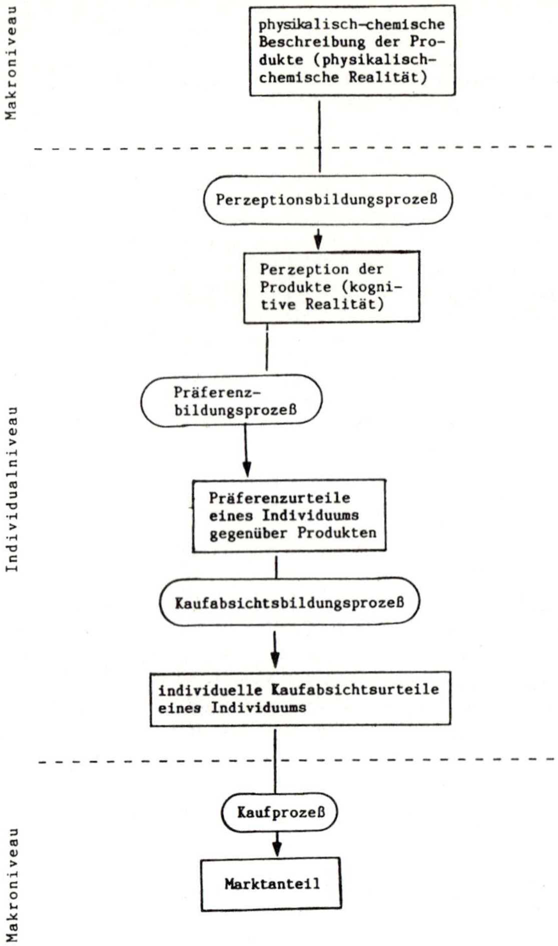

Abb. 3. Ein einfaches Prozeßmodell der Perzeptions- und Präferenzbildung für ein einzelnes Beurteilungsobjekt

Wie Abbildung 3 deutlich macht, ist das Image bzw. die Perzeption das Ergebnis des Wahrnehmungsprozesses des Beurteilers (hierzu Kroeber-Riel 1984, S. 258-315) und zugleich die Basis für den Präferenzbildungsprozeß. Präferenz als eindimensionale Größe kann einfach anhand der Antworten auf Fragen nach dem Grad der Vorziehenswürdigkeit bzw. der Zuneigung operationalisiert werden. Die Perzeption kann nur anhand der relevanten Merkmale des Beurteilungsobjekts operationalisiert werden. Einige häufig gebrauchte Beurteilungsmerkmale für Handelsbetriebe und Einkaufszentren sind in **Tabelle 2** zusammengestellt.

Tabelle 2. Beurteilungeigenschaften von Handelsbetrieben (ohne Nennung der Gegenteile; Lange 1976; Eckert 1978; Müller/Beeskow 1982)

freundlich	angenehme Atmosphäre
modern	große Auswahl
persönliche Bedienung	geräumig
hell	geschultes Personal
schnelle Bedienung	gut erreichbar
teuer	gute Qualität
sympatisch	gute Parkmöglichkeit
übersichtlich	alles zu erhalten

3.2 IMAGE UND PRÄFERENZ BEI MEHREREN BEURTEILUNGSOBJEKTEN: IMAGEAUSSTRAHLUNG UND IMAGETRANSFER

Ein vielfach wiederholtes Lehrbuchwissen besteht darin, daß bei Marketing-Maßnahmen Spill-Over-Effekte auftreten können (Nieschlag/Dichtl/Hörschgen 1985, S. 837), daß also Maßnahmen über den geplanten Produktbereich hinaus positive oder negative Wirkungen entfalten. Solche Wirkungen werden üblicherweise etwa dann unterstellt, wenn Werbung für ein Produkt eines größeren Sortiments betrieben wird; in diesem Falle zeigen sich absatzmäßige Auswirkungen zumeist auch bei anderen als den beworbenen Produkten. Die verhaltenswissenschaftliche Basis solcher Spill-Over-Effekte ist in der Reizgeneralisierung zu sehen (Kroeber-Riel 1984, S. 370-371). Reizgeneralisierung bedeutet, daß auf ähnliche Reize so reagiert wird, als ob sie gleich wären.

Die verschiedenen Ausstrahlungseffekte im Falle mehrerer Beurteilungsobjekte sind nachstehend graphisch verdeutlicht, wobei zur Veranschaulichung auch der üblicherweise unterstellte Fall der isolierten Präferenzbildung skizziert wird (**Abbildung 4**).

Während im Fall des Präferenzeinflusses das Image gewissermaßen isoliert gebildet wird, liegt im Fall des Imageeinflusses bereits eine Einwirkung auf das Image des anderen Objektes vor. Unterstellt man A als ein bestimmtes Einzelhandelsgeschäft in einem Einkaufszentrum und B als das zugehörige Einkaufszentrum, so kann der gesamte kognitive Prozeß in beiden Fällen wie folgt skizziert werden:

- Im Falle des Präferenzeinflusses ist das Image des Einzelhandelsbetriebes allein das Ergebnis der Bemühungen des Einzelhandelsmanagements, es hängt also beispielsweise nicht davon ab, ob die Wege im Einkaufszentrum freundlich oder weniger freundlich gestaltet sind.

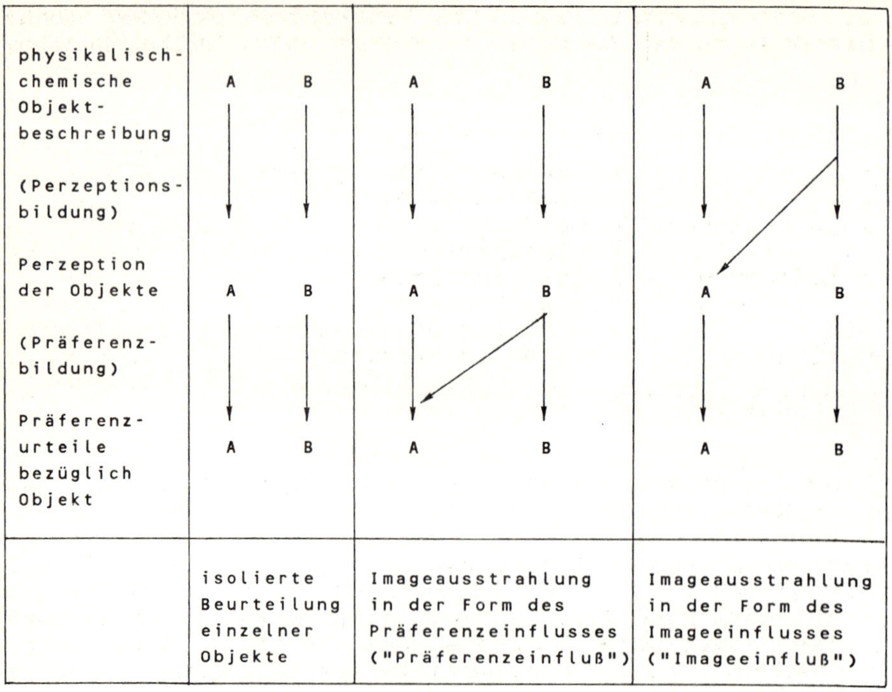

Abb. 4. Verschiedene Formen der Imageausstrahlung (A, B: Objekte; ——▸: beeinflußt)

- Im Falle des Imageeinflusses wird das Image des Einzelhandelsbetriebes bereits durch Komponenten des Einkaufszentrums als Ganzes geprägt; also hängt etwa die Preisniveau-Perzeption des Einzelhandelsgeschäftes davon ab, ob das Zentrum insgesamt einen hochwertigen Eindruck vermittelt.

Aller Wahrscheinlichkeit nach sind in der Realität Reinformen von Image- oder Präferenzeinfluß nicht anzutreffen, sondern nur Mischformen mehr oder weniger ausgeprägten Charakters. Im Fall eines reinen Imageeinflusses dürften aber die Imageprofile der Objekte nicht unterschiedlich sein, was im empirischen Fall nicht vorliegt, weshalb die Imageausstrahlung in der Form des Präferenzeinflusses Gegenstand der empirischen Studie ist.

Wird die Imageausstrahlung - gleich welcher Art - bewußt intendiert, spricht man von Imagetransfer (Schweiger 1978, S. 129). Quantifizierbare Modelle der Imageausstrahlung wurden bisher mit einer Ausnahme (Schweiger 1978) noch nicht formuliert, auch das in diesem Zusammenhang beachtenswerte erweiterte Fishbein-Modell (Ajzen/Fishbein 1972) ist bisher kaum validiert worden.

4 IMAGE UND IMAGEAUSSTRAHLUNG BEI EINZELHANDELSZENTREN UND DEN ZUGEHÖRIGEN HANDELSBETRIEBEN

4.1 ZIEL UND OBJEKTE DER UNTERSUCHUNG

Image- und Präferenzanalysen sind ein Standardinstrument des Managements von Einzelhandelsbetrieben bzw. Einzelhandelszentren (Soldner 1968; Falk/Wolf 1976, S. 134-139; Müller/Beeskow 1982) und der Raumpolitik von Gebietskörperschaften. Regelmäßig werden dabei die Images der verschiedenen Einheiten voneinander getrennt analysiert und bisweilen auch noch die für die Wahl der Einkaufsstätte besonders bedeutungsvollen Imagemerkmale herausgefiltert. Analysen von Imageausstrahlungen sind den Verfassern nicht bekannt; dies stellt aber gerade das Anliegen der hier referierten Untersuchung dar, deren Ziele demnach durch folgende Fragen präzisiert werden können:

- Sind die Images von Handelsbetrieben und die der aus ihnen gebildeten Einzelhandelszentren voneinander unabhängig?
- Wie stark wird die Präferenz für das Einzelhandelszentrum durch die Images der einzelnen dazugehörenden Einzelhandelsbetriebe geprägt bzw. umgekehrt? Welcher Einfluß ist stärker?

Objekt der Analyse sind das **Donau-Einkaufszentrum in Regensburg** und die **Regensburger Innenstadt** sowie die diese Einzelhandelszentren formenden Einzelhandelsbetriebe.

Das Donau-Einkaufszentrum (DEZ) weist nach zwei Erweiterungen heute ca. 56 000 m^2 Geschäftsfläche auf und beherbergt über 100 Einzelhandelsbetriebe - darunter zwei Kaufhäuser - und Dienstleistungsanbieter. Seit seiner Eröffnung im Jahre 1967 hat das DEZ als eines der wenigen Einkaufszentren Deutschlands eine ungebrochen positive Entwicklung hinter sich. Unter dem Motto "Alles unter einem Dach" werden im DEZ 1984 Einzelhandelsumsätze in Höhe von ca. 280 Mio. DM realisiert (Vielberth 1986). Das Donau-Einkaufszentrum vereinigt rund 20 % der örtlich verausgabten Kaufkraft auf sich.

Die Regensburger Innenstadt (IS) ist historisch gewachsen und räumlich eindeutig abgrenzbar. Sie umfaßt neben einem Kaufhaus und ca. 10 weiteren Einzelhandelbetrieben mit mehr als 1 500 m^2 Verkaufsfläche eine große Anzahl von zum Teil sehr kleinräumigen Fachgeschäften; insgesamt werden Güter auf ca. 120 000 m^2 Geschäftsfläche angeboten und wurden 1984 ca. 650 Mio. DM Umsatz getätigt.

Aufgrund der relativ geringen Zerstörungen während des zweiten Weltkrieges ist die Innenstadt Regensburgs durch eine extreme Enge und durch Probleme der Verkehrsführung gekennzeichnet. Diese Verkehrsprobleme und die Schwierigkeiten einer innerstädtischen Expansion der Handelsflächen führten einst zur Schaffung des DEZ, das heute zugleich ein mit der Innenstadt rivalisierendes und sie ergänzendes Einkaufsangebot offeriert.

Um die Einzelhandelslandschaft der beiden Einzelhandelszentren abbilden zu können, wurden in Zusammenarbeit mit dem Management des DEZ einige die Zentren prägenden Einzelhandelsbetriebe ausgewählt. Da eine Vielzahl von Einzelhandelsbetrieben in beiden Einzelhandelszentren vertreten ist, wurden zum einen solche Einzelhandelsbetriebe, die in beiden Zentren vertreten sind, ausgewählt und zum anderen solche, die nur in einem Zentrum ansässig sind, die aber einen nach Größe, Betriebsform und Sortimentszusammensetzung ähnlichen Betrieb im zweiten Zentrum aufweisen. Demgemäß wurden folgende Einzelhandelsbetriebe ausgewählt; die Liste erhebt keinen Anspruch auf Repräsentanz im statistischen Sinne (**Tabelle 3**).

Tabelle 3. Die in die Untersuchung einbezogenen Einzelhandelsbetriebe (gleiche Ziffern zeigen identische Firmen an)

Branche/Betriebsform	IS	DEZ
Schuh-Fachgeschäft	SF 1	SF 1
trad. Kaufhaus	TK 1	TK 2
Discount-Warenhaus	DW 1	DW 1
Spielwaren-Fachgeschäft	SP 1	SP 2
Unterhaltungselektronik-Fachgeschäft	EF 1	EF 1
Bäckerei/Konditorei	BK 1	BK 1
Jeans-Moden-Fachgeschäft	JF 1	JF 1
Schreibwaren-Fachgeschäft	SW 1	SW 2
Obst-Fachgeschäft	OF 1	OF 2
Sport-Fachgeschäft	SP 1	SP 2

4.2 ERGEBNISSE DER IMAGEANALYSE

Ein Teil der Untersuchung bestand aus einer traditionellen Imageanalyse, deren Methodik hier keiner näheren Diskussion bedarf (vgl. Böcker 1986, dort angegebene Literatur). Es sei lediglich darauf verwiesen, daß die Merkmalsliste im Weg der Literaturanalyse, einer Gruppendiskussion mit Experten und einiger Repertory-Grid-Befragungen erstellt und sodann nach Augenscheinvalidität überprüft wurde. Bei der Formulierung der Fragen zu den Image-Merkmalen folgte man den Prinzipien des adequacy-importance-Modells (Bass/Talarczyk 1972; Bass/Wilkie 1973). Die Fragen zu den Image-Merkmalen wurden um eine Frage nach der globalen Präferenz für das Objekt ergänzt; in **Tabelle 4** sind die Merkmalslisten wiedergegeben.

Tabelle 4. Merkmale der Images einzelner Einzelhandelsbetriebe bzw. von Einzelhandelszentren (Merkmale 12 bzw. 19 sind als Indikatoren der globalen Präferenz konzipiert)

Merkmale zur Beurteilung von Einzelhandelsbetrieben	Einzelhandelszentren
- In ... ist die Bedienung immer freundlich und zuvorkommend	- In ... kann man sehr gut einkaufen
- In ... ist die Bedienung fachkundig	- In ... fühlt man sich rundum wohl
- In ... lädt die Atmosphäre zum Aussuchen und Verweilen ein	- In ... ist immer etwas los
- In ... ist das Einkaufen unkompliziert	- In ... kannn man interressante Dinge sehen
- In...findet man schnell, was man sucht	- In ... trifft man interessante Menschen
- In ... kann man gut einkaufen	- In ... kann man sich auch mal entspannen
- Das ... ist übersichtlich	- In ... möchte man den ganzen Tag verbringen
- Das ... führt oft Sonderaktionen durch	- In ... gibt es eine große Anzahl verschiedener Geschäfte/Dienstleistungsbetriebe
- Das ... bietet eine große Auswahl	- In ... kann man sich ungehindert bewegen und überall hingelangen, ohne angerempelt zu werden
- Das ... ist das einzige Geschäft seiner Art in der Umgebung	- In ... gibt es großzügige Sitz- und Rastmöglichkeiten
- Das ... ist bequem und schnell zu erreichen	- In ... kann man sich an schönen Pflanzen erfreuen
- Das ... kann man nur weiterempfehlen	- In ... gibt es ausreichend viele sanitäre Anlagen
- Man geht gerne in ..., um sich die neuesten Angebote anzusehen	- In ... gibt es saubere sanitäre Anlagen
- Über ... liest man oft in den Zeitungen	- In ... findet man sich sehr gut zurecht
- Es gibt kaum Personen, die in ... schlechte Erfahrungen gesammelt haben	- In ... werden regelmäßig interessante Ausstellungen/Veranstaltungen geboten
- Wer in ... eingekauft hat, kommt immer wieder zurück	- Das ... informiert besonders gut über das bestehende Angebot
- Das ... hat günstige Preise	- In ... kann man problemlos mit dem Auto gelangen
	- In ... kann man problemlos mit dem Bus gelangen
	- Das ... ist das ideale Einkaufsgebiet

In die Auswertung gelangten insgesamt 480 rückgesandte von 1 900 ausgesandten Fragebögen. Die Probanden waren nach dem Zufallsprinzip aus der Gesamtheit der relevanten Bevölkerung ausgewählt worden; der Rücklauf von 26,3 % war ohne Nachfaßaktion, aber durch das Versprechen der Teilnahme an einer Verlosung zustande gekommen.

Die Profile der einzelnen Betriebe sind hier im Detail nicht von Interesse, wohl aber die mittleren Positionen jeweils aller Betriebe der beiden Einzelhandelszentren. Für die insgesamt wichtigsten sechs Merkmale ergeben sich folgende Werte (**Tabelle 5**):

Tabelle 5. Zusammenfassung der Imageanalyse für die sechs wichtigsten Merkmale (Werte zwischen 1 und 7; niedriger Wert: im Sinne des Merkmals günstige Beurteilung; *: Durchschnitt ohne Merkmal "bequeme Erreichbarkeit")

Merkmal	ø Position aller Geschäfte in		ø Position der firmenidentischen Geschäfte in		ø Position der firmenverschiedenen Geschäfte in	
	IS	DEZ	IS	DEZ	IS	DEZ
freundliche Bedienung	3,6	3,5	3,7	3,6	3,5	3,4
unkomplizierter Einkauf	3,8	3,6	4,1	3,8	3,5	3,4
große Auswahl	3,2	3,2	3,8	3,6	2,5	2,7
bequeme Erreichbarkeit	4,5	2,6	4,4	2,6	4,6	2,6
Neuigkeit der Angebote	5,1	5,1	5,5	5,3	4,6	5,0
Preiswürdigkeit	5,1	5,2	4,8	4,8	5,4	5,6
ø abs. Differenz*	0,08		0,16		0,20	

Mißt man das Erscheinungsbild der Einzelhandelsbetriebe anhand der in Tabelle 5 wiedergegebenen sechs Merkmale, so kann man ohne Zweifel die Einzelhandelsbetriebe in der Innenstadt und im Einkaufszentrum als sehr ähnlich einstufen. Sie unterscheiden sich lediglich hinsichtlich des Merkmals "Erreichbarkeit", was angesichts der räumlichen Enge der Innenstadt und der großzügig bemessenen Parkmöglichkeiten am Einkaufszentrum unmittelbar einsichtig ist. Erwartungsgemäß sind auch die Imageunterschiede bei firmengleichen Betrieben kleiner als bei firmenverschiedenen Betrieben.

Neben der Erhebung des Images der einzelnen Handelsbetriebe wurden auch die Images der Einzelhandelszentren als Ganzes erhoben, wobei die in Tabelle 4 auf der rechten Seite wiedergegebenen Merkmale der Beurteilung zugrunde gelegt wurden. Die Imageprofile der beiden Einzelhandelszentren sind in **Abbildung 5** wiedergegeben.

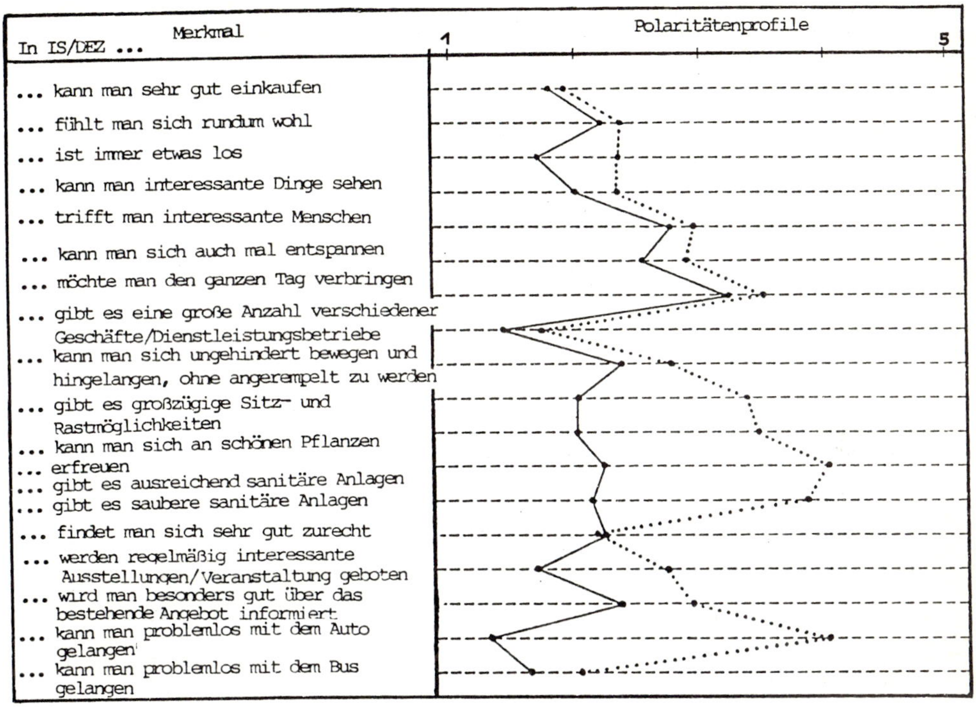

Abb.5. Imageprofile des Donau-Einkaufszentrums und der Regensburger Innenstadt (IS: ..., DEZ: ——; niedrige Werte zeigen hohe Merkmalsausprägungen an)

Die beiden in Abbildung 5 wiedergegebenen Profile zeigen deutlich, daß die wesentlichen Imagedifferenzen nicht hinsichtlich derjenigen Merkmale gegeben sind, die vor allem auf Beurteilungen einzelner Betriebe zurückzuführen sind, sondern auf Merkmale, die die Einzelhandelszentren als Ganzes beschreiben.

Die Imageunterschiede zwischen den einzelnen Einzelhandelsbetrieben und den Zentren waren deutlich; dies wird als differenziert gewertet.

4.3 IMAGEAUSSTRAHLUNG UND IHRE MESSUNG

Imageausstrahlung war als Übertragung gewisser Wahrnehmungsinhalte von einem Objekt auf ein anderes Objekt gekennzeichnet worden, wobei zwischen Image- und Präferenzeinfluß unterschieden wurde. In Erweiterung der Darstellungen der Abbildungen 2 und 3 kann das in **Abbildung 6** wiedergegebenes Flußschema erstellt werden. Die mit ① markierten Pfeile kennzeichnen den Imageeinfluß, die mit ② markierten Pfeile den Präferenzeinfluß.

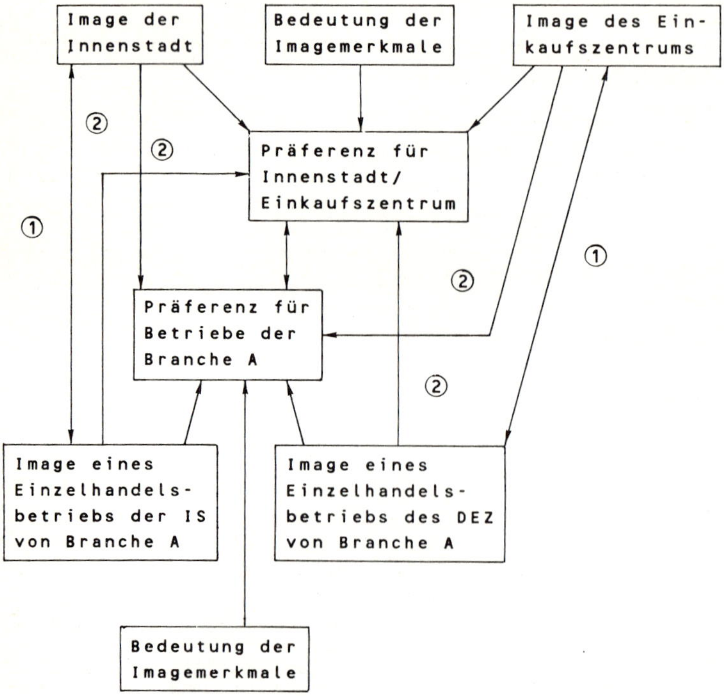

Abb. 6. Flußschema der Image- und Präferenzbildung bei Einzelhandelsbetrieben und Einzelhandelszentren

Im Rahmen dieses Beitrags soll Imageausstrahlung nicht im Sinne des Imageeinflusses, sondern nur im Sinne des Präferenzeinflusses gemessen werden. Um diesen Präferenzeinfluß zu quantifizieren, ist es notwendig, zunächst darzustellen, inwieweit die Imagedeterminanten eines bestimmten Objektes die Präferenz für dieses Objekt bestimmen. Das in diesem Fall angewandte Präferenzmodell unterstellt Homogenität der Präferenzstruktur über alle Beurteiler (Böcker 1986) und strebt die Erklärung der Variation der Präferenzwerte unterschiedlicher Personen für jeweils ein Objekt an. Die Präferenzfunktion lautet somit:

$$u_{si} = \alpha_i + \Sigma \beta_{hi} \, x_{shi} \qquad \text{für jedes } i, \text{ für alle } s$$

Dabei: u_{si}: Präferenzwert von Person i für Objekt s
x_{shi}: Ausprägungswert bezüglich Merkmal h von Objekt s im Urteil von Person i
α_i, β_{hi}: Regressionskoeffizienten

Wie oben angezeigt, werden für Parameterisierungszwecke die Werte aller 480 Probanden für jeweils ein Objekt (Präferenz bezüglich Einzelhandelszentren: DEZ, IS; Präferenz bezüglich Einzelhandelsbetrieben: 20 Betriebe) herangezogen.

Die im Wege der quasidekompositionellen Präferenzskalierung (Böcker 1986) ermittelten partiellen Bestimmtheitsanteile sind in **Tabelle 6** wiedergegeben.

Tabelle 6. Bedeutung der wichtigsten Imagemerkmale zur Erklärung der Präferenz für die betreffenden Objekte (Durchschnitt über alle 20 Betriebe bzw. über beide Einzelhandelszentren)

Merkmale der Einzelhandels-betriebe	Bestimmtheits-maß bzgl. der Präferenz für EH-betriebe	Merkmale der Einzelhandels-zentren	Bestimmtheits-maß bzgl. der Präferenz für Zentren
freundliche Bedienung	0,24	stets Aktivitäten	0,10
unkomplizierter Einkauf	0,15	angenehme Atmosphäre	0,22
große Auswahl	0,35	Geschäftsvielfalt	0,11
bequeme Erreichbarkeit	0,05	Bewegungsfreiheit	0,12
Neuigkeit des Angebots	0,21	Übersichtlichkeit	0,18
Preiswürdigkeit	0,05	gute Angebotsinformation	0,20
		Erreichbarkeit mit Bus	0,16
	(partielles)		(partielles)
alle	0,60 (tot.)	alle	0,50 (tot.)

Alle in Tabelle 6 gelisteten Merkmale besitzen einen bedeutsamen und eine bei einem 5 % Niveau signifikanten Einfluß auf die jeweiligen Präferenzwerte. Im Durchschnitt kann etwa die Hälfte der Varianz des Präferenzwertes durch objektspezifische Merkmale erklärt werden.

Imageausstrahlung im Sinne des Präferenzeinflusses liegt also dann vor, wenn etwa die Präferenz für einen Einzelhandelsbetrieb dadurch besser erklärt werden kann, daß neben den Merkmalen des Einzelhandelsbetriebes selbst auch Merkmale des betreffenden Einzelhandelszentrums zur Erklärung der Präferenz der Einzelhandelsbetriebe herangezogen werden. Der Zuwachs des Bestimmtheitsmaßes stellt dabei einen Indikator für die Stärke der Imageausstrahlung dar, wobei dieser Zuwachs naturgemäß signifikant zu sein hat. Es gilt somit:

Tabelle 7. Die Operationalisierung des Präferenzeinflusses

unabhängige Variablen des Erklärungsmodells	abhängige Variablen	Bestimmtheitsmaß	Erklärungsansatz für	
Merkmale eines Betriebs	Präferenz für Betrieb	R_1^2	Präferenz für Betriebe anhand der Betriebsmerkmale	$R_2^2 - R_1^2$: Präferenzeinfluß von Zentrum auf bestimmten Betrieb
Merkmale eines Betriebs + Merkmale des zugehörigen Zentrums	Präferenz für Betrieb	R_2^2	Präferenz für Betrieb anhand der Betriebs- und Zentrumsmerkmale	
Merkmale eines Zentrums	Präferenz für Zentrum	R_3^2	Präferenz für Zentrum anhand der Zentrumsmerkmale	$R_4^2 - R_3^2$: Präferenzeinfluß von bestimmtem Betrieb auf Zentrum
Merkmale eines Zentrums+Merkmale eines bestimmten dazugehörigen Betriebs	Präferenz für Betrieb	R_4^2	Präferenz für Zentrum anhand der Zentrums- und Betriebsmerkmale	

Der so berechnete Zuwachs des Bestimmtheitsmaßes ($R_2^2-R_1^2$ bzw. $R_4^2-R_3^2$) stellt insofern einen brauchbaren Indikator der Imageausstrahlung dar, als er einer argumentum-a-forteriori-Beweisführung entnommen ist. Bedenkt man, daß die Merkmale der einzelnen Betriebe und die der einzelnen Zentren nicht voneinander unabhängig sind, so ist der Zuwachs an Bestimmtheit - sofern er signifikant ist - mindestens so groß wie die Imageausstrahlung (vgl. dazu Massy 1971). Der Zuwachs an Bestimmtheit führt somit eher zu zu niedrig geschätzten, denn überhöht geschätzten eher Imageausstrahlungswerten. Die numerischen Ergebnisse der Analyse sind in **Tabelle 8** zusammengestellt, wobei alle Zuwächse auf dem 10 % Niveau signifikant sind.

Tabelle 8. Präferenzeinfluß zwischen verschiedenen Einzelhandelsbetrieben und dazugehörigen Einzelhandelszentren

Präferenzeinfluß vom einzelnen Betrieb zu IS	DEZ	Einzelhandelsbetrieb (IS/DEZ)	Präferenzeinfluß zum einzelnen Betrieb von IS	DEZ
0,18	0,17	SF 1/SF 1	0,13	0,20
0,21	0,26	TK 1/TK 2	0,15	0,38
0,14	0,21	DW 1/DW 1	0,14	0,26
0,16	0,21	SP 1/SP 2	0,13	0,25
0,13	0,16	EF 1/EF 1	0,14	0,28
0,14	0,14	BK 1/BK 1	0,11	0,18
0,17	0,18	JF 1/JF 1	0,10	0,19
0,17	0,14	SW 1/SW 2	0,16	0,19
0,17	0,14	OF 1/OF 2	0,08	0,18
0,20	0,20	SP 1/SP 2	0,10	0,23
0,167	0,181	Durchschnitt	0,124	0,234

Sowohl die Durchschnittswerte als auch die Werte der einzelnen Betriebe offenbaren ein vergleichsweise eindeutiges und dem Experten auch valide erscheinendes Bild:

- Beim Donau-Einkaufszentrum, einem geplanten und erfolgreichen Einzelhandelszentrum, strahlt das Zentrum als ganzes wesentlich stärker auf die einzelnen Betriebe aus als umgekehrt.
- Im Falle der Regensburger Innenstadt dagegen profitiert das Einzelhandelszentrum in erster Linie von den einzelnen Geschäften.

5 UNTERNEHMENSPOLITISCHE SCHLUSSFOLGERUNGEN UND EINSCHRÄNKUNGEN

Der Befund der Untersuchung ist trotz eingeschränkter Repräsentativität (zumindest im Sinne eines Gedankenanstoßes) von weittragender unternehmenspolitischer Bedeutung. Geht man davon aus, daß das Image den Kauf determiniert, so können aus den Angaben von Tabelle 8 vereinfachend folgende Schlußfolgerungen gezogen werden: Während die wirtschaftlichen Erfolgsaussichten der Einzelhandelsbetriebe der Innenstadt weitgehend durch ihre eigenen Aktivitäten beeinflußt werden (Einfluß der Agglomeration: ca. 12 %), werden die Erfolgsaussichten der Betriebe des Donau-Einkaufszentrums in einem vergleichsweise größeren Ausmaß durch Aktivitäten des zentralen Managements (ca. 23 %) beeinflußt. Dieser - positive oder negative - Einfluß des zentralen Managements auf den Geschäftserfolg der einzelnen Einzelhandelsbetriebe verleiht diesem zentralen Management naturgemäß auch eine Verhandlungsmacht, etwa wenn es um die Gestaltung der Mietkonditionen oder wenn es um die Festlegung von Aktionen geht.

LITERATUR

Ajzen, I.; Fishbein, M. (1972): Attitude and normative beliefs as factors influencing behavioral intentions. In: Journal of Personality and Social Psychology, 1972, S.1-9

Bass, F.M.; Talarczyk, W.W. (1972): An attitude model for the study of brand preferences. In: Journal of Marketing Research, 1972, S. 93-96

Bass, F.M.; Wilkie, W.L. (1973): A comparative analysis of attitudinal predictions of brand preferences. In: Journal of Marketing Research, 1973, S. 262-269

Böcker, F. (1986): Präferenzforschung als Mittel marktorientierter Unternehmensführung. In: ZfbF, 1986, S. 543-574

Böcker, F. (1987a): Marketing, Stuttgart/New York 1987

Böcker, F. (1987b): Viele bunte Typen. In: Wirtschaftswoche, Nr. 18 vom 24.4.1987, S. 107-113

Dichtl, E. (1979): Grundzüge der Binnenhandelspolitik, Stuttgart/New York 1979

Eckert, W. (1978): Konsument und Einkaufszentren, Wiesbaden 1978

Falk, B.R. (1973): Shopping-Center-Handbuch, München 1973

Falk, B.R. (1975): Methodische Ansätze und empirische Ergebnisse der Kundenforschung in Einkaufszentren, Berlin 1975

Falk, B.R. (1982): Einkaufszentrum/Shopping-Center. In: Falk, B.R.; Wolf, J. (Hrsg.), Das große Lexikon für Handel und Absatz, 2. Auflage, Landsberg 1982, S. 207-209

Falk, B.R.; Wolf, J. (1976): Handelsbetriebslehre, 4. Auflage, München 1976

Katalogkommission für die handels- und absatzpolitische Forschung (1970); Katalog E: Begriffsdefinitionen aus der Handels- und Absatzwirtschaft, Bonn 1970

Kroeber-Riel, W. (1984): Konsumentenverhalten, 3. Auflage, München 1984

Lange, M. (1976): Rieker & Sohn. In: Dichtl, E. (Hrsg.), Fallstudien zum Marketing, Teil 2: Lösungsskizzen, 3. Auflage, Berlin 1976, S. 173-190

Massy, W.F. (1971): Statistical analysis of relations between variables. In: Aaker, D.A. (Hrsg.), Multivariate analysis in marketing: Theory and application, Belmont/Cal. 1971, S.5-35

Müller, St.; Beeskow, W. (1982): Einkaufsstättenimage und Einkaufsstättenwahl. In: Jahrbuch der Absatz- und Verbrauchsforschung, 1982, S. 400-426

Nieschlag, R.; Dichtl, E.; Hörschgen, H. (1984): Marketing, 14. Auflage, Berlin 1985

Rothaar, P. (1974): Einkaufszentrum. In: Tietz, B. (Hrsg.), Handwörterbuch der Absatzwirtschaft, Stuttgart 1974, Sp. 520-526

Schweiger, G. (1978): Ergebnisse einer Image-Transfer-Untersuchung. In: Österreichische Werbewissenschaftliche Gesellschaft (Hrsg.), Die Zukunft der Werbung, Wien 1978, S. 129-138

Soldner, H. (1968): Die City als Einkaufszentrum im Wandel von Wirtschaft und Gesellschaft, Berlin 1968

Trommsdorff, V.; Bleicker, U.; Hildebrandt, L. (1980): Nutzen und Einstellung. In: WiSt, 1980, S. 269-276

Vielberth, J. (1986): Das Donau-Einkaufszentrum und seine räumlichen Auswirkungen für Regensburg und Ostbayern, Vortrag, Regensburg 1986

Strategische Erfolgsfaktoren im Einzelhandel – Eine empirische Analyse am Beispiel der Bekleidungsfachgeschäfte

Heribert Meffert und Paul-Josef Patt, Münster

Der Beitrag erarbeitet am Beispiel von Bekleidungsfachgeschäften die Determinanten des Unternehmenserfolges im Einzelhandel. Dabei kristallisieren sich die Wettbewerbsstärke und die Erlebnisorientierung der Fachgeschäfte als zentrale allgemeine Erfolgsfaktoren heraus. Die weitere Analyse zeigt, daß der Gewinn der Handelsbetriebe insbesondere durch die Art der Präsentation bestimmt wird, während das Personal und die verfolgte Zielgruppenstrategie maßgeblich das Umsatzwachstum beeinflussen. Der Beitrag schließt mit elf Erfolgsgrundsätzen, die unmittelbar aus den ermittelten Erfolgsfaktoren abgeleitet werden.

1 AUSGANGSPUNKT UND ZIELSETZUNG DER UNTERSUCHUNG

Der Identifikation von strategischen Erfolgsfaktoren als Determinanten des Unternehmenserfolges wird in Wissenschaft und Praxis seit geraumer Zeit verstärkte Aufmerksamkeit zuteil (vgl. z.B. Schoeffler, Buzzell, Heany 1974; Pümpin 1986; Peters, Waterman 1984). Der Großteil der zum Teil vielbeachteten Untersuchungen liegt jedoch auf Hersteller- bzw. auf branchenübergreifender Ebene, womit der Aussagewert dieser Forschungsansätze für den Einzelhandel vergleichsweise gering bleibt (vgl. dazu Patt 1987, S. 12 f.). Darüber hinaus sind handelsspezifische Konzepte bislang nur in Ansätzen vorhanden (vgl. Hildebrandt 1986, S. 42 ff.).

Vor diesem Hintergrund hat sich die diesem Beitrag zugrunde liegende Untersuchung das Ziel gesetzt, aufbauend auf einem umfassenden empirischen Bezugsrahmen die Einflußgrößen des unternehmerischen Erfolges im Einzelhandel zu ermitteln.

Um eine hinreichende Konkretisierbarkeit zu vergleichender Variablen und damit einen hohen Aussagewert der Ergebnisse sicherzustellen, konzentriert sich die Analyse auf eine Betriebsform einer Branche. Als besonders geeigneter Untersuchungsbereich zur Ermittlung strategischer Erfolgsfaktoren erweist sich dabei das Fachgeschäft. Für dessen Berücksichtigung spricht, daß in dieser Betriebsform das gesamte Spektrum des Marketing-

Handelsforschung 1987
Hrsg. Volker Trommsdorff

Instrumentariums zum Einsatz kommt, während in anderen Betriebsformen häufig ein Marketing-Parameter im Vordergrund steht (z.B. der Preis bei Discountern, SB- oder Fachmärkten). Das Fachgeschäft für Bekleidung ist als Untersuchungsobjekt schließlich besonders interessant, da es in verschiedener Hinsicht fachgeschäftstypisch ist (z.B. Saisonalität, Markenpolitik, Auswahl, Service, Preis; vgl. Patt 1987, S. 24 f.).

2 BEGRIFF DES ERFOLGSFAKTORS UND ANLIEGEN DER ERFOLGSFAKTORENFORSCHUNG

Als strategische Erfolgsfaktoren werden im folgenden Situationen, Elemente, Strukturen oder Leistungsfaktoren bezeichnet, die einen signifikanten Einfluß auf den Erfolg der Unternehmung oder einer strategischen Geschäftseinheit ausüben (vgl. dazu Steiner 1969, S.2; Grimm 1983, S.26). Damit können bestimmte Markt- oder Wettbewerbssituationen, Elemente der Unternehmensphilosophie, Organisations- bzw. Führungsstrukturen oder Leistungsfaktoren des Marketing-Instrumentariums angesprochen sein.

Ihre Ermittlung erfolgt über die standardisierte Erhebung quantitativer bzw. quantifizierter Unternehmensdaten und deren multivariate statistische Analyse zur Aufdeckung von Wirkungszusammenhängen zu einem z.B. durch ROI oder Umsatzwachstum gemessenen Unternehmenserfolg. Strategische Erfolgsfaktoren sind dabei im betrachteten Bezugsobjekt selbst oder in seiner Umwelt langfristig wirksam.

Anliegen einer derartigen Erfolgsfaktorenforschung ist es festzustellen, welche Parameter des Entscheidungsfeldes der strategischen Planung einen wesentlichen Einfluß auf den Unternehmenserfolg ausüben. Die Information über diese erfolgsbestimmenden Faktoren kann beispielsweise bei der Formulierung von Strategien wertvolle Anhaltspunkte zur Konzentration auf strategisch relevante Entscheidungstatbestände liefern. Für überdurchschnittlich erfolgreiche Unternehmen dürfte die Identifikation von Erfolgsfaktoren schließlich eine Bestätigung ihrer Geschäftspolitik erbringen und Hinweise zu einer weiteren Optimierung geben. Weniger erfolgreichen Unternehmungen sollten die Erfolgsfaktoren Anhaltspunkte für eine insgesamt effizientere Unternehmensführung und somit eine bewußtere Steuerung relevanter Einflußfaktoren ermöglichen (Patt 1987, S. 11 f.).

3 DESIGN UND VORGEHENSWEISE DER UNTERSUCHUNG

Die Untersuchung basiert auf einer **Stichprobe von 55 Bekleidungsfachgeschäften.** Die berücksichtigten Fachgeschäfte führen die Sortimentsbereiche Herren-, Damen-, Kinder- und Sportbekleidung ihrer jeweiligen Marketingstrategie entsprechend entweder einzeln (z.B. nur Herren), gebündelt (z.B. Damen und Kinder) oder als Vollsortimenter. Ihre Standorte verteilen sich über das gesamte Bundesgebiet. Die durchschnittliche Verkaufsfläche der Betriebe lag in 1985 bei 1 330 m^2. Der durchschnittliche Umsatz betrug 11,8 Mio. DM. Einbezogen wurden sowohl Handelsbetriebe, die aus einer Geschäftsstätte bestehen, als auch solche, denen mehrere Verkaufsstellen zuzurechnen sind. Alle Unternehmen sind im gleichen Beschaffungsverband organisiert und werden von einer angegliederten Unternehmensberatung - seit z.T. mehr als 20 Jahren - betreut.

Bei der Datenerfassung wurde wie folgt verfahren: Kernbestandteil der Erhebung war ein 32seitiger, weitestgehend standardisierter **Fragebogen**, auf dessen Grundlage ein bis zu siebenstündiges Gespräch mit der Geschäftsleitung des jeweiligen Handelsunternehmens geführt wurde. Subjektive Einschätzungen des Managements wurden dabei über Ratingskalen operationalisiert (z.B. Betriebstypenausrichtung). Die Erfassung komplexerer Sachverhalte erfolgte durch die Schilderung bestimmter Situationen und die Beurteilung der darauf aufbauenden Entscheidung der Geschäftsleitung (z.B. Unternehmensphilosophie, Führungsstil). Die Bestandteile des Fragebogens, die erst nach intensivem Aktenstudium beantwortet werden konnten, wurden den Gesprächsteilnehmern vorab zur schriftlichen Beantwortung zugeschickt (z.B. Aufteilung der Verkaufsflächen, Schaufensterflächen, Zielgruppenanteile, ständig geführte Größen).

Neben dieser mündlichen und schriftlichen Befragung fand jeweils vor Ort eine ausführliche **Betriebsbesichtigung** statt, deren Erkenntnisse ebenfalls Eingang in die Datenbank fanden (z.B. Präsentation, Ladenraumgestaltung, Personal). Darüber hinaus konnte für die untersuchten Handelsbetriebe die **Betriebsergebnisrechnung** auf Geschäftsstätten- und Abteilungsebene ausgewertet werden (z.B. Umsätze, Zuwachsraten, Rohgewinnrechnung). Nicht zuletzt ging in die Untersuchung auch eine Reihe von **sekundärstatistischen Materialien** ein (z.B. Kaufkraftniveau oder Marktvolumen am Standort).

Die Inhalte der Erhebung basieren auf dem in **Abbildung 1** wiedergegebenen empirischen Bezugsrahmen. Die dort systematisierten (denkbaren) Bestimmungsfaktoren des Unternehmenserfolges im Einzelhandel sind das Ergebnis einer umfassenden Literaturanalyse vorhandener Erfolgsfaktorenansätze (vgl. Dalrymple 1966; Bierbaum 1979; Hise u.a. 1983; Lusch, Moon 1984; Thurik 1984) sowie einer Reihe von explorativen Expertengesprächen (vgl. dazu Meffert, Patt 1987). Eine ausführliche Beschreibung der Operationalisierung der einzelnen unabhängigen Variablen findet sich bei Patt (1987, S. 252 f.).

Zur Messung der abhängigen Variablen "Erfolg" wurden sowohl objektive Daten als auch subjektive Einschätzungen herangezogen. Bei den objektiven Daten wird dabei einerseits auf das Umsatzwachstum und andererseits auf den Gesamtgewinn des Handelsbetriebes zurückgegriffen. Beide Erfolgsmeßgrößen sind zur Eliminierung kurzfristiger Schwankungen und zur Sicherstellung des langfristigen Charakters des Erfolgsfaktorenkonzeptes über einen Drei-Jahres-Durchschnitt erfaßt. Die subjektive Einschätzung des Unternehmenserfolges konnte über ein Expertenrating (Befragung der Partner der Unternehmensberatung) erhoben werden, wobei den einbezogenen Handelsbetrieben eine Erfolgskenn-

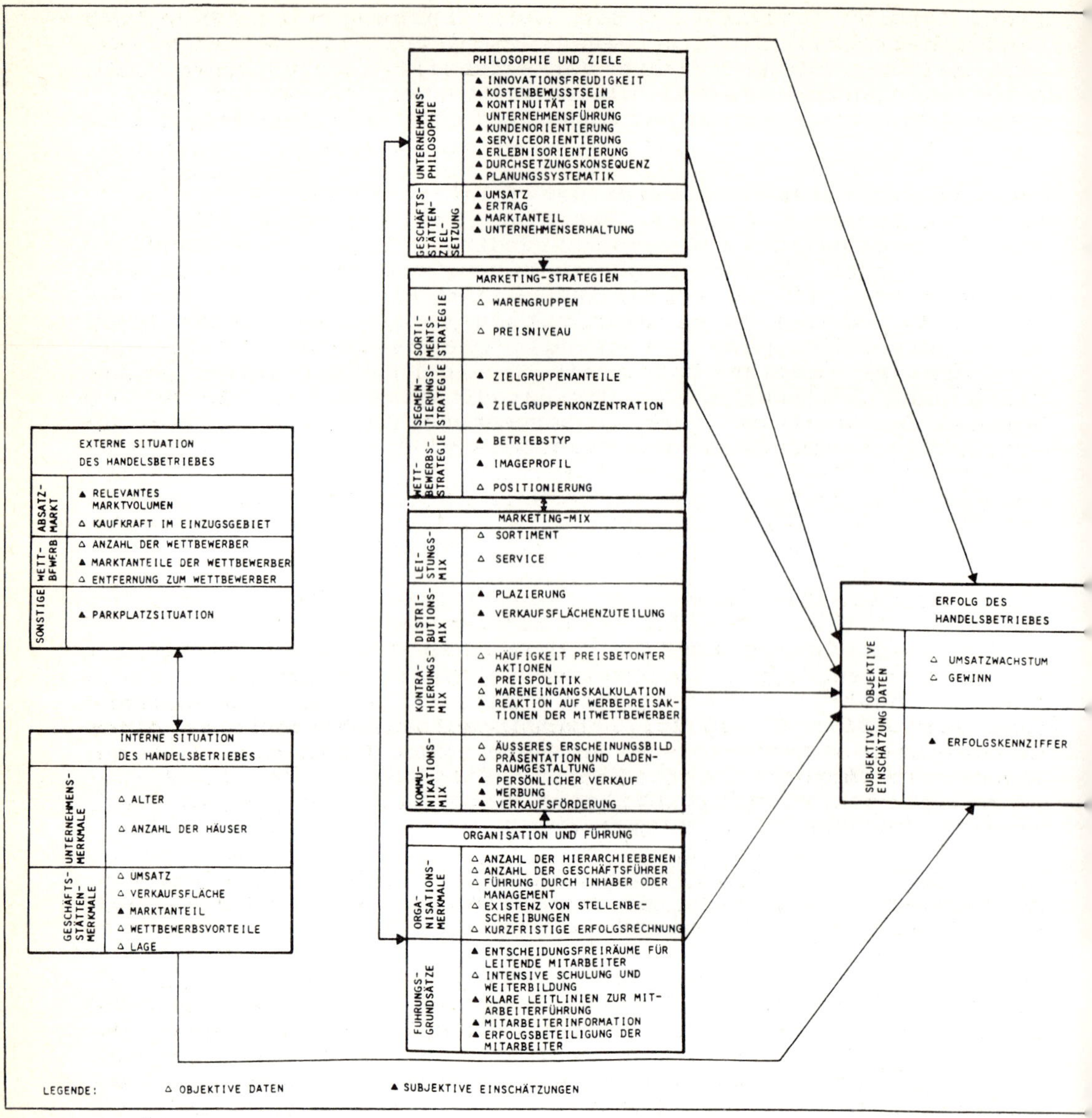

Abb. 1. Bezugsrahmen der empirischen Untersuchung

ziffer (1: überaus erfolgreich - 5: überhaupt nicht erfolgreich) zuzuordnen war. Als überdurchschnittlich erfolgreich wurden dabei solche Betriebe bewertet, die in den vergangenen drei Jahren überdurchschnittliche Umsatzzuwachsraten, Gewinne, Marktanteilssteigerungen oder Umsatzrentabilitäten verzeichnen konnten und denen auch zukünftig überdurchschnittliche Erfolgschancen einzuräumen sind. Die subjektive Einschätzung mit Hilfe einer Erfolgskennziffer stellt somit nicht nur ein Korrektiv zur Gewinngröße dar, die aufgrund steuerlicher Spielräume (z.B. Abschreibungspolitik) gewissen Schwankungen unterworfen ist. Sie kann vielmehr auch als Verdichtung und simultane Berücksichtigung mehrerer Erfolgsindikatoren interpretiert werden. Dies bestätigt die Analyse der einfachen Bestimmtheitsmaße. So wird die Varianz der Erfolgskennziffer zu 34% durch den Erfolgsindikator Umsatzwachstum und zu 19% durch den Erfolgsindikator Gewinn erklärt.

Bei der Ermittlung von Erfolgsfaktoren kann anschließend entsprechend der jeweils zu erklärenden abhängigen Variablen unterschieden werden zwischen **allgemeinen** (Erfolg gemessen durch Erfolgskennziffer) und **speziellen Erfolgsfaktoren** (Erfolg gemessen durch Umsatzwachstum bzw. Gewinn). Die Analyse dieser Wachstums- bzw. Ertragsfaktoren empfiehlt sich zusätzlich zur Globalanalyse, da sich die Verschiedenartigkeit der abhängigen Variablen erfahrungsgemäß auch in einem recht unterschiedlichen Set von erklärenden Variablen äußert (vgl. dazu auch die ähnliche Vorgehensweise von Horovitz, Thietart 1982, S. 70; Anderson 1985, S. 64 f.; Hise u.a. 1983, S. 30 ff.).

4 UNTERSUCHUNGSERGEBNISSE

Im Rahmen der Untersuchung wurde zunächst in einer isolierten Betrachtung der einzelnen Variablen des Bezugsrahmens ihr Einfluß auf den Unternehmenserfolg ermittelt (siehe dazu ausführlich Patt 1987, S. 86 ff.). Darauf aufbauend konnte in einer integrierten Betrachtung aller relevanten Bestimmungsfaktoren des Unternehmenserfolges geprüft werden, wie hoch ihr Erklärungsbeitrag insgesamt ausfällt. In diese Analyse gingen jedoch nur die Bestimmungsfaktoren ein, für die zuvor signifikante Zusammenhänge festgestellt worden waren ($\alpha \leq 0,10$). Damit wurde die große Zahl der insgesamt untersuchten Variablen auf eine für die weitere Verarbeitung handhabbare Größenordnung reduziert.

Um zwischen den Variablen bestehende Interdependenzen zu berücksichtigen, wurden die jeweiligen Variablensets vorab **faktorenanalytisch** verdichtet. Damit wird nicht nur eine Reduktion der umfassenden Informationsbasis auf ihre zentralen Dimensionen ermöglicht, die selbst nur schwer oder gar nicht unmittelbar erfaßbar sind. Gleichzeitig ist dadurch zu gewährleisten, daß in die im zweiten Schritt durchgeführte **multiple Regressionsanalyse** keine miteinander korrelierten Variablen eingehen, wodurch die Regressionsfunktion falsch geschätzt würde (Problem der Multikollinearität; vgl. Meffert 1986, S. 120). Es können vielmehr die definitionsgemäß voneinander unabhängigen Faktoren regressionsanalytisch weiterverarbeitet werden.

4.1 ALLGEMEINE ERFOLGSFAKTOREN

Mit Hilfe der Faktorenanalyse wurden **57 Einzelvariablen** zu **sechs Faktoren** zusammengefaßt. Die in Anbetracht der großen Zahl von Variablen vergleichsweise starke Informationsverdichtung erfolgte mit der Absicht, möglichst wenige zentrale Dimensionen herauszufiltern. Für die gefundene Faktorenlösung spricht, daß von den sechs ermittelten Faktoren bereits ein Anteil von 52,3 % der Gesamtvarianz aller berücksichtigten Variablen bestimmt wird. Die Einbeziehung der Faktorenwerte als Regressoren in eine schrittweise multiple Regression mit der Erfolgskennziffer als abhängige Variable zeigt daraufhin, daß fünf dieser sechs Faktoren insgesamt 55,9 % der Varianz der Erfolgsvariablen erklären können. Wie aus **Tabelle 1** zu entnehmen ist, kann lediglich der Faktor 4 keinen Erklärungsbeitrag liefern. Als Faktor mit dem höchsten Erklärungsbeitrag wird im Rahmen der schrittweisen Regression zunächst Faktor 3, dann Faktor 2, Faktor 5 und Faktor 6 und schließlich Faktor 1 einbezogen. Im folgenden ist nun zu prüfen, wie diese Faktoren inhaltlich gekennzeichnet werden können. Dabei wird in der Reihenfolge ihrer Einbeziehung in die schrittweise Regressionsanalyse vorgegangen. Auf die Darstellung der äußerst umfangreichen rotierten Faktormatrix sei an dieser Stelle verzichtet, da die zentralen Variablen ohnehin explizit herausgestellt werden. Variablen mit geringeren Faktorladungen werden i.d.R. im erläuternden Text angesprochen (vgl. dazu ausführlich Patt 1987, S. 246). Die hinter den Faktoren jeweils in % angegebenen Werte geben den durch den entsprechenden Faktor erklärten Anteil der Varianz der abhängigen Variablen wieder (partielles Bestimmtheitsmaß).

1. **Wettbewerbsstärke** (Faktor 3; 27 %)

Zentrale Variablen:

Wettbewerbsvorteile in
o Sortiment
o Warenbeschaffung
o Preis-Leistungs-Verhältnis
o Zielgruppenansprache
o Gesamtimage
o Personal.

Dieser Faktor ist im wesentlichen geprägt durch die hohen Faktorladungen auf die insgesamt sechs beschriebenen Wettbewerbsvorteile. Dabei handelt es sich um relative Stärken der Unternehmung im Vergleich zum Wettbewerber am Standort.

Andere Variablen, die von diesem Faktor maßgeblich beeinflußt werden, sind zwar nicht unmittelbar als Wettbewerbsvorteile erfaßt, drücken jedoch auch eine gewisse Wettbewerbsstärke aus. So lädt der Faktor positiv auf die Variable "Stammkundenanteil Herren jung", auf das Imagemerkmal "guter ausgewogener Service" und auf das Merkmal des persönlichen Verkaufs: "Personal entspricht dem Typ der Kundschaft". Begünstigt wird der Aufbau der

Wettbewerbsvorteile auch dadurch, daß den Mitarbeitern Verantwortung und Entscheidungsfreiräume überlassen werden, sowie durch die klare Nachvollziehbarkeit von Entscheidungen.

MULTIPLE R	.74809
R SQUARE	.55964
ADJUSTED R SQUARE	.50960
STANDARD ERROR	.67851

ANALYSIS OF VARIANCE

	DF	SUM OF SQUARES	MEAN SQUARE
REGRESSION	5	25.74366	5.14873
RESIDUAL	44	20.25634	.46037

F = 11.18387 SIGNIF F = .0000

------------------ VARIABLES IN THE EQUATION ------------------

VARIABLE	B	SE B	BETA	T	SIG T
FAKTOR3	.431043	.097871	.453668	4.404	.0001
FAKTOR2	.390425	.094219	.417514	4.144	.0002
FAKTOR5	.154423	.096695	.163937	1.597	.1174
FAKTOR6	.309976	.125457	.269496	2.471	.0174
FAKTOR1	.232266	.111108	.222080	2.090	.0424
(CONSTANT)	3.056670	.101562		30.097	.0000

------------- VARIABLES NOT IN THE EQUATION -------------

VARIABLE	BETA IN	PARTIAL	MIN TOLER	T	SIG T
FAKTOR4	-.037710	-.047169	.611201	-.310	.7583

Tab. 1. Regressionsanalyse verdichteter allgemeiner Erfolgsfaktoren

2. **Erlebnisorientierung** (Faktor 2; 15 %)

Zentrale Variablen:

o Ambiente unterstützt mit Farben
o Gestaltung des Ladenraumes erlebnisorientiert
o Einkauf ist für den Kunden ein Erlebnis
o modisch-aktuelle Ware
o große Auswahl
o Ambiente unterstützt mit Licht
o unverwechselbarer Stil
o Aktionstage.

Wie diese Aufstellung zeigt, lädt der Faktor durchweg auf Variable, die die Erlebnisorientierung zum Inhalt haben bzw. die zur Erlebnisorientierung beitragen. Die Ladung dieses Faktors auf die oben nicht angeführte Variable Umsatz gibt Anlaß zu der Vermutung, daß die Erlebnisorientierung eines Fachgeschäftes darüber hinaus nicht unerheblich durch die Größe des Betriebes beeinflußt wird. Einfluß geht von diesem Faktor auch auf das hohe Fachwissen der Verkäufer sowie auf die Aufmerksamkeit des Personals aus. Damit ist davon auszugehen, daß die Qualität des Personals notwendiger Bestandteil eines Erlebniskonzeptes ist. Interessant ist nicht zuletzt, daß mit der Erlebnisorientierung eine intensivere Zuteilung der Verkaufsfläche nach Ertragsgesichtspunkten einhergeht.

3. **Nutzung von Systemen** (Faktor 5; 5 %)

Zentrale Variablen:

- o intensive Nutzung des externen Informationssystems
- o intensive Nutzung der Personaleinsatzplanung
- o intensive Nutzung des Warenwirtschaftssystems.

Mit diesen drei (von insgesamt sechs) Variablen, die durch den Faktor maßgeblich bestimmt werden, deutet sich eine klare Systemorientierung an. Hier steht die intensive Nutzung von Informations- und Planungssystemen im Vordergrund. Im Zusammenhang damit ist eine starke Zielorientierung an kurzfristigem Umsatz zu sehen, die in der hohen Faktorladung auf diese Variable zum Ausdruck kommt. Offenbar als Ergebnis einer intensiven Systemorientierung ist ein aus der Sicht der Verbraucher günstigeres Preis-Leistungs-Verhältnis festzustellen, wodurch sich der Einfluß des Faktors auf dieses Imagemerkmal erklären lassen dürfte.

4. **Überschaubarkeit** (Faktor 6; 4 %)

Zentrale Variablen:

- o geringe Anzahl von Hierarchieebenen
- o geringe Anzahl von Häusern
- o Motivieren der Mitarbeiter in besonderem Maße.

Der Faktor lädt besonders stark auf die beiden erstgenannten Variablen. Damit wird die Überschaubarkeit der Geschäftsstätte sowie des Unternehmens begünstigt. Für diese Überlegung spricht auch der Einfluß des Faktors auf die dritte Variable. In überschaubaren Organisationseinheiten dürfte es leichter sein, die Mitarbeiter zu motivieren. Eine andere Größe, die oben nicht aufgeführt wurde, ist die "Schwerpunktlegung auf lukrative Teilsegmente", die der Faktor negativ beeinflußt. Dieser Zusammenhang ist vor dem Hintergrund zu sehen, daß in überschaubaren Betrieben die Notwendigkeit einer weiteren Schwerpunktlegung im Gegensatz zu häufig größeren, unübersichtlichen Handelsunternehmen nicht mehr besteht. Insgesamt dürfte sich das hinter diesem Faktor stehende Erfolgsprinzip auch als "Operieren in kleinen Einheiten" umschreiben lassen.

5. **Leistungs- und Öffentlichkeitsorientierung** (Faktor 1, 4 %)

Zentrale Variablen:

- o umfangreiches Serviceangebot wird als besonders wichtig erachtet
- o Anzahl der insgesamt angebotenen Dienstleistungen
- o Gestaltung des Ladenraumes exklusiv
- o Einsatz von Zugaben als Verkaufsförderungsinstrument
- o intensive PR/Öffentlichkeitsarbeit
- o Öffentlichkeitsarbeit wird als besonders wichtig erachtet.

Dieser vergleichsweise schwer zu interpretierende Faktor zeichnet sich dadurch aus, daß er vor allem Variable prägt, die mit Zusatzleistungen und Öffentlichkeitsarbeit in Zusammenhang stehen. Der Faktor lädt aber auch auf die oben nicht erwähnte Größe "Kooperation mit externen Dienstleistern". Auf dem Wege dieser Kooperation wird offensichtlich versucht, das angebotene Leistungsniveau weiter zu verbessern. Begünstigt wird die Leistungs- und Öffentlichkeitsorientierung durch die Existenz eindeutiger Stellenbeschreibungen. Nicht zuletzt spielt hier der persönliche Verkauf mit zwei Variablen eine Rolle. So lädt der Faktor auf die Merkmale "Motivation des Verkäufers über Umsatzprovision" und "Prüfung des äußeren Erscheinungsbildes der Verkäufer". Insgesamt erweist sich also die gewählte inhaltliche Beschreibung des Faktors als Leistungs- und Öffentlichkeitsorientierung als tragfähig.

Der ermittelte Faktor 4 wird schließlich nicht mehr in die schrittweise multiple Regressionsanalyse einbezogen. Dieser Faktor konnte keinen hinreichend signifikanten zusätzlichen Erklärungsbeitrag liefern. Da sich der Faktor außerdem infolge unterschiedlichster Variablen einer eindeutigen Interpretation entzieht, soll an dieser Stelle nicht näher darauf eingegangen werden.

4.2 WACHSTUMSFAKTOREN

Auf der Basis von **76 signifikanten Bestimmungsfaktoren** des Umsatzwachtums wurde wiederum eine Faktorenanalyse mit anschließender regressionsanalytischer Weiterverarbeitung der Faktorenwerte durchgeführt. Über die faktorenanalytische Verdichtung der Variablen ergeben sich **sechs Faktoren**, die insgesamt 49,8 % der Gesamtvarianz aller Variablen erklären. Wie aus **Tabelle 2** hervorgeht, wurden in die schrittweise Regressionsanalyse zur Erklärung der abhängigen Variablen Umsatzwachstum die Faktoren 2, 4 und 5 einbezogen, wobei durch sie bereits 63,7% der Varianz des Erfolgsindikators Umsatzwachstum zu bestimmen sind.

Die Faktoren sollen im folgenden wiederum in der Reihenfolge ihrer Berücksichtigung in der Regressionanalyse interpretiert werden (siehe dazu die rotierte Faktormatrix bei Patt 1987, S. 247).

1. **Personal** (Faktor 2; 26 %)

Zentrale Variablen:

- o Identifizierung der Mitarbeiter mit dem Unternehmen
- o Personal entspricht dem Typ der Kundschaft
- o hoher Stammkundenanteil Herren modisch
- o Verkäufer tragen selbst aktuellste Ware
- o hoher Stammkundenanteil Herren jung
- o Prüfung des äußeren Erscheinungsbildes der Verkäufer
- o Verkäufer tragen abteilungsangepaßte Kleidung
- o Führungsorientierung an klaren Leitlinien
- o Verantwortung und Entscheidungsfreiräume der Mitarbeiter
- o leistungsfähigeres Personal als Wettbewerbsvorteil.

MULTIPLE R	.79810
R SQUARE	.63697
ADJUSTED R SQUARE	.57964
STANDARD ERROR	1.97043

ANALYSIS OF VARIANCE

	DF	SUM OF SQUARES	MEAN SQUARE
REGRESSION	3	129.43252	43.14417
RESIDUAL	19	73.76923	3.88259

F = 11.11221 SIGNIF F = .0002

------------------ VARIABLES IN THE EQUATION ------------------

VARIABLE	B	SE B	BETA	T	SIG T
FAKTOR2	-1.627159	.405780	-.555824	-4.010	.0007
FAKTOR4	-1.879805	.657261	-.414222	-2.860	.0100
FAKTOR5	-.819806	.339893	-.349196	-2.412	.0261
(CONSTANT)	3.561259	.455354		7.821	.0000

------------- VARIABLES NOT IN THE EQUATION -------------

VARIABLE	BETA IN	PARTIAL	MIN TOLER	T	SIG T
FAKTOR1	-.073339	-.090881	.557472	-.387	.7032
FAKTOR3	.205097	.287437	.713039	1.273	.2191
FAKTOR6	-.303396	-.438821	.759459	-2.072	.0529

Tab. 2. Regressionsanalyse verdichteter Wachstumsfaktoren

Damit sind von insgesamt 17 Variablen, die von diesem Faktor geladen wurden, bereits 10 Variablen angeführt, die unmittelbar Personalaspekte beschreiben. Berücksichtigt man, daß Faktorladungen mit einem Wert von weniger als 0,40 nicht zur Interpretation herangezogen werden sollten, bleiben lediglich vier Variablen, die nur indirekt mit dem Personal in Verbindung zu bringen sind. So ist davon auszugehen, daß beispielsweise die Wahrnehmung des Imagemerkmals "modisch-aktuelle Ware" durch die Verbraucher nicht unabhängig von der wahrgenommenen Qualität des Personals zu sehen ist. Ebenso wird der mit einer klaren Abhebung von der Konkurrenz erreichte Wettbewerbsvorteil nicht unerheblich durch die Personalqualität eines Fachgeschäftes beeinflußt.

2. **Zielgruppenstrategie** (Faktor 4; 27 %)

Zentrale Variablen:

o Umsatzanteil in Damenzielgruppe 2 (modisch-aktuell)
o Umsatzanteil in Damenzielgruppe 5 (qualitätsbewußt)
o Umsatzanteil in Herrenzielgruppe 5 (qualitätsbewußt)
o Umsatzanteil in Damenzielgruppe 6 (preiswert).

Im Mittelpunkt der durch diesen Faktor maßgeblich geprägten Variablen stehen die Zielgruppenanteile, die zur Operationalisierung der von den Handelsbetrieben verfolgten Zielgruppenstrategien erfaßt wurden. Es zeigt sich, daß die Richtung der Faktorladungen sowie der Einfluß des Faktors auf die abhängige Variable wie folgt interpretiert werden kann: Je größer der Umsatzanteil in der Damenzielgruppe 2 und je kleiner der Umsatzanteil in der Damenzielgruppe 5 und 6 und der Herrenzielgruppe 6, desto größer fällt das Wachstum der Betriebe aus. Es ist somit insgesamt die vom Fachgeschäft beschriebene Zielgruppenstrategie, die hinter den zentralen Variablen dieses Faktors steht.

3. **Größe** (Faktor 5; 11 %)

Zentrale Variablen:

o Verkaufsfläche des Fachgeschäftes
o Umsatz des Fachgeschäftes
o Anzahl der Wettbewerber
o Marktabdeckung
o Umsatzanteil in Kinderzielgruppe 1 (Baby)
o Umsatzanteil in Kinderzielgruppe 2 (Kleinkind)
o Aktionstage
o Fernsehwerbung.

Hinter allen beschriebenen Variablen steht zweifelsohne die Größe des Fachgeschäftes. So wurden die ersten beiden Variablen im Laufe der Untersuchung unmittelbar herangezogen, um die Größe des Fachgeschäftes zu indizieren. Die Anzahl der Wettbewerber eines Handelsbetriebes steht offensichtlich insofern in einem Zusammenhang mit seiner Größe, als daß beide Variablen wiederum von der Größe des Absatzmarktes abhängen. Die Marktabdekkung eines Handelsbetriebes als Kennzeichnung der durch ihn angebotenen Sortimentsbereiche ist hingegen wieder in einem direkten Abhängigkeitsverhältnis zu sehen. Die stärkeren Umsatzanteile in den Kinderzielgruppen 1 und 2 sind ebenfalls auf die Größe des Fachgeschäftes zurückzuführen, da erfahrungsgemäß erst größere Betriebe diese Zielgruppen kompetent bearbeiten können. Nicht zuletzt deutete sich bereits im Verlaufe der Datenerhebung an, daß Plakatwerbung, Aktionstage und Fernsehwerbung verstärkt in größeren Fachgeschäften zum Tragen kommen.

Weitere Faktoren wurden aufgrund des zu geringen Signifikanzniveaus nicht in die Regressionsanalyse einbezogen. Dennoch soll auf die verbleibenden Faktoren eingegangen werden, da sich zwei davon in ausgezeichneter Weise interpretieren lassen. So beinhaltet der Faktor 1 der Faktorenanalyse eine Fülle von strategischen und instrumentalen Preisvariablen, während der Faktor 3, wie schon im vorangegangenen Kapitel - wenn auch nicht mit gleicher Deutlichkeit -, Erlebnisaspekte beschreibt. Interessant ist, daß **weder Preisfaktor noch Erlebnisfaktor** einen positiven Erklärungsbeitrag zum Umsatzwachstum des Handelsbetriebes liefern können. Darin zeigt sich, daß dem Einsatz des Preisinstrumentariums entgegen der Gepflogenheiten der Praxis - zumindest im Facheinzelhandel - nicht die zentrale Bedeutung beizumessen ist. Zum **langfristigen** Unternehmenswachstum kann, wie durch die Regressionsanalyse belegt, der Preis als Marketinginstrument jedenfalls nicht den erwarteten Beitrag liefern. Die Erlebnisorientierung schließlich hat trotz ihrer nachgewiesenen Relevanz als allgemeiner Erfolgsfaktor zumindest auf das langfristige Umsatzwachstum ebensowenig Einfluß.

4.3 ERTRAGSFAKTOREN

Auch die insgesamt **73 ermittelten Ertragsfaktoren** konnten auf **sechs Faktoren** verdichtet werden, welche insgesamt 50,7 % der Gesamtvarianz erklären. Von diesen wurden wiederum die Faktoren 1, 3 und 5 in eine schrittweise multiple Regressionsanalyse eingebracht. Tabelle 3 zeigt, daß diese drei Faktoren bereits 73,4 % der Varianz der abhängigen Variable Gewinn bestimmen. Wie diese Faktoren zu interpretieren sind, zeigt die Auflistung der zentralen Variablen, die von den jeweiligen Faktoren geladen werden (vgl. dazu Patt 1987, S. 248).

1. **Präsentation** (Faktor 1; 41 %)

Zentrale Variablen:

- o Ambiente unterstützt mit Dekoration
- o Warenrückwände aufgelockert durch Dekorationen und Warenträger
- o vorwahlgerechte Plazierung wenig erklärungsbedürftiger Ware
- o Ambiente unterstützt mit Farbe
- o Ambiente unterstützt mit Licht
- o Plazierung aktueller Ware an Kundenwegen
- o Bündelung der Artikel zu Themen
- o Kombipräsentationen
- o Dekorative Herausstellung der Ware
- o Schaufensternutzung zur Präsentation von Neuheiten
- o beste Plätze den ertragsstarken Waren
- o neuartige Wege bei anstehenden Problemen.

Alle diese Variablen stehen in einem unmittelbaren Zusammenhang mit der Präsentation und der Plazierung der Ware, der Dekoration und der Verkaufsraumgestaltung. Sie sollen daher unter dem Oberbegriff Präsentation zusammengefaßt werden. Zwar sind einige Variablen in diesem Faktor enthalten, die in Kapitel 4.1

auch Bestandteil des Erlebnisfaktors waren. Von diesem läßt sich der hier ermittelte Faktor 1 jedoch deutlich abgrenzen.

2. **Größe** (Faktor 3; 18 %)

Zentrale Variablen:

- o Verkaufsfläche des Fachgeschäftes
- o Umsatz des Fachgeschäftes
- o Marktabdeckung
- o Plakatwerbung
- o Rundfunkwerbung
- o Umsatzanteil in Kinderzielgruppe 1 (Baby)
- o Umsatzanteil in Kinderzielgruppe 2 (Kleinkind)
- o Eigenmarkenanteil Kinder.

MULTIPLE R	.85655
R SQUARE	.73368
ADJUSTED R SQUARE	.69163
STANDARD ERROR	30958.46681

ANALYSIS OF VARIANCE

	DF	SUM OF SQUARES	MEAN SQUARE
REGRESSION	3	50166646326.12331	16722215442.0411
RESIDUAL	19	18210106677.48427	958426667.23601

F = 17.44757 SIGNIF F = .0000

------------------ VARIABLES IN THE EQUATION ------------------

VARIABLE	B	SE B	BETA	T	SIG T
FAKTOR1	-30468.22144	7110.466478	-.545303	-4.285	.0004
FAKTOR3	-21923.89010	5774.147490	-.479139	-3.797	.0012
FAKTOR5	22470.425988	7202.031586	.375763	3.120	.0056
(CONSTANT)	49523.086053	6517.215711		7.599	.0000

------------- VARIABLES NOT IN THE EQUATION -------------

VARIABLE	BETA IN	PARTIAL	MIN TOLER	T	SIG T
FAKTOR2	.209705	.202785	.249034	.879	.3912
FAKTOR4	-.023349	-.038344	.718194	-.163	.8725
FAKTOR6	.033878	.061625	.795078	.262	.7963

Tab. 3. Regressionsanalyse verdichteter Ertragsfaktoren

Ähnlich eindeutig wie im vorangegangenen Kapitel steht hinter diesen Variablen jeweils der Faktor Größe. Dabei können Verkaufsfläche, Umsatz und Marktabdeckung als unmittelbare Größenindikatoren betrachtet werden, während die anderen Variablen mittelbar durch die Größe beeinflußt werden.

3. **Stammkundenanteil** (Faktor 5; 14 %)

Zentrale Variablen:

- o Stammkundenanteil Herren gesamt
- o Stammkundenanteil Herren modisch
- o Stammkundenanteil Herren jung
- o Wettbewerbsvorteil Herren Sortiment Artikel
- o Verantwortung und Entscheidungsfreiräume der Mitarbeiter.

Im Mittelpunkt der Variablen, die durch diesen Faktor geladen werden, findet sich der Stammkundenanteil. Auffallend ist dabei, daß hier vor allem der Stammkundenanteil im modischen und im jungen Bereich und nicht der Stammkundenanteil des klassischen Bereiches Berücksichtigung finden. Im Zusammenhang mit den hohen Stammkundenanteilen ist schließlich auch die Einbeziehung des Wettbewerbsvorteils im Herren Sortiment Artikel zu sehen. Begünstigt wird der Aufbau von Stammkundenanteilen offensichtlich durch Verantwortung und Entscheidungsfreiräume der Mitarbeiter. Insgesamt ist der Faktor aufgrund der Dominanz der Stammkundenanteilsvariablen mit dem beschriebenen Begriff gekennzeichnet. Die Tatsache, daß alle Stammkundenvariablen im Herrenbereich liegen, ist auf die traditionelle Stärke der untersuchten Einheiten als Herrenfachgeschäfte zurückzuführen und sollte inhaltlich nicht überbewertet werden.

Von den verbleibenden Faktoren, die nicht in die Regressionsanalyse einbezogen wurden, ist lediglich einer sinnvoll zu interpretieren. Er lädt zum großen Teil auf Variable, die in einem Zusammenhang zur Erlebnisorientierung stehen. Demnach kann die **Erlebnisorientierung** auch zum Gewinn **keinen unmittelbaren Beitrag** leisten. Dennoch ist es nicht als Widerspruch zu sehen, daß die Erlebnisorientierung als allgemeiner Erfolgsfaktor herauskristallisiert werden konnte, während sie als Ertrags- und Wachstumsfaktor keinen signifikanten Beitrag liefert. Schließlich wird der Erfolg als subjektive Größe nicht nur durch die objektiven Variablen Gewinn und Wachstum erklärt, auch wenn zwischen ihnen ein starker Zusammenhang nachgewiesen werden konnte. Besonders aufschlußreich ist ferner, daß das Personal, zuvor als Wachstumsfaktor identifiziert, als Ertragsfaktor keine Rolle spielt. Hier dürfte sich der negative Einfluß der bei qualifiziertem Personal höheren Personalkosten auf den Gewinn widerspiegeln.

4.4 ÜBERSICHT DER ZENTRALEN ERFOLGSFAKTOREN

Die aus der Faktorenanalyse resultierende **Verdichtung auf zentrale Erfolgsfaktoren** findet sich in **Abbildung 2** zusammenfassend dargestellt. Darin sind zum einen die einfachen Bestimmtheitsmaße zwischen den drei herangezogenen Erfolgsindikatoren eingetragen, auf die bereits eingegangen wurde. Zum anderen gibt die Abbildung die regressionsanalytisch ermittelten partiellen Bestimmtheitsmaße wieder. Daraus geht noch einmal hervor, daß der über eine subjektive Einschätzung operationalisierte **Erfolg** (Erfolgskennziffer) vor allem durch die Wettbe-

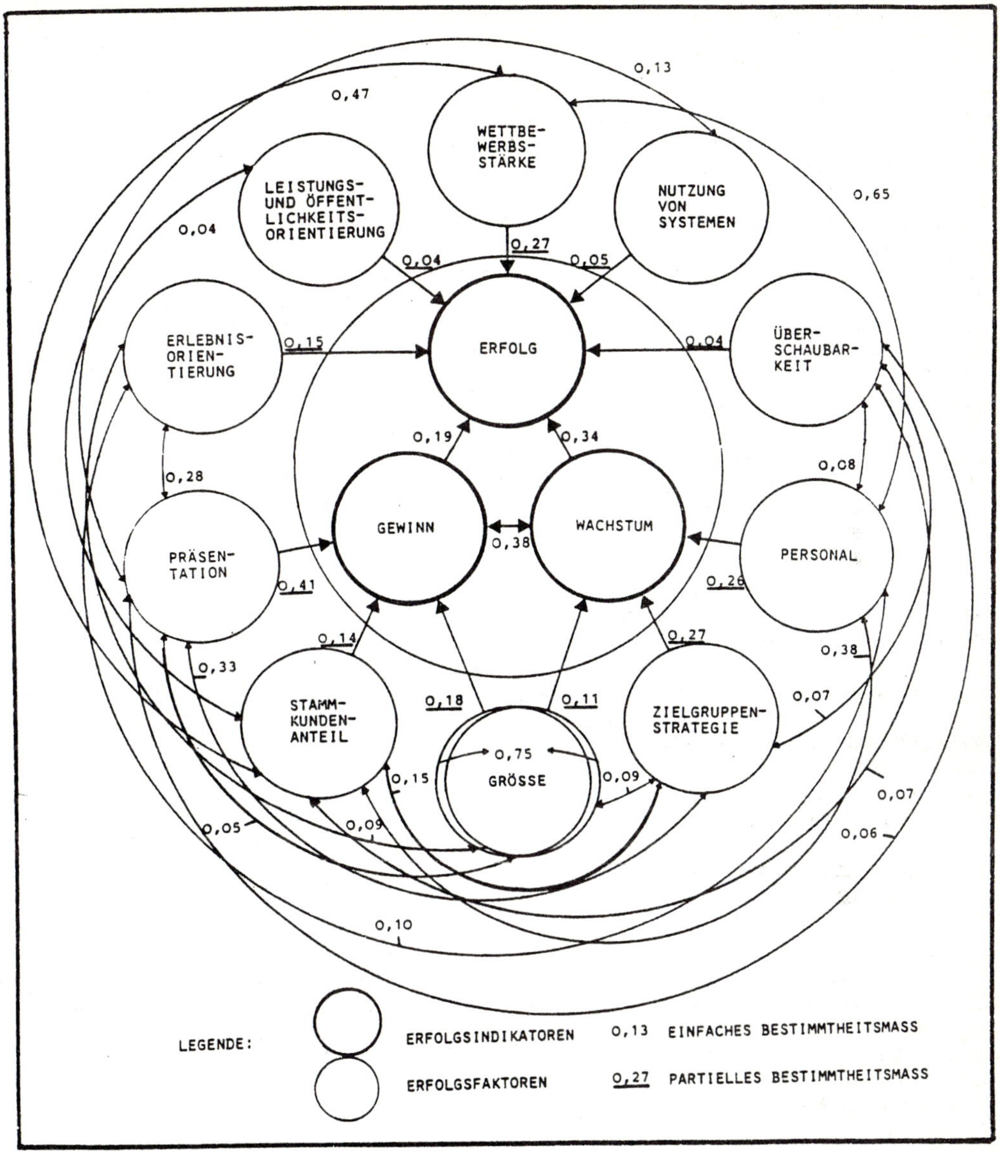

Abb. 2. Zentrale Erfolgsfaktoren im Facheinzelhandel

werbsstärke und die Erlebnisorientierung erklärt wird. Beeinflußt wird der Erfolg eines Fachgeschäftes überdies durch die Nutzung von Systemen, durch die Überschaubarkeit des Unternehmens und durch seine Leistungs- und Öffentlichkeitsorientierung. Der größte Teil des Erfolgsindikators **Wachstum** wird durch die Zielgruppenstrategie und das Personal des Handelsunternehmens bestimmt. Ein weiterer Einfluß auf diesen Erfolgsindikator geht von der Größe des Fachgeschäftes aus. Der abhängige Erfolgsindikator **Gewinn** wird schließlich vor allem durch die Art der Präsentation bestimmt. Daneben resultiert die Höhe des Gewinns aus dem Stammkundenanteil und ebenfalls aus der Größe des Handelsbetriebes. Die Darstellung des Erfolgsfaktors "Größe" in der Abbildung 2 soll andeuten, daß sich der Ertragsfaktor "Größe" nicht voll mit dem Wachstumsfaktor "Größe" deckt.

Die Analyse der in der Abbildung 2 außerdem angegebenen Beziehungen zwischen den Erfolgsfaktoren zeigt die innerhalb der jeweiligen Faktoren einer Faktorenanalyse definitionsgemäß bestehende Unabhängigkeit. Zusammenhänge sind daher lediglich zwischen den drei Gruppen von Erfolgsfaktoren auszumachen. Hierbei wird deutlich, daß der Erfolgsfaktor Wettbewerbsstärke wesentlich durch die beiden Faktoren Personal und Stammkundenanteil mitbestimmt wird. Der Stammkundenanteil steht seinerseits wiederum in Zusammenhang mit dem Erfolgsfaktor Personal. Interessant ist darüber hinaus die Beziehung zwischen den beiden Erfolgsfaktoren Zielgruppenanteil und Präsentation, während sich die Interdependenz des letztgenannten Faktors zur Erlebnisorientierung bereits bei der Interpretation der verdichteten Erfolgsfaktoren andeutete.

Es bleibt somit festzuhalten, daß die untersuchten Handelsbetriebe insgesamt um so erfolgreicher sind, je mehr sie sich an diesen zehn (verdichteten) Erfolgsfaktoren ausrichten. Die dahinterstehenden **Erfolgsgrundsätze** lassen sich wie folgt formulieren:

1. **Orientierung am Wettbewerber vor Ort!** Aufbau und Verteidigung strategischer Wettbewerbsvorteile. Wettbewerbsvorteile können dabei z.B. im angebotenen Sortiment, in der Beschaffung, in der Intensität der Zielgruppenansprache oder in der Leistungsfähigkeit des Personals liegen.

2. **Schaffung eines unverwechselbaren Stils durch Erlebnisorientierung!** Diese Erlebnisorientierung muß sich konsequent durch das Gesamtkonzept ziehen (von der Einrichtung über das Sortiment bis zur Kommunikation).

3. **Nutzung von internen und externen Informationssystemen!** Nicht allein die Bereitstellung derartiger Systeme, sondern erst deren intensive und sinnvolle Nutzung führt langfristig zum Erfolg.

4. **Operieren in überschaubaren Einheiten!** Ein Zuviel an Hierarchie und Bürokratie hemmt den Erfolg ebenso wie zu viele Aktivitäten an verschiedenen Fronten. Überschaubar muß nicht "klein" heißen.

5. **Angebot von profilierenden Service- und Dienstleistungen!** Erst durch diese Leistungen gewinnt der Fachhandel Profil gegenüber dem Wettbewerb. Das Angebot von derartigen Zusatzleistungen ist für den Erfolg des Fachgeschäftes von immanenter Bedeutung.

6. **Intensivierung der PR- und Öffentlichkeitsarbeit!** Schließlich kommt es darauf an, das "Licht nicht unter den Scheffel zu stellen". Die intensivere PR- und Öffentlichkeitsarbeit zeichnet den erfolgreichen Betrieb aus.

7. **Nutzung moderner und konzeptentsprechender Präsentationstechniken!** Auch gute Ware verkauft sich schlecht, wenn sie lieblos präsentiert wird. Erst eine ansprechende Präsentation schöpft Gewinnpotentiale aus.

8. **Pflege der Stammkunden!** Die aufmerksame Betreuung der Stammkunden durch Inhaber und Personal sichert die Ertragskraft des Fachgeschäftes. Ein hoher Stammkundenanteil ist einer der zentralen Wettbewerbsvorteile eines Handelsbetriebes.

9. **Motivation und Qualifikation des Personals!** Unmotiviertes und unqualifiziertes Personal macht viele Bemühungen der Geschäftsleitung zunichte. Erst durch engagiertes, dem Kundentyp entsprechendes Personal lassen sich Wachstumsreserven mobilisieren.

10. **Verfolgung konsequenter und potentialorientierter Zielgruppenstrategien!** Erfolgreiche Fachgeschäfte wachsen durch ihre Ausrichtung an wachstumsstarken Zielgruppen, ohne dabei Basiszielgruppen zu vergessen.

11. **Stärke durch Größe!** Große Fachgeschäfte sind ertragskräftiger und wachstumsfähiger. Dabei geht es aber nicht um Größe um jeden Preis, sondern um standortspezifische Marktführerschaft. Der Fachgeschäftscharakter muß gewahrt bleiben.

LITERATUR

Anderson, P.M. (1985): Association of Shopping Center Anchors with Performance of a Nonanchor Speciality Chain's Stores. In: Journal of Retailing, Vol.61, 1985, Heft 2, S. 61-74

Bierbaum, H. (1979): Leistung und Leistungsbedingungen im Einzelhandel, Rationalisierungs-Gemeinschaft des Handels beim RKW e.V. Köln, Köln 1979

Dalrymple, D.J. (1966): Merchandising Decision Models for Department Stores, East Lansing 1966

Grimm, U. (1983): Analyse strategischer Faktoren. Ein Beitrag zur Theorie der strategischen Unternehmensplanung. In: Albach, H. u.a. (Hrsg.), Beiträge zur betriebswirtschaftlichen Forschung, Band 56, Wiesbaden 1983

Hildebrandt, L. (1986): Erfolgsfaktorenforschung im Handel. In: Trommsdorff, V. (Hrsg.), Handelsforschung 1986, Jahrbuch der Forschungsstelle für den Handel Berlin (FfH) e.V., Band 1, Heidelberg 1986, S. 37-52

Hise, R.T. u.a. (1983): Factors Affecting the Performance of Individual Chain Store Units: An Empirical Analysis. In: Journal of Retailing, Vol.59, 1983, Heft 2, S. 22-39

Horovitz, J.H.; Thietart, R.A. (1982): Strategy, Management Design and Firm Performance. In: Strategic Management Journal, 1982, S. 67-76

Lusch, R.F.; Moon, S.J. (1984): An Exploratory Analysis of the Correlates of Labour Productivity in Retailing. In: Journal of Retailing, Vol.60, 1984, Heft 3, S. 37-61

Meffert, H. (1986): Marktforschung, Wiesbaden 1986

Meffert, H.; Patt, P.-J. (1987): Erfolgsfaktoren im Einzelhandelsmarketing. In: Schöttle, K.M. (Hrsg.), Jahrbuch Marketing, 4.Ausgabe, Essen 1987, S. 40-61

Patt, P.-J. (1987): Erfolgsfaktoren im Einzelhandel. Eine empirische Analyse, dargestellt am Beispiel textiler Bekleidungsfachgeschäfte, (im Druck; Erscheinungstermin Herbst 1987)

Peters, Th.J.; Waterman, R.H. (1984): Auf der Suche nach Spitzenleistungen, 5. Auflage, München 1984

Pümpin, C. (1986): Management strategischer Erfolgspositionen, 3.Auflage, Bern, Stuttgart 1986

Schoeffler, S.; Buzzell, R.D.; Heany, D.F. (1974): Impact of Strategic Planning on Profit Performance. In: Harvard Business Review, Vol.52, 1974, March-April, S. 137-145

Steiner, G.A. (1969): Strategic Factors in Business Success, New York 1969

Thurik, A.R. (1984): Quantitative Analysis of Retail Productivity, Delft 1984

Strategische Unternehmensplanung im Handel

Lothar Müller-Hagedorn, Trier

Je mehr sich die Wettbewerbsverhältnisse im Handel verschärfen, umso dringlicher ist zu prüfen, ob die "strategische Unternehmensplanung" zu einem ähnlich wichtigen Planungsinstrument wie in der Industrie ausgebaut werden kann. Dazu wird zunächst auf jene Merkmale eingegangen, die die strategische Planung von der operativen abgrenzen. Darüber hinaus wird auf wichtige Entscheidungsbereiche hingewiesen: Mit welchen Betriebsformen soll eine Organisation auf dem Markt auftreten? Sollte der Handel dabei in Zielgruppen denken? Welche Rolle spielt die Diversifikationspolitik? Ist der Handel jetzt an einem Punkt angelangt, in dem es darauf ankommt, das Informations- und Planungssystem auszubauen? Wie entscheidend ist es, das Verhältnis zur Industrie auszugestalten?

1 STRATEGISCHE PLANUNG IM HANDEL - SCHLAGWORT ODER ZEICHEN DER ZEIT?

Sicher wäre es vorschnell, aus der Beobachtung, daß in den letzten zehn Jahren in der Industrie kein Thema sowohl die Tagungen und Kongresse als auch die Literatur mehr beherrscht hat als die "strategische Unternehmensplanung", zu schließen, jetzt sei auch die Zeit gekommen, daß der Handel strategisch planen müsse. Immerhin ist diese Beobachtung geeignet, dazu anzuregen, die folgenden Fragen zu stellen:

- Gibt es Faktoren, die es plausibel erscheinen lassen, auch im Handel das Konzept der strategischen Planung einzuführen bzw. auszubauen? Läßt sich die Empfehlung, auch im Handel strategisch zu planen, mit Argumenten belegen, oder ist es ein Schlagwort, das vorwiegend diejenigen in den Mund nehmen, die die unterschiedlichen Verhältnisse in Industrie und Handel nicht hinreichend beachten?

- Welches sind die besonderen Kennzeichen der strategischen Unternehmensplanung? Ist sie vielleicht identisch mit dem, was bislang schon im Handel als Planung bezeichnet wird, oder handelt es sich um ein ganz eigenständiges Planungssystem? Das schließt die Frage mit ein, welches das Ergebnis ist, das

Handelsforschung 1987
Hrsg. Volker Trommsdorff

von einer strategischen Planung erwartet werden kann, und in welchen Schritten sie zu vollziehen ist. So läßt sich kurz zusammengefaßt fragen:

- Worin bestehen die Besonderheiten der strategischen Planung?
- Welche Antworten erwartet man von der strategischen Planung?
- Aus welchen Elementen besteht eine strategische Unternehmensplanung?

Es ist Anliegen des vorliegenden Beitrages, auf die beiden ersten Fragen einzugehen.

Die Notwendigkeit einer strategischen Planung im Handel läßt sich schwerlich beweisen, aber mit einigen plausiblen Argumenten begründen. Vor allen Dingen muß man sich vergegenwärtigen, daß in den seltensten Fällen eine Institution Planung als Selbstzweck betreiben will, sondern daß sie darin eine Hilfe sieht, wenn der Wettbewerb sich verschärft und die Gewinne schrumpfen. Zwar ist nicht auszuschließen, daß auch der aus dem Lehrbuch bekannte Monopolist ein Planungssystem einrichtet und Kostenkontrollprogramme installiert, um noch höhere Gewinne erzielen zu können, aber in den meisten Fällen wird es doch so sein, daß die Einrichtung eines neuen Planungssystems durch externen Wettbewerbsdruck verursacht ist und in der Anwendung dieses Planungsinstrumentes eine Möglichkeit gesehen wird, einer Bedrohung der Situation der Unternehmung im Markt zu begegnen. Zahlreiche Indikatoren deuten darauf hin, daß der Wettbewerbsdruck im Handel in vielen Bereichen zunimmt:

- Die Zahl der Betriebe ist seit Jahren in vielen Branchen rückläufig. Eine führende Rolle hat hier der Lebensmittelhandel: Waren es 1970 noch 165 000 Geschäfte gewesen, sind es 1984 noch 79 000, für 1990 werden nur noch 65 000 prognostiziert, und es ist klar, daß dabei vor allem die kleinen Outlets ausscheiden werden (vgl. GfK-Handelskennzahlen 1985, S. 52-55).

- Bei den Tankstellen sieht es so aus: 1970 existierten 45 849 Tankstellen, 1985 noch 19 019, das entspricht einem Rückgang um 46 % (vgl. GfK-Handelskennzahlen 1985, S. 68-69).

- Die Marktanteile zwischen einzelnen Vertriebstypen haben sich erheblich verschoben, einige wenige Unternehmungen ziehen immer größere Umsatzanteile auf sich (Konzentration), und schließlich wird auch im Handel die Unternehmensführung immer professioneller.

Andererseits erhebt sich natürlich die Frage, ob mit Hilfe einer strategischen Unternehmensplanung tatsächlich den Bedrohungen aus dem Markt besser begegnet werden kann. Es ist ja nicht zu übersehen, daß der Handel kein Eldorado für Planungsfachleute darstellt. An vielen Stellen ist man der Überzeugung, daß die häufig im Handel zu beobachtenden Veränderungen (neue Waren, neue Sortimente, neue Einkaufsgelegenheiten, neue Betriebsformen) eine langfristig ausgerichtete Planung verhindern. Erfolgreicher Handel bestehe aus der schnellen Wahrnehmung sich bietender Chancen und nicht aus der Entwicklung perfektionierter Systeme für einen langen Planungshorizont. Aber sind die Lebenszyklen im Handel wirklich kürzer als in der Industrie? Bestehen einige Vertriebsformen nicht seit Jahrzehnten (z.B. Verbrauchermärkte und Discounter), und war nicht zu beobachten, daß sie in immer weitere Warenbereiche eingedrungen sind? Und des weiteren: Gibt es den Skeptikern nicht zu denken, daß bislang so erfolgreiche Unternehmen, wie beispielsweise die Hussel AG, eine 5-Jahres-Planung verwenden, die Kaufhof AG sich seit Jahren einen Kranz von Beteiligungsgesellschaften aufgebaut hat, die Karstadt AG sich dagegen auf drei Geschäftsbereiche konzentriert, was deswegen so bemerkenswert ist, weil diese zwei in ihrer Politik häufig so ähnlichen Gesellschaften jetzt ganz verschiedene Wege gehen.

2 STRATEGISCHE PLANUNG VERSUS OPERATIVE PLANUNG

Die wichtigste Aufgabe von Unternehmern und Managern liegt in der Planung der einzelnen betrieblichen Aktivitäten. In jeder Unternehmung sind fortlaufend Entscheidungen zu treffen, z.B. darüber,

- welche Mengen von einer bestimmten Ware bei den Lieferanten bestellt werden sollten,

- welche Artikel in die wöchentlich erscheinende Anzeige aufgenommen werden sollten,

- welcher Bewerber für den Posten eines Verkäufers ausgewählt werden sollte,

- ob der Reklamation eines Kunden stattgegeben werden sollte usw.

In **Abbildung 1** sind die im Absatzbereich einer Handelsunternehmung zu treffenden Entscheidungen zusammengestellt.

Die reine Aufzählung von Entscheidungsbereichen, wie sie sich in dem oben angeführten Beispielen und in den Stichworten der Abbildung 1 findet, macht noch nicht deutlich, wann es sich um strategische Entscheidungen handelt. Deren Hauptkennzeichen ist, daß sie die Position der Unternehmung gegenüber den Abnehmern im Vergleich zur Position der Konkurrenten angeben - kurzum: Welche Wettbewerbsstrategie will die Unternehmung anwenden, welche Vorstellungen hat sie darüber, wie sie die Zukunft am Markt erfolgreich bestehen will? Die wesentlichen Elemente einer solchen Strategie sind folgende:

1. Die strategische Planung erstreckt sich im Regelfall auf einen Zeitraum von mehreren Jahren. Es handelt sich um die für die Zukunft vorausgedachte Position einer Unternehmung.

1. Ware (Sortiment)
   - Sortimentsbreite und -tiefe
   - Anteil der markierten Waren
   - Verfügbarkeit der Waren
2. Standort und Verkaufsraum
   - Art der Geschäftslage
   - Größe der Verkaufsfläche
   - Ladengestaltung
   - Regalaufteilung
3. Preise und Konditionen
   - Höhe der Kalkulation
   - Dauerhaftigkeit der Kalkulation
   - Umtauschmöglichkeiten
4. Personal
   - Bedienungssystem
   - besondere Dienstleistungen
   - Beratung
   - Dienste nach dem Verkauf
5. Werbemittel
   - Schaufenster
   - Prospekte
   - Anzeigen

- Strategische Entscheidungen
- Taktische Entscheidungen

Nachfrage

Abb. 1. Übersicht über die absatzpoltischen Instrumente einer Handelsunternehmung (mit ausgewählten Beispielen)

2. Die strategische Planung liefert Hinweise darauf, wie die Unternehmung künftig ihren Erfolg sichern will, indem sie Aussagen darüber macht, in welchen Bandbreiten das betriebspolitische Instrumentarium eingesetzt wird, also z.B.

   - ob die Unternehmung Preisführer sein will,
   - ob sie regional oder überregional tätig sein will usw.

   Es geht dabei noch nicht darum, die Politik in den einzelnen Funktionsbereichen der Unternehmung (also Beschaffung, Produktion, Absatz) auszuformen, aber es werden Bandbreiten vorgegeben.

3. Die strategische Unternehmensplanung ist eine Angelegenheit der obersten Geschäftsleitung. Viele Entscheidungen in der Unternehmung werden mit Vorteil delegiert, weil andere Personen in der Unternehmung bessere Informationen haben oder weil die Möglichkeit, entscheiden zu können, sie besonders motiviert. Strategische Entscheidungen sind jedoch unternehmerische Entscheidungen. Sie machen deutlich, ob ein Unter-

nehmer in der Lage ist zu erkennen, wo er sich mit Erfolg einschalten kann.

4. Die strategische Planung hat einen Kunden- und einen Konkurrenzbezug, denn ihre Kernaufgabe ist es, einen strategischen Wettbewerbsvorteil zu formulieren, auf den man seine Politik aufbaut. Ausgangspunkt hierfür ist das strategische Dreieck:

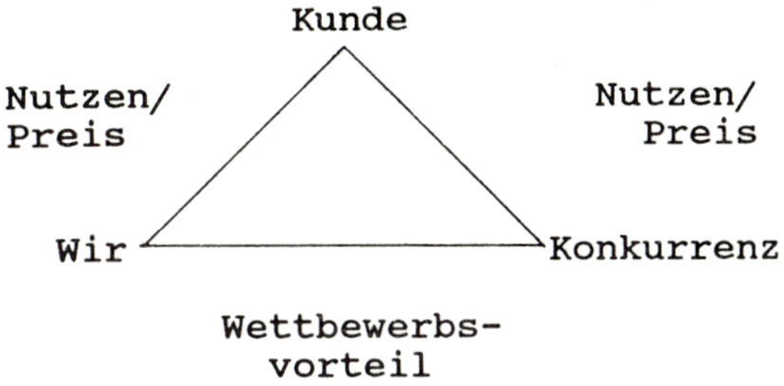

Abb. 2. Das sog. strategische Dreieck

Es geht darum, eine klare Antwort auf die Frage geben zu können, warum ein Kunde bei der eigenen Unternehmung und nicht bei der Konkurrenz kaufen sollte. Die überlegene Leistung, der Wettbewerbsvorteil, muß vom Kunden wahrgenommen werden, er soll von der Konkurrenz nicht schnell eingeholt werden können, und er muß sich auf ein für den Kunden wichtiges Leistungsmerkmal beziehen. Die zentrale Aussage lautet, daß eine Wettbewerber nur dann überleben kann, wenn er zumindest einen strategischen Wettbewerbsvorteil hat. Das Entstehen (und Verschwinden) eines strategischen Wettbewerbsvorteils darf nicht dem Zufall überlassen werden, sondern es muß gezielt selektiert werden, wo man besser sein will und kann. Es geht keineswegs darum zu versuchen, eine Vielzahl von Wettbewerbsvorteilen anzuhäufen, sondern einen Vorsprung bei einem relevanten Wettbewerbsvorteil zu erzielen und diesen dann auch deutlich zu kommunizieren. Man kann das leicht daran erkennen, daß jeder in der Lage ist, den Wettbewerbsvorteil erfolgreicher Unternehmungen zu benennen.

3 EINZELNE FELDER, IN DENEN STRATEGISCHE ENTSCHEIDUNGEN ZU TREFFEN SIND

Zwischen welchen Strategien kann sich eine Unternehmung nun entscheiden? Es lassen sich Maßnahmen unterscheiden, die in erster Linie das Verhältnis der Handelsunternehmung zu ihren Kunden betreffen, Maßnahmen, die vorwiegend die innerbetriebliche Leistungserstellung betreffen, und schließlich Maßnahmen, die die Verhältnisse zur Beschaffungsseite, insbesondere zur Industrie, hin ausgestalten, also:

1. auf die Nachfrager ausgerichtete strategische Maßnahmen:
   - die Betriebsformenpolitik,
   - das Hineingehen in für die Unternehmung neue Leistungsbereiche;

2. nach innen gerichtete strategische Maßnahmen:
   - der Aufbau eines Steuerungssystems (rechenhaftere Betriebsführung, Zentralisierung bzw. Dezentralisierung von Entscheidungen),
   - die Vervollkommnung des SB-Prinzips,
   - die Schaffung einer Unternehmenskultur;

3. strategische Maßnahmen zur Beschaffungsseite hin:
   - die Ausgestaltung des Verhältnisses zur Industrie.

Im folgenden wird auf einige dieser Ansatzpunkte für strategische Maßnahmen eingegangen.

3.1 DIE BETRIEBSFORMENPOLITIK

Im Einzelhandel gibt es bekanntermaßen eine Vielzahl von einzelnen Betriebsformen, die in erster Linie durch ihre Absatzpolitik gekennzeichnet sind. Aufgabe der strategischen Planung im Einzelhandel ist es zunächst, geeignete Betriebstypen zu entwickeln. Man kann von Betriebsformen sprechen, die vorwiegend auf niedrige Preise abstellen, und von Betriebsformen, die andere Merkmale in den Vordergrund stellen.

3.1.1 PREISORIENTIERTE BETRIEBSFORMEN

Die erste Strategie ist die der niedrigen Kosten. Meistens bedeutet das eine Strategie der Kostensenkung. Diese wirkt sich einmal unmittelbar aus (niedrigere Kosten = höherer Gewinn), zum anderen wird sie, wenn es sogar ein Kostenvorsprung innerhalb der Branche wird, zum Wettbewerbsvorteil, weil jetzt eine Preispolitik möglich wird, die mehr und mehr Kunden von der Konkurrenz abzieht. Kostenführerschaft und Preisführerschaft stehen in einem engen Verhältnis, weil, je vollkommener die Märkte sind, desto bedeutsamer der Preis für die Höhe des Absatzes wird. Porter(1986) schreibt, daß bei der Strategie I niedrigere Kosten im Verhältnis zu den Konkurrenten zum roten Faden der gesamten Strategie werden.

Im Handel ist das Musterbeispiel für die Strategie der Kostenführerschaft Aldi mit seinem weit expandierten Netz von Discount-Filialen. Auch in der Industrie ist in fast jeder Branche ein Anbieter auszumachen, der sich dieser Strategie mit Erfolg bedient.

Wie wird man nun Kostenführer? In manchen Fällen hat es ausgereicht, eine einzige Kostenart merklich senken zu können, um Kostenführer zu werden. Gottlieb Duttweiler in der Schweiz hat vor dem 2. Weltkrieg Wege ausfindig gemacht, einzelne Waren aus anderen Erdteilen direkt zu importieren und so seine Wareneinstandskosten zu senken. Die radikale Ersparnis von Miet- und Einrichtungskosten hat den Discountern einen Kostenvorteil gegenüber dem etablierten Handel verschafft. Wenn sich Ersparnisse bei einzelnen Kostenarten kumulieren, dann verstärkt sich natürlich der Kostenvorteilseffekt. Dies ist dann der Fall, wenn sich ein Handelsbetrieb auszeichnet

- durch niedrige Personalkosten, weil er gesehen hat, auf welche Leistungen ganz verzichtet werden kann, daß diese Leistungen auf andere Art erbracht werden können oder auf den Kunden oder auf sonstige Personen übertragen werden können,
- durch niedrige Raumkosten,
- durch niedrige Warenkosten usw.

Ein Unternehmer wird so alle Kostenarten durchdenken und prüfen, ob er nicht die Möglichkeit sieht, Kostenersparnisse realisieren zu können. Dem jeweils ersten wird man hohe Kreativität bescheinigen, so wie z.B.

- im Großhandel es erst einmal erkannt werden mußte, daß die Möglichkeit besteht, den klassischen Zustellgroßhandel durch Cash und Carry-Betriebe zu ersetzen;

- es auch zur Kreativität gehört, zu erkennen, daß Produkte auch in Vorwahl oder im SB-Prinzip verkauft werden können; überhaupt können größere Zeitabschnitte der jüngsten Handelsgeschichte mit der immer weiter um sich greifenden Anwendung des SB-Prinzips erklärt werden.

Bei allen Kostenüberlegungen ist es wichtig zu prüfen, inwieweit durch niedrigeren Kosteneinsatz auch die Leistung der Unternehmung gegenüber den Abnehmern verändert wird und wie die Abnehmer dazu stehen. Nicht immer muß es so sein, daß der Übergang von dem Bedienungssystem zum SB-System vom Kunden als Verbesserung begrüßt wird.

Bei vielen Gütern zeigt sich, daß der Verbraucher die Preisgünstigkeit als besonders wichtiges Einkaufskriterium ansieht. Dementsprechend haben sich Betriebstypen gebildet, die den preisorientierten Verbraucher ansprechen. Wem es gelingt, aufgrund irgendwelcher Faktoren in der Preispolitik einen Wettbewerbsvorteil zu erringen, der wird es im Regelfall (d.h. wenn sich unsere Konsumenten nicht grundlegend ändern, und wenn nicht in größerem Maß hemmende Faktoren vorliegen) leicht haben, Marktanteile zu gewinnen. So werden denn auch die einzelnen Branchen schubweise von dem Vordringen preisaggressiver Betriebsformen erschüttert:

- Am frühestens setzte die Entwicklung im Lebensmittelhandel ein.

- Es folgte vor einigen Jahren der Baumarktbereich.

- In den Brillenmarkt ist das Fachmarktkonzept ebenfalls vor einiger Zeit eingedrungen (Beispiel: die Fachmärkte von Fielmann).

- Im Frühjahr 1986 ist von der AVA in Bielefeld ein "Trend-Markt", ein 2 400 m^2 Pilotobjekt für Bekleidung und andere textile Sortimente eröffnet worden. In diesem Geschäft werden Markenwaren (also hochwertige Qualitäten), in denen das Herstelleretikett fehlt, und eine reichhaltige Stoffauswahl geboten. Geschulte Fachkräfte beraten nur auf Wunsch. Mit 15

Vollzeitkräften (das bedeutet 12 % Personalkosten im Stoffbereich und 5 % bei Textilien) wird ein Monatsumsatz von 700-800.000 DM Umsatz angestrebt (vgl. Lebensmittel-Zeitung Nr. 12 vom 21.3.1986, S. F 5).

- Für den umwelt- und ernährungsbewußten Verbraucher wurde der erste Gesundheitsfachmarkt eingerichtet, und mit der Musik-Box wendet man sich auf 250 m^2 mit 21 000 Artikeln und 4 Mitarbeitern an den Musikliebhaber.

- In der Schuhbranche ist es den Schuh-Quick-Läden gelungen, sich erfolgreich im Markt zu etablieren.

- Weitere Beispiele finden sich im Drogerie-, im Elektrobereich und in anderen Branchen.

Branchen, in denen es noch keine Discounter gibt, sind immer der "Gefahr" ausgesetzt, daß solche Betriebsformen auftauchen, weil irgendeiner die jeweiligen Artikel SB-gerecht anbietet (und so Personalkosten spart), sich neue Bezugswege erschließt oder andere Realisierungsmöglichkeiten sieht. So ist der Aufstieg von Rewe-Leibbrand dadurch gekennzeichent, daß Wege beschritten worden sind, die zu Kostenvorteilen geführt haben:

- Durch die entworfenen Betriebstypen wurden zunächst Personalkosten gespart;
- durch die Multiplikation der einmal gefundenen Betriebstypen in viele Verkaufsstellen wurden Planungkosten gespart;
- durch die Politik, bestimmte Verkaufsgebiete engmaschig mit Verkaufsstellen zu bestücken, wurden Logistikkosten gespart;
- durch den Erwerb von Nachfragemacht wurden wahrscheinlich die Wareneinstandskosten gesenkt.

Voll zum Tragen kommen Kostenvorteile erst dann, wenn die Verbraucher gierig nach niedrigen Preisen sind und der Wettbewerb die Anbieter zwingt, diesem Verlangen nachzukommen. Oft steht der Preis als Kriterium für die Einkaufsstätte im Vordergrund, wie der folgende von uns erhobene Befund verdeutlicht (vgl. Müller-Hagedorn, Lenzen 1983) (vgl. **Abbildung 3**).

Es ist kein Zweifel, daß jeder Versuch, die relative Bedeutung des Preises im Vergleich zur Bedeutung der übrigen Faktoren empirisch zu ermitteln, mit einer Fülle von Problemen beladen ist. Es zeigt sich aber auch, daß in der Einschätzung dieser Größe ein zentrales Problem der Betriebsformenpolitik im Handel liegt. Derzeit äußert sich dies in der Frage, ob im Spielzeugwarenhandel Märkte um 1 000 m^2 Verkaufsfläche mit ausgedehnten Sortiment gegenüber den voraussichtlich in den Markt eindringenden Discountern eine Chance haben werden. Auch hier wird eine der entscheidenden Fragen lauten, ob der Verbraucher bereit sein wird, eingeschränkte Sortimente, eventuell weitere Wege, den Verzicht auf Einkaufsatmosphäre zu akzeptieren, weil ihm günstige Preise geboten werden. In der Praxis werden diese Fragen häufig mit Hilfe von Marktexperimenten beantwortet; die Wissenschaft bemüht sich, ein theoretisch untermauertes Konzept zu entwickeln, um die Bedeutung des Preises bei der Einkaufsstättenwahl zu ermitteln.

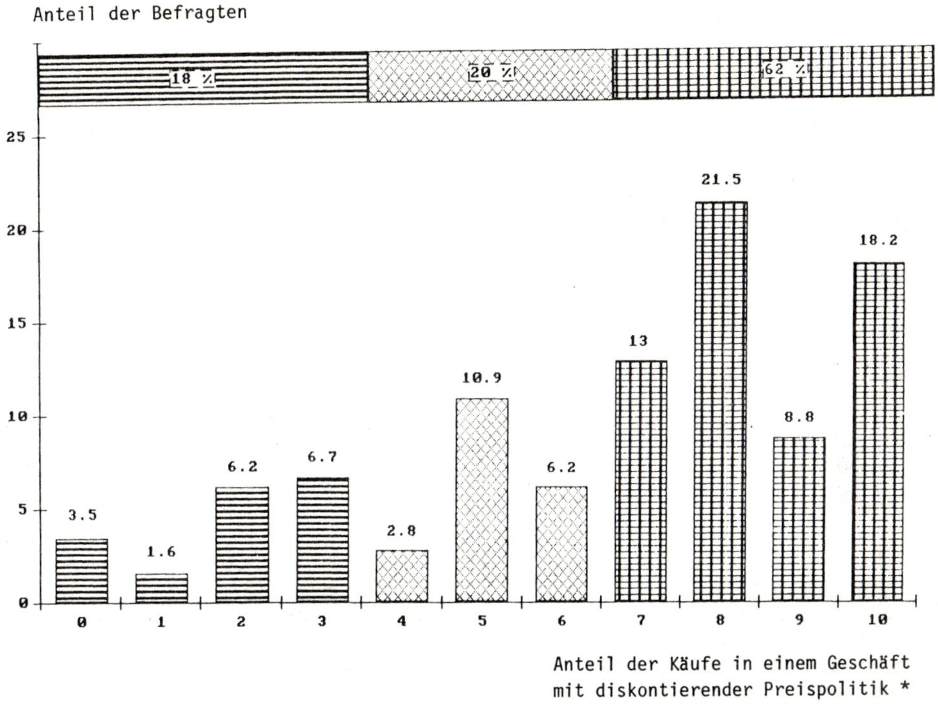

*Anmerkung: Die Befragten hatten anzugeben, wieviele von insgesamt 10 Käufen sie in einem Geschäft vornehmen würden, das die Preise so niedrig wie möglich hält, dabei an der Innenausstattung und am Bedienungspersonal spart und nur die gängigen Artikel führt.

Abb. 3. Das Interesse der Verbraucher an Einkäufen in Geschäften mit diskontierender Preispolitik

Von daher ist es einsichtig, wenn auf dem Marketingtag 1985 in einer Podiumsdiskussion Herr Wiegandt von der Fa. Rewe-Leibbrand sinngemäß zu Herrn Sandler von Oetker sagte: Der Markt ist in einen Erlebnismarkt und in einen Markt der Massendistribution zu teilen. Wir sehen es als unsere Aufgabe an, den letzteren zu organisieren, und ich meine, daß wir das effizient tun, effizient in dem Sinne, daß der Verbraucher so 15 bis 20 Mrd. DM spart. Für die Gestaltung des sog. Erlebnismarktes sind wir nicht zuständig.

Es ist durchaus zutreffend, daß die Preisunterschiede zwischen einem Verbrauchermarkt und einem Supermarkt bei gleichen Artikeln 15 bis 20 % ausmachen können. Da auch für die Zukunft erwartet werden kann, daß es Kostenführer geben wird, ist auch damit zu rechnen, daß diese ihre Vorteile über das Discountprinzip ausnutzen werden. Wer die Kostenvorteile nicht hat, aber in der Absatzpolitik auf der gleichen Schiene mitfahren will, wird sich aufgrund seiner Ergebnissituation umorientieren müssen.

3.1.2 "LEISTUNGSORIENTIERTE" BETRIEBSFORMEN

Aus der Gewinngleichung "Gewinn = Umsatz./.Kosten" ergibt sich der Ansatzpunkt für eine zweite Strategie, die Porter die Differenzierungsstrategie nennt und die darin besteht, das Produkt oder die Dienstleistung des Unternehmens zu differenzieren und damit "etwas zu schaffen, was in der ganzen Branche als einzigartig angesehen wird". Die Einzigartigkeit der Leistung gewährt Schutz vor den Konkurrenten. Wie die Einzigartigkeit gefunden wird, ist teils ein Akt der Kreativität, teils durch systematisches Suchen zu erkennen. Sie muß sich auf etwas beziehen, was den Nachfragern oder anderen Subjekten, mit denen die Unternehmung in Geschäftsbeziehung steht, als wertvoll und nützlich erscheint. Für die Nachfrager können dies sein:

- ein sinnvoll zusammengestelltes Sortiment,
- Produkte, die ihnen das Bewußtsein geben, kein Risiko eingegangen zu sein,
- aber auch ein kürzerer Anfahrtsweg,
- eine kürzere Suchzeit,
- kurz alles, was in bezug auf eine Dienstleistung oder ein Produkt, das er erwirbt, bei der Auswahl, der Entscheidung und dem Gebrauch für ihn von Vorteil ist.

Grundsätzlich kann jeder Faktor, den der Verbraucher bei der Wahl seiner Einkaufsstätte berücksichtigt, zum Wettbewerbsvorteil ausgebaut werden:

- neben dem preisgünstigeren Einkauf
- der nähere Einkauf,
- der Mehr-Alternativen-Bietende-Einkauf,
- das höhere Qualitätsniveau der angebotenen Leistung,
- die bessere Beratung.

"Welches ist Ihr Wettbewerbsvorteil?" - diese Frage muß jeder Händler beantworten können. Eine Antwort auf diese Frage könnte - beispielhaft für einen Reifenhändler formuliert - lauten:

- Wir sind der Anbieter am Ort, der das größte Angebot an Breitreifen hat;
- wir sind der Anbieter am Ort, der die Wartezeit bei der Reifenmontage am besten überbrückt;
- wir sind der Reifenanbieter am Ort, wo Sie nützliche und günstige Zusatzkäufe tätigen können;
- wir sind der Anbieter am Ort, wo Sie sich am besten informieren können, was für Ihren Wagen in Frage kommt.

Ich habe den Eindruck, daß Händler oft die "Beratung" als ihren Wettbewerbsvorteil anführen, ohne daß aber jeweils sichergestellt wäre, daß diese Beratungsleistung besser als von der Konkurrenz erbracht würde oder daß der Verbraucher hierin einen besonderen Vorteil sähe.

Es ist nicht unbedingt zwangsläufig, aber im Regelfall gilt doch, daß die Differenzierung die Kostenposition beeinträchtigt, weil Kundenbetreuung, eine aufwendige Ausstattung der Geschäftsräume und weitere Leistungen teuer sind.

Die Einmaligkeit der Leistung kann auch über eine Dienstleistung erzielt werden. Dabei darf nicht nur an die jeweils individualisierte Dienstleistung gedacht werden, sondern es muß auch geprüft werden, inwieweit sich Dienstleistungen standardisieren lassen. Ein erfolgreiches Beispiel liefert die Robert Bosch GmbH: "Die Markendienstleistung" <Bosch tune up> ist das erste und erfolgreichste Ergebnis der Strategie, Kundendienst als Produkt zu entwickeln, anzubieten und zu verkaufen. Die Bosch-Dieste bieten diese Markendienstleistung immer in genau gleicher Qualität zum Festpreis an." (vgl. W. Schubert 1984).

3.1.3 DAS ZIELGRUPPENKONZEPT ALS KERNPROBLEM DER BETRIEBSFORMEN-POLITIK

Strategie I ist ausgerichtet auf die Nachfrager, die das Interesse haben, ein bestimmtes Gut möglichst preisgünstig zu kaufen, Strategie II bietet die sonst nicht erhältliche Leistung. Wir sehen, daß die Wahl einer erfolgreichen Betriebsform voraussetzt festzustellen, ob es eine hinreichend große Zahl von Nachfragern mit entsprechenden Bedürfnissen gibt.

Das Zielgruppenkonzept ist ein im Konsumgütermarketing selbstverständliches Planungsinstrument. Die Aufsplitterung in viele kleine Teilsegmente wurde teilweise als Bedrohung, teilweise als Chance empfunden. Im Handel wurde der Begriff Zielgruppenkonzept lange Zeit kaum verwendet; es galt: "Verkauf an Jedermann", d.h. keiner der potentiellen Bedarfsträger sollte aus der Kundschaft ausgeschlossen werden. Um 1975 finden sich dann Formulierungen der folgenden Art (D. Moser 1974, S. 266): "Genügte für den Erfolg des Warenhauses und des Versandhauses noch die Bildung von Zielmarktsegmenten wie 'Stadtbevölkerung' bzw. 'Landbevölkerung', so ist bei der Entstehung des Discounthauses und des Einkaufszentrums festzustellen, daß die Zielgruppen wesentlich spezifizierter und damit auch kleiner geworden sind. Dies trifft in verstärktem Maße auf eine Reihe anderer neuer Betriebsformen zu (Boutiquen, Drugstores u.ä.), deren zugrunde liegende Marktsegmente noch kleiner und noch schärfer voneinander abgegrenzt sind." **Abbildung 4** soll ein Beleg dafür sein, daß sich die Käuferschaft einzelner Betriebsformen tatsächlich unterscheidet, daß die häufig zu hörende Aussage, heute kaufe jeder überall, in dieser undifferenzierten Form falsch ist (vgl. Müller-Hagedorn 1984).

Ein weithin bekanntes Beispiel für eine Firma, die mit einem neuartigen, aber scharf konturierten Zielgruppenkonzept sehr erfolgreich war, ist IKEA. Man muß sich bei diesem Beispiel verdeutlichen, wie umfassend bis zum Auftreten dieser Firma der Anspruch der meisten bislang am Markt tätigen Möbelhäuser gewesen ist. Es gibt einige weitere bemerkenswerte Beispiele (z.B. im Textilhandel benetton). Allgemein formuliert lautet die Fra-

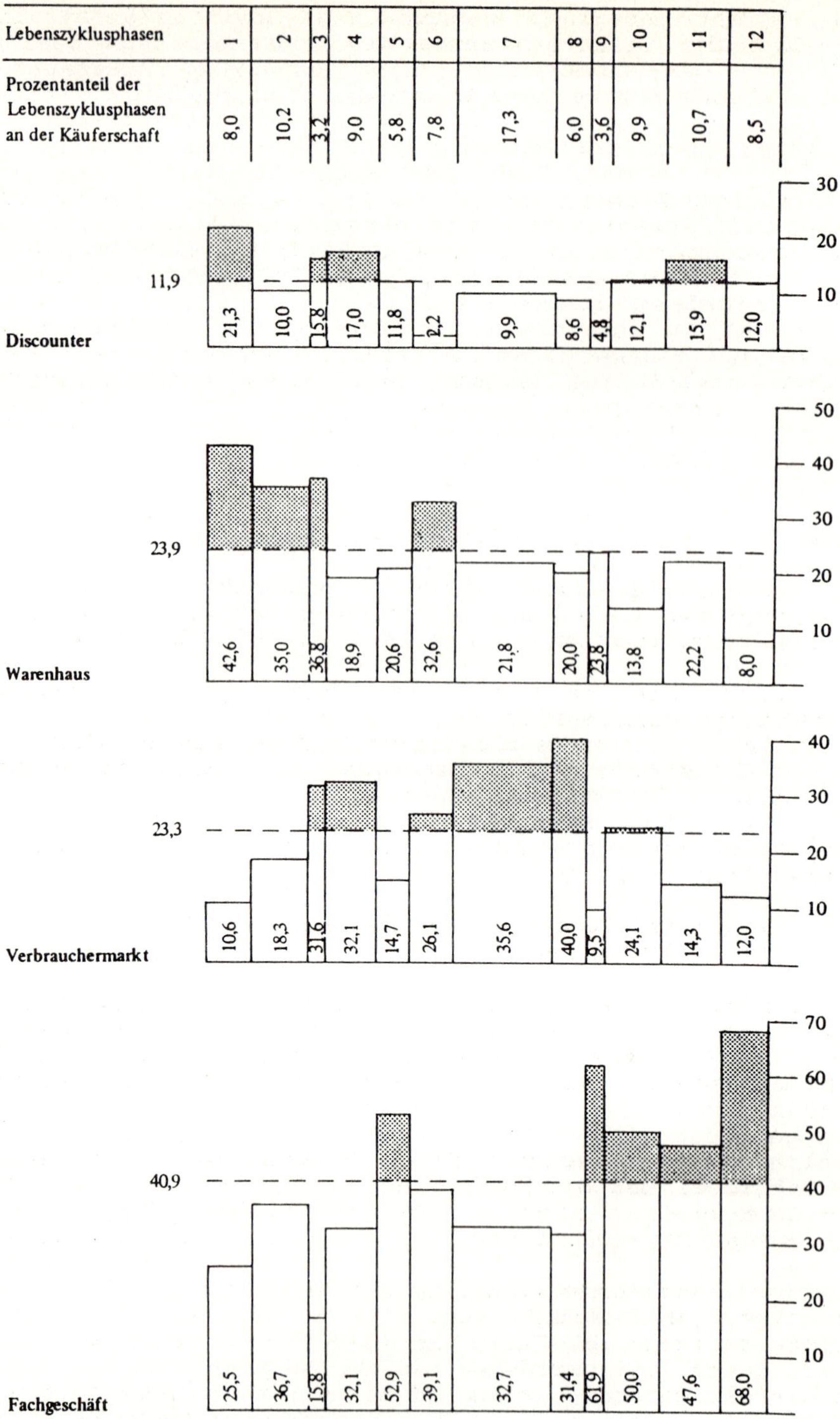

Abb. 4. Das Ausmaß, in dem Käufer aus einzelnen Lebenszyklusphasen verschiedene Betriebsformen bevorzugen

ge: In welchen Bereichen und unter welchen Umständen wird ein Gesamtmarkt in Teilmärkte zerfallen?

Die Antwort will ich zunächst abstrakt formulieren, indem ich darauf hinweise, daß es zu solchen Zielgruppenkonzepten insbesondere dann kommen wird, wenn

- in dem betreffenden Markt starker Wettbewerb herrscht (und das gilt inzwischen für viele Bereiche),
- die jeweiligen Nachfrager unterschiedliche Bedürfnisse haben,
- sich Möglichkeiten zeigen, die Bedürfnisse in differenzierter Form befriedigen zu können.

Ein Zielgruppenkonzept ist der Versuch, eine bestimmte Nachfragergruppe für sich zu gewinnen und sie von einem Abwandern zur Konkurrenz abzuhalten, indem in dieser Nachfragergruppe die Vorstellung erzeugt wird, daß dieser Betrieb einen Wettbewerbsvorteil gegenüber anderen Betrieben besitzt.

3.2 DAS AUSWEICHEN IN ANDERE LEISTUNGSBEREICHE

Schon mit der klassischen Produkt-Markt-Matrix hat Ansoff darauf hingewiesen, daß Umsatzzuwächse nicht nur mit Hilfe einer verstärkten Marktpenetration erzielt werden können, sondern daß

(1) entweder für die bisherigen Leistungen neue Märkte erschlossen werden oder
(2) daß neue Leistungen für die bisherigen Kunden oder
(3) daß schließlich neue Leistungen für neue Kunden entwickelt werden.

In der Bundesrepublik Deutschland hilft sich der Handel insbesondere durch eine

- regionale Ausweitung seines Leistungsbereiches und
- durch Diversifikationen.

Beispiele für die Suche nach Diversifikationsmöglichkeiten finden sich inzwischen zahlreich, wenn auch noch keines der Unternehmungen wie Sears Roebuck sagen kann, es habe zwei Beine, das Warengeschäft und das Geschäft mit finanziellen Dienstleistungen:

- Nachdem bereits Basar sich im Textilhandel stark engagiert hatte (Adler Bekleidungswerke), beteiligt sich jetzt Kaufhof mit 50 % an der im Schuhhandel tätigen Reno-Gruppe.
- Als besonders geschickter Diversifikateur hat sich Hussel erwiesen.
- Aus dem Gastronomiebereich hat sich Kaufhof teilweise wieder zurückgezogen (Sam's Quick).
- Horten setzt auf Delikatessa (bisher im Carsch-Haus in Düsseldorf und in Wiesbaden).
- Insgesamt setzen viele Handelsorganisationen auf die Vermietung von Flächen (z.B. an die Edeka, Telefunken, an Friseursalons, an Fotostudios usw.).

Bekanntlich spielen Synergieeffekte bei der Wahl unter Diversifikationsalternativen eine besonders wichtige Rolle; allerdings kann hier auf diese Sachverhalte nicht näher eingegangen werden.

3.3 DER AUFBAU INNERBETRIEBLICHER INFORMATIONSSYSTEME (DER TREND ZUR RECHENHAFTEREN BETRIEBSFÜHRUNG)

Die Wettbewerbsverhältnisse zwingen nicht nur zum Fixkostenabbau (was inzwischen in einigen Unternehmungen geschehen ist), sondern auch zur Optimierung der verschiedensten betrieblichen Prozesse. Dabei ist insbesondere an

- die Sortimentspolitik,
- die Verbesserung der Preispolitik,
- die Bestellpolitik,
- die Plazierungspolitik,
- die Verkaufsraumgestaltung zu denken.

Die verbesserte Steuerung soll mit Hilfe der Scanning- und Datenverarbeitungsmöglichkeiten, die heute zur Verfügung stehen, erleichtert werden. Der Handel bemüht sich z.Z. darum, geschlossene Warenwirtschaftssysteme zu entwickeln, die alle Schritte von der Erarbeitung von Dispositionvorschlägen über das Bestellwesen bis zur Überwachung der Warenein- und -ausgänge computergestützt steuern. Darüber hinaus stehen dem Management auf unterschiedlichem Aggregationsniveau Informationen über Bestand und Abverkauf der Ware zur Verfügung.

3.3.1 RECHENHAFTERE SORTIMENTSPOLITIK

Insgesamt stellen Warenwirtschaftssysteme derzeit noch überwiegend Sammlungen von Informationen in geordneter Form dar - mehr nicht. Es wird auch eine Aufgabe der Forschung sein zu zeigen, wie diese Informationen zur Betriebssteuerung genutzt werden können. Hier gibt es auf der Hand liegende Verwertungen und solche, bei denen erst Planungssysteme entworfen werden müssen. Im allgemeinen gesprochen geht es darum, Verknüpfungen zwischen dem Erfolg einer Unternehmung und tatsächlichen oder möglichen betrieblichen Maßnahmen herzustellen. So ist schon derzeit leicht erkennbar, wie sich die betriebliche Maßnahme "Führen eines bestimmten Artikels" auf den Umsatz, den Rohertrag, den Umschlag auswirkt.

Es ergeben sich zahlreiche weitere Ansatzpunkte zur Überwachung einzelner sortimentspoltischer Maßnahmen. Sortimente können nach einer Vielzahl von Kriterien unterteilt werden, z.B.:

- Wieviel haben die Artikel aus einzelnen Preisklassen zum Erfolg beigetragen?
- Wurden vorwiegend Artikel aus bestimmten Materialarten verkauft?
- Wurden vor allem diejenigen Artikel abgesetzt, die beworben worden waren?

Der Ausbau des Informationssystems wird mit der Entwicklung von weiteren Kennzahlensystemen einhergehen, in die

- einerseits weitere Kosten eingehen werden (Abschriften, die Zinskosten für in Warenbeständen gebundenes Kapital),
- andererseits die Inanspruchnahme von Kapazitäten in die Planung wird eingehen müssen (z.B. von Regalkapazitäten).

Des weiteren, und das erscheint mir auch für die Theoretiker eine bedenkenswerte Problemstellung zu sein, werden die Sortimentsbestandteile auf ihre Verbundwirkung hin beurteilt werden müssen.

Wir sind kürzlich der Frage nachgegangen, ob mit der Sortimentstiefe Einfluß auf den Absatz genommen werden kann. In drei Warengruppen überprüften wir, ob jene Betriebe, die eine besonders große Auswahl bieten, besonders hohe Stückzahlen absetzen können (vgl. Müller-Hagedorn, Heidel 1986). **Abbildung 5** verdeutlicht die festgestellte Situation.

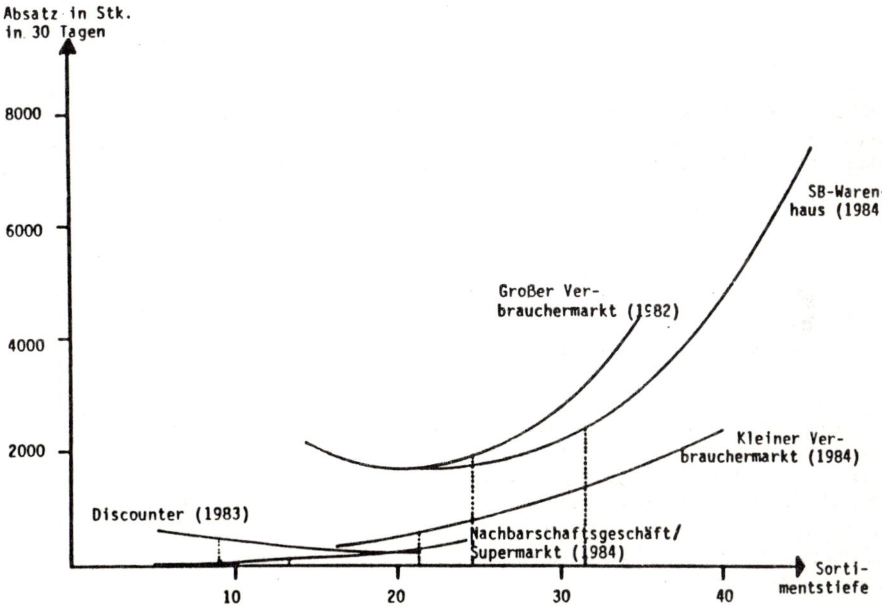

Abb. 5. Der Absatz in Abhängikeit von der Sortimentstiefe bei einzelnen Betriebsformen

Die Abbildung soll auch zeigen, was mit der Ermittlung eines funktionalen Zusammenhanges zwischen Aktionsparametern und Ergebnisgrößen gemeint ist, Beziehungen, die für jede Steuerung der Geschäftspolitik fundamental sind.

3.3.2 REGALPLATZOPTIMIERUNG

Zur Regalplatzoptimierung, d.h. also

- zur Bestimmung der Anzahl der facings für einzelne Artikel (Kontaktstrecke) und
- zur Einordnung der Artikel an einzelne Regalplätze

gibt es bereits seit einiger Zeit etliche Untersuchungen. Jetzt werden solche Überlegungen aktuell, da die neue Datenlage eine Kontrolle von bestimmten Maßnahmen ermöglicht. So ist es nicht erstaunlich, daß sich Computerhersteller, große Markenartikelhersteller, Wissenschaftler und der Handel selbst damit befassen, Regalbelegungspläne zu erarbeiten.

Insgesamt sollte mit diesen Einzelpunkten zum Ausdruck gebracht werden, daß die Betriebsführung des Handels rechenhafter werden wird, wobei derzeit die Informationsgrundlagen zusammengetragen werden, die erste Hinweise auf die Sortimentssteuerung und die Bestellpolitik geben (sog. Renner- und Pennerlisten), und daß in einer folgenden Phase dieses Steuerungssystem ausgebaut werden wird (z.B. eine verfeinerte Regalbelegungsplanung).

3.4 DIE VERVOLLKOMMNUNG DES SB-PRINZIPS

Der Erfolg vieler Unternehmungen im Handel läßt sich mit der Einführung des SB-Prinzips erklären. Das gilt nicht nur für den rasanten Aufschwung der Supermärkte. Hier vollzog sich die Entwicklung so (Vgl. J. Wolfskeil 1982): 1957 bestanden 1 400 SB-Läden, 1960 schon 30 000. Die Folgejahre waren dadurch gekennzeichnet, daß auch in anderen Branchen die SB-Idee aufgegriffen wurde, z.B.

- in den Baumärkten,
- in den Gartencentern,
- im Möbelhandel.

Diese Idee war deshalb so erfolgreich, weil sie den Handel bei einem der wichtigsten Kostenblöcke entlastete und weil die Nachfrager darin zum überwiegenden Teil keine Leistungsverminderung sahen. Man könnte heute fragen, wo es noch Branchen gibt, in denen das SB-Prinzip noch nicht realisiert ist und ob es nicht eine findige Idee gibt, die dort vielleicht vorhandenen Hemmnisse abzubauen.

Was heute noch zu tun bleibt, ist zu überlegen, ob wichtige Funktionen, die früher der (gute) Verkäufer übernommen hat, nicht im SB-Geschäft sichergestellt werden müssen. Der Verkäufer wußte z.B.,

- wo im Verkaufsraum bestimmte Ware vorzufinden war,
- wie sie zu beurteilen und zu bedienen war,
- welche Artikel zu empfehlen waren, weil sie neu oder aus anderen Gründen hervorzuheben waren.

SB-Geschäfte können diese Leistungen der früheren Verkäufer noch nicht vollständig ersetzen. Das ist deutlich daran abzulesen, wie viele Kunden in großen Verkaufsstellen, z.B. in einem Warenhaus, durch das Geschäft irren, um eine bestimmte Abteilung zu finden, oder es sind Kunden zu sehen, die ratlos vor den Regalen stehen, um einen geeigneten Artikel zu finden (z.B. vor dem Weinregal).

So ist es ganz interessant zu erkennen, daß einzelne Unternehmen dabei sind, ein Kundeninformationssystem (KISS) einzuführen, mit dem sie die weiträumige Orientierung des Kunden erleichtern wollen, indem sie die Höhe des Verkaufsraumes in Zonen einteilen, die bestimmten Verwendungen vorbehalten sind, oder indem sie die Warenanordnung in einem Regal so organisieren, daß vom Regal sowohl eine Stop- also auch eine Orientierungsfunktion ausgeht. Dabei soll nicht übersehen werden, daß es auch eine Bewegung gibt, lose Ware (z.B. bei Käse) der abgepackten Ware vorzuziehen.

3.5 DIE AUSGESTALTUNG DES VERHÄLTNISSES ZUR INDUSTRIE

Wir hatten bereits gesagt, daß eine Handelsunternehmung entweder

- mit den marktgerechteren Angebotssystemen auftreten kann
- oder daß sie versuchen kann, die Kosten zu senken.

Verlockend ist der zweite Weg, auch weil er verspricht, unmittelbar ergebniswirksam zu werden. Nun sind die Personalkosten nach der SB-Welle weitgehend reduziert, und es fragt sich, ob sich noch weitere Kostenarten senken lassen. Es sind wohl zwei Hebel, die bewegt werden sollen, einmal die Logistikkosten und zum anderen die Wareneinstandskosten. Wir berühren hiermit das Problem der (behaupteten?) Nachfragemacht des Handels gegenüber der Industrie, denn es ist allen bekannt, daß der Handel in großem Maße kooperiert und fusioniert, vielleicht um

- eine kostengünstigere Logistik verwenden zu können,
- vielleicht um in einem bestimmten Marktgebiet Marktführer und in Zukunft vielleicht Monopolist zu werden,
- vielleicht um in dem Absatzkanal via Einstandspreise, Werbekostenzuschüsse, Regalmieten oder ähnlichem Gewinne aus der Industrie in den Handel transferieren zu können.

Es soll nicht übersehen werden, daß die Handelsorganisationen auch innerhalb ihrer Organisationen erhebliche Umstrukturierungen vorgenommen haben (vgl. z.B. die starke Reduktion der Großhandelsbetriebe bei der Edeka).

4 SCHLUSS

Ziel des Beitrages ist es gewesen,

- die Bedeutung der strategischen Planung ins Bewußtsein zu rufen,
- zu verdeutlichen, was das Kennzeichen der strategischen Planung ist,
- zu zeigen, worin Wettbewerbsvorteile liegen können,
- und an Beispielen aus verschiedenen Branchen zu zeigen, wie erfolgreiche Unternehmungen Probleme der strategischen Planung angegangen sind.

LITERATUR

Becker, J. (1983): Grundlagen der Marketing-Konzeption, München 1983

Bernhardt, P., Maximow, J. (1984): Strategisches Marketing im Handel. In: Norbert Wieselhuber und Armin Töpfer (Hrsg.), Handbuch Strategisches Marketing. Landsberg 1984, S. 569-580

Drexel, G. (1981): Strategische Unternehmensführung im Handel, Berlin, New York 1981

Drexel, G. (1982): Strategische Planung im Einzelhandel. In: FfH-Mitteilungen, Dez. 1982, S. 1-7

Eisenhut, U. P. (1977): Längerfristige Gesamtplanung in der Handelsunternehmung unter besonderer Berücksichtigung der Quantifizierungsmöglichkeiten (dargestellt am Beispiel einer schweizerischen Eisen- und Eisenwarenhandlung), Diss. Bern 1976, Zürich 1977

GfK-Handelsforschung GmbH und Co KG (1985): GfK-Handelskennzahlen 1985, Nürnberg 1985

Hinterhuber, H. H. (1984): Strategische Unternehmensführung, 3. Aufl., Berlin u. New York 1984

Meffert, H. (1985): Marketingstrategien der Warenhäuser - Wege aus der Krise. In: Harvard manager 1985, S. 20-28

Meffert, H. (1985): Erfolgsfaktoren im Einzelhandelsmarketing. In: BAG (Hrsg.): Erfolgreicher verkaufen - mit System. 32. Betriebswirtschaftliche Arbeitstagung 1985

Müller-Hagedorn, L., Lenzen, W. (1983): Preis oder Qualität. In: Lebensmittel-Zeitung vom 16.3.1984, S. F 16

Müller-Hagedorn, L. (1984): Die Erklärung von Käuferverhalten mit Hilfe des Lebenszykluskonzeptes. In: Wirtschaftswissenschaftliches Studium, 1984, S. 561-569

Müller-Hagedorn, L. (1986): Handelsmarketing, Stuttgart 1984

Porter, M. E. (1985): Wettbewerbsstrategie, 3. Aufl., Frankfurt 1985

Porter, M. E. (1986): Wettbewerbsvorteile (Competitive Advantage), Frankfurt 1986

Schubert, W. (1984): Servicestrategien im weltweiten Kundendienst der Robert Bosch GmbH. In: Norbert Wieselhuber und Armin Töpfer, (Hrsg.), Handbuch Strategisches Marketing, Landsberg 1984, S. 305 f

Tietz, B. (1986): Der Wandel der Strategien im Handel. In: Otto Versand Personalentwicklung (Hrsg.), Management-Theorie und Praxis, März 1986, S. 15-18

Wehrle, F. (1981): Strategische Marketing - Planung im Handel. In: Schöttle, K. A. (Hrsg.), Jahrbuch des Marketing, Ausgabe 1982/83, Essen 1981, S. 160-179

Wehrle, F. (1984): Strategische Marketingplanung in Warenhäusern, 2. Aufl., Frankfurt und Bern 1984

Wolfskeil, J. (1982): Vom Stubenladen zur Massendistribution. In: Lebebnsmittel-Zeitung, 34. Jg., Nr. 37 vom 17.9.1982, S. F 4

Die Verkaufsstellenbetreuung (VSB) der Hersteller als Instrument im Vertikalen Marketing

Fritz Schneider, St. Gallen

Sättigungserscheinungen und hohe Wettbewerbsintensität kennzeichnen die Absatzmärkte. In diesem Umfeld nimmt die Bedeutung der Verkaufsstelle stark zu. Sie stellt nämlich das letzte Glied in der Absatzkette dar. Sie ist der Ort, an dem sich der Konsument für oder gegen ein Produkt entscheidet. Da sich am Verkaufspunkt die entscheidende Phase vor dem Kauf abspielt, muß der Hersteller versuchen, auf das Geschehen an diesem Ort Einfluß zu nehmen. Der Handel bestimmt heute jedoch den Handlungsspielraum der Hersteller. Die Industrie muß deshalb gemeinsam mit dem Handel Wege finden, die Warenpräsenz in der Verkaufsstelle optimal zu gestalten.

Der Beitrag stellt eine Einführung in die Problematik der Verkaufsstellenbetreuung (VSB) der Hersteller aus theoretischer Sicht dar.

1 DIE VERKAUFSSTELLENBETREUUNG (VSB) DER HERSTELLER ALS PROBLEM DER MARKETINGWISSENSCHAFT

Seit mehr als einem Jahrzehnt wird in der Marketingwissenschaft auf breiter Basis über die Beziehungen und Probleme zwischen Lieferanten und Handel nachgedacht. Der Begriff des vertikalen Marketing wurde vor über zehn Jahren von Steffenhagen geprägt (vgl. Steffenhagen 1974, S. 675 ff.). Seither wurden die Konflikte zwischen Industrie und Handel, die vertikale Kooperation, die Problematik Handels- versus Herstellermarken, die Betreuung der Handelszentralen durch die Hersteller (Key-Account-Management), die Nachfragemacht des Handels und deren Auswirkungen auf die vertikalen Beziehungen, das Beschaffungsmarketing des Handels, usw. erforscht und ausführlich dokumentiert.

Ein Problemkreis, der in der Diskussion um das vertikale Marketing bisher kaum beleuchtet wurde, ist die Betreuung der Handelsverkaufsstellen durch die Hersteller. Es gibt zwar Werke über die verschiedenen Formen der Zusammenarbeit zwischen Hersteller und Handel (vgl. z.B. Schenk, Wölk 1971; Tietz, Mathieu 1979; Ahlert 1981). Diese gehen jedoch von den vertikalen Be-

Handelsforschung 1987
Hrsg. Volker Trommsdorff

ziehungen bzw. Kooperationsmöglichkeiten aus und nicht von der Präsenz des Herstellers in der Verkaufsstelle. Es gibt auch eine Vielzahl von Abhandlungen über den Einsatz und die Motivation der Außendienste (vgl. z.B. Wolter 1978, Stork 1979, S. 279 ff., Vanderhuck 1981, Groehrmann 1984, Hinkel 1986). Die Bedürfnisse, Wünsche und Forderungen der Handelsorganisationen werden dabei jedoch kaum erwähnt. Sie sind deshalb vielfach unrealistisch, was die Möglichkeiten und Grenzen der Herstelleraktivität im Handel anbelangt. Die Mehrzahl dieser Werke stellt auf eine Absatzsituation ab, wie es sie in den 60er Jahren gab. Die Zeiten, in denen ein Hersteller den Außendienst in den Handelsverkaufsstellen quasi autonom zur Erreichung seiner Verkaufsziele einsetzen konnte, sind jedoch längst vorbei.

Die relevanten Fragen werden auch von einem falschen Ausgangspunkt angegangen. Der Außendienst wird oft in das Zentrum der Überlegungen gestellt und nicht die zu erfüllenden Aufgaben. Diese Dominanz des institutionalen Aspektes über den funktionalen führt dazu, daß Einsatz, Umfang und Qualifikation der Außendienste selten hinterfragt werden. Grundsätzlich gibt es jedoch neben den herkömmlichen Außendiensten auch andere Organisationsmodelle, in deren Rahmen die angestrebten Ziele erreicht und die sich stellenden Aufgaben erfüllt werden können. Diese organisatorischen Alternativen zum herkömmlichen Außendienst finden zumeist keinen Eingang in die bestehende, einschlägige Literatur.

Um diese Forschungslücke zu schließen, formulierte ein Team am Forschungsinstitut für Absatz und Handel (FAH) an der Hochschule St. Gallen ein Projekt. Nach umfangreichen empirischen Erhebungen bei Handel und Industrie befindet es sich nun in der Phase der Formulierung der theoretischen Grundlagen. Im vorliegenden Beitrag werden Gedanken zu den wissenschaftlichen Grundlagen des Projektes erläutert.

Wir beziehen uns in der Folge auf die Summe der Hersteller-Aktivitäten in und für die Verkaufsstelle mit dem Begriff "Verkaufsstellenbetreuung", den wir mit "VSB" abkürzen. Die Überlegungen beschränken sich auf die Verkaufsstellenbetreuung (VSB) im Lebensmittelhandel.

In den letzten Monaten und Jahren gab es im Bereich der Verkaufsstellenbetreuung (VSB) der Hersteller große Veränderungen. Die folgenden Beispiele sollen die Praxisrelevanz dieser Forschungsproblematik belegen.

- Dr. Oetker, ein Voll-Sortimenter im Tiefkühlbereich, übergab die gesamte Distribution der Lebensmittel-Fachspedition Kraftverkehr-Nagel in Versmold. Diese Fachspedition übernahm von Dr. Oetker nicht nur die 212 Mitarbeiter des logistischen Außendienstes, sondern auch einen Teil der 180 Dr. Oetker Tiefkühl-Fahrzeuge. Der Umstellungsprozeß wird bis Ende 1987 abgeschlossen sein (o.V. 1986a, S. 32).

- Jacobs-Suchard richtete Ende 1986 im Massa-Markt Kassel einen Shop-in-the-Shop mit der Bezeichnung "Genußwelt" ein, in dem vor allem die Standard-Sortimente von Jacobs-Suchard als Zweitplazierung angeboten werden (o.V. 1986b, S. 12).

- 1985 baute die H. Bahlsen Keksfabrik in Hannover den eigenen Außendienst um 300 Stellen ab und stellte auf den Verkauf über den Sortiments- und den Süßwaren-Fachgroßhandel um (o.V. 1986c, S. 12).

- Die co op AG band sich Ende 1986 in einzelnen Frischwarenbereichen an Systemlieferanten. Es wurden beispielsweise auf fünf Jahre befristete Generalbelieferungsabkommen mit der Scipio-Gruppe abgeschlossen. Diese Verträge umfassen die vollständige Betreuung der Obst- und Gemüseabteilungen in den Läden des betroffenen Gebietes (o.V. 1986d, S. 1).

2 DIE ENTWICKLUNGEN IN DEN ABSATZSTRUKTUREN

2.1 DIE ENTWICKLUNGEN BEI DEN LIEFERANTEN DES LEBENSMITTELEINZELHANDELS

Die Konkurrenz unter den Herstellern, die den Lebensmittelhandel beliefern, ist heute sehr intensiv. Einige Faktoren, die die Entwicklung auf Herstellerstufe prägen, sind folgende:

- Der Zwang zur Produktivität führte zum Ausbau der Produktionskapazitäten bei den Herstellern. Dies bewirkte zweierlei: Einerseits führt diese Entwicklung zu einer Angleichung der Verfahren, mit denen Produkte hergestellt werden. Viele Produkte werden dadurch im technisch-physischen Sinn tendenziell austauschbar. Andererseits sind die hohen Produktionskapazitäten nur dann wirtschaftlich, wenn eine gewisse Mindestauslastung gegeben ist. Die Notwendigkeit, diese Produktionsanlagen auszulasten, schlägt sich im Markt als Mengen- bzw. Preisdruck nieder.

- Die Flut an neuen Produkten, die einen mehr oder minder großen Innovationsgehalt aufweisen, verkürzt den Lebenszyklus beim bestehenden Warenangebot. Gleichzeitig steigt mit der erhöhten Innovationsintensität auch das Flop-Risiko. Die Gefährdung liegt also sowohl in der Kannibalisierung bestehender, eigener Produkte als auch im möglichen Mißerfolg bei der Innovation.

- Die Globalisierung der Absatzmärkte erweitert das Konkurrenzfeld, in dem ein Unternehmen sich bewegen muß.

- Die sog. "product line extensions" (vgl. Sauer 1986, S. 57). Unter "Product line extension" wird die Kennzeichnung neuer Produkte mit einem bereits etablierten Markennamen verstanden, obwohl das neue Produkt nicht der Warengruppe des Markenartikels zuzurechnen ist. Sie schwächen das Profil der Dach-Marken und vergrößern das Konkurrenzfeld, in dem sich ein Hersteller bewegt.

- Die quantitative und qualitative Angleichung des Instrumenteneinsatzes im Marketing schwächt die Wirksamkeit der einzelnen Instrumente im Absatz. In vielen Branchen wurden die klassischen Marketing-Instrumente bereits zum Standard. (vgl. Kühn 1985, S. 16 ff.). Das bedeutet, daß es sich für den Hersteller nicht mehr lohnt, diese Instrumente zu forcieren, weil sie weder beim Konsumenten noch beim Handel eine so starke Wirkung entfalten, daß die Marktposition verbessert wird.

Angesichts dieser Entwicklungen kann in vielen Märkten von einem Verdrängungswettbewerb gesprochen werden.

2.2 DIE ENTWICKLUNGEN IM LEBENSMITTELHANDEL

Die Stellung des Lebensmittelhandels in der Absatzkette änderte sich in den letzten Jahrzehnten grundlegend. Integration und Konzentration kennzeichneten die Situation. Aus lose miteinander verbundenen, oft regional segmentierten Gruppen entwickelten sich leistungsfähige, nationale Handelsorganisationen. Filialsysteme mit einer großen Zahl von Verkaufsstellen wuchsen heran. Diese Entwicklung drückt sich in den Anteilen der Großverteiler am Lebensmittelhandel aus (vgl. **Abbildung 1**).

Früher konzentrierten sich die Handelsunternehmen weitgehend auf die physische Distribution von Waren. Die Marktbearbeitung überließen sie im wesentlichen den Herstellern. Heute hat sich das Selbstverständnis des Handels über die ihm zustehende Rolle

Anteile am Lebensmittelhandel					
Schweiz*					
	Migros	co op			
	21,4 %	15,8 %			
Deutschland**					
	Aldi	Leibbrand	Tengelmann	co op	Metro
	13 %	8%	7%	7%	5%
Österreich***					
	Konsum	Spar	Billa		
	18.7 %	14,1 %	12,6%		

* 1986, berücksichtigt nur die Anteile der Großverteiler (Food-Umsätze) am schweizerischen Marktvolumen Food (Quellen: Geschäftsberichte Migros und Coop)

** 1985, berechnet mit den Gesamtumsätzen (Food und Non-Food) der Firmen im Verhältnis zum Gesamtumsatz des Einzelhandels mit Nahrungs- und Genußmitteln (1985: 142 Mrd. DM) (Quelle: o.V.: Top 50 des Lebensmittelhandels 1985, in: Lebensmittel-Zeitung, Nr. 17, 25. April 1986, S. 4)

*** 1986, berechnet mit den Gesamtumsätzen (Food und Non-Food) des Lebensmittelhandels, inkl. Hofer (Lebensmittelhandelsumsatz 1986: 115 Mrd. öS) (Quelle: o.V.: Der Vormarsch der Filialisten, in: Regal, Nr. 5, Mai 1987, S. 17)

Abb. 1. Anteile der Großverteiler am Lebensmittelhandel

in der Absatzwirtschaft grundlegend gewandelt. Das Handelsmanagement wurde professioneller. Der Handel reagierte auf die sich ändernden Absatzbedingungen, indem er vermehrt die Instrumente der strategischen Planung im Handel und des Handelsmarketing einsetzte.

Resultat dieser Bemühungen war, daß die großen Handelsorganisationen begannen, in Betriebstypen und Marketingkonzepten zu denken. Im Konkurrenzkampf unter den Handelsorganisationen spielt heute deshalb nicht mehr der Preis die alleinige Rolle. Der Wettbewerb wird sowohl auf strategischer als auch auf operativer Ebene und mit allen Instrumenten des Handelsmarketing ausgetragen. Diese Entwicklung hat den Handel management- und marketingmäßig von den Herstellern völlig emanzipiert. Die Handelsleistung steht heute beim Absatz im Vordergrund (vgl. Oehme 1985, S. 8 ff.). Kern dieser Leistung ist der Besitz und die Umsetzung des Know-hows, Produkte und Dienstleistungen dem heutigen Konsumenten in der Weise anzubieten, daß er sich zum Kauf entschließt. Dabei handelt es sich um eine spezielle Software, die zur Schlüsselgröße im Absatz wurde.

Diese Tatsache führte dazu, daß der Handel heute verstärkt den Warenabsatz selbst in die Hand nimmt. Diese Entwicklung geht einher mit Umgestaltungen in der Organisation der Handelsbetriebe. Beispielsweise gehen immer mehr Handelsunternehmen dazu über, ein Product Management einzuführen. Der Handels-Product-Manager ist sowohl für Ein- und Verkauf als auch für die Rentabilität einer Warengruppe zuständig. Es ist auch festzustellen, daß Handelsunternehmen verstärkt mit warengruppenorientierten Vertriebsstrukturen arbeiten (Tengelmann führte beispielsweise ein solches System ein; vgl. Schoneweg 1986, S. F4).

Als Folge der Konzentration auf der Handelsstufe veränderte sich auch das Beschaffungsverhalten des Lebensmittelhandels. Die Zahl der Schlüsselpositionen beim Handel, welche die Verhandlungen mit Herstellern führen und die Entscheidungsgewalt über Listung und Streichung eines Produktes haben, nahm in den letzten Jahren deutlich ab. Bei den größten fünf Handelsunternehmen in den Ländern des deutschsprachigen Raumes ermittelte Nielsen die in **Abbildung 2** wiedergegebene Anzahl von Schlüsselpositionen.

Die Abbildung 2 zeigt, daß jeweils wenige Stellen und Gremien über Umsätze in Milliardenhöhe entscheiden. Neben dieser Nachfragemacht verfügen die großen Handelsorganisationen über immer mehr und bessere Informationen über das Absatzgeschehen. Nieschlag (zitiert v. Baader 1986, S. 10 f.) spricht diesbezüglich von der wachsenden Informationsmacht des Handels. Die integrierten Warenwirtschaftssysteme, die auf der Basis des einzelnen Produktes die Warenbewegungen erfassen, liefern ein umfassendes Datenmaterial. Handelsmanager in Betrieben mit leistungsfähiger EDV-Infrastruktur können deshalb ihre Einkaufsentscheidungen auf wesentlich bessere Datengrundlagen stützen als früher. In absehbarer Zeit kann dies dazu führen, daß der Handelseinkäufer über mehr Marktinformationen zu einer Produktgruppe verfügt als der Hersteller.

	Anzahl Schlüssel-positionen für Listungsent-scheidungen	Anteil der fünf Unternehmen am Gesamtumsatz aller Lebensmittel-geschäfte in %
Schweiz	8	79.9 %
Deutschland	180	48.6 %
Österreich	31	73.8 %

Abb. 2. Anzahl Entscheidungsinstanzen im Lebensmittelhandel 1982 (Quelle: A.C. Nielsen 1983, S. 25. Daten zur Schweiz ohne Migros).

Die gestiegene Nachfrage- und Informationsmacht führen dazu, daß die Rolle des Handels als Gatekeeper im Absatz an die Konsumenten gestärkt wurde. Oehme spricht diesbezüglich von Filterfunktion des Handels (vgl. Oehme 1983, S. 67 ff.). Parallel dazu schwächte sich die Verhandlungsposition vieler Hersteller. Erhöhter Preis-/Leistungsdruck auf die Hersteller und ein beschleunigter Listungs- bzw. Auslistungsrhythmus sind die Folgen.

2.3 DIE ENTWICKLUNGEN AUF DER STUFE DER EINZELNEN VERKAUFSSTELLE

Die aufgezeigten Entwicklungen wirkten sich auch entscheidend auf die Struktur der Verkaufsstellen aus. Die Anzahl Verkaufsstellen nahm in den letzten Jahren deutlich ab. Gleichzeitig stieg der Anteil jener Verkaufsstellen, die den Konsum- und Filialorganisationen zuzurechnen sind, beträchtlich.

1985 war jeweils nur eine relativ kleine Minderheit der Verkaufsstellen den Konsum- und Filialorganisationen zuzurechen (Schweiz: 35 %, Bundesrepublik Deutschland: 15 %, Österreich: 20 %; Quelle: eigene Berechnungen aufgrund von Veröffentlichungen von Nielsen und Geschäftsberichten).

Über diese Verkaufsstellen wird jedoch ein großer Teil des Lebensmitteleinzelhandelsvolumens abgewickelt. Folgende **Abbildung 3** stellt die Entwicklung der Anteile der Filialsysteme und Konsumgenossenschaften am gesamten Lebensmittelhandelsumsatz dar.

Die Abbildung zeigt, daß die integrierten Filialsysteme große Marktanteilsgewinne verzeichneten.

Anteile in %	1980	1984
Schweiz	72	78
Deutschland	58	67
Österreich	38	47

Abb. 3. Anteile der Filialsysteme und Konsumgenossenschaften am Lebensmittelhandel 1980 und 1984 (Quelle: A.C. Nielsen 1986, S. 20)

3 DIE ABSATZWIRTSCHAFTLICHE BEDEUTUNG DER VERKAUFSSTELLE

Das Gros der konsumentengerichteten Warendistribution in unserer Volkswirtschaft geht heute über die Verkaufsstellen des Handels. Dies gilt vor allem für die Lebensmitteldistribution. In diesem Bereich sind in den letzten Jahren zwar auch Versandunternehmen (z.B.: Hügli Nährmittel AG: Versand von Lebensmitteln an Privatkunden in der Schweiz) und Hauslieferdienste (z.B.: Eismann: Hauslieferdienst für Tiefkühlprodukte in der Bundesrepublik Deutschland und der Schweiz) entstanden. Sie haben jedoch nur eine völlig untergeordnete Bedeutung im Vergleich zum stationären Lebensmittelhandel. Die Gründe dafür liegen vor allem in den Merkmalen, die die Sortimente des Lebensmittelhandels kennzeichnen. Sie bestehen aus Produkten, die in der Regel einen relativ kleinen Wert pro kg und cm^3 aufweisen. Im Lebensmittelhandel finden sich:

- verderbliche Güter
- Güter mit hoher Bedarfsfrequenz
- Güter mit hohem Gewicht
- Güter mit großem Volumen
- Impulskaufgüter
- Güter mit niedrigem Erlebniswert
- preissensible Güter.

Zudem ist die Margensituation bei vielen Gütern des Lebensmittelsortimentes sehr beengt. Die durchschnittliche Kalkulation liegt bei 11 % (Schätzung für Aldi, Deutschland) und 22 % und mehr im mehrstufigen Handel. Angesichts dieser Faktoren dürfte die stationäre Verteilung ihre große Bedeutung für die absehbare Zukunft behalten.

In der Verkaufsstelle müssen für ein einzelnes Produkt verschiedene Funktionen erfüllt werden. Die logistischen Aufgaben sind:

- Warenannahme und -kontrolle
- Lagerung im Lager oder im Regal und ladeninterne Logistik
- Bestellaufnahme und -abwicklung, Administration, usw.

Da heute in der Lebensmitteldistribution Selbstbedienung dominiert, ist die Verkaufsstelle jener Ort, an dem sich das einzelne Produkt selbst verkaufen muß. In ihr müssen die Vorverkaufsanstrengungen der Lieferanten wirksam werden.

Zunächst muß dafür gesorgt sein, daß es zu einer Interaktion zwischen dem Konsumenten und dem einzelnen Produkt überhaupt kommen kann. Fehlt ein Artikel im Regal oder ist er durch andere Produkte, Zweitplazierungen oder POS-Material verstellt, so wird der Abverkauf stark behindert.

Eine weitere Voraussetzung für den Kauf ist eine ansprechende Präsentation des Produktes. Schlecht aufgeräumte, unsaubere, mit beschädigter, unverkäuflicher Ware besetzte Regale wirken insgesamt abstoßend. Sie schaden nicht nur dem Image der Verkaufsstelle, sondern auch jenem der Hersteller.

Einen weiteren wichtigen Faktor stellt die Plazierung des einzelnen Produktes dar. Befindet sich der Artikel in einem Bereich des Ladens oder ist er einer Warengruppe zugeordnet, wo der Konsument ihn nicht vermutet, so bleiben die Umsätze gering. Hingegen führen Sonder- und Zweitplazierungen zu einer Dynamisierung des Abverkaufs. Die gleiche Wirkung geht von Degustationen, Demonstrationen usw. aus.

Die Verkaufsstelle ist auch der Ort, an dem persönliche Dienstleistungen erbracht werden. Solche sind beispielsweise die Beratung und die Information des Konsumenten.

Auch die Gesamt-Attraktivität eines Ladens beeinflußt den Erfolg sehr stark. Sie bestimmt die Frequenz, mit der die Konsumenten eine Verkaufsstelle aufsuchen. Zudem fördert eine attraktive Verkaufsstelle das Kaufverhalten. Anstelle eines selektiven, auf einzelne Produkte orientierten Kaufverhaltens dürfte in einer attraktiven Verkaufsstelle ein extensives, auf eine umfassende Bedarfsdeckung orientiertes Kaufverhalten wahrscheinlich sein. Die Attraktivität der Verkaufsstelle hängt maßgeblich von der Betriebstypenkonzeption, vom Marketing-Mix und von der Umsetzung dieser Konzepte in der Verkaufsstelle ab.

In der Verkaufsstelle laufen erfolgsbestimmende Prozesse der Warenlogistik, des Verkaufs und der Marketingkommunikation ab. Die Verkaufsstelle ist der Ort, an dem der einzelne Konsument mit der Ware unmittelbar vor dem Kauf, also in der entscheidenden Phase interagiert. Die Verkaufsstelle stellt also das letzte Glied in der Distribution dar. Sie wirkt als Schnittstelle zum Konsumenten. Deshalb ist sie für alle Absatzstufen von entscheidender Bedeutung.

4 DIE VERKAUFSSTELLENBETREUUNG DER HERSTELLER IM SYSTEM DES MARKETING

Unter Verkaufsstellenbetreuung (VSB) werden die Marketingleistungen verstanden, die die vorgelagerte Stufe in der Verkaufsstelle gegenüber Handel und Konsumenten erbringt. Sie werden durch den Lieferanten erbracht mit der Absicht, Verfügbarkeit und Abverkauf seiner Waren in Zusammenarbeit und Abstimmung mit dem Handel zu optimieren.

Als Ziele der VSB können angesehen werden:

- langfristig orientierte Steigerung der Umsätze (Abverkäufe)
- Steigerung des Goodwills des Handels auf allen Stufen
- Steigerung des Einflusses der Hersteller auf das Absatzgeschehen (in Anlehnung an Allen 1977, S. 78).

Die einzelnen VSB-Leistungen können zumeist der Warenlogistik, den warenbezogenen Dienstleistungen oder dem Verkauf zugerechnet werden.

Die gängige Definition der Verkaufsförderung ist zu vielschichtig, um die VSB abzudecken. Luick und Ziegler verstehen unter Verkaufsförderung "jene primär kommunikativen Maßnahmen, die der Unterstützung und Erhöhung der Effizienz der eigenen Absatzorgane, der Marketingtätigkeit der Absatzmittler und der Beeinflussung der Verwender bei der Beschaffung und Benutzung der Produkte dienen. Sales-Promotion-Aktionen üben also zusätzliche und außergewöhnliche Anreize auf eine oder mehrere bestimmte Zielgruppen aus" (nach Luick/Ziegler 1968, S. 4). Für Meffert ist die "Verkaufsförderung überwiegend kurzfristiger bzw. taktischer Natur" (Meffert 1982, S. 459).

Die Präsenz der Hersteller in der Verkaufsstelle bezweckt zur Hauptsache weder "zusätzliche und außergewöhnliche Anreize" für Handel und Konsumenten noch ist sie kurzfristiger bzw. taktischer Natur. Die VSB kann nur dann einen ausreichenden Netto-Nutzen schaffen, wenn sie langfristig orientiert ist. Das Verkaufsstellen- und Zentralmanagement im Handel, das Ladenpersonal und sogar die Käuferschaft bleiben im Zeitablauf relativ konstant. Der Hersteller muß versuchen, ihr Vertrauen zu gewinnen. Dies kann er nur, wenn er langfristig arbeitet. Mit Maßnahmen, die ausschließlich auf kurzfristigen Umsatzerfolg ausgerichtet sind, kann er dieses Ziel nicht erreichen.

Das Leistungsspektrum der VSB wird auch nicht durch den Begriff "Merchandising" abgedeckt. Ein wesentliches Problem besteht darin, daß dieser Begriff völlig unterschiedlich definiert wird. Die Definitionen reichen von Merchandising "als der Verwirklichung von Angebots- und Akquisitionsideen im Handel" (vgl. Ausschuß für Begriffsdefinitionen aus der Handels- und Absatzwirtschaft 1983 und Tietz 1978, S. 2) bis zu Merchandising als "alle Maßnahmen eines Herstellers, die auf den raschen, aktionsmäßigen Verkauf von Waren aus dem Laden des Einzelhändlers gerichtet sind" (vgl. Magyar 1985, S. 218).

Wenn das Merchandising als Begriff für Warenpräsentation, Produktplazierung, Regalpflege und Werbung am Verkaufsort verstanden wird (vgl. Magyar 1985, S. 218), muß es als Teil der VSB aufgefaßt werden. Auf keinen Fall kann jedoch Merchandising mit der VSB gleichgesetzt werden, weil die Dimensionen Logistik, Verkauf und eine Vielzahl von verkaufsstellenorientierten Dienstleistungen der Hersteller darin nicht enthalten sind.

In der angestammten Marketing-Systematik findet sich keine Bezeichnung, die die verkaufsstellenorientierten Aktivitäten der Lieferanten umfaßt. Deshalb ist es gerechtfertigt, den neuen Begriff der Verkaufsstellenbetreuung (VSB) einzuführen.

Es ist nicht leicht, die VSB in das System des Marketing einzuordnen. Die VSB fügt verschiedene Instrumente des absatzpolitischen Instrumentariums nach dem Kriterium ihres Verkaufsstellenbezuges zu einem neuen Instrument zusammen. Das Instrument der VSB umfaßt Teile der Verkaufsförderung, des Verkaufs, der Distribution, der Produktgestaltung und der Dienstleistungen. Dieser Zusammenhang ist in folgender **Abbildung 4** dargestellt:

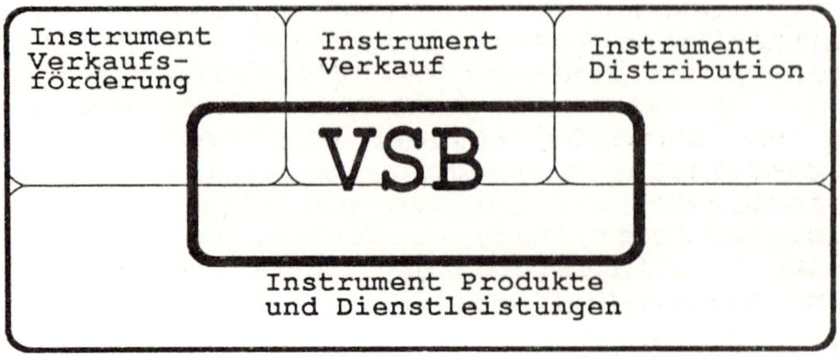

Abb. 4. Das Instrument der VSB

5 DIE LEISTUNGEN DER HERSTELLER IN DER VERKAUFSSTELLE

Im Rahmen der Verkaufsstellenbetreuung (VSB) verrichten die Hersteller eine Vielzahl von Aufgaben. Ein Teil davon sind Leistungen, die gemäß herkömmlicher Auffassung unter den Begriff der Handelsleistung fallen:

Verkaufsleistung / Auftragserfassung:
- persönlicher Verkauf und Auftragserfassung
- telefonische Auftragserfassung
- Durcharbeiten von Randsortimenten
- Überweisungsaufträge an die Handelszentrale
- Einträge in den Ordersatz
- Vorverkäufe von Aktionen
- Vorverkäufe von Neuheiten
- direkter Verkauf an die Konsumenten.

Logistik-Leistungen:
- Unterhalten eines verläßlichen Belieferungsdienstes, dessen Zustellrhythmus sich flexibel den Absatzgegebenheiten anpaßt.
- Lieferung der Waren an die Verkaufsstelle
- Manipulation der Waren von der Anlieferung bis zur Warendarbietung
- Prüfung des Warenbestandes im Lager und im Laden
- Abwicklung der Bestell- und Lieferadministration
- Abdeckung von Versorgungslücken durch Verkäufe aus dem Auto oder temporär zur Verfügung gestellte Ware.

Warenleistungen:
- Kontrolle der Frische und des Ablaufdatums
- Ersatz ablaufender Ware
- Ersatz abgelaufener, beschädigter oder anderer unverkäuflicher Ware
- Bearbeiten von Reklamationen des Verkaufsstellenpersonals
- Preisauszeichnung der einzelnen Artikel einschließlich Preisänderungen
- Einrichtung von Zweit-, Mehrfach- und Sonderplazierungen.

Leistungen im Rahmen der Regalpflege:
- Pflege des artikelspezifischen Regalplatzes
- Pflege der Artikelumgebung
- Anbringen von Dekorations- und Werbematerial.

Informations- und Beratungsleistungen:
- Produktinformationen
- Aktionsinformationen
- Herstellerinformationen
- Facingberatung
- Beratung zum Regal-Layout
- Beratung zum Laden-Layout
- allgemeine betriebswirtschaftliche Beratung
- Schulung von Handelsmitarbeitern.

Leistungen der Informationsgewinnung:
- Informationen über die eigenen Leistungen
- Informationen über die Konkurrenz
- Informationen über das Kundenverhalten/Kundenreaktionen
- Informationen über den Handel.

Leistungen im Rahmen der Beziehungspflege:
- allgemeine Kontaktpflege zum Verkaufsstellenleiter und seinen Mitarbeitern
- Verteilen von Mustern/Gratisdegustationen an Mitarbeiter des Handels usw.

Leistungen der Verkaufsstellenanimation:
- bemannte/unbemannte Demonstrationen/Degustationen (mit Hersteller- oder Handelspersonal)
- Promotionen aller Art.

Es stellt sich nun die Frage nach der institutionellen Ausgestaltung der VSB. Wer erbringt die genannten VSB-Leistungen? Noch vor wenigen Jahren hätte diese Frage mit dem Hinweis auf den Außendienst beantwortet werden können. Heute würde diese Antwort eine grobe Vereinfachung darstellen.

Der verkaufsorientierte Außendienst, wie er für die 60er und die 70er Jahre Gültigkeit hatte, wurde in vielen Unternehmen aufgrund der neuen Situation im Absatz reorganisiert (vgl. Zentes 1986, S. 21). Es wurden kundengruppen- und sogar kundenspezifische Strukturen aufgebaut. Das Leistungsspektrum wurde auch angepaßt. Zudem treten heute viele Unternehmen auf verschiedene Arten mit der einzelnen Verkaufsstelle in Verbindung. Folgende Formen der VSB können unterschieden werden:

Persönliche VSB:	die durch einen Vertreter des Lieferanten persönlich erbrachte Betreuung der Verkaufsstelle,
Telefonische VSB:	die über das Telefon laufende Betreuung der Verkaufsstelle durch die Herstellerzentrale oder deren Außenstrukturen (z.B.: telefonische Bestellaufnahme, telefonische Kontaktpflege usw.),
Schriftliche VSB:	die über die Post laufende schriftliche Betreuung der Verkaufsstelle durch die Herstellerzentrale oder deren Außenstrukturen (z.B.: Kundenzeitschriften, Direct Mail usw.),
Elektronische VSB:	die über interaktive, elektronische Kommunikation laufende Betreuung der Verkaufsstellen (z.B.: elektronische Bestellsysteme, Datenbanken, Datendienste usw.).

Es lassen sich in den Außenstrukturen der Hersteller folgende Stellen unterscheiden:

- **Verkäufer/Vertreter**: Der Tätigkeitsschwerpunkt des Verkäufers liegt beim Verkauf und bei der Bestellerfassung. Verkäufer sind heute im Kontakt zum Handel nur noch bei freiwilligen Organisationen, deren Kaufleute nicht an die Großhandelszentrale gebunden sind, anzutreffen. Verkaufsorientierte Außendienste werden auch im Großverbraucher- und Gastronomiegeschäft eingesetzt. Viele Unternehmungen trennen in ihrer Verkaufsorganisation zwischen der Handelsbetreuung und dem Großverbraucher- und Gastronomiegeschäft, so daß sie über zwei Außendienste mit verschiedener Orientierung verfügen.

- **Merchandiser**: Merchandiser sind die primären Träger der Beziehungen zu den Verkaufsstellen des integrierten Handels. Sie erbringen Dienstleistungen im Laden und pflegen den Kontakt zum Handelspersonal. Ihre Tätigkeit ist vielfach genau mit den Handelszentralen abgestimmt.

- **Ablader**: Der Ablader muß die für die einzelne Verkaufsstelle kommissionierte Ware zustellen. Er hat primär logistische Funktion.

- **Verkaufschauffeur:** Der Verkaufschauffeur besucht regelmäßig mit einem breiten, nicht vorkommissionierten Sortiment das Handelsgeschäft und verkauft an Ort und Stelle die gewünschten Waren (Schenk/Wölk 1971, S. 43). Der Verkaufschauffeur kann direkt verkaufen oder in die Direktbelieferung einer Handelszentrale eingebunden sein.

- **Order Taker:** Eine spezielle Form der verkaufsorientierten VSB ist das Order Taking. Die Bestellaufnahme erfolgt in diesem Fall durch Spezialisten. Sie kontrollieren die Bestände in Lager und Laden, vereinbaren eine Bestellung mit der Verkaufsstellenleitung und leiten den Auftrag an die Handelszentrale, an den Hersteller oder an einen Fachgroßhändler zur Auslieferung weiter.

- **Telefonverkäufer:** Vielfach ist der sog. Telefonverkauf gleichzusetzen mit einem telefonischen Order Taking. Für ein echtes Verkaufsgespräch fehlt oft die Zeit. Zudem gibt es abwicklungstechnische Probleme. Es gibt jedoch auch Firmen, die ein echtes "outbound telephone marketing" betreiben (z.B.: telefonisches Nachfassen bei Direct-Marketing-Aktionen).

- **Kanalspezifische Verkaufsstellenbetreuer:** Aufgrund der Größe und der Komplexität einzelner Handelsorganisationen kann es sich für einen Hersteller rentieren, kanalspezifische Berater einzusetzen. Diese betreuen nur einen spezifischen Handelskunden. Sie stehen ihm in allen Waren- und Marketingfragen zur Verfügung.

- **Verkaufsstellenspezifische Merchandiser:** Teilweise werden für einzelne große Verkaufsstellen, an die Hersteller selbst anliefern, verkaufsstellenspezifische Merchandiser eingesetzt. Es handelt sich dabei um Teilzeitkräfte, die Bestellungen aufnehmen, nach Anlieferung die Ware ins Regal räumen, die Ware auszeichnen usw.

- **Promotion Teams:** Viele Hersteller verfügen heute über eigene Verkaufsförderungsteams, die bemannte und unbemannte Promotionen organisieren und teilweise auch selbst durchführen.

Sämtliche erwähnten Aufgaben können natürlich auch von Dritten erledigt werden. Es gibt verschiedene Dienstleistungsunternehmen, die auf das Service Merchandising und die Service Promotion spezialisiert sind. Mit der Anlieferung können auch Depositäre, Fachgroßhändler, Speditionen und Speziallogistiker betraut werden.

Neben den erwähnten Stellen spielt auch die Herstellerzentrale eine große Rolle für die VSB. Eine wesentliche Bedeutung kommt dem Verkaufsinnendienst zu, wenn er beispielsweise Informationen, die der Außendienst erhoben hat, in Berichte für die Handelsorganisationen verdichten muß. Zudem wirkt auch die Arbeit des Key Account Management und des Product Management bis hin in die einzelne Verkaufsstelle. Manche Hersteller beschäftigen sogar eigene Ladenbauteams, die in Absprache mit dem Handel neue Regal-Layouts konzipieren und umsetzen. Zudem verfügen größere Herstellerorganisationen über Spezialisten für Laden-Layout, Regal-Layout und Marketing-Kommunikation in der Verkaufsstelle.

Heute kann keineswegs mehr von einem monofunktionalen Außendienst gesprochen werden. In der Verkaufsstelle wirkt eine Vielzahl von verschiedenen Stellen der Herstellerorganisation. Für den Hersteller gilt es, um das Ziel einer optimalen VSB zu erreichen, einen kosten- und ertragsoptimalen Organisationsmix zu finden.

6 DIE TYPEN DER VERKAUFSSTELLENBETREUUNG (VSB)

In Kapitel 5 wurden die Leistungen der Lieferanten in oder für die Verkaufsstellen und die dafür zuständigen Aufgabenträger beschrieben. Es stellt sich nun die Frage, wie die vielfältigen Erscheinungsformen der Verkaufsstellenbetreuung (VSB) systematisiert werden können. Aus der Vielzahl der aufgezählten Leistungen lassen sich vier grundsätzliche Leistungskategorien erkennen:

1. Übernahme von Handelsrisiken durch die Hersteller
2. Verkaufsleistungen in der Verkaufsstelle
3. Belieferungsleistungen an die Verkaufsstelle
4. Services in oder für die Verkaufsstelle.

Übernimmt ein Hersteller unternehmerische Risiken des Handels, so ist dies als eigene Leistung einzustufen. Beispiele dafür sind jene Betreuungssysteme bei Frischprodukten und Lebensmitteln mit kurzer Haltbarkeitsdauer, die den Handelsorganisationen eine Frischegarantie mit voller Rücknahmeverpflichtung geben. Andere Beispiele finden sich im Bereich des Non-Food. Die Rack Jobber übernehmen in der Regel das volle Demodierungs- und Nichtverkaufsrisiko. Der Lieferant trägt damit das volle Warenrisiko. Die Handelsorganisation hat bei den so betreuten Produkten keine Warenverluste zu befürchten.

Die Verkaufsleistungen umfassen das Verkaufen als Überzeugungsprozeß und die vielfältigen Formen der Auftragserfasssung. Bei der Kategorie der Belieferungsleistungen steht die Warenlogistik zwischen den Auslieferungslägern der Hersteller und den Verkaufsstellen im Zentrum. Der Leistungskategorie "Services" sind die Leistungen der Hersteller für Ware und Regal zuzurechnen. Darüber hinaus gehören dazu die Informations-, Beratungs- und Schulungsleistungen und die Leistungen der Verkaufsstellenanimation (z.B.: Promotionen).

Abbildung 5 zeigt die vier Leistungskategorien der VSB.

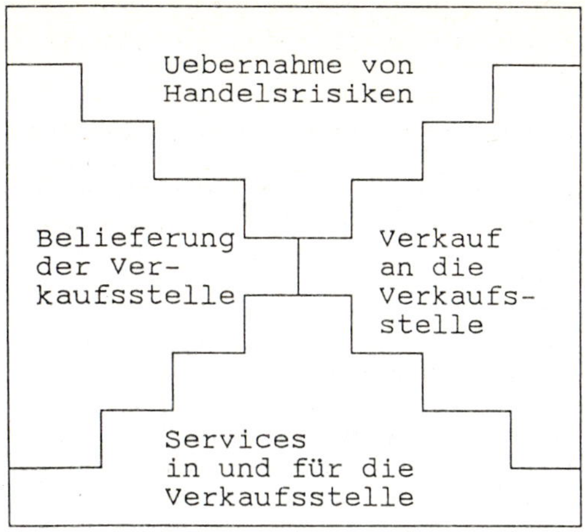

Abb. 5. Die vier Leistungskategorien der Hersteller-VSB

Ordnet man die vielfältigen Erscheinungsformen der VSB den vier Leistungskategorien zu, so erhält man die in der **Abbildung 6** widergegebenen Typen.

Die komplexesten Typen stellen das Shop-in-the-Shop und die umfassende Verkaufsstellen-Belieferung dar. Sie betreffen alle Leistungskategorien. Die einfachsten VSB-Typen sind jene, die auf Einzelleistungen beruhen. Sie betreffen jeweils nur eine Leistungskategorie. "Einfach" bedeutet allerdings nicht "kostengünstig". Auch die einfache Belieferung von Verkaufsstellen und die Verkaufsstellen-Animation verursachen einen sehr hohen Aufwand.

VSB-Typ 1: Shop-in-the-Shop-Systeme der Hersteller

Beim Shop-in-the-Shop vermietet die Handelsunternehmung einen kleinen Teil der Verkaufsfläche an einen Hersteller. Dieser präsentiert darauf seine Waren gemäss einem eigenständigen, oft hochstehenden Marketingkonzept (vgl. Weinhold 1983, S.134). Dafür entrichtet er eine Flächenmiete an die Handelsorganisation. Zumeist führt der Shop-in-the-Shop eine von der übrigen Verkaufsstelle unabhängige Rechnung. Der Shop-Betreiber trägt das volle unternehmerische Risiko.

VSB-Typ 2: Umfassende Verkaufsstellen-Belieferung

Bei diesem Typ beliefert der Hersteller die einzelne Verkaufsstelle. Wesensmerkmal ist dabei, dass der Hersteller ein gewisses Handelsrisiko übernimmt. Er garantiert dem Händler, unverkäufliche Ware zurückzunehmen. Zumeist verfügt der Lieferant im Laden über eigene Regale. Im Non-Food-Bereich wird diese Art der Betreuung der einzelnen Geschäfte oft als "Rack-Jobbing" bezeichnet. Im Food-Bereich existiert dieser Typ der VSB als Frisch- oder Tiefkühldienst. Der Hersteller erbringt erbringt auch Dienstleistungen im Laden (zB: Aufstellen von Werbematerial, Pflege der Regal- und Lagerplätze, Information, usw.). Die Abrechnung läuft über die Handelszentrale.

VSB-Typ 3: Merchandising

Im Merchandising werden eine Vielzahl von Dienstleistungen (zB: Pflege der Warenpräsentation und -plazierung, Werbe-Support, Information, Beratung, Schulung, usw.) im Laden erbracht. Die Auftragserfassung ist zwar möglich, steht jedoch nicht im Zentrum. VSB-Systeme mit Verkaufsstellenbelieferung werden NICHT dem Merchandising zugerechnet.

VSB basierend auf Einzelleistungen

VSB-Typ 4-1: Nur-Verkauf

Beim Typ "Nur-Verkauf" steht das Verkaufsgespräch und die Auftragserfassung im Zentrum der VSB.

VSB-Typ 4-2: Nur-Belieferung

Beim Typ "Nur-Belieferung" steht die Lieferung der Ware an die Verkaufsstelle im Vordergrund. Die Leistungen des Lieferanten enden mit dem Einräumen der Ware ins Lager bzw. Regal. Die Abrechnung erfolgt über die Handelszentrale.

VSB-Typ 4-3: VSB mit handelsgerichteten Einzelleistungen

Darunter werden alle jene Leistungen der Hersteller verstanden, die sporadisch für die Verkaufsstelle erbracht werden. Dazu zählen Dienstleistungen wie Layout-Beratung, Analyse von Warenpräsentation in den Verkaufsstellen für die Handelszentrale, usw. Diesem Typ sind auch die Leistungen zuzurechnen, die gegenüber dem Verkaufsstellenpersonal erbracht werden: Goodwill-Aktionen, Verteilen von Gratismustern, Besuch von Hausmessen, usw.

VSB-Typ 4-4: VSB mit konsumentenger. Einzelleistungen

Darunter werden alle Dienstleistungen der Hersteller verstanden, die der Animation in der Verkaufsstelle dienen und temporär sind. Das können bemannte und unbemannte Aktionen sein. Degustationen, Demonstrationen und Promotionen aller Art sind diesem Typ zuzurechnen.

Abb. 6. Die Typen der Verkaufsstellenbetreuung (VSB)

Ordnet man die VSB-Typen den Leistungskategorien zu, ergibt sich folgendes Bild:

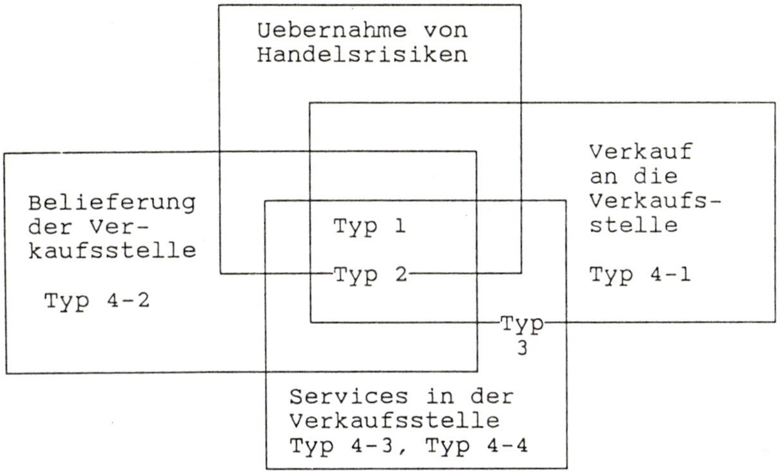

Typ 1: Shop-in-the-Shop-Systeme der Hersteller
Typ 2: umfassende Verkaufsstellen-Belieferung
Typ 3: Merchandising
Typ 4-1: Nur-Verkauf
Typ 4-2: Nur-Belieferung
Typ 4-3: handelsgerichtete Einzelleistungen
Typ 4-4: konsumentengerichtete Einzelleistungen

Abb. 7. Zuordnung der verschiedenen Typen zu den Leistungskategorien

7 DIE WIRKUNGEN DER VERKAUFSSTELLENBETREUUNG (VSB)

Aufbau und Unterhalt eines Logistik-Systems verschlingen Unsummen. Lohnkosten und Spesen für herumreisende Merchandiser verursachen gigantische Kosten. Die Führung, Kontrolle und Weiterentwicklung der Verkaufsstellenbetreuung (VSB) bedeuten einen enormen Aufwand. Die Lieferanten des Lebensmittelhandels investieren heute also enorme Mittel in die Betreuung der Verkaufsstellen.

Angesichts dieser großen Investitionen stellt sich natürlich die Frage, ob sich diese teuren VSB-Systeme überhaupt auszahlen. Ein großes Problem bei einer Wirtschaftlichkeitsrechnung stellt der Umstand dar, daß der Nutzeneffekt nur schwer quantifizierbar ist. Es kann vielfach nicht gesagt werden, wieviel eine Zweitplazierung, die wegen des guten Verhältnisses zwischen Filialleiter und Verkaufsstellenbetreuer zustande kommt, an Mehrumsatz bringt. Der Hersteller kennt in der Regel den genauen Produkt-Umsatz eines Outlets nur dann, wenn er die Verkaufsstelle selbst beliefert. In allen anderen Fällen fehlen ladenspezifische Verkaufszahlen. Der Erfolg des Merchandising kann also nicht exakt gemessen werden. Die Schwierigkeiten bei der Quantifizierung dürfen jedoch nicht zum Schluß verleiten, daß die VSB nur geringen Nutzen für die Herstellerunternehmung stiftet.

Die VSB wird heute von einzelnen Handelsunternehmungen als Leistungskondition sogar gefordert. Bei diesen Firmen wird die VSB zur Voraussetzung für Listung und Absatz des Herstellerangebotes. Die Hersteller dürfen die VSB jedoch nicht als eine in den Einkaufsverhandlungen abgerungene Kondition betrachten. Die VSB stellt vielmehr ein Instrument dar, das der Hersteller bewußt gestalten und einsetzen muß, um seine Wettbewerbsposition langfristig zu halten oder zu verbessern. (In diesem Zusammenhang kann der Ansatz der "Value Chain" und des "Value System" von Porter interessante Hinweise liefern - vgl. Porter 1985, S. 33 ff.) Die VSB ist eine Waffe, derer sich ein Hersteller im Konkurrenzkampf bedienen kann.

Dies wurde in den vergangenen Jahren auch allzu intensiv umgesetzt. Das hatte allerdings zur Folge, daß viele Handelsorganisationen die Besuchsmöglichkeiten und die Aktivitäten in der einzelnen Verkaufsstelle stark einschränkten. Viele Hersteller nutzten nämlich ihren Gestaltungsspielraum, der bis vor wenigen Jahren noch sehr groß war, zuungunsten des Handels aus. Heute verfügen die gut geführten Handelsorganisationen über klare Vorschriften, die den Rahmen der VSB der Hersteller genau abstecken. Es wäre völlig falsch, wenn ein Hersteller versuchen würde, diese Regelungen zu mißachten. Es geht heute vielmehr darum, den gegebenen Spielraum in beiderseitigem Interesse optimal zu nutzen bzw. durch eine auf die Handelsbedürfnisse abgestimmte Strategie zu erweitern.

Welche Wirkungen gehen von der VSB aus? Das folgende Wirkungsmodell (**Abbildung 8**) soll als Grundlage zur Analyse des Nutzens der VSB dienen.

Ausgehend von den Zielen des Herstellers und abgestimmt auf die Wünsche des Handels muß das Instrument der VSB gestaltet werden. Die VSB wirkt direkt auf die Handelszentrale, auf die Verkaufsstelle und auf den Konsumenten.

Direkte Wirkungen **auf die Handelszentrale** sind:
- Entlastung der Handelsorganisation von Aufgaben/Kostenersparnis
- Entlastung des Handels von Lagerrisiken (z.B.: durch Rücknahmegarantien bei Frischprodukten)
- Festigung der Beziehungen zur Handelszentrale/Förderung von Goodwill
- Verringerung der Substituierbarkeit eines Lieferanten
- Höhere Interaktion mit Entscheidungsträgern im Handel
- evtl. Verbesserung bei den Konditionen.

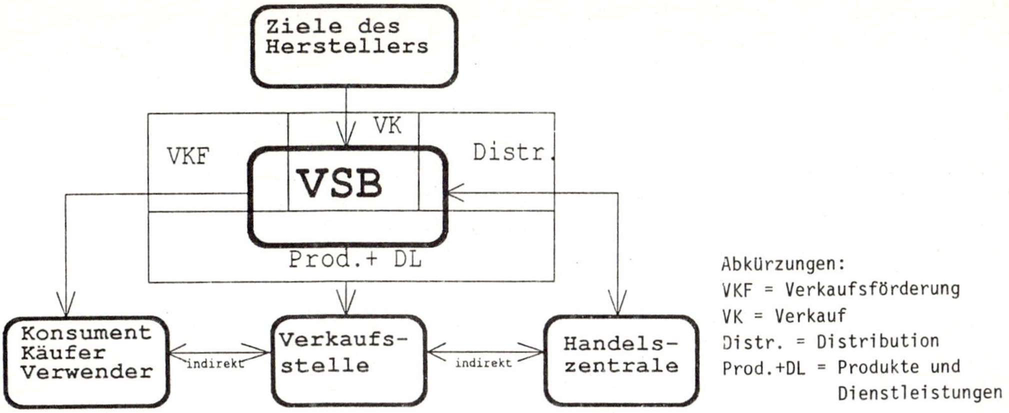

Abb. 8. Wirkungsmodell der VSB der Hersteller

Direkte Wirkungen **auf die Verkaufsstelle** und deren Personal:

- Steigerung der Attraktivität der Verkaufsstelle durch Zusatzsortimente (vor allem beim Rack Jobbing)
- Entlastung des Ladenpersonals von Aufgaben (z.B.: Warenhandling)
- Entschärfung der Problematik des begrenzten Regalplatzes (durch häufige Belieferung oder Distributionskontrolle)
- Verbesserungen bei der Verfügbarkeit der Waren, in der Warenpräsentation und bei der Angebots-Atmosphäre
- Schaffung einer positiven Einstellung gegenüber Produkten und Produzenten
- Verbesserung des Wissens über Produkte und Produzenten
- Förderung der Betreuung eines Produktes durch das Ladenpersonal
- Förderung des Images der Verkaufsstelle durch verbesserte Präsentation und informiertes Personal.

Zu den direkten Wirkungen **auf den Konsumenten** zählen:

- Steigerung des Abverkaufes durch verbesserte Warenpräsentation und Angebots-Atmosphäre
- Konsumentengerichtete VSB (z.B.: Promotionen) bewirkt:
  - Aktivierung des Konsumenten
  - Steigerung der Produktbekanntheit und der Produktkenntnisse
  - Festigung der Markenpersönlichkeit
  - Erhöhung des Absatzes eines Produktes.

Neben diesen direkten Wirkungen spielen auch die vielfältigen indirekten Wirkungen eine Rolle. Ist beispielsweise das Ladenpersonal einem Produzenten gut gesinnt, dann dürfte es im Verkaufsgespräch mit dem Kunden auch positiv auf das Angebot dieses Herstellers hinweisen. In der gleichen Weise dürften gute

Erfahrungen von Filialleitern mit einem Produzenten sein Image auch in der Handelszentrale fördern.

Die VSB kann also auf allen Ebenen sehr positiv wirken, wenn sie den Wünschen des Handels entspricht. Umgekehrt kostet sie allerdings auch sehr viel Goodwill, wenn der Hersteller versucht, Verkaufsstrategien, die den Absichten des Handels zuwiderlaufen, in der Verkaufsstelle zu verwirklichen. Wettbewerbsvorteile lassen sich in der Verkaufsstelle nur mit dem Handel und nicht gegen den Handel realisieren.

8 DIE VERKAUFSSTELLENBETREUUNG (VSB) AUS DER SICHT DES HANDELS

Die Handelsorganisationen operieren in ihren Verkaufsstellen nach einer bestimmten Formel. Dieses oft als Betriebstyp bezeichnete Konzept kann Dienstleistungen der Hersteller in unterschiedlichem Ausmaß berücksichtigen. Manche Kanäle wünschen sich ein sehr intensives Engagement der Hersteller in der Verkaufsstelle. Dabei handelt es sich zumeist um preisaggressive Verbrauchermärkte und Diskonter und Großhändler, die Überweisungsaufträge und Vorverkäufe durch die Hersteller begrüßen.

Andere Handelsorganisationen wiederum verbieten den Herstellern den Zutritt zur Verkaufsstelle. Die überwiegende Zahl bewegt sich jedoch zwischen beiden Extremen. Sie lassen die VSB der Hersteller nur selektiv zu. Das bedeutet, daß nur ausgewählte Hersteller die Verkaufsstellen besuchen dürfen. Den übrigen Lieferanten wird der Zutritt abgesehen von situativen Ausnahmen verweigert.

Woher rührt die völlig unterschiedliche Bewertung der Herstelleraktivitäten in der Verkaufsstelle? Wie ist diese Ambivalenz in der Einstellung des Handels zu erklären?

Heute geht der Gestaltungswille der Zentralen sowohl bei integrierten Filialsystemen als auch bei freiwilligen Ketten bis in die Details der einzelnen Verkaufsstellen. Damit treffen in der Verkaufsstelle die Hersteller- und die Handelsanstrengungen aufeinander. Hat eine Handelsorganisation in der Vergangenheit schlechte Erfahrungen gemacht, so ist es verständlich, wenn diese die VSB der Hersteller einschränkt und durch eigene Aktivitäten zu ersetzen sucht. Ein weiterer Grund für die skeptische Einstellung des Handels ist, daß eine intensive Inanspruchnahme des externen Dienstleistungsangebotes zu einer Abhängigkeit vom Hersteller führen kann. Je stärker der Handel die Sortiments- und Produktbetreuung dem Hersteller überläßt, desto eher baut er die eigene Beschaffungs- und Absatzkompetenz ab. Ein wesentlicher Grund für eine ablehnende Haltung ist ferner, daß es bei einer ausgeprägten Verkaufsstellenpräsenz der Lieferanten für die Handelsorganisationen schwerer werden kann, eigene Konzepte in den Verkaufsstellen durchzusetzen (z.B.: beim Regallayout, beim POS-Material, bei den Zweitplazierungen usw.).

Für die Zulassung der VSB der Hersteller in den Verkaufsstellen sprechen folgende Gründe:

- Die Gratis-Dienstleistungen im Laden entlasten die Handelskalkulation.
- Der Händler kann auf diese Weise von der größeren Produktkompetenz der Hersteller profitieren.
- Der Händler kann eine gut geführte Außenorganisation eines Herstellers in seinen eigenen Dienst stellen. Sie kann beispielsweise dazu eingesetzt werden, neue Layout-Pläne innerhalb kurzer Zeit umzusetzen.

9 AUSBLICK

Die Bedeutung der Verkaufsstelle für den Absatz wird in Zukunft noch wesentlich zunehmen. Um so wichtiger wird es für die Lieferanten des Lebensmittelhandels sein, auf das Geschehen im Laden Einfluß nehmen zu können. Dies wird nur demjenigen möglich sein, der seine Verkaufsstellenbetreuung unter Berücksichtigung der Wirtschaftlichkeits-Restriktionen optimal auf die Anforderungen des Handels ausrichtet. Er wird damit eine Position besetzen, die ihm einen unschätzbaren Vorteil gegenüber seiner Konkurrenz bringt.

Die Verkaufsstellenbetreuung der Hersteller stellt noch Neuland in der Marketing-Forschung dar. Am Forschungsinstitut für Absatz und Handel (FAH) an der Hochschule St. Gallen wird diese Problematik auf der Grundlage einer umfangreichen empirischen Studie bearbeitet. Die Ergebnisse dieser Forschungen, die auch dem Praktiker Hilfestellung bei der Lösung seiner Probleme geben werden, sollen bis Spätherbst 1987 vorliegen.

LITERATUR

Ahlert, D. (Hrsg.) (1981): Vertragliche Vertriebssysteme zwischen Industrie und Handel, Wiesbaden 1981

Allen, B. (1977): Principles of Channel Management, Lexington 1977

Ausschuß für Begriffsdefinitionen aus der Handels- und Absatzwirtschaft (1983): Katalog E, 3. Auflage, Köln 1983

Baader, D. (1986): Vertikales Marketing - Die Situation und die Entwicklung im Spannungsfeld zwischen Markenartikelindustrie und Handel in der Bundesrepublik Deutschland. In: THEXIS 3/86, S. 10 ff.

Groehrmann, K.E. (1984): Verkaufsmanagement, Stuttgart usw. 1984

Hinkel, M. (1986): Zeitgemäßes Verkaufsmanagement, Landsberg am Lech 1986

Kühn, R. (1985): Marketinginstrumente zwischen Selbstverständlichkeit und Wettbewerbsvorteil. In: THEXIS 4/85, S. 16 ff.

Luick, J.F.; Ziegler, W.L. (1968): Modern Promotion and Modern Merchandising, New York usw. 1968

Magyar, K.M. (1985): Das Marketing-Puzzle, Rorschach 1985

Meffert, H. (1982): Marketing - Einführung in die Absatzpolitik, 6. Auflage, Wiesbaden 1982

A.C. Nielsen (Hrsg.) (1983): Der Lebensmittelhandel - eine weltweite Übersicht, Nr.8, Luzern 1983

A.C. Nielsen (Hrsg.): Statistische Unterlagen zur Schweiz, Deutschland und Österreich, Luzern, Frankfurt und Wien

A.C. Nielsen (Hrsg.) (1986): The Grocery Marketing Scene No. 10, New York 1986

Oehme, W. (1983): Handelsmarketing, München 1983

Oehme, W. (1985): Die Unterschiede zwischen Handels- und Herstellermarketing, Referat geh. am ISB-Seminar "Handelsmarketing" vom 25./26.4.1985

o.V. (1986a): Nagel übernimmt TK-Distribution von Dr. Oetker. In: Tiefkühlreport, Juli 1986, S. 32

o.V. (1986b): Jacobs-Suchard kämpft jetzt an mehreren Fronten. In: Lebensmittel-Zeitung, Nr. 43 vom 24.10.1986, S. 12

o.V. (1986c): Die Hersteller überprüfen ihre Außendienstsysteme. In: Lebensmittelzeitung, Nr. 15 vom 11.4.1986, S. 12

o.V. (1986d): Aufbruch im Frischgeschäft. In: Lebensmittel-Zeitung, Nr. 49 vom 5.12.1986, S. 1

Porter, M.E. (1985): Competitive Advantage, New York 1985

Sauer, M.H. (1986): Eigenmarken und Markenartikel. In: THEXIS 3/86, S. 57 ff.

Schenk, H.-O.; Wölk, A. (1971): Vertriebssysteme zwischen Industrie und Handel, Berlin 1971

Schoneweg, R. (1986): Ganz neue Möglichkeiten, erfolgreich zu führen. In: Lebensmittel-Zeitung, Nr. 29, 18. Juli 1986, S. 4 ff.

Steffenhagen, H. (1974): Stichwort "Vertikales Marketing". In: Marketing-Enzyklopädie, Bd. 2 München 1974

Stork, P. (1979): Direktbearbeitung des indirekt beziehenden Einzelhandels. In: Arbeitshandbuch Absatzförderung, hrsg. von Jürgen Koinecke, München 1979, S. 279 ff.

Tietz, B. (1978): Marketing, Tübingen 1978

Tietz, B.; Mathieu, G. (1979): Kontraktmarketing als Kooperationsmodell Köln usw. 1979

Vanderhuck, R.W. (1981): Führung und Motivation von Außendienstmitarbeitern, Landsberg am Lech 1981

Weinhold, H. (1983): Handel und Logistik I, Skriptum HSG, St. Gallen 1983

Wolter, F.H. (1978): Steuerung und Kontrolle des Außendienstes, Gernsbach 1978

Zentes, J. (1986): Verkaufsmanagement in der Konsumgüterindustrie. In: DBW 46 (1986) 1

Funktionskalkül und Kostenzurechnung – Neue Wege zur Erfolgsmessung im Handel

Rudolf Gümbel, Frankfurt a. M.

Die neben der Ware als Kontraktobjekt den Unternehmungserfolg bedingende Handelsleistung als Kontrakt-Transformation verursacht Transaktionskosten. Diese können in einer funktionsorientierten Kosten- und Leistungsrechnung mittels geeigneter Verfahren auf der Basis einer Durchschnittsgrößenkalkulation (Messung von Marktspannungen/Zurechnungsalgorithmus) den strukturellen Differenzen zwischen Einkaufs- und Verkaufsumsatz zugeordnet werden.

1 PROBLEMSTELLUNG

In Handel und Industrie sind die Waren als **Kontraktobjekte** nominell die Träger des Unternehmungserfolges. Hinsichtlich der den Erfolg bedingenden Faktoren besteht dabei ein entscheidender Unterschied: Beim Industriebetrieb ist der Erfolg primär **transformationsbedingt**, während er im Handelsbetrieb **transaktionsbedingt** ist bzw. durch Kontrakt-Transformation entsteht. Die Entwicklung eines diese Struktur abbildenden Kalküls ist bislang nicht gelungen.

Handelsspezifische Erfolgsquellen resultieren aus **Marktspannungen** (Schär 1911), d.h. aus den Eigenschaften aufeinanderfolgender Marktstufen. Letztere erzeugen ein Arbitrage-Potential, dessen Nutzung durch stufenspezifische Arten von Kaufverträgen erfolgt. Diese unterscheiden sich in zeitlicher, räumlicher und sachlicher (mengen- und artmäßig) Hinsicht. Preisunterschiede sind Ausdruck der Arbitragefunktion.

Die Überwindung von Marktspannungen erfordert den Einsatz von Ressourcen. Diese müssen dabei in geeignete Dienstleistungen (Handelsfunktionen bzw. Handelsleistung: z.B. Quantenteilung, Beratung, Service, Lagerung etc.) transformiert werden. **Ware und Dienstleistung** (Handelsleistung) sind Elemente dieser Überbrückung.

Die Verknüpfung dieser beiden Elemente in einem entsprechenden Kalkül ist bisher nicht gelungen. Die Erfolgsanalyse im Handel ist primär waren- und (noch)nicht dienstleistungsorientiert. **Gesucht wird ein geeigneter Kalkültyp, bei dem Ware und Dienstleistung integriert behandelt werden.**

Handelsforschung 1987
Hrsg. Volker Trommsdorff

2 HANDELSFUNKTION UND FUNKTIONSKALKÜL

Vor ca. 75 Jahren (Schär 1911; Shaw 1912; Oberparleiter 1918; Leitherer 1961, S. 141) begann international die **Entwicklung der Lehre von den Handelsfunktionen.** Neuartig war eine die Interaktion mit den Marktpartnern artikulierende Beschreibung von Marktprozessen mit dem Ziel, die Möglichkeiten des Treffens generalisierbarer Aussagen zu verbessern, um damit die Begrenzungen des commodity approach durch den functional approach zu überwinden (Leitherer 1961; Bartels 1970).

Das Bemühen um möglichst systematisch aufgebaute Kataloge der Handelsfunktionen feiert Triumphe und wird mit Recht karikiert (Hansen 1976) bzw.in der Substanz problematisiert (Schenk 1970; Breitenfeld,Theisen 1976; Marré 1974; Engelhardt 1960, 1966). Für die Praxis hat die Funktionenlehre, rundheraus gesagt, kaum etwas gebracht. Der Versuch von Oberparleiter (1930), die **funktionsorientierte Kostenrechnung** für den Handel zu entwikkeln, ist dem Siegeszug der Deckungsbeitragsrechnung zum Opfer gefallen.

Um die **Oberparleitersche Vision einer funktionsorientierten Kosten- und Leistungsrechnung** zu erfüllen, mußten zwei Probleme vorab gelöst werden:

- Zum einen mußte die **Handelsleistung** über **kontraktbezogene** Merkmale **meßbar** gemacht werden (Gümbel 1985) und zum anderen wurde dazu

- ein **logisch einwandfreies Prinzip der Gemeinkostenzurechnung** benötigt, von dessen Nichtexistenz die Fachwelt überzeugt war bzw. (noch?) ist (Gümbel 1987 a und b).

Kombiniert man die beiden Forschungsergebnisse, dann erhält man die Grundkonzeption eines funktionsorientierten Kalküls, und zwar **einmal** im Sinne **betrieblicher Funktionen (Ein- und Verkauf)** und **zum anderen** bezogen auf einen kontraktbedingten und analytisch erzeugten Katalog von **Handelsfunktionen.**

Daraus resultiert dann das Grundmuster eines **Funktions-Kalküls.** Seine Kernaussage gibt die Regeln an, nach denen angefallene Handlungskosten auf die strukturellen Differenzen zwischen Ein- und Verkaufsumsatz zu verteilen sind.

3 OPERATIONALISIERUNG DES KONSTRUKTS "HANDELSLEISTUNG"

Der Satz: **Händler kaufen ein, um zu verkaufen**, ist zwar nicht falsch, aber dennoch unvollständig. Die Transaktionen der Händler dienen der **Kontrakt-Transformation**, darin besteht ihre handelsspezifische Leistung. Daraus resultieren Transaktionskosten, d.h. Kosten der Marktinanspruchnahme. Trotz der Gefahr eines Mißverständnisses könnte man auch sagen: Aus strukturell ungeeigneten Einkaufsverträgen werden unter Mitwirkung des externen Faktors (Marktpartner, vgl. Maleri 1973) nachstufengeeignete Verkaufsverträge "produziert".

Datenmaterial zur Operationalisierung stellen die Kontraktdokumente dar (Auftragsbestätigung, Rechnung, Lieferscheine, Kassenzettel), die um weitere Elemente der Lieferanten- bzw. Kundendatei zu ergänzen sind. Letzteres hängt vom Differenzierungsgrad der Analyse ab und interessiert bei der prinzipiellen Darstellung nur peripher. Ferner werden mögliche Divergenzen zwischen den Kontrakten als Verpflichtungsgeschäft und den Dokumenten des Erfüllungsgeschäftes nicht berücksichtigt.

Ein beliebiges "Bündel" von Verträgen oder Rechnungen, deren Summe den Einkaufs- bzw. Verkaufsumsatz (brutto oder netto) beschreibt, kann man sich als "Punktwolke" in einem Raum vorstellen, dessen Dimensionen die Kontrakteigenschaften (i*) und die Betragsachse (Ein- und Verkaufsumsatz) repräsentieren.

Diese "Punktwolke" kann mit den Mitteln der Statistik beschrieben werden. Hier werden nur Mittelwerte betrachtet. Die Einbeziehung von Varianz und Schiefe etc. erschließt den Weg in die auch von Oberparleiter erstrebte Analyse spezifischer Handelsrisiken.

Unser Vorgehen bedeutet nichts anderes als die Erweiterung der handelsüblichen Kennzahl "Umsatz pro Kaufakt" bzw. pro Kunde. Der Gesamtumsatz (Ein- bzw. Verkauf) kann
- einmal als die Summe aller Kontrakte o d e r
- zum anderen als Durchschnittsumsatz je Kontrakt x Anzahl der Kontrakte ($U = \varnothing U_K \times K_A$)

dargestellt werden. Der Durchschnittsumsatz je Kontrakt kann aber noch weiter zerlegt werden.

Der **Durchschnittspreis** (P) je kontrahierter Mengeneinheit (Gebinde etc.) errechnet sich als Quotient aus dem Umsatz (U) und der **Summe aller preis-etikettierten Wareneinheiten** (Σ ME). Dividiert man diese Summe durch die **Summe aller** (Rechnungs)-**Zeilen** (Σ ZEI), so erhält man die **durchschnittlichen Mengeneinheiten je Zeile** (Q); dividiert man diese durch die Anzahl der Kontrakte (K), resultiert die durchschnittliche Anzahl der Zeilen je Kontrakt (Z).

Multipliziert man den Durchschnitts-Kontrakt (bzw. die Durchschnittsrechung) mit der Anzahl der Kontrakte, so ergibt sich

$$(1a)\qquad U = \frac{U}{\Sigma\,ME} \times \frac{\Sigma\,ME}{\Sigma\,ZEI} \times \frac{\Sigma\,ZEI}{K} \times K$$

$$(1b)\qquad U = P \times Q \times Z \times K$$

Die formale Zulässigkeit dieser Zerlegung bestätigt sich durch die Möglichkeit des "Kürzens" auf U = U; gewisse Ähnlichkeiten mit dem Differentialquotienten von Schachtelfunktionen sind keinesfalls zufällig.

Die Gleichung (1b) beschreibt eine **Iso-Umsatzkurve**. Der gleiche Umsatzbetrag kann durch unendlich viele Kombinationen erzeugt werden. Dieser Effekt einer multiplikativen Verknüpfung stellt zugleich eine Nominaldefinition (v. Stackelberg 1939) eines aus unterschiedlichen Waren bestehenden Kontraktes dar. Diese Eigenschaften begünstigen die beabsichtigte funktionsorientierte Kostenzurechnung.

Weitere Zerlegungen sind, anknüpfend an Z und K, möglich. Die durchschnittliche Anzahl der Zeilen je Kontrakt kann in die Menge der Zeilen je Warenart (W) und Sorten je Warenart (S) zerlegt werden (Z = W x S). Die Kontrakte können nach Distanzen sowie nach den Eigenschaften der Marktpartner (z.B. Informationsstand) unterschieden werden. Schließlich lassen sich auch Zeitzentren bzw. "mittlere Verfalldaten" (wie beim Wechselbestand) ermitteln.

4 TECHNOLOGIE EINER FUNKTIONSMESSUNG

Die Technologie der Funktionsmessung wird mit folgenden Daten illustriert (**Tabelle 1**):

Der **Einkaufsumsatz** (U_E = 12 000) resultiert aus 300 Gebinden (Paletten etc.), denen genau 3 000 Mengeneinheiten im Verkauf (Packungen, Stücke etc.) entsprechen. Die Zahl der Zeilen beträgt 150, die Anzahl der Kontrakte ist 50.

Tabelle 1. Daten zur Funktionsmessung

Einkauf:	U_E = 12 000;	Σ ME = 300;	Σ Z = 150;	K = 50
Verkauf:	U_V = 21 000;	Σ ME = 3 000;	Σ Z = 2 000;	K = 400

Der **Verkaufsumsatz** (U_V = 21 000) wird durch 3 000 ME erzielt, die Anzahl der Zeilen beträgt 2 000 und jene der Kontrakte 400. In **Tabelle 2** werden die Daten von Tabelle 1 zur Funktionsmessung nach der Formel (1) aufbereitet.

Tabelle 2. Funktionsmessung und Durchschnittskontrakt

U =	P	x	Q	x	Z	x	K		
U_V =	$\frac{21\,000}{3\,000}$	x	$\frac{3\,000}{2\,000}$	x	$\frac{2\,000}{400}$	x	400		
U_E =	$\frac{12\,000}{300}$	x	$\frac{300}{150}$	x	$\frac{150}{50}$	x	50		
U_V =	7	x	1,5	x	5	x	400		
U_V =	7	x	1,5	x	5	x	50	x	8
U_E =	40	x	2,0	x	3	x	50		

Bei der kontraktbezogenen Funktionsmessung stellen wir dem durchschnittlichen Einkaufskontrakt die mit ihm (durchschnittlich) zu erfüllenden Verkaufskontrakte gegenüber. Im Beispielsfall entfallen auf einen Einkaufskontrakt acht (400 : 50 = 8; a = 8) Verkaufskontrakte.

Tabelle 3. Die F_i-Tabelle

$F_1 = ap - P$	$F_2 = aq - Q$
$F_1 = 56 - 40 = 16$	$F_2 = 12 - 2 = 10$
$F_3 = az - Z$	$F_4 = aK - K$
$F_3 = 40 - 3 = 37$	$F_4 = 400 - 50 = 350$

Die durchschnittliche Kontrakt-Transformation wird in **Tabelle 3** auf den Dimensionen P, Q, Z und K dargestellt. Die großen Buchstaben beziehen sich auf den durchschnittlichen Einkaufskontrakt, die kleinen auf den durchschnittlichen Verkaufskontrakt. Die Multiplikation der durch kleine Buchstaben repräsentierten Größen mit a (= 8) stellt auf allen Dimensionen die Äquivalenz zum durchschnittlichen Einkaufskontrakt her. Die Differenzen F_i ($i = 1, 2, ..., i^*$) kennzeichnen die marktstufenbedingten Kontraktunterschiede (Marktspannungen). Mit i wird der Name der Achse bzw. Dimension symbolisiert (Funktionsname; vgl. unten **Tabelle 4**).

Für die Messung der Distanz zwischen U_V-U_E (Euklidsche Metrik: Minkowski-Parameter r = 2) gilt dann

$$(2) \qquad \Delta = [\, \Sigma_i \ (F_i) \ ]^{(1/2)}$$

Die Distanzen (F_i) interpretieren wir als Indikatoren von Handelsfunktionen und Δ als **Gesamtmaß für die Handelsleistung.**

5 DER ZURECHNUNGSALGORITHMUS

Zur Herleitung des Zurechnungsalgorithmus stellen wir uns vor, daß die Komponenten der Handelsleistung F_i **immaterielle Güter** darstellen. Für die Punkte E und V, die jeweils auf einer Iso-Durchschnittsumsatzkurve liegen und deren **nähere Umgebung** wir kennen, sollen für den gegebenen Betrag der Gesamtkosten jene Preise (Kostensätze) bestimmt werden, die diese Punkte (hypothetisch) zu einem Optimum machen. Man kennt dies aus der Mikrotheorie (Produktion bzw. Haushalt). Dort verfahren wir nur umgekehrt und suchen für gegebene Koeffizienten (Kostensätze bzw. Preise) die zugehörigen optimalen Mengen.

Dazu bilden wir die Lagrange-Funktion und untersuchen deren Eigenschaften in der näheren Umgebung der Punkte E und V:

$$(3) \qquad L = U_V - U_E - \lambda [HK - \Sigma_i \ C_i \ (F_i)],$$

wobei HK die Handlungskosten und C_i den Kostensatz je Einheit von F_i bezeichnen.

Diese nähere Umgebung wird durch die ersten partiellen Ableitungen beschrieben; dazu ersetzen wir die Gesamtgrößen U_E und U_V durch die entsprechenden Durchschnittsfunktionen und erhalten wegen der Substitution von k durch aK die Grenzdeckungsbeiträge pro durchschnittlichem Einkaufskontrakt:

$$(4) \qquad \begin{aligned} 0 &= 1qzaK - 1QZK - \lambda 2C_1 \\ 0 &= p1zaK - P1ZK - \lambda 2C_2 \\ 0 &= pq1aK - PQ1K - \lambda 2C_3 \\ 0 &= pqza1 - PQZ1 - \lambda 2C_4 \end{aligned}$$

$$(5) \qquad 0 = HK - \Sigma_i \ C_i \ (F_i).$$

Alle Variablen der Durchschnittsfunktion haben den Exponenten 1, dies äußert sich entsprechend in der Diagonalen von (4).

Die beiden ersten Terme in (4) sind Zahlen, die sich aus unseren Daten errechnen lassen, ihre Differenz bezeichnen wir mit A_i und erhalten

(6a) $A_1/2C_1 = \lambda$

(6b) $A_2/2C_2 = \lambda$

(6c) $A_3/2C_3 = \lambda$

(6d) $A_4/2C_4 = \lambda$

Damit kann man nun die (noch) unbekannten C_i in folgender Weise bestimmen - wobei sich die Zahl 2 im Nenner wegkürzt:

(7) $A_1/C_1 = A_2/C_2$
bzw.
(8) $C_2 = (A_2/A_1)C_1.$

Aus (6b) und (6c) ergibt sich

(9) $A_2/C_2 = A_3/C_3$
bzw.
(10) $C_3 = (A_3/A_2)C_2.$

Setzt man für C_2 (8) ein, dann resultiert

(11) $C_3 = (A_3/A_1)C_1$
bzw.
(12) $C_4 = (A_4/A_1)C_1.$

In der Kostenfunktion lassen sich damit alle Koeffizienten in Abhängigkeit von C_1 schreiben, und wir erhalten

(13a) $$HK = C_1 [F_1 + (A_2/A_1)F_2 + (A_3/A_1)F_3 + (A_4/A_1)F_4]$$

bzw.

(13b) $$C_1 = \frac{HK}{[F_1 + (A_2/A_1)F_2 + (A_3/A_1)F_3 + (A_4/A_1)F_4]}$$

Damit ist der erste Koeffizient aus bekannten Daten errechenbar, alle anderen resultieren aus der Rekursionsbeziehung.

Analog verfährt man dann mit der Zurechnung des Bruttogewinns (BG), indem man in (13a) HK durch BG = HK x h ersetzt. Damit wird die Erfolgsträchtigkeit der einzelnen Funktionen beschrieben. Die Beobachtung im Zeitvergleich (Periodenvergleich) gestattet es, die Entwicklungsdynamik (komparativstatisch) zu beschreiben.

6 BEISPIELRECHNUNG

Um zu illustrieren, daß die Anwendung der Formel - im Gegensatz zur Herleitung - nur die vier Grundrechenarten erfordert, werden im folgenden die Daten des Demonstrationsbeispiels in entsprechenden Rechentabellen verarbeitet.

Tabelle 4. Die A_i-Tabelle

	[p x q x z x (aK)]	- [P x Q x Z x K]	=	A_1
i =	1 2 3 4	1 2 3 4		(Grenz-)
Daten	[7 x1,5x 5 x 8 x 50]-	[40 x 2 x 3 x 50]	=	Brutto-gewinn

Auswertung:				
	[1 x 1,5 x 5 x 400] (= 3 000)	- [1 x 2 x 3 x 50] (= 300)	=	2 700
	[7 x 1,0 x 5 x 400] (= 14 000)	- [40 x 1 x 3 x 50] (= 6 000)	=	8 000
	[7 x 1,5 x 1 x 400] (= 4 200)	- [40 x 2 x 1 x 50] (= 4 000)	=	200
	[7 x 1,5 x 5 x 8 x 1] (= 420)	- [40 x 2 x 3 x 1] (= 240)	=	180

Zur Berechnung von C_1 setzen wir nun die Daten der Tabellen 3 und 4 in Gleichung (13b) ein, wobei der Betrag von HK willkürlich gewählt wird

$$C_1 = \frac{7.170,30}{16 + \frac{8.000}{2.700} \times 10 + \frac{200}{2.700} \times 37 + \frac{180}{2.700} \times 350} = \frac{7.170,30}{71,703}$$

$$\begin{aligned} C_1 &= 100 \\ C_2 &= (8.000/2.700) \times 100 = 296,29 \\ C_3 &= (\ \ 200/2.700) \times 100 = 7,407 \\ C_4 &= (\ \ 180/2.700) \times 100 = 6,6667. \end{aligned}$$

Die gesamten Handlungskosten verteilen sich wie folgt auf die Funktionen 1 bis 4:

F_1	100	x	16	= 1.600,00
F_2	296,29	x	10	= 2.962,90
F_3	7,407	x	37	= 274,06
F_4	6,667	x	350	= 2.333,34
				7.170,30.

Bei einer Bruttogewinn-Zurechnung sind die auf die Funktionen verteilten Kostenbeträge mit (9.000/7.170,30 =) 1.25517 zu multiplizieren.

7 ZUSAMMENFASSUNG

Die Handelsleistung als Transaktionsleistung wird als Transformation von Einkaufskontrakten in Verkaufskontrakte operationalisiert. Handelsfunktionen werden als Strukturunterschiede beschrieben. Die sich auf den verschiedenen Kontrakdimensionen ergebenden Differenzen werden als fiktive immaterielle Güter aufgefaßt. Dies gestattet dann, diese Güter so zu bewerten, als seien sie tatsächlich auf dem Markt erworben. Dazu wird ein entsprechender Lagrange-Ansatz nicht in den (bekannten) Mengenkomponenten (wie in der Haushalts- bzw. Produktionstheorie üblich), sondern in den Koeffizienten gelöst. Dies sichert zugleich die Eindeutigkeit der Kostenzurechnung auf die einzelnen Funktionen. Voraussetzung war dabei die Nominaldefinition des Umsatzes, die alle Wirkungsfunktionsbeziehungen in die Kostenfunktion verlagert. Funktionskalkulation ist also prinzipiell möglich. Die Auswertungs- und Differenzierungsmöglichkeiten wurden im Rahmen dieser das Prinzipielle betreffenden Darstellung nur soweit erforderlich behandelt.

LITERATUR

Bartels R. (1970): Marketing Theory and Metatheory, Homewood, Illinois 1970

Breitfeld, R. (1976): Anpassungsmodelle auf der Grundlage stochastischer Produktionsfunktionen, Faktoreinsatz und Leistungserstellung im Handelsbetrieb, mit einem Vorwort von P. Theisen, Wiesbaden 1976

Engelhardt, W.H. (1960): Die Finanzierung aus Gewinn im Warenhandesbetrieb und ihre Einwirkungen auf Betriebsstruktur und Betriebspolitik, Berlin 1960

Engelhardt, W.H. (1966): Grundprobleme der Leistungslehre, dargestellt am Beispiel der Warenhandelsbetriebe. In: zfbf 18 (1966), S. 158-178

Gümbel, R. (1985): Zur Verbindung von Handels- und Produktionsfunktionen. In: S. Stöppler (Hrsg.), Information und Produktion, Festschrift für W. Wittmann zum 60. Geb., Stuttgart 1985, S. 125-146

Gümbel, R. (1987a): Theoretische Grundlage der Vollkostenrechnung: Das Vollkostentheorem. In: H.G. Bartels, G. Beuermann, R. Thome (Hrsg.), Praxisorientierte Betriebswirtschaft, Festschrift für A. Angermann zum 65. Geb., Regensburg-Münster 1987, S. 127-143

Gümbel, R. (1987b): Zurechnung und Durchschnittsgrößen. In: zfbf 39 (1987), H. 6, S. 492-496

Hansen, U. (1976): Absatz- und Beschaffungsmarketing des Einzelhandels, Bd. 1 und 2, Göttingen 1976

Leitherer, E. (1961): Geschichte der handels- und absatzwirtschaftlichen Literatur, Köln-Opladen 1961

Maleri, R. (1973): Grundzüge der Dienstleistungsproduktion, Berlin 1973

Marré, H. (1974):Handelsfunktionen. In: B. Tietz (Hrsg.): Handwörterbuch der Absatzwirtschaft, Stuttgart 1974, Sp. 709-720

Oberparleiter, K. (1918): Die Funktionen des Handels, Wien 1918

Oberparleiter, K. (1930): Funktionen und Risikenlehre des Warenhandels, 1. Aufl. Wien-Berlin 1930

Schär, J.F. (1911, 1923): Allgemeine Handelsbetriebslehre, Leipzig, 1. Auflage 1911, 5. Auflage 1923

Schenk, H.O. (1970): Geschichte und Ordnungstheorie der Handelsfunktionen, Berlin 1970

Shaw, A.W. (1912): Some Problems in Market Distribution. In: The Quarterly Journal of Economics 26 (1912), S. 703-765

Stackelberg, H. v. (1939):Theorie der Vertriebspolitik und der Qualitätsvariation. In: Schmollers Jahrbuch für Gesetzgebung, Verwaltung und Volkswirtschaft im Deutschen Reiche, 63 (1939), S. 43-85; wieder abgedruckt in: A.E. Ott (Hrsg.): Preistheorie, Köln-Berlin 1965, S. 280-319 (= Neue wissenschaftliche Bibliothek Wirtschaftswissenschaften 1)

Eine neue Methode zum Vergleich kleiner und mittelständischer Betriebe

D. van der Wijst, Zoetermeer

In diesem Beitrag wird eine Methode zum Vergleich kleiner und mittelständischer Betriebe vorgestellt, die nicht auf Kennziffernanalyse basiert, sondern Formeln und Rechenregeln verwendet, die den Einfluß von bestimmten Betriebsmerkmalen auf die zu verwendenden Vergleichsmaßstäbe wiedergeben. Die neue Methode dient zur Vermeidung der wichtigsten Nachteile der herkömmlichen, auf Kennziffernanalyse basierenden Methoden zum Unternehmensvergleich. Es werden sowohl die gängige Praxis als auch die wichtigsten Elemente der neuen Methode behandelt. Beide Methoden werden anhand eines Beispieles aus dem Einzelhandel verglichen.

1 EINLEITUNG

Im Bereich der kleinen und mittelständischen Unternehmen wird oftmals der Betriebsvergleich zur Beurteilung des wirtschaftlichen Funktionierens von Betrieben in finanzieller Hinsicht benützt. In vielen Staaten Europas werden dementsprechend regelmäßig Informationen zum Unternehmensvergleich publiziert. Außerdem werden solche Informationen z.B. innerhalb von Einzelhandelsketten zum Vergleich von Niederlassungen und innerhalb von Einkaufsverbänden zum Vergleich der Mitglieder eingesetzt. Offenbar spielt Information über vergleichbare Unternehmen für die Unternehmer und Berater des mittelständischen Bereiches eine wichtige Rolle im Entscheidungsprozeß.

Seit Anfang dieses Jahrhunderts ist die Verwendung der Kennziffernanalyse beim Vergleich von Betrieben gebräuchlich. Nach Horrigan (1968) war im Einzelhandel die Verwendung von Handelsspannen und Umschlagshäufigkeiten schon in den ersten zwei Jahrzehnten des Jahrhunderts ein gut entwickeltes Instrument der Betriebsführung. Auch heute werden Informationen zum Betriebsvergleich beinahe ausschließlich in der Form von Kennzahlen zur Verfügung gestellt, obwohl die Nachteile dieser Technik inzwischen ausführlich in der Fachliteratur dokumentiert sind (siehe z.B. Lev 1974). Die weite Verbreitung der Kennziffernanalyse ist wahrscheinlich zurückzuführen auf Elemente der Tradition (diese Technik wird seit vielen Jahrzehnten

Handelsforschung 1987
Hrsg. Volker Trommsdorff

angewendet und gelehrt) und auf das Fehlen von alternativen Methoden.

In diesem Beitrag wird eine Methode zum Vergleich von Unternehmen beschrieben, die nicht auf Kennzahlenanalyse basiert, sondern weiterentwickelte Techniken verwendet, um die wichtigsten Nachteile der Kennziffernanalyse zu vermeiden. In der Praxis ist diese Methode allerdings ebenso einfach wie die gebräuchliche Kennziffernanalyse, besonders wenn moderne Datenverarbeitung verwendet wird. Eigentlich besteht die neue Methode zu einem großen Teil aus der besseren Ausnützung der Rechenkapazität dieser Hilfsmittel, wodurch Ergebnisse erzielt werden, die genau auf die spezifischen Eigenschaften und Bedingungen des einzelnen Betriebes abgestimmt sind. In Abschnitt 3 werden die Hauptmerkmale dieser Methode beschrieben und in Abschnitt 4 mit Hilfe eines Beispiels illustriert. Vorher wird allerdings in Abschnitt 2 eine kurze Beschreibung der gängigen Praxis des Unternehmensvergleichs mit ihren inhärenten Nachteilen gegeben.

2 DIE HEUTIGE PRAXIS DES BETRIEBSVERGLEICHS

Obwohl in bezug auf Form und Inhalt verschiedene Varianten des Betriebsvergleichs zu unterscheiden sind, ist das wesentliche Merkmal dieser Technik, daß von einem bestimmten Betrieb Kennzahlen oder Veränderungswerte berechnet werden, die mit dem Branchendurchschnitt verglichen werden. Aufgrund des Umfanges und des Vorzeichens (positiv oder negativ) der Differenz kommt man dann zu Schlußfolgerungen, die meistens mit Begriffen wie "gut" oder "schlecht" auskommen müssen. Nur in Einzelfällen wird bei der Formulierung von Ergebnissen den spezifischen Merkmalen des einzelnen Betriebes Rechnung getragen. Es ist beispielsweise möglich, daß ein relativ geringer Anlagedeckungsgrad nicht negativ beurteilt wird, wenn ein Großteil der Verschuldung aus Hypothekendarlehen besteht, oder daß eine kleine Umschlagshäufigkeit des Lagerbestandes nicht negativ beurteilt wird, wenn das Unternehmen eine besonders breite Produktpalette führt usw.

Durch die Aufnahme spezifischer Unternehmensmerkmale in die Formulierung von Schlußfolgerungen wird bereits angedeutet, daß der Vergleich mit dem Branchendurchschnitt keinen absoluten Beurteilungsmaßstab ergibt, sondern die Verwendung eines solchen Maßstabes von den spezifischen Eigenschaften und Bedingungen des betrachteten Betriebes abhängt. Diese Eigenschaften und Bedingungen spielen allerdings bei dem auf Kennziffernanalyse basierenden Betriebsvergleich an sich keine Rolle, sondern werden erst hinterher bei der Interpretation der Ergebnisse hinzugezogen. Der verwendete Vergleichsmaßstab ist also zu ungenau, d.h. er erlaubt nicht die Einbeziehung der Eigenschaften und Bedingungen des einzelnen Betriebes in die Analyse. Erst bei der Ergebnisinterpretation wird versucht, dieses Manko zu korrigieren. Es bedarf kaum näherer Ausführungen, daß diese Vorgehensweise wenig systematisch und nicht objektiv ist und keine Garantie dafür bietet, daß den spezifischen Merkmalen des einzelnen Betriebes das richtige Gewicht zukommt. So wird man zu unterschiedlicher Beurteilung der Frage kommen, um wieviel niedriger die Umschlagshäufigkeit des Vorrates sein darf, wenn das Unternehmen eine besonders breite oder tiefe Produktpalette führt. Daneben können verschiedene Meinungen bestehen über die Frage, ob die Sortimentspolitik nur den Vorrat beeinflußt oder ob diese Politik auch Einfluß auf die Arbeitsproduktivität hat. Diese Fragen werden mit der gebräuchlichen Kennziffernanalyse nicht beantwortet.

Man versucht jedoch, diese Fragen zu vermeiden, indem man mit durchschnittlichen Kennzahlen von Teilgruppen innerhalb einer Branche arbeitet, etwa mit Kennzahlen pro Größenklasse. Diese Vorgehensweise ist allerdings auch mit schwerwiegenden Nachteilen behaftet. Zum einen ist die Wahl der Klassengrenzen meist willkürlich, zum anderen hat die Verwendung von Klassen sprunghafte Veränderungen der Kennzahlen zur Folge, wenn die Klassengrenzen überschritten werden. Tatsächliche Veränderungen sind aber nicht sprunghaft, sondern stetig.

Außerdem unterscheiden sich die Klassen nicht allein aufgrund des Merkmales, nach dem sie eingeteilt sind, sondern auch nach anderen Merkmalen. So führen große Unternehmen innerhalb einer Branche oftmals ein anderes Sortiment als kleine Unternehmen, wodurch die "Größenklassen" gleichzeitig zu "Sortimentsklassen" werden. In diesem Falle ist es beispielsweise unbestimmt, ob Unterschiede, etwa in der Umschlagshäufigkeit, der Größe oder dem Sortiment zuzurechnen sind. Außerdem ist es dann sehr gut möglich, daß ein Unternehmen entsprechend seiner Größe in eine bestimmte Größenklasse fällt, entsprechend seinem Sortiment jedoch in eine andere Größenklasse eingeordnet werden muß, so daß nicht eindeutig bestimmt werden kann, welche Klasse als Vergleichsmaßstab dienen soll.

Dieses Problem kann im Prinzip aufgefangen werden, indem man die Klassen weiter unterteilt, z.B. pro Größenklasse eine Unterteilung nach Sortimentsklassen durchführt. Die Anzahl der Klassen und dadurch auch die Anzahl der Betriebe, die für die Berechnung von durchschnittlichen Kennzahlen nötig sind, nimmt dann allerdings sehr schnell zu. Für drei Merkmale, die jeweils noch in fünf Klassen eingeteilt sind, beträgt die Gesamtanzahl der Klassen bereits 125.

Die Frage nach dem relativen Gewicht, das den jeweiligen spezifischen Merkmalen des einzelnen Unternehmens zukommen sollte, kann also durch eine stufenweise Verfeinerung der herkömmlichen Technik (Kennziffernanalyse) nur teilweise vermieden werden. Eine bessere Lösung ist, diese Frage nicht zu vermeiden, sondern unter Zuhilfenahme einer anderen Methode zum Betriebsvergleich nach Antworten zu suchen. Diese Methode muß auf die Errichtung von Vergleichsmaßstäben abzielen, die die Eigenschaften und Bedingungen des einzelnen Betriebes auf systematische und objektive Weise widerspiegeln. Eine solche Methode wird im folgenden Abschnitt vorgestellt.

3 EINE NEUE METHODE ZUM BETRIEBSVERGLEICH

Will man im Betriebsvergleich den Merkmalen des Einzelbetriebes ein gewisses Gewicht zuerkennen, dann ist die Verwendung von nur einer Kennziffer pro Branche oder Klasse unzureichend. Vielmehr muß mit Formeln oder Rechenregeln gearbeitet werden. Diese Formeln bilden dann auch das Herzstück der neuen Methode zum Betriebsvergleich. In diesen Formeln wird der Zusammenhang zwischen Betriebsmerkmalen einerseits und dem zugehörigen Vergleichsmaßstab andererseits beschrieben.

Der Vergleichsmaßstab eines bestimmten Betriebes kann dann durch Einsetzen der spezifischen Betriebsmerkmale in die Formel errechnet werden. Verschiedene Erwägungen können zur Wahl der in die Formel aufzunehmenden Betriebsmerkmale führen. Einige Merkmale können aus der ökonomischen Theorie abgeleitet werden, andere wiederum ergeben sich aus der Praxis. Selbstverständlich spielt auch eine wichtige Rolle, über welches Datenmaterial man verfügt.

Der genaue Zusammenhang zwischen den Merkmalen und dem Vergleichsmaßstab wird mit Hilfe statistischer Techniken ermittelt. Eine solche Methode wird im folgenden anhand einer Stichprobe von Einzelhandelsbetrieben im Büroartikelhandel beschrieben. Für eine ausführlichere Beschreibung wird auf die Literatur verwiesen (Amiabel et.al. 1986, van der Wijst 1985, 1987).

Da die Methode zum Erstellen von Vergleichsmaßstäben im Prinzip für alle Elemente der finanzwirtschaftlichen Betriebsführung die gleiche ist, wird sie an nur einem Element erläutert, nämlich der Beurteilung der Höhe der Lagerbestände. Bei der herkömmlichen Kennziffernanalyse wird die Höhe der Lagerbestände häufig anhand der Umschlagshäufigkeit des Lagerbestandes (Umsatz/Lagerbestand) beurteilt. Hier nehmen wir allerdings das reziproke Verhältnis davon als Ausgangspunkt, d.h. das Verhältnis von Lagerbestand zu Umsatz. Für die Stichprobe des Büroartikelhandels beträgt dieses Verhältnis:

$$\frac{\text{durchschnittl. Lagerbestand}}{\text{durchschnittl. Umsatz}} = \frac{\text{f } 160.000,-}{\text{f } 956.000,-} = 0{,}167$$

Man benötigt mit anderen Worten pro Gulden Umsatz durchschnittlich knapp 17 cent Lagerbestand. Als Vergleichsmaßstab für einzelne Betriebe ist diese Kennzahl allerdings nicht ohne weiteres zu gebrauchen. Die Lagerdisposition hängt ab von einer Anzahl von Betriebsmerkmalen, wie der Betriebsgröße, der Sortimentszusammensetzung und der Breite und Tiefe des Sortiments. Bei einer Kennziffernanalyse werden diese Faktoren außer acht gelassen: Es wird nur eine Kennziffer, unabhängig von Größe und Sortiment, für alle Betriebe verwendet. In einer Formel kann allerdings diesen Merkmalen sehr wohl Rechnung getragen werden.

Für **die Betriebsgröße**, gemessen als Umsatzvolumen, kann dies folgendermaßen realisiert werden. Zuerst wird das Verhältnis Lagerbestand/Umsatz = 0,167 geschrieben als:

Lagerbestand = 0,167 x Umsatz

Nach diesem Ansatz ergibt sich für alle Betriebe dasselbe Verhältnis von Lagerbestand zu Umsatz (0,167). Es ist allerdings wahrscheinlich, daß große Betriebe relativ geringere Lagerbestände haben, mit anderen Worten mit der Fixkostendegression vergleichbare Größenvorteile im Verhältnis von Lagerbestand zu Umsatz auftreten.

Um diesen Umstand in der Formel zum Ausdruck zu bringen, kann der Lagerbestand pro Gulden Umsatz in einen "fixen" Teil, der unabhängig vom Umsatzvolumen ist, und einen "variablen" Teil unterteilt werden. Mit Hilfe einer Regressionsanalyse können beide Teile berechnet werden. Für die Stichprobe des Büroartikelhandels lautet das Resultat der Berechnungen:

Lagerbestand = 35.800 + 0,130 x Umsatz

Der Größenvorteil entsteht durch den größeren Druck des fixen Teiles von 35.800 auf den gesamten Lagerbestand bei relativ geringem Umsatzvolumen. Bei einem Umsatz von f 500.000,- beträgt der Gesamtlagerbestand 35.800 + 0,130 x 500.000 = 100.800 (mit einem fixen Teil von 35%), das sind 0,202 pro Gulden Umsatz. Bei einem Umsatz von f 1.500.000,- beträgt der Lagerbestand nach der Formel 230.800 (mit einem fixen Teil von nur noch 15%), das sind 0,154 pro Gulden Umsatz. Das Verhältnis von Lagerbestand zu Umsatz ist demnach durch die Unterteilung in einen fixen und einen variablen Teil nicht mehr konstant, sondern abhängig vom Umsatzvolumen.

Der **Einfluß der Sortimentszusammensetzung** kann in der Formel zum Ausdruck gebracht werden, indem der variable Teil der Formel durch eine Unterteilung des Gesamtumsatzes in Teilumsätze weiter zergliedert wird. Für die Stichprobe des Büroartikelhandels sind dies die folgenden Sortimentsgruppen:

- UM1 = Umsatz von Reparaturen und Druckarbeiten
- UM2 = " " gewerblichen Büroartikeln
- UM3 = " " Büroartikeln für den Privatverbrauch
- UM4 = " " Büromöbeln und -maschinen
- UM5 = " " Büchern, Zeitschr., Spielwaren usw.

Anstelle des Gesamtumsatzes können nun diese fünf Teilumsätze in die Formel aufgenommen werden. Mit Hilfe der Regressionsanalyse kann nun der jeweilige Beitrag der verschiedenen Sortimentsgruppen zum Lagerbestand berechnet werden:

Lagerbestand = 28.200 + 0,223 x UM1 + 0,145 x UM2 + 0,139 x UM3
+ 0,093 x UM4 + 0,144 x UM5

Der Lagerbestand pro Gulden Umsatz von 0,13 wird also in fünf Teile unterteilt, von denen einige größer und andere kleiner als 0,13 sind. Pro Gulden Umsatz von Reparatur- und Druckarbeiten (UM1; 0,223) wird demnach gut zwei mal soviel Vorrat benötigt wie pro Gulden Umsatz von Büromöbeln und -maschinen (UM4; 0,093). Für den einzelnen Betrieb kann, in Abhängigkeit von der Sortimentszusammensetzung, das Ergebnis der Formel (und das ist der Vergleichsmaßstab des Lagerbestandes für den einzelnen Betrieb) näher bei dem einen oder näher bei dem anderen Wert liegen.

Der **Einfluß der Sortimentsbreite und -tiefe** kann durch eine sogenannte Dummy-Variable zum Ausdruck gebracht werden. Diese hat den Wert 1, wenn der Betrieb ein besonders breites oder tiefes Sortiment führt, ansonsten hat sie den Wert 0. Diese Variable, abgekürzt als DDA, wird als multiplikativer Faktor in die Formel aufgenommen:

Lagerbest.: = 24.200 + (0,186 x UM1 + 0,146 x UM2 + 0,125 x UM3
+ 0,080 x UM4 + 0,141 x UM5)x e x p (DDA x 0,202)

Aus untersuchungstechnischen Gründen ist der multiplikative Faktor als Exponent der Konstante e (2,718...) in die Formel aufgenommen. Dies hat zur Folge, daß der Lagerbestand von Betrieben mit einem besonders breiten oder tiefen Sortiment pro Sortimentsgruppe um 22,4 % erhöht wird (e hoch 0,202 = 1,224). Hinzufügen neuer Elemente in eine Formel bewirkt einige Veränderungen der geschätzten Koeffizienten, da die neuen Variablen einen Teil des Einflusses der zuerst verwendeten Variablen übernehmen.

Mit der obigen Formel kann für jede Kombination von Umsatzvolumen, Sortimentszusammensetzung und Sortimentsbreite und -tiefe (Dummy-Variable) ein anderer Vergleichsmaßstab für den Vorrat erstellt werden. Da jeder Betrieb durch eine eigene Kombination dieser Merkmale gekennzeichnet wird, bedeutet diese Prozedur im Grunde, daß für jeden Betrieb ein eigener Vergleichsmaßstab erstellt wird. Auf ähnliche Art und Weise sind Formeln für alle Elemente der Bilanz und der Gewinn- und Verlustrechnung zu erstellen. Eine Beschreibung dieser Formeln findet man in der Literatur (Amiabel et.al. 1986, van der Wijst 1985,1987). Mit diesen Formeln bekommt man einen vollständigen und detaillierten Satz Vergleichsmaßstäbe, womit man auf objektive und systematische Weise den Merkmalen des einzelnen Betriebes gerecht wird. Wie aus dem folgenden Abschnitt hervorgeht, kann die Anwendung dieser neuen Methode auch zu anderen Ergebnissen führen als zu denen der herkömmlichen Kennziffernanalyse.

4 ANWENDUNG

Die im vorhergehenden Abschnitt entwickelten Formeln können bei einem Betiebsvergleich angewendet werden, indem die Daten eines bestimmten Betriebes in die Formel eingesetzt werden und das Ergebnis berechnet wird. Im folgenden werden die Daten eines Beispielbetriebes benutzt, um diese Arbeitsweise zu illustrieren. Die Daten sind mit dem Branchendurchschnitt in **Tabelle 1** dargestellt.

Tabelle 1. Daten des Beispielbetriebes und des Branchendurchschnitts

Bezeichnung		Beispielbetrieb	Branchendurchschnitt
Gesamtumsatz		f 1.400.000,-	f 956.000,-
Sortiment:			
- Reparatur und Druckarbeiten	UM1	10%	5%
- gewerbliche Büroartikel	UM2	30%	25%
- Büroartikel für Privatverbrauch	UM3	-	20%
- Büromöbel und -maschinen	UM4	60%	18%
- Bücher, Zeitschriften, Spielwaren etc.	UM5	-	32%
Handelsspanne		33,3%	33,4%
Anzahl Vollarbeitskräfte (à 1.880 Stunden)		5,25	5,60
Betriebsfläche		600m^2	289m^2
Übrige Kosten		f 117.200,-	f 73.200,-
Lohnsatz (pro Stunde)		f 21,-	f 15,50
Raumkosten pro m^2		f 95,-	f 192,-
Prozentsatz entlohnte Arbeit		71	60
Neuinvestitionen		f 40.000,-	f 72.000,-
Lagerbestand		f 206.000,-	f 160.000,-
Übriges Umlaufvermögen		f 206.500,-	f 130.000,-
Anlagevermögen		f 147.500,-	f 210.000,-
Langfristiges Fremdkapital		f 26.500,-	f 82.000,-
Kurzfristiges Fremdkapital		f 142.500,-	f 168.000,-

Aus diesen Daten geht hervor, daß der Beispielbetrieb größer ist als der Durchschnittsbetrieb und eine recht deutliche Orientierung auf den gewerblichen Markt besitzt (besonders Büromöbel und -maschinen). Dies schlägt sich auch in der Handelsspanne, dem Lohnsatz (also auch in der Arbeitsproduktivität) und den Raumkosten pro Quadratmeter (also auch in der Flächenproduktivität) nieder, da der gewerbliche Markt qualifizierteres Personal und im Verkauf von Büromöbeln und -machinen Ausstellungsräumlichkeiten benötigt werden. Außerdem liegt auf dem gewerblichen Markt der Verkauf aus Lagerbeständen unter dem Durchschnitt, während der Verkauf auf Rechnung überdurchschnittlich hoch ist. Der Beispielbetrieb hat kein eigenes Gebäude (hat folglich ein geringes Anlagevermögen) und hat in der letzten Zeit relativ wenig investiert, was Konsequenzen für das Anlagevermögen und den Einsatz von Fremdkapital hat. Dies wird auch beeinflußt durch den Umstand, daß der Betrieb keine Sicherheiten hinterlegt hat. Bei der Anwendung der Formeln fließen all diese Erwägungen mit in die Analyse ein.

Für die Lagerdisposition ist es beispielsweise wichtig, daß der Betrieb einen überdurchschnittlich großen Umsatzanteil in Büromöbeln und -maschinen realisiert (60% gegenüber durchschnittlich 18%). Dieser Sortimentsbestandteil hat einen relativ geringen Einfluß auf die Lagerhaltung, da diese Artikel meistens auf Bestellung (also nicht aus dem Lager) verkauft werden. Dadurch muß der Vergleichsmaßstab für den Beispielbetrieb auch niedriger sein. Wenn die betrieblichen Daten in die Formel für die Lagerhaltung eingesetzt werden, erhält man das folgende Ergebnis (unter der Annahme, daß der Betrieb kein besonders breites oder tiefes Sortiment führt):

$$\text{Lagerbestand} = 24.200 + (140.000 \times 0{,}186 + 420.000 \times 0{,}146 + 840.000 \times 0{,}080) = 178.760$$

beziehungsweise 0,128 pro Gulden Umsatz

Aus Tabelle 1 geht jedoch hervor, daß der Betrieb einen Lagerbestand von f 206.000,- hat oder 0,147 pro Gulden Umsatz. Der Lagerbestand des Betriebes ist also gut 15% höher als von einem Betrieb mit einem solchen Umsatz und Sortiment erwartet werden dürfte (0,147 gegenüber 0,128). Würde allerdings der Einfluß von Umsatz und Sortiment außer acht gelassen, und würde man die Durchschnittskennziffer von 0,167 als Vergleichsmaßstab nehmen, käme man zu der falschen Schlußfolgerung, daß der Betrieb mehr als 20 % weniger Lagerbestand aufzuweisen hat als erwartet (0,147 gegenüber 0,167).

Für andere Elemente der finanzwirtschaftlichen Betriebsführung können ähnliche Berechnungen angestellt werden. In **Tabelle 2** werden die Ergebnisse dieser Berechnung mit den tatsächlichen Zahlen des Beispielbetriebes und den Ergebnissen der herkömmlichen Kennziffernanalyse gegenübergestellt. Wenn die tatsächlichen Betriebsdaten mit den Ergebnissen der Formelrechnung verglichen werden, kommt man zu dem Schluß, daß der Deckungsbeitrag des Beispielbetriebes etwas niedriger ist (ca. 2

Prozentpunkte); dasselbe gilt für die Arbeitskosten und die übrigen Kosten. Ein Außerachtlassen des Einflusses der spezifischen Betriebsmerkmale auf die Betriebsführung durch Verwendung von durchschnittlichen Kennziffern führt zu anderen Schlußfolgerungen. In diesem Falle würde der Beispielbetrieb sich im Sinne des Deckungsbeitrages und der Arbeitskosten nicht vom Durchschnitt unterscheiden, jedoch auf dem Gebiet der Raum- und der übrigen Kosten positiv hervorstechen (siehe Amiabel et al. 1986 für weiterführende Diskussionen).

In bezug auf die Bilanz deuten die Ergebnisse der Berechnungen darauf hin, daß zwar der Lagerbestand größer, das übrige Umlaufvermögen aber wesentlich kleiner ist, als man für den Beispielbetrieb erwarten dürfte. Bei der herkömmlichen Kennziffernanalyse würde genau der gegensätzliche Schluß gezogen werden, da dem Umstand, daß der Betrieb relativ viel auf Bestellung und auf Rechnung verkauft, keine Rechnung getragen wird. In bezug auf das Anlagevermögen und das Fremdkapital deuten Formelberechnung und Kennziffernanalyse in dieselbe Richtung, die tatsächlichen Daten liegen allerdings etwas näher bei den Formelberechnungen als bei der herkömmlichen Analyse.

Tabelle 2. Ergebnisse der Formelberechnung, tatsächliche Daten und Ergebnisse der Kennziffernanalyse

Bezeichnung	tatsächliche Daten	Formel-Ergebnis	Ergebnis Kennziffernanalyse
		in Gulden	
Gewinn- und Verlustrechnung			
Bruttogewinn	466.200	493.775	467.600
Löhne und Gehälter	147.162	171.754	143.220
Raumkosten	57.000	56.583	80.640
Übrige Kosten	117.200	131.009	107.198
Bilanz			
Lagerbestand	206.000	178.700	233.800
Übriges Umlaufvermögen	206.500	282.600	190.400
Anlagevermögen	147.500	187.500	308.000
Kurzfristiges Fremdkapital	142.500	159.500	188.200
Langfristiges Fremdkapital	26.500	37.300	91.800

Augenscheinlich ergeben sich aus den Formelberechnungen andere Hinweise zur Betriebsführung als aus der Kennziffernanalyse. Die Ergebnisse der Formelberechnungen deuten für den Beispielbetrieb auf Maßnahmen auf dem Gebiet des Deckungsbeitrages und der Lagerhaltung hin. Aus der Kennziffernanalyse folgen Maßnahmen auf dem Gebiet der übrigen Kosten und des übrigen Umlaufvermögens.

5 ZUSAMMENFASSUNG UND SCHLUSSFOLGERUNGEN

In diesem Beitrag wurde eine Methode zum Betriebsvergleich vorgestellt, deren Herzstück die Verwendung von Formeln (oder Rechenregeln) ist, welche den Zusammenhang von Betriebsmerkmalen einerseits und einen Vergleichsmaßstab andererseits wiedergeben. Somit wird in diesen Formeln den Einflüssen bestimmter Merkmale des Betriebes oder seiner Umgebung auf die finanzwirtschaftliche Betriebsführung Rechnung getragen. Diese Methode bietet eine Reihe von Vorteilen gegenüber der gebräuchlichen Kennziffernanalyse.

Erstens wird der Einfluß von betrieblichen Merkmalen auf objektive Weise (nämlich aufgrund statistischer Analysen) in den Vergleichsmaßstab einbezogen und nicht subjektiv in die Beurteilung aufgenommen. Zweitens ist die Methode systematischer, da alle betrachteten Einflüsse auf alle Elemente des Geschäftsablaufs und der Finanzierung in der Analyse berücksichtigt werden. Bei der Kennziffernanalyse beschränkt man sich meistens auf einen oder zwei Einflüsse. Dadurch ergibt die Kennziffernanalyse ein ungenaues und unvollständiges Bild, wodurch, wie im Beispiel erläutert, selbst gegensätzliche Schlußfolgerungen entstehen können.

Als nachteilig könnte angeführt werden, daß die Formel kein fertiges Ergebnis liefert, sondern noch einige Berechnungen durchgeführt werden müssen. Wenn die Formeln allerdings in modernen Rechnern programmiert werden, entfällt dieser Nachteil. Außerdem können die Formeln für "what-if" Analysen oder Szenario-Analysen verwendet werden und somit einen neuen Beitrag zur finanzwirtschaftlichen Betriebsführung liefern.

LITERATUR

Amiabel, J.B.; Velden, A.J.; Wijst, D. van der (1986): Bedrijfsdoorlichting Detailhandel, COB/SER, Den Haag 1986

Horrigan, J.O. (1968): Short History of Financial Ratio Analysis, The Accounting Review, no.43, 1986, p. 284-294

Lev, B. (1974): Financial Statement Analysis, Prentice Hall, New Jersey 1974

Wijst, D. van der (1985): Interfirm comparison as early warning systems, Europe Productivity Ideas, no. 3, October 1985 (Auch erschienen als Research Paper no. 8507 beim Wirtschaftsinstitut für kleine und mittelständische Unternehmen, Zoetermeer, Niederlande)

Wijst, D. van der (1987): Modelling Interfirm Comparison in Retailing, Report 87/01 F, Centre for Research in Business Economics, Erasmus Universität Rotterdam, erscheint in Kürze

Literaturdienst zur Handelsforschung

Volker Trommsdorff und Christian Kube, Berlin

EINFÜHRUNG

Früher haben die FfH-Mitteilungen regelmäßig über jüngste Publikationen aus der Handelsforschung berichtet. Diese Funktion übernimmt von dieser Ausgabe an das vorliegende Jahrbuch. Beim Literaturdienst steht der Transfergedanke im Vordergrund: Wir möchten dazu beitragen, daß die aktuellen Forschungsergebnisse aus der wissenschaftlichen Handelsforschung möglichst schnell und möglichst zielgruppengerecht diffundieren. Als Zielgruppen kommen Handelsmanager, Wirtschaftspolitiker, Handelsforscher einschließlich Studenten, die ein Handelsthema bearbeiten, und "Transferagenten" wie Wirtschaftsjournalisten in Betracht. Das ist letztlich die Zielgruppe des vorliegenden Jahrbuchs.

Aktualitätsanspruch, Zielgruppenwahl und Transfer-Zielsetzung haben Konsequenzen für die Auswahl der referierten Beiträge. Wir haben uns dafür entschieden, "uninteressante", d.h. gehaltsarme, kaum generalisierbare und unpräzise Beiträge unberücksichtigt zu lassen. Der Subjektivität dieses Kriteriums sind wir uns bewußt. So mag es durchaus vorkommen, daß wir einen Artikel aus methodischen, theoretischen oder pragmatischen Gründen referieren, den der Leser der Handelsforschung 87 uninteressant findet, vice versa. Berücksichtigt werden außerdem nur Titel, die nicht früher als im voraufgegangenen Jahr publiziert wurden. Wir legen besonderen Wert auf nicht so leicht zugängliche ausländische wissenschaftliche Fachliteratur, sparen aber wichtige deutschsprachige Werke und Aufsätze nicht aus.

Bei den wichtigsten internationalen wissenschaftlichen Fachzeitschriften (JMR, JCR, JB, JR, JM, IJRM) sind wir "flächendeckend" vorgegangen. Bei den deutschsprachigen Fachzeitschriften haben wir die ZfB, ZfBF, DBW, MZFP systematisch durchgesehen. Die übrigen wissenschaftlichen Medien wurden "bei Gelegenheit" berücksichtigt. Reine Praktikermedien haben wir bewußt nicht ausgewertet, weil sie unsere Transferzielsetzung bereits selbst verfolgen bzw. erfüllen.

Bei der Buchliteratur konzentrieren wir uns auf aktuelle deutschsprachige Neuerscheinungen aus dem engeren Bereich der Handelsforschung.

Handelsforschung 1987
Hrsg. Volker Trommsdorff
© Physica-Verlag Heidelberg
und Forschungsstelle für den
Handel Berlin (FfH) e.V. 1987

1 BETRIEBSFORMEN UND KONZENTRATION

Marzen, W., Die "Dynamik der Betriebsformen des Handels" - aus heutiger Sicht, Eine kritische Bestandsaufnahme, Marketing Zeitschrift für Forschung und Praxis, 8 (1986), 279-285, setzt sich mit der von Robert Nieschlag 1954 entwickelten Konzeption der Dynamik der Betriebsformen des Handels (und ihrer späteren Überarbeitungen) auseinander. Danach ist der Preiswettbewerb ausschlaggebend für das Entstehen neuer Betriebsformen. Der Lebenszyklus einer Betriebsform setzt sich aus zwei Phasen zusammen. In der Entstehungs- und Aufstiegsphase dringt ein Newcomer über aggressive Preispolitik in den Kreis der etablierten Betriebstypen ein. In der Phase der Reifung und Sättigung versucht er, durch "trading up" die neu gewonnenen Kunden an sich zu binden. Andererseits reagieren die etablierten Anbieter mit größerer preispolitischer Flexibilität. Es kommt schließlich zu einer "Assimilation" bzw. Angleichung.

Marzen setzt sich insbesonders mit der Entwicklung neuer Betriebsformen und -Typen des Einzelhandels in der Bundesrepublik nach dem Zweiten Weltkrieg auseinander. Dabei steht die Entwicklung der Diskonter seit Anfang der 60er Jahre im Vordergrund. An dieser und den damit verbundenen Entwicklungen einer Reihe weiterer Betriebstypen erläutert der Autor, warum aus seiner Sicht das Konzept von der Dynamik der Betriebsformen durch die Realität widerlegt wurde. Zwar sei es zu einer Annäherung der Betriebsformen gekommen, nicht aber zu einer Assimilation. Das Diskontprinzip habe sich als dauerhafte Strategiealternative erwiesen. Das Konzept von Nieschlag habe sich für so komplexe Entwicklungen als zu rigide erwiesen. Für die Zeit bis zum Jahr 2000 werde die Handelslandschaft wahrscheinlich nicht durch neue Betriebsformen, wohl aber durch innovative Betriebstypen verändert werden. Insofern schlägt Marzen vor, von einer "Dynamik der Betriebsformen **und** Betriebstypen" zu sprechen.

Böcker, F., Handelskonzentration: ein partielles Phänomen? - oder: Irreführende Handelsstatistiken, Zeitschrift für Betriebswirtschaft, 56 (1986), 654-660, setzt sich mit der Datenbasis auseinander, auf deren Grundlage über die Konzentration im Handel diskutiert wird, der amtlichen Statistik. Böcker stellt den grundsätzlichen Trend nicht in Frage, tritt aber für eine differenziertere Betrachtungsweise ein. Ein Kritikpunkt ist die häufig vernachlässigte Unterscheidung zwischen weniger Unternehmen, weniger Betriebsstätten und weniger Entscheidungseinheiten. Zudem weisen die amtlichen Statistiken weitere Mängel auf, die zu unscharfen Schlüssen führen. Diese werden zum einen in einer fehlenden Dynamisierung der zur Klassifikation von Unternehmensgrößen herangezogenen Umsatzdaten (z.B. durch Preisindices) und zum anderen in zeitlichen Unstetigkeiten der Datenerfassung (z.B. Umsätze mit oder ohne Umsatzsteuer) gesehen. Böcker fordert eine entsprechende Verbesserung der Betriebsstättenstatistik.

Dahremöller, A., Konzentration im Einzelhandel: Eine Fehlinterpretation?, Zeitschrift für Betriebswirtschaft, 56 (1986), 661-673. Wie Böcker im selben Heft beschäftigt sich Dahremöller mit Problemen der empirischen Erfassung des Konzentrationsphänomens auf der Grundlage amtlicher Statistiken. Er greift die Kritik Böckers an den im Zeitverlauf konstanten Umsatzgrößenklassen auf, die dazu führen, daß in Zeiten von Preissteigerungen und Wirtschaftswachstum immer mehr Unternehmen in die höheren Klassen überwechseln. Nach einer Diskussion der Annahmen, die Böcker seinen Verbesserungsvorschlägen zugrunde gelegt hat, stellt Dahremöller eigene Ideen zur Weiterentwicklung und Auswertung der Umsatzsteuerstatistik vor. Schließlich präsentiert er die Ergebnisse statischer und dynamischer Konzentrationsanalysen, die als Sonderauswertung in Zusammenarbeit mit dem Landesamt für Datenverarbeitung und Statistik Nordrhein-Westfalen durchgeführt wurden. Nach seinen Untersuchungen von Unternehmensgrößenstruktur und (statischen) Konzentrationsraten bzw. (dynamischen) Wanderungsbewegungen zwischen Größenklassen haben, ausgehend von einem hohen Konzentrationsniveau, deutliche Dekonzentrationsprozesse stattgefunden.

Treis, B., Lademann, R., Abgrenzung des sachlich relevanten Marktes im Lebensmitteleinzelhandel - Ergebnisse einer empirischen Untersuchung zur Zusammenschlußkontrolle im Handel, Göttinger Handelswissenschaftliche Schriften, Band 6, Göttingen 1986, ist die Publikation eines empirisch fundierten Gutachtens über wettbewerbsbeschränkende Wirkungen von Zusammenschlüssen im Lebensmitteleinzelhandel. Vor allem infolge dieses Gutachtens mußte der vom Bundeskartellamt untersagte Zusammenschluß zwischen co op und Wandmaker letztlich gerichtlich gestattet werden. Wegen des grundsätzlichen Charakters dieses Prozesses und besonders der hier vorliegenden entscheidenden wissenschaftlichen Untersuchung lohnt sich eine eingehende Lektüre. Es öffnet ein wenig die Augen dafür, wie wenig die Wettbewerbsrechtsprechung bisher von den Erkenntnissen der Konsumentenverhaltensforschung gemacht hat. "Die empirische Überprüfung der zentralen Annahmen des Bundeskartellamtes über die Realität konnte bei keinem der zugrunde gelegten Indikatoren bestätigt werden" (S. 107). Auch methodisch ist die vorliegende Untersuchung interessant. Unter anderem mußte wegen ihrer Befunde die bisherige Abgrenzung des Marktes im Lebensmitteleinzelhandel um den Spezialhandel (Fleischer, Bäcker) erweitert werden.

Lademann, R.P., Nachfragemacht von Handelsunternehmen - Analyse der Begriffs-, Erklärungs- und Rechtstatsachenprobleme, Göttinger Handelswissenschaftliche Schriften, Band 7, Göttingen 1986, steht in einem engen Zusammenhang mit dem zuvor referierten Buch. Auch hier geht es um die Operationalisierung eines wettbewerbsrechtlich brisanten Begriffs und um die empirische Prüfung entsprechender Hypothesen, die die bisherige Rechtspraxis in der Form schlichter Annahmen beeinflußt haben. Der Autor geht in seinen Folgerungen so weit, im Zusammenhang mit der Diskussion um Nachfragemacht den Abschied von Begriffen wie Gate-keeper und Käufermarkt zu fordern. Dabei ergreift er allerdings in der alten Hersteller-Händler-Auseinandersetzung Partei für die Handelsseite. Zumindest insoweit ist ihm aber recht zu geben, als die verhaltenswissenschaftliche Marketingforschung längst über Aussagen und Untersuchungsmethoden verfügt, die die Annahmen der Wettbewerbsjuristen überprüfbar machen und zum Teil falsifizieren. So ist ein Jahr nach der Publikation (wiederum am Beispiel von co op-Wandmaker) deutlich geworden, daß Nachfragemacht als solche nicht länger allein auf der Grundlage von Marktanteilen gemessen werden kann, weil die Konditionengewährung der Hersteller nicht eindeutig mit der Größe der Kunden korreliert.

2 LADENÖFFNUNGSZEITEN

Schmalen, H., Erhöhung der Innenstadt-Attraktivität durch veränderte Ladenöffnungszeiten, Jahrbuch der Absatz- und Verbrauchsforschung, 32 (1986), 392-401, fordert für die Diskussion um das Für und Wider veränderter Ladenöffnungszeiten "keine Argumente aus der Schublade, sondern aus der Marktforschung". Die daher in Passau durchgeführte Studie basiert auf der Hypothese, daß viele Konsumenten ihre Einkäufe "notgedrungen" in die Verbrauchermärkte der Randlagen verlegen, da sie im Innenstadtbereich mit verschiedenen Problemen konfrontiert werden. Dazu gehören das begrenzte Parkplatzangebot, die geringe Verbreitung von Vollsortimentern und der übliche Geschäftsschluß um 18.00 h. Es wird die Frage aufgeworfen, ob durch eine Veränderung der Ladenöffnungszeiten Kundenströme in den Innnenstadtbereich umgelenkt werden können. In der Fußgängerzone von Passau und vor einem außerhalb gelegenen Verbrauchermarkt wurden 100 Interviews durchgeführt. Den Befragten wurden drei Abendöffnungs-Regelungen zur Auswahl gestellt:

1. Donnerstag/Freitag bis 20.00 h, Montagvormittag geschlossen,
2. Freitag bis 21.00 h, Abschaffung des langen Samstag,
3. Täglich bis 20.00 h, montags geschlossen.

Über alle Befragten wurden die Modelle 1. und 2. nahezu gleichmäßig präferiert, während das dritte die geringste Zustimmung fand. Anhand einer Clusteranalyse wurden die Befragten drei Gruppen zugeordnet. Interessant ist dabei speziell das Cluster der "Frustrierten", dessen Mitglieder aufgrund der o.g. Probleme zu 85% Verbrauchermarktkunden sind und die angeblich stark auf veränderte Ladenschlußzeiten durch vermehrte Innenstadteinkäufe reagieren würden. Mit 27 (von 100) Befragten ist diese Gruppe nicht sehr groß, kann aber als eine Kernzielgruppe des Facheinzelhandels angesehen werden: zu 85% Berufstätige, überwiegend Doppelverdiener, hohe Pro-Kopf-Ausgaben, Haushaltsgröße im Schnitt 2,4 Personen.

3 TECHNISCHE INNOVATION

Heinlein, M., EDV in mittelständischen Handelsbetrieben, Göttinger Handelswissenschaftliche Schriften, Band 9, Göttingen 1986, analysiert mittels empirischer Untersuchungen zunächst die personellen und organisatorischen Voraussetzungen für den Einsatz der EDV im mittelständischen Handel. Dabei kommt er zum Ergebnis, daß trotz guter allgemein-fachlicher Qualifikation (aber schlechter Vorbereitung auf EDV-Fragen) und trotz eines inzwischen sehr guten Angebots an Hardware- und Software-Lösungen gerade diese Management-Voraussetzungen mangelhaft ausgeprägt sind. Eine nähere psychologische Untersuchung des individuellen Verhaltens bei Anwendung von EDV in mittelständischen Handelsbetrieben zeigt recht komplexe Gründe für die meist negativen Einstellungen der Betroffenen. Deshalb kommt der Autor auch nicht zu einer klaren Liste von Empfehlungen für die Handelsbetriebsführung, die sich solchen menschlichen Widerständen gegenübersieht. Angesichts der großen Komplexität und des interdisziplinären Instrumentariums der neuen Disziplin "Innovationsmanagement" wäre eine derartige Erwartung auch überzogen.

Bornträger, W., Technische Innovationen und ihre Auswirkungen auf die Qualifikationsanforderungen an das mittlere Management in Einzelhandelsbetrieben, Göttinger Handelswissenschaftliche Schriften, Band 8, Göttingen 1986, beschäftigt sich, was die Qualifikation des Personals im Handel betrifft, mit demselben Problemfeld wie Heinlein. Auch hier beruht die Veröffentlichung auf einer Promotion aus dem Forschungsprogramm von Bartho TREIS. Er stützt seine Untersuchung auf einen handlungstheoretischen Bezugsrahmen, dessen Ausbreitung und Anbindung an das mittlere Management im Handel die ersten 99 Seiten einnimmt. Anschließend kommt Bornträger zur Erkenntnis, daß hier ein besonderer Qualifizierungsbedarf vorliegt, wobei betriebswirtschaftliche und führungspsychologische Themen im Vordergrund stehen müßten. Dieser Qualifikationsbedarf wird im Lichte der für den Handel neuerdings verfügbaren Kommunikations- und Informationstechnologie näher spezifiziert. Als Mittel gegen eine mögliche Dequalifizierung der Mitarbeiter infolge automatisierter Abläufe empfiehlt der Autor organisatorische Maßnahmen wie die Zuweisung von mehr Verantwortung (was natürlich weiteren Qualifizierungsbedarf weckt).

Marschner, H., Diffusions- und Akzeptanzprobleme von Innovationen im Handel, Marketing Zeitschrift für Forschung und Praxis, 8 (1986), 35-40, nimmt Bezug auf den Artikel von Zentes in Heft 2/1985 über Entwicklungsmöglichkeiten von Warenwirtschaftssystemen. Marschner geht es vor allem um die mit kybernetisch geschlossenen Warenwirtschaftssystemen verbundenen Probleme, die aufzeigen, "daß der Weg ... noch lange nicht geebnet ist". Im einzelnen werden die Problemkreise Artikelnummerierung, Scanning, Datenkassen, Einsatz von Personalcomputern und Btx diskutiert. Neben einer knappen Darstellung der einzelnen Systemelemente werden ihr derzeitiger Entwicklungsstand und die bisher aufgetretenen technischen und organisatorischen Probleme erörtert. Darüber hinaus werden Ausblicke für die einzelnen Systembausteine und die Entwicklung der gesamten Handelslandschaft in Abhängigkeit von den technischen Innovationen gewagt.

4 STANDORTFRAGEN

Green, H.L., Retail Sales Forecasting Systems, Journal of Retailing, 62 (1986), 227-230, ist ein Gastkommentar eines erfahrenen Einzelhandelspraktikers zum Thema quantitativer Standortanalysen. Er findet, daß die Standortanalyse via Computerisierung Fortschritte gemacht habe. Das dürfe aber nicht als Ersatz für das analytische Denken verstanden werden. Weil man sich bei so schwerwiegenden Entscheidungen wie der Gründung einer neuen Filiale nicht auf die Computermodelle allein verlassen dürfe, sei es unabdingbar, einen sowohl erfahrenen sowie analytisch geschulten Mitarbeiter zu beschäftigen, der für Standortanalysen zuständig ist. Die Universitäten sollten sich darum bemühen, die Studenten nicht nur in modernen Analysetechniken auszubilden, sondern auch im kritischen Denken.

Ghosh, A., The Value of a Mall and Other Insights from a Revised Central Place Model, Journal of Retailing, 62 (1986), 79-99, ist ein Beispiel für die wenige Zeilen weiter oben relativierte quantitativ-modellanalytische Standortforschung. Insbesondere zu den Standortmodellen, die auf der "Theorie zentraler Orte" von CHRISTALLER und LÖSCH basieren, hat dieser Autor schon viel publiziert. Die Theorie geht davon aus, daß das Käuferverhalten von der geographischen Entfernung zwischen Kundenwohnort und Geschäftsstandort bestimmt wird. Damit können Standortenscheidungen einfach auf die geographische Verteilung der Wohnorte potentieller Kunden zurückgeführt werden. Diesmal geht es GHOSH um eine Erweiterung des Ausgangsmodells dahin, daß auch das Vielzweck-Einkaufen und damit die Verbundeffekte zwischen verschiedenartigen Geschäften abgebildet werden können. Das gelingt formal durch eine Differenzierung der Geschäfte nach Typen bzw. der Einkaufstrips nach Zwecken. Unter dem Kriterium der Minimierung der mit dem Einkaufen verbundenen Kosten zeigt das Modell u.a. ein Ergebnis, das mit der gegenwärtigen Entwicklung der Handelsbetriebsformen übereinstimmt: Große Agglomerationen wie shopping malls sind für beide Seiten günstiger als eine gleichmäßige räumliche Verteilung der verschiedenartigen Geschäfte.

Lumpkin, J.R., Hawes, J.M., Darden, W.R., Shopping Patterns of the Rural Consumer: Exploring the Relationship between Shopping Orientations and Outshopping, Journal of Business Research, 14 (1986), 63-81, machen den empirisch-multivariatenanalytischen Versuch einer Typisierung der Katalog- und Laden-Käufer in ländlichen Gebieten eines südwestlichen Staates der USA. Die Studie ist zwar von den Ergebnissen her nur indirekt von Interesse, sie ist aber wegen der erfolgreich verwendeten Methodik für Folgestudien in Deutschland anregend. Man fragte schriftlich nach der abhängigen Variablen "Intensität des Kaufens über Kataloge oder Läden", nach demographischen Variablen und (mit Likert-Ratings) nach diversen Einstellungen zum Einkaufen und zu verschiedenen Einkaufsstätten. Es gab 234 auswertbare Fragebögen. Die Ratings wurden zu 15 selbständigen Erklärungskonstrukten zusammengefaßt (faktorisiert). Mit Hilfe einer Clusteranalyse wurden drei Einkaufstypen identifiziert: 37% "nicht aktive Heimkäufer", 32% "aktive Ladenkäufer" und 31% "rational-aufgeschlossene Heimkäufer". Diese Einteilung wurde diskriminanzanalytisch getestet. Danach können 7 von 10 ländlichen Käufern aufgrund der erhobenen Daten richtig einem der drei Typen zugeordnet werden. Die Untersuchung ist ein gutes Beispiel für die handelsbezogene Marktsegmentierung mit zeitgemäßen Analysemethoden, z.B. für die Marktabgrenzung eines Versandhauses oder eines Verkaufswagen-Händlers.

Rust, R.T., Brown, J.A.N., Estimation and Comparison of Market Area Densities, Journal of Retailing, 62 (1986), 410-430, schlagen ein neueres Verfahren der Computergrafik zur Anwendung auf die geographische Marktdarstellung von Einzelhandelsstandorten vor. Es geht darum, die geometrische Verteilung der Kunden eines Geschäfts aus vorliegenden Einzugsbereichsdaten in eine dreidimensionale Grafik zu übertragen. Während zwei Dimensionen für die Darstellung von Länge und Breite der Kundenherkunft verwendet werden, wird die dritte - vertikale - Dimension für die Abbildung der relativen Häufigkeit, also der Kundendichte (oder Kaufkraftdichte) verwendet. An einem Beispiel, nämlich der Verteilung der Mittags- und Abendgäste eines Restaurants, wird gezeigt, daß der Manager auf einen Blick erfährt, ob eine geographische Marktsegmentierung sinnvoll ist oder nicht. In dem Beispiel sind die beiden (wie ausgebeulte Gummigewebe aussehenden) "Kundengebirge" optisch fast identisch, sodaß eine regionale Marktsegmentierung offenbar nichts bringen würde. Wenn man voraussetzt, daß die entsprechenden Kundendaten vorliegen oder problemlos erhoben werden können, ist das Verfahren ein beachtlicher Schritt in Richtung auf eine praktisch akzeptable Entscheidungsstützung für das Handelsmanagement.

Fritzsche, St., Die Ansiedlung von Verbrauchermärkten als Problem der Landesplanung - Ein Fallbeispiel, Marketing Zeitschrift für Forschung und Praxis, 8 (1986), 41-43, geht davon aus, daß die Vielzahl älterer Gewerbe- und Industriegebiete, die noch nicht an die Baunutzungsverordnung von 1977 angepaßt sind, dazu führt, daß die vom Gesetzgeber beabsichtigten Steuerungsmöglichkeiten der Landesplanung durch die Kommunen nicht in vollem Umfange genutzt werden können. Die Ansiedlung großflächiger Einzelhandelsbetriebe ist nur dann nach den Zielen der Landesplanung zu steuern, wenn im Rahmen der Bauleitplanung konsequent Sondergebiete außerhalb der Kerngebiete ausgewiesen werden. Mittels einer empirischen Untersuchung überprüft der Autor, inwieweit im Regierungsbezirk Arnsberg seit 1981 von dem zur Verfügung stehenden Instrumentarium Gebrauch gemacht wurde und fordert schließlich eine konsequentere Anwendung, damit die Ziele der Landesplanung nicht durch die unerwünschte Ansiedlung großflächiger Einzelhandelsbetriebe untergraben werden.

5 STRATEGISCHE PLANUNG UND VERTIKALES MARKETING

Orschler, S., Strategie-Management im Handel, Strategische Planung, 2 (1986), 1-15, hält aus seiner Sicht als Unternehmensberater ein Plädoyer für die Einführung strategischer Planung im Handel. Erörtert wird weniger die Methodik strategischer Planung, als Aspekte der gegenwärtigen Situation und zukünftiger Entwicklungen, mit denen sich Handelsbetriebe konfrontiert sehen und aus denen der Autor die Notwendigkeit strategischer Planung und Ansatzpunkte dafür ableitet. Zunächst müßten aber die Voraussetzungen für eine strategische Planung im Handelsunternehmen geschaffen werden. Dazu diene vor allem die Erzeugung von Akzeptanz, wobei die Motivation der Führungskräfte eine wesentliche Rolle spielt.

Thurik, R., Kooiman, P., Research Note: Modelling Retail Floorspace Productivity, Journal of Retailing, 62 (1986), 431-445, berichten aus der gemeinsamen Forschungsarbeit des EIM (Economisch Instituut voor het Midden- en Kleinbedrijf) und der Erasmus Universität Rotterdam, die zusammen an einem größeren Projekt zur ökonometrischen Analyse und Modellierung des Verhaltens von Einzelhandelsgeschäften arbeiten. Ziel ist die Entwicklung eines Entscheidungsunterstützungssystems für den Einzelhandel. Das jetzt vorgestellte Teilmodell ist ein erster Ansatz, um in weiteren Schritten den Einfluß von Faktoren aus der Unternehmensumwelt auf die Flächenproduktivität zu modellieren. Frühere Modelle, an deren Entwicklung Thurik mitgearbeitet hat, waren rein angebotsorientiert. Die Flächenproduktivität wurde darin nur durch das Verhältnis von Verkaufsfläche zu sonstigem Geschäftsraum erklärt, das zugleich als Indikator für bestimmte Strategien verwendet wurde. Nunmehr wird ein "switching model" entworfen, daß neben der Angebots- auch die Nachfrageseite berücksichtigt. Es wird über erste Erfahrungen mit der Anwendung berichtet und ein Ausblick auf die Weiterentwicklung gegeben.

6 MARKT- UND IMAGEFORSCHUNG

McIntyre, Sh., Bender, Sh.D.F.G., The Purchase Intercept Technique (PIT) in Comparison to Telephone and Mail Surveys, Journal of Retailing, 62 (1986), 364-383. Die Marktforschung im Einzelhandel bedient sich nach Meinung der Autoren überwiegend der "herkömmlichen" Techniken der Datenerhebung in Form telefonischer und schriftlicher Interviews, die im Haushalt der Befragten durchgeführt werden. Kritisiert wird die relativ hohe Fehlerquote, die dabei schon bei "was-Fragen" auftreten, erst recht jedoch bei "warum-Fragen". Neue Erhebungstechniken wie scanning führen nur bezüglich des "was" zu präziseren Informationen. Es könne u.U. vorteilhafter sein, derartige Erhebungen im Geschäft selbst durchzuführen. Die purchase intercept technique (PIT) ist ein solches Verfahren, das Beobachtung und Interview im Geschäft einschließt. Ermittelt werden Informationen über das Kaufverhalten selbst und über die dahinterstehenden Gründe. Anhand von Anwendungsfällen wird PIT mit alternativen Erhebungstechniken hinsichtlich der Kriterien Ergebnisgenauigkeit, Antwortrate und Kosten verglichen. Darüber hinaus werden generelle Vor- und Nachteile des Verfahrens und seine Anwendungsvoraussetzungen erörtert.

Mazursky, D., Jacoby, J., Exploring the Development of Store Images, Journal of Retailing, 62 (1986), 145-165, leisten einen Beitrag zur Grundlagenforschung für die Imagepolitik im Einzelhandel: Während in der Literatur viel über Messung und Gestaltung von Ladenimages steht, gibt es wenig Wissen über die Entstehung solcher Images aus den dem Konsumenten zur Verfügung stehenden Informationen. Um mehr Aufschluß darüber zu gewinnen, haben die Autoren ein "Modell" (d.h. ein Hypothesensystem) der Ladenimageentstehung formuliert. Danach benutzen Konsumenten nur wenige Schlüsselinformationen, um sich einen Eindruck über die wesentlichen Imagedimensionen "Sortiment", "Bedienung" und "Atmosphäre" zu bilden. Zur ersten Überprüfung des Modells wurde ein Laborexperiment mit 120 Studenten durchgeführt, bei dem es um die Imagebildung gegenüber fiktiven Schuh- und Jeans-Geschäften ging. Die Aufnahme von imagerelevanten Informationen wurde über die Information-Display-Matrix-Methode kontrolliert, die in der Konsumentenforschung ziemlich verbreitet ist: Es wird objektiv beobachtet, wieviel Information in welcher Reihenfolge und wes Inhalts der einzelne zur Eindrucksbildung verwendet. Die Informationen wurden zum Teil schriftlich, zum Teil bildlich vorgegeben. Die Ergebnisse bestätigen allgemein, daß zur Imagebildung nur wenige Schlüsselinformationen benötigt werden, z.B. für den Sortimentseindruck nur einige Markennamen, für den Bedienungseindruck die Zahl der Verkäufer. Kern-Imagedimensionen mit starken Auswirkungen auf andere Dimensionen und das Gesamtimage sind Preisniveau und Sortiment, Randdimensionen mit geringerer Ausstrahlung sind einzelne Aspekte der Geschäftspolitik (z.B. Umtauschrecht) und der Service. Erfahrenere Konsumenten bilden ein Image eher aus Vergleichen zwischen verschiedenen Geschäften, über welche ihnen Informationen zur Verfügung stehen, während sich weniger erfahrene Konsumenten eher auf das eine zu beurteilende Geschäft konzentrieren. Die Ergebnisse lassen eine sorgfältig geplante Imagepolitik prinzipiell möglich und ratsam erscheinen, wobei allerdings diese eine laborexperimentelle Studie noch nicht als ausreichende Grundlage bezeichnet werden kann.

7 KOMMUNIKATIONSPOLITIK

Weinberg, P., Erlebnisorientierte Einkaufsstättengestaltung im Einzelhandel, Marketing Zeitschrift für Forschung und Praxis, 8 (1986), 97-102, kann als sinnvolle Zusammenfassung des (aus diesem Grunde nicht extra besprochenen) Buches: BOST, E., Ladenatmosphäre und Konsumentenverhalten, Heidelberg 1987, gelten, einer Dissertation, die Weinberg als Doktorvater betreut hat. Ziel ist die Anwendung von Theorie und Methodik der Emotionsforschung auf die Ladengestaltung. Es wird der vernachlässigte Aspekt aufgegriffen, daß Einkaufen zu einem beachtlichen Teil Erlebnisvermittlung ist. Wichtige Kriterien des Handelsmarketing wie Ladenwahl, Verweildauer, Zufriedenheit hängen von der erlebnisorientierten Ladengestaltung ab, was ja durch jüngste Entwicklungen der Handelsbetriebsformen-Dynamik bestätigt wird (shopping malls, Revitalisierung der Cities). Im Mittelpunkt der Arbeit steht die Erfassung von Erlebniswerten beim Einkaufen, insbesondere durch Mimik- und Gestik-Registrierungen und durch Bilderskalen. Diese Meßmethoden sind in jahrelanger Forschungsarbeit an Weinbergs Lehrstuhl entwickelt bzw. weiterentwickelt worden. Ihre Anwendbarkeit und Gültigkeit wird demonstriert an aktuellen Trends der Konsumenten-Motive und -Werte (z.B. Individualisierung, Natürlichkeit, Kommunikation) und an der Wirkung von Farben, Formen, Pflanzen, Tieren, Beleuchtung, Dekoration, Musik und Bildern im Laden. Der Handel tut gut daran, die Apelle zur Erlebnisorientierung ernstzunehmen und die Wirkung derartiger Maßnahmen empirisch zu kontrollieren.

Eroglu, E., Harrell, G.D., Retail Crowding: Theoretical and Strategic Implications, Journal of Retailing, 62 (1986), 339-363, untersuchen eine wesentliche Variable, die mit WEINBERGS Erlebnisbetonung eng zusammenhängt, nämlich das vom Konsumenten im Laden wahrgenommene Gedränge sowie seine Ursachen und Folgen, z.B. die davon abhängigen Reaktionen auf Maßnahmen des Händlermarketing im Laden. Aus der Literatur und aus qualitativen Fokusinterviews werden acht Wirkungshypothesen abgeleitet und zu einem (allerdings hier nicht mehr operationalisierten bzw. getesteten) Einflußmodell verbunden. Der entscheidende Parameter ist die Dichte der Ladengestaltung. Dichte wird bis zu einem gewissen Grade positiv erlebt, darüber hinaus negativ als Gedränge oder Reizüberflutung. Die Folgen sind zum einen Anpassungsstrategien der Konsumenten, z.B. anderes Reagieren auf Marketingmaßnahmen am point of sales. Zum anderen kommen als Folgen von Dichte im Laden Ergebnisgrößen wie Einstellungen und Kaufverhalten in Betracht. Man kann Dichte gestalten durch die Zahl der Displays und Hinweise, durch freie Flächen, Verkaufshilfen, Musik usw. Das wirkt sich je nach situationalem, motivationalem und kulturellem Hintergrund beim Kunden unterschiedlich aus. Daher sollte man entsprechende zielgruppenspezifische Untersuchungen anstellen, um segmentspezifisch die Dichte optimal gestalten zu können.

Gardner, M.P., Houston, M.J., The Effects of Verbal and Visual Components of Retail Communications, Journal of Retailing, 62 (1986), 64-78, übertragen und differenzieren die Hypothese der Überlegenheit bildlicher gegenüber textlicher Beeinflussung für den Fall der Kommunikationspolitik von Restaurants. An dem Laborexperiment nahmen 51 amerikanische Studenten teil. Sie sollten Restaurants beurteilen, über die sie in Form von Dias Text- und Bildinformationen bekommen hatten. Um die wirksamere Art der Information zu ermitteln, enthielten die Dias entweder positive Bild- und negative Textinformation oder negative Bild- und positive Textinformation. Außerdem variierte man die Darbietungsdauer (5 oder 15 Sekunden) und die Dauer zwischen Darbietung und Abfrage der Restaurantbeurteilung (sofort oder zwei Tage später). Im Ergebnis wirkten die Bildinformationen stärker und nachhaltiger. Nur teilweise hypothesenkonform wirkten die Bildinformationen unter der Bedingung kurzer Darbietungszeit nur dann stärker, wenn erst nach zwei Tagen bewertet wurde; unter der Bedingung längerer Darbietungszeit war es umgekehrt, d.h. hier hatte die Textinformation die nachhaltigere Wirkung. Es wird auf die besondere Beachtung der Bildwerbung hingewiesen, besonders wenn sich die Konsumenten nur kurze bzw. "erste" Eindrücke machen. Solche Konsequenzen sind als allgemeingültige Aussagen der verhaltenswissenschaftlichen Marketingforschung nicht ganz neu. Es kann aber nicht schaden, wenn sie durch derartige Untersuchungen auch dem Handelsmarketing nahegebracht werden.

Mayer, H., Riechers, G., Rothacker, R., Untersuchung zur Wirkung verschieden gestalteter "promotion calls" auf den Umsatz spezieller Produkte im Warenhaus, Jahrbuch der Absatz- und Verbrauchsforschung, 32 (1986), 116-132. Promotion calls, also Werbedurchsagen in Einzelhandelsgeschäften, werden besonders im

Lebensmitteleinzelhandel als Kommunikationsinstrument häufig verwendet, doch fehlen bislang wissenschaftliche Untersuchungen über die Wirksamkeit. Mit der vorliegenden Studie, die in der Lebensmittelabteilung eines Warenhauses durchgeführt wurde, entwickeln Mayer et. al. einen ersten interessanten Ansatz. Zunächst wird ein Überblick über die Einsatzmöglichkeiten des Mediums "Ladenfunk" und Gestaltungsmöglichkeiten des Werbemittels "promotion call" gegeben. Zu den zur Verfügung stehenden Gestaltungselementen gehören das Geschlecht des Sprechers, eine emotionale oder rationale Appellform und das "Geschlecht" des beworbenen Produktes. Diese Größen werden auf ihre Wirkung auf den mengenmäßigen Absatz der beworbenen Produkte geprüft. Dabei wird angenommen, daß eine besonders hohe Effektivität der Durchsagen erreicht wird, wenn die Variablenausprägungen kongruent miteinander kombiniert werden (z.B. rationale Kaufmotive ansprechen durch: rationale Argumentation, männlichen Sprecher und ein männliches Produkt). Dem Ergebnis nach führen promotion calls zur Umsatzsteigerung bei den beworbenen Produkten, wenn dieses Ergebnis auch knapp unter der Signifikanzschwelle blieb. Die angenommenen verstärkenden Beziehungen zwischen einzelnen Gestaltungselementen von promotion calls konnten nicht bestätigt werden.

8 SORTIMENTS- UND VERPACKUNGSPOLITIK

Müller-Hagedorn, L., Heidel, B., Die Sortimentstiefe als absatzpolitisches Instrument, Zeitschrift für betriebswirtschaftliche Forschung, 38 (1986), 39-63, gehen in ihrem Beitrag weiter als es der (Zustimmung heischende) Titel andeutet. Der Idee der Marktreaktionsfunktion folgend, wie sie als Preis-Absatz-Funktion populär ist, wollen sie empirische Sortimentstiefe-Absatz-Funktionen für den Einzelhandel feststellen und daraus Entscheidungshilfen für die Sortimentspolitik des Handels ableiten. Sie versuchen das nach einem Review der vorliegenden theoretischen Ansätze mit Hilfe einer empirischen Querschnittsanalyse (Nielsen-Daten) für fünf Handelsbetriebsformen und drei Artikelgruppen. Die interessanten - nichtlinearen und zum guten Teil U-förmigen - Funktionsverläufe sind nur mit einer Einschränkung für Handlungsempfehlungen zu verwenden: Querschnittsanalysen lassen keine ursächlichen Wenn-Dann-Aussagen zu. So ist auch die Aussage mit Vorsicht zu genießen, daß außer bei Discountern immer tiefere Sortimente zu immer mehr Absatz führen würden. Auf kosten- bzw. gewinnwirtschaftliche Betrachtungen zur optimalen Sortimentstiefe verzichtet der Beitrag. Weitere Forschung mit kausal interpretierbaren (experimentellen oder zeitreihenanalytischen) Ansätzen befürworten die Autoren selbst.

Heft 1/1986 der **Marketing ZFP** enthält mehrere Beiträge zum Thema Verpackung, darunter zwei, die sich mit speziellen Aspekten der Verpackung aus der Sicht des Handels beschäftigen:

Becker, A., Packung und Umverpackung aus der Sicht des Einzelhandels, Marketing Zeitschrift für Forschung und Praxis, 8 (1986), 13-18, gibt zunächst einen Überblick über die Funktionen, die die Verpackung aus der Sicht des Lebensmittelhandels unter Logistik- und Marketinggesichtspunkten zu erfüllen hat. Er geht dabei auch auf unterschiedliche Anforderungen, die die verschiedenen Betriebstypen stellen, ein und zeigt auf, inwieweit ihnen Rechnung getragen wird, z.B. durch Standardisierungsbestrebungen im Rahmen der Kooperation zwischen Handel und Industrie. Dennoch bleibt die Tatsache, daß aus einem Großteil der Verpackung schließlich Müll wird - ca. 10 Mio. t pro Jahr. Es werden Möglichkeiten diskutiert, mit denen der Schadstoffanfall reduziert und zugleich logistische Vorteile realisiert werden können. Eine (eventuell gesetzliche) Normierung der Verpackungsstoffe könne Voraussetzung für wirtschaftliches Recycling sein. Auch könnten durch Reduzierung der Verpackungsgrößen Abfallmengen und Logistikkosten reduziert werden. Parallel bedürfe es aber auch noch einer Beeinflussung des Verbraucherverhaltens. Schließlich werden Anregungen gegeben, wie der Handel sich umweltfreundlich verhalten kann, z.B. durch bevorzugte Aktionen mit umweltfreundlichen Produkten oder aktive Beteiligung am Verpackungsrecycling.

Widmer, F., Die Verpackung als Instrument im Kommunikations-Mix des Handels, Marketing Zeitschrift für Forschung und Praxis, 8 (1986), 19-26, leitet zunächst aus der neuen, erweiterten Rolle des Handels, der nicht mehr nur als Warenvermittler fungiert, die grundsätzliche Bedeutung der Verpackung für die eigenständige Kommunikation mit dem Kunden ab. Als wesentliche Einflußgrößen auf die Verpackungpolitik werden demographische Trends und Veränderungen im Konsumverhalten und in den Einstellungen der Verbraucher identifiziert. Diese entwickeln u.a. vermehrt ein kritisches "Verpackungsbewußtsein".

Auf der Seite der Unternehmen wird sich im kommunikativen Bereich der Wettbewerb zukünftig stärker an den Verkaufspunkt und damit auch auf die Verpackung verlagern. Von besonderer Wichtigkeit ist in diesem Zusammenhang die Einsetzbarkeit der Verpackungsgestaltung zur Schaffung von positiven Einkaufserlebnissen. Demgegenüber ist die gegenwärtige Situation gekennzeichnet durch eine weitgehende Unifomität der Verpackungen, wodurch die Möglichkeiten zur erlebnisbetonten Kommunikation nur unzureichend genutzt werden.

Inwieweit co op-Schweiz den diskutierten Problemen Rechnung trägt, stellt der Autor am Beispiel der Packungsgestaltung für die co op-Produkte dar.

9 PREIS- UND KONDITIONENPOLITIK

Kirby, G.H., Dardis, R., Research Note: A Pricing Study of Women's Apparel in Off-Price and Department Stores, Journal of Retailing, 62 (1986), 321-330, widmen ihren Beitrag der Welle der off-price stores, speziell im amerikanischen Markt für Damenmode. Sie untersuchten für 20 Artikel über einen Zeitraum von 13 Wochen die Preisunterschiede zwischen jeweils drei off-price und department stores. Durchschnittlich lagen die Preise bei letzteren um 40% höher. Unterschiede ergaben sich in Abhängigkeit vom Produkt. Auch waren die Unterschiede in der ersten Hälfte der Herbstsaison (mit der neuen Kollektion) größer als am Ende, wo es bei den department stores Preissenkungen gab. Für die traditionellen Handelsformen erwächst also eine scharfe Form des Preiswettbewerbs, da - anders als bei Einführung der Discounter in den 60er Jahren - identische Markenartikel gehandelt werden.

Aus ihren Ergebnissen leiten die Autoren Vorschläge ab, wie sich beide Handelsformen behaupten können. Bei den traditionellen Handelsformen liegt der wesentliche Vorteil in der breiten Sortierung, die in Werbung und Geschäftsgestaltung hervorgehoben werden sollte. Dasselbe gilt für den Standort, sofern dieser dem Kunden einen bequemen (one-stop) Einkauf gestattet, wie dies bei den Malls mit ihrem breiten Angebot der Fall ist. Weitere Möglichkeiten ergeben sich eventuell durch gezielten Einsatz eigener Marken des Handels zur Sicherung der Exklusivität oder durch direkten Preiskampf mit Sonderaktionen, nicht nur zum Saisonschluß. Für die off-price Geschäfte steht die konsequente Kostenkontrolle im Vordergrund, da sie nur durch deutlich niedrigere Preise ihr begrenzteres Sortiment, den geringeren Service und die meist längeren Anfahrwege ausgleichen können.

Ben Bode, J. K., Koerts, J., Thurik, A. R., On Storekeeper's Pricing Behaviour, Journal of Retailing, 62 (1986), 98-110. Ziel der Untersuchung ist es, die Differenzen der Brutto-Handelsspanne (percentage gross margin) zwischen einzelnen Geschäften zu erklären. Verwendet wurden Umfragedaten von holländischen kleinen und mittelständischen Einzelhändlern, die neun Geschäftstypen zugeordnet werden konnten. Es wurden zunächst verschiedene Hypothesen über die Beziehung der Bruttospanne zu anderen Variablen formuliert. Anhand der empirischen Daten wurde eine Regressionsgleichung zur Erklärung der Variation der prozentualen Bruttospanne ermittelt. Es scheint, daß die nicht ausgabewirksamen "remaining costs" (z.B. kalkulatorischer Unternehmerlohn, kalkulatorische Zinsen) nicht durchgehend in den Aufschlag eingehen. Hierfür werden zwei mögliche Gründe genannt: Harter Wettbewerb, der dies nicht zuläßt, oder unvorsichtiger Umgang mit diesen Kosten, da sie nicht als unmittelbare Ausgaben wahrgenommen werden. Die prozentuale Bruttospanne verhält sich gegenläufig zum Absatz. Größere Absatzmengen erlauben dem Händler bei gleichem Einkommensziel niedrigere Spannen. Die Wettbewerbsstärke eines Geschäftes (geschätzt durch das Umsatzwachstum) beeinflußt die Bruttospanne positiv. Die Spannen sind in dichtbesiedelten Gebieten grundsätzlich höher. Das Modell ist mit den bislang einbezogenen Variablen nach eigener Einschätzung der Autoren noch nicht vollständig. Es soll in zukünftigen Untersuchungen um weitere umwelt- und wettbewerbsbezogene erklärende Variablen erweitert werden.

Mueller, W.F., Paterson, Th.W., Effectiveness of State Sales-Below-Cost Laws: Evidence from the Grocery Trade, Journal of Retailing, 62 (1986), 128-144, untersuchen die Wirkung von Gesetzen gegen den Verkauf zu nicht-kostendeckenden Preisen, die in 22 Bundesstaaten der USA bestehen. Dabei ist im Einzelfall festgelegt, welche Kosten zu berücksichtigen sind bzw. welcher Mindestaufschlag auf die Einstandspreise vorzunehmen ist. Ausgewertet wurden Statistiken der Wettbewerbsbehörde FTC und Befragungen von Lebensmittelhändlern. Es zeigte sich, daß in Staaten, die über derartige Gesetze verfügen, der Konzentrationsgrad insgesamt geringer war als in Staaten ohne diese Regelungen und daß kleinere Unternehmen hier größere Marktanteile erreichten. Je strenger zudem die Bestimmungen waren und je konsequenter sie von den regionalen Behörden durchgesetzt wurden, desto geringer war die Konzentration großer Firmen und desto höher war der Anteil kleinerer Firmen. Nicht bestätigt wurde die Hypothese, daß kleine, ineffiziente Betriebe von den Regelungen geschützt wurden. Vielmehr führte die Begrenzung der Preise nach unten zu einer Absenkung der Marktzutrittsschranken. Die befragten Händler gaben schließlich an, sich durch die Regelungen nicht in ihrer Flexibilität bezüglich des Parameters Preis beeinträchtigt zu fühlen.

Die Autoren schränken allerdings ein, daß ihre Ergebnisse nicht ausschließlich auf das Vorhandensein von Gesetzen gegen nichtkostendeckende Preise zurückgeführt werden können, da parallel dazu auch andere Bestimmungen gewirkt haben. So ist es z.B. denkbar, daß Staaten, die über eine Preiskontrolle verfügen, zugleich auch strengere wettbewerbsrechtliche Regelungen auf anderen Gebieten und eine aktivere Wettbewerbsbehörde haben. Querschnittsuntersuchungen erlauben nun einmal keine strengen Kausalaussagen.

Walters, R.G., Rinne, H.J., An Empirical Investigation into the Impact of Price Promotions on Retail Store Performance, Journal of Retailing, 62 (1986), 237-266, untersuchen, wie stark der Einfluß kurzfristiger Preisaktionen auf den Gesamterfolg eines Geschäftes ist. Die Daten lieferten drei Supermärkte über einen Zeitraum von 36 Monaten. Zwei Formen von Preispromotions werden berücksichtigt: loss leaders (Zugartikel, Lockvogelangebote) und double coupon promotions. Bei letzteren handelt es sich um eine Variante der in den USA häufigen Gutscheinaktionen, bei der der Händler die auf einem Coupon des Herstellers an der Ware versprochene Preisreduktion verdoppelt. Überprüft wird, wie stark der Einfluß dieser preispolitischen Maßnahmen auf die Erfolgsmaße Gesamtumsatz, Umsatz der beworbenen Produkte, Umsatz der nichtbeworbenen Produkte sowie Kundenstrom und Ertrag ist. Folgende Ergebnisse seien hier festgehalten:

1. Einige Gruppen häufig gemeinsam beworbener Zugartikel hatten eine stärkere Wirkung auf Umsatz und Kundenstrom als andere.
2. Obwohl Lockvogelangebote den Umsatz der Geschäfte erhöhten, ließ sich kein signifikanter Einfluß auf den Ertrag nachweisen. Ursächlich hierfür könnte sein, daß sich nur der Absatz der gering kalkulierten Zugartikel erhöhte, nicht aber der der Artikel mit hohen Spannen.
3. Die Coupon-Aktionen führten in allen untersuchten Geschäften nicht zu einer Erhöhung des Kundenstromes, wohl aber zu einer Erhöhung des Umsatzes mit den beworbenen Produkten. Diese Tatsache läßt darauf schließen, daß vorwiegend Stammkunden von den Aktionen angesprochen wurden.

Als Quintessenz fordern die Autoren, daß das Handelsmanagement für die Erfolgsmessung von Preisaktionen und anderen Marketing-Maßnahmen stets mehrere Indikatoren einsetzen sollte, um zu differenzierteren Aussagen zu gelangen. Für zukünftige Untersuchungen wird empfohlen, neben den hier geprüften kurzfristigen Wirkungen preispolitischer Maßnahmen auch die längerfristigen zu testen, z.B. ihren Einfluß auf das Geschäftsimage. Auch sollten der Wettbewerberaktionen und andere Situationsvariablen einbezogen werden.

10 VERKÄUFERVERHALTEN

Dubinsky, A.J., Hartley, ST.W., Antecedents of Retail Salesperson Performance: A Path-Analytic Perspective, Journal of Business Research, 14 (1986), 253-268, wenden sich der Frage zu, wovon der Erfolg (job performance) und die Zufriedenheit (job satisfaction) von Einzelhandelsverkäufern abhängen, letztlich also der Frage, ob bzw. wie man Verkäufererfolg und -zufriedenheit durch Führungsmaßnahmen steuern kann. Aus der Literatur werden vier potentielle Einflußgrößen abgeleitet:

- Anpassungsfähigkeit, Sensitivität (self monitoring)
- Leistungsmotivation (work motivation)
- Grad, zu dem nicht miteinander vereinbare Anforderungen an der Verkäufer herangetragen werden (role conflict)
- Grad, zu dem der Verkäufer über Bedingungen seiner Tätigkeit im Unklaren gelassen wird (role ambiguity).

Ebenfalls theoretisch abgeleitet werden die einzelnen Hypothesen über die Richtung der Einflüsse von diesen Determinanten auf die Kriterien Erfolg und Zufriedenheit sowie über Beziehungen zwischen den einzelnen Determinanten bzw. Kriterien. Die Hypothesen werden zu dem nachstehenden Pfadmodell verknüpft:

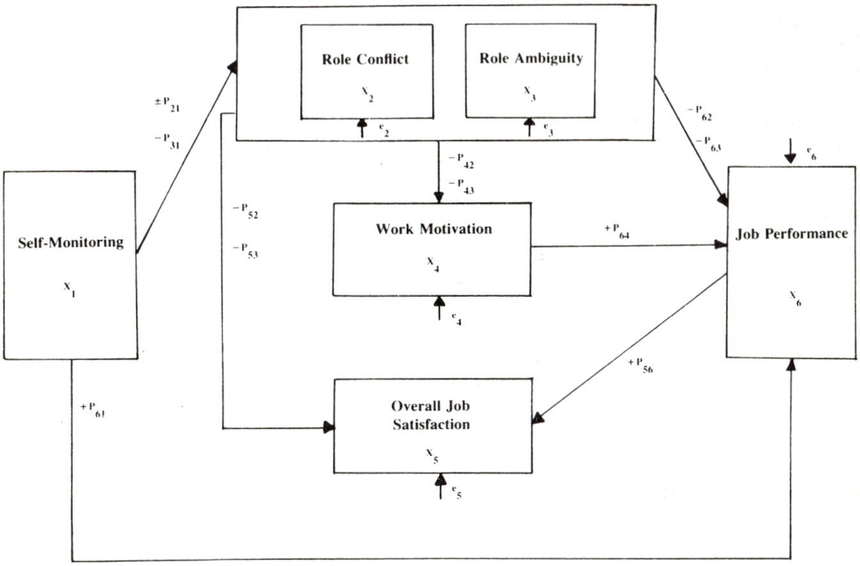

Eine schriftliche Befragung von 162 Warenhausverkäufer(inne)n mit Fragebögen, die zu jedem Konstrukt eine standardisierte Skala aus mehreren Items enthielten, erbrachte nur teilweise eine Bestätigung des Pfadmodells. "Self monitoring" verstärkt beide Rollenprobleme "role conflict" und "role ambiguity". "Role ambiguity" beeinträchtigt die Leistungsmotivation. Beide Rollenprobleme beeinträchtigen die Arbeitszufriedenheit, während das ökonomische Erfolgskriterium "job performance" keinen zusätzlichen Beitrag zur Erklärung der Arbeitszufriedenheit ausübt. Nur "self monitoring" hat (über "role ambiguity" indirekt) einen Einfluß auf den Erfolg. Nach den Erfahrungen der Rezensenten mit solchen Modellen liegt das unbefriedigende Ergebnis wahrscheinlich vor allem in der unangemessenen Analysetechnik. Statt mit der Pfadanalyse sollten die Daten mit einem LISREL-Modell analysiert werden, um die sicher vorliegenden Meßfehler zu kontrollieren und um die Modellspezifikation zu optimieren und im ganzen testen zu können. Bei zukünftigen Studien zum gleichen Thema sollten möglichst weitere für den Zusammenhang relevante Konstrukte mit modelliert werden, z.B. organisations- und führungstechnische Bedingungen.

Fry, L.W., Futrell, Ch.M., Parasuraman, A., Chmielewski, M.A., An Analysis of Alternative Causal Models of Salesperson Role Perceptions and Work-Related Attitudes, Journal of Marketing Research, 23 (1986), 153-163, haben mit derselben Analysemethodik (Pfadanalyse) eine Studie zum gleichen Themenkreis (Verkäuferverhalten) durchgeführt wie die soeben referierte. Das Thema ist (wieder) im Kommen, kann aber noch nicht den Status einer Theorie beanspruchen, wie auch die vorliegende Untersuchung deutlich macht. Geklärt werden sollte hier der kausale Zusammenang zwischen den Konstrukten "empfundenes Vorgesetztenverhalten bezüglich einer klaren Rollenverteilung", "empfundene Beachtung durch den Vorgesetzten", "Rollenkonflikt" (s.o.), "Rollenunklarheit" (s.o.), "berufliche Ängste" und "Arbeitszufriedenheit" (s.o.). Dabei sollte insbesondere die in der Literatur bisher offen gebliebene Frage geprüft werden, ob berufliche Ängste eher zu Arbeits-Unzufriedenheit führen oder umgekehrt. Auskunftspersonen bei der schriftlichen Befragung waren diesmal nicht Verkäuferinnen im Einzelhandel, sondern (überwiegend männliche) Außendienstmitarbeiter eines Pharmaunternehmens (Ärztebesucher). Aufgrund eines optimierten Pfadmodells wird geschlossen, daß weder die eine noch die andere Kausalversion stimmt. Vielmehr werden verschiedene Facetten der Arbeitszufriedenheit (mit dem Job, den Kollegen, dem Vorgesetzten, der Bezahlung, den Aufstiegsmöglichkieten, der Firmenbetreuung und den Kunden) teilweise direkt vom Vorgesetztenverhalten beeinflußt, teilweise indirekt über die beiden Rollenkonstrukte, während die "beruflichen Ängste" allein vom "Rollenkonflikt" verursacht werden und ihrerseits keine Wirkung auf die Arbeitszufriedenheit haben. Es müssen dieselben Einschränkungen gegen diese Untersuchung vorgebracht werden wie bei der vorher referierten. Nachdem mittlerweile mehrere Dutzend Untersuchungen dieses Typs vorliegen, wird es Zeit für eine umfassende Metaanalyse.

Anderson, C.A., Hierarchical Moderated Regression Analysis: A Useful Tool for Retail Management Decisions, Journal of Retailing, 62 (1986), 186-203, wäre ebenfalls in die Metaanalyse zu den Determinanten von Arbeitszufriedenheit und -erfolg im Handel einzubeziehen. Die Untersuchung wird hier allerdings weniger aus inhaltlichen als aus methodischen Gründen erwähnt. Bei der benutzten Variante der Regressionsanalyse werden automatisch mögliche Moderatoreffekte geprüft, die zwischen unabhängigen und abhängigen Variablen wirken können. Inhaltlich beschränkt sich die Untersuchung auf die folgende Aussage: Lebensmittelverkäufer sind zufriedener, wenn sie über unmittelbar ablesbare Erfolgskriterien verfügen als wenn sie auf ein persönliches feedback von Vorgesetzten angewiesen sind. Dieser Zusammenhang wird moderiert durch die (steht in Wechselwirkung mit der) Frage, wie gut der Befragte seine physischen Arbeitsbedingungen einstuft. Der Moderatoreffekt konnte durch Einsatz der "hierarchisch moderierten Regressionsanalyse" entdeckt werden.

Autorenverzeichnis

AHLERT, Dieter, Universitätsprofessor Dr., Lehrstuhl für Betriebswirtschaftslehre, insbesondere Distribution und Handel, Westfälische Wilhelms-Universität Münster

BÖCKER, Franz, Universitätsprofessor Dr., Betriebswirtschaftliches Institut der Universität Regensburg

BRINK, Martin, Dipl.-Kfm., Dr. August Oetker, Bielefeld

DAX, Günter, Leiter der Abteilung Sozialpolitik/Arbeitsrecht der Hauptgemeinschaft des Deutschen Einzelhandels, Köln

GLISMANN, Hans H., Dr., Leiter der Forschungsgruppe Grundlagen der Struktur- und Wachstumsanalyse im Institut für Weltwirtschaft an der Universität Kiel

GROSS, Albert, Dr., Referatsleiter im Bundesministerium für Wirtschaft

GÜMBEL, Rudolf, Universitätsprofessor Dr., Seminar für Handelsbetriebslehre der Johann Wolfgang Goethe-Universität, Frankfurt

KAYSER, Gunter, Dr., Wiss. Geschäftsführer des Instituts für Mittelstandsforschung, Bonn

KUBE, Christian, Dipl.-Kfm., Wiss. Mitarbeiter, Institut für Betriebswirtschaftslehre, Fachgebiet Marketing, an der Technischen Universität Berlin

MATTMÜLLER, Roland, Dipl.oec., Wiss. Mitarbeiter, Lehrstuhl für Betriebswirtschaftslehre, Schwerpunkt Marketing, Universität Augsburg

MAYERHOFER, Wolfgang, Mag., Universitätsassistent am Institut für Absatzwirtschaft an der Wirtschaftsuniversität Wien

MEFFERT, Heribert, Universitätsprofessor Dr., Direktor des Instituts für Marketing, Westfälische Wilhelms-Universität Münster

MEYER, Paul W., Universitätsprofessor Dr., Lehrstuhl für Betriebswirtschaftswirtschaftslehre, Schwerpunkt Marketing, Universität Augsburg

MÜLLER-HAGEDORN, Lothar, Universitätsprofessor Dr., Universität Trier

NEHRING, Sighart, Dr., ehemaliger Wiss. Mitarbeiter des Instituts für Weltwirtschaft an der Universität Kiel, beschäftigt sich zur Zeit in Bonn mit wirtschaftspolitischen Grundsatzfragen

PATT, Paul-Josef, Dipl.-Kfm., Wiss. Mitarbeiter, Institut für Marketing, Westfälische Wilhelms-Universität Münster

POTUCEK, Vladimir, Dr., ehemaliger Wiss. Mitarbeiter am Lehrstuhl für Allgemeine Betriebswirtschaftslehre und Absatzwirtschaft I an der Universität Mannheim

SAUDAN, David, Assistent Absatzforschung am Forschungsinstitut für Absatz und Handel (FAH) an der Hochschule St. Gallen

SCHNEIDER, Fritz, lic.oec., Leiter der Abteilung Handelsforschung am Forschungsinstitut für Absatz und Handel (FAH) an der Hochschule St. Gallen

SCHWEIGER, Günter, Universitätsprofessor Dr., Ordinarius für Werbewissenschaft und Marktforschung am Institut für Absatzwirtschaft an der Wirtschaftsuniversität Wien

SIEBENBROCK, Heinz, Dipl.-Kfm., Wiss. Mitarbeiter, Lehrstuhl für Betriebswirtschaftslehre, insbesondere Distribution und Handel, Westfälische Wilhelms-Universität Münster

TIETZ, Bruno, Universitätsprofessor Dr., Direktor des Handelsinstituts im Institut für empirische Wirtschaftsforschung an der Universität des Saarlandes, Saarbrücken

TROMMSDORFF, Volker, Universitätsprofessor Dr., Institut für Betriebswirtschaftslehre, Fachgebiet Marketing, an der Technischen Universität Berlin

WIJST, D. van der, Drs., Wiss. Mitarbeiter des Economisch Instituut voor het Midden- en Kleinbedrijf, Zoetermeer